文化资源学

刘 燕 李树榕 王敬超 著

东南大学出版社
·南京·

图书在版编目(CIP)数据

文化资源学 / 刘燕，李树榕，王敬超著. —南京：东南大学出版社，2021.3
　　ISBN 978-7-5641-9407-9

Ⅰ. ①文… Ⅱ. ①刘… ②李… ③王… Ⅲ. ①文化产业-教材 Ⅳ. ①G114

中国版本图书馆 CIP 数据核字(2021)第 021521 号

本书配备简单的 PPT 教学课件，联系方式：Liuyan817@126.com 或 LQchu234@163.com

文化资源学
Wenhua Ziyuan Xue

著　　者：刘　燕　李树榕　王敬超
出版发行：东南大学出版社
地　　址：南京市四牌楼 2 号　邮编：210096
出 版 人：江建中
网　　址：http://www.seupress.com
经　　销：全国各地新华书店
印　　刷：兴化印刷有限责任公司
开　　本：787 mm × 1092 mm　1/16
印　　张：16.75
字　　数：418 千字
版　　次：2021 年 3 月第 1 版
印　　次：2021 年 3 月第 1 次印刷
书　　号：ISBN 978-7-5641-9407-9
定　　价：48.00 元

本社图书若有印装质量问题，请直接与营销部联系。电话：025-83791830

目 录

绪 论 ………………………………………………… 1

第一章 文化资源的界定 …………………………… 3

第一节 文 化 ………………………………………… 4
一、文化的界定 …………………………………… 4
二、文化的特点 …………………………………… 6

第二节 文化资源 …………………………………… 9
一、文化资源的界定 ……………………………… 9
二、文化资源的特点 ……………………………… 10

第二章 文化资源的类别 …………………………… 27

第一节 文化资源分类的逻辑起点与标准 ………… 29
一、以文化产业的需要为逻辑起点 ……………… 29
二、以"获取文化资源的途径"为分类标准 …… 32

第二节 物质实证性文化资源 ……………………… 33
一、历史建筑 ……………………………………… 34
二、历史文物 ……………………………………… 43
三、现代视觉艺术 ………………………………… 51

第三节 文字与影像记载性文化资源 ……………… 53
一、语言文字 ……………………………………… 53
二、历史典籍 ……………………………………… 56
三、文学经典 ……………………………………… 64
四、影像资料 ……………………………………… 67

第四节 行为传递性文化资源 ……………………… 72
一、作为文化资源的生产行为 …………………… 72
二、承载文化传统的生活行为 …………………… 75
三、传承思想观念的学习行为 …………………… 80
四、彰显民族性格的娱乐行为 …………………… 83
五、表达感恩和敬畏的节庆行为 ………………… 87

第三章　文化资源调查与价值评价 ⋯⋯⋯⋯⋯⋯⋯⋯ **91**

第一节　文化资源调查 ⋯⋯⋯⋯⋯⋯⋯ 92
一、文化资源调查的作用及原则⋯⋯⋯⋯⋯⋯⋯⋯ 92
二、文化资源调查的类型和内容⋯⋯⋯⋯⋯⋯⋯⋯ 93
三、文化资源调查的程序与方法⋯⋯⋯⋯⋯⋯⋯⋯ 97
四、文化资源调查报告的编写⋯⋯⋯⋯⋯⋯⋯⋯⋯ 101

第二节　文化资源的评价要素及指标设计 ⋯⋯⋯ 102
一、文化资源的评价要素⋯⋯⋯⋯⋯⋯⋯⋯⋯⋯⋯ 102
二、文化资源评价体系指标设计⋯⋯⋯⋯⋯⋯⋯⋯ 109
三、文化资源评价的方法⋯⋯⋯⋯⋯⋯⋯⋯⋯⋯⋯ 110

第四章　文化资源开发 ⋯⋯⋯⋯⋯⋯⋯⋯⋯⋯⋯⋯⋯ **115**

第一节　文化资源开发的理论分析 ⋯⋯⋯⋯⋯⋯ 116
一、文化资源开发的内涵⋯⋯⋯⋯⋯⋯⋯⋯⋯⋯⋯ 116
二、文化资源开发的意义⋯⋯⋯⋯⋯⋯⋯⋯⋯⋯⋯ 116
三、文化资源开发的理论依据⋯⋯⋯⋯⋯⋯⋯⋯⋯ 118

第二节　文化资源开发的原则与标准 ⋯⋯⋯⋯⋯ 123
一、文化资源开发的原则⋯⋯⋯⋯⋯⋯⋯⋯⋯⋯⋯ 123
二、文化资源开发的标准⋯⋯⋯⋯⋯⋯⋯⋯⋯⋯⋯ 125

第三节　文化资源开发的形式 ⋯⋯⋯⋯⋯⋯⋯⋯ 127
一、旅游业开发⋯⋯⋯⋯⋯⋯⋯⋯⋯⋯⋯⋯⋯⋯⋯ 127
二、艺术业开发⋯⋯⋯⋯⋯⋯⋯⋯⋯⋯⋯⋯⋯⋯⋯ 136
三、地产业开发⋯⋯⋯⋯⋯⋯⋯⋯⋯⋯⋯⋯⋯⋯⋯ 142
四、出版业开发⋯⋯⋯⋯⋯⋯⋯⋯⋯⋯⋯⋯⋯⋯⋯ 147

第四节　文化资源开发实践 ⋯⋯⋯⋯⋯⋯⋯⋯⋯ 150
一、文化资源开发的程序⋯⋯⋯⋯⋯⋯⋯⋯⋯⋯⋯ 150
二、文化资源开发中存在的问题及原因⋯⋯⋯⋯⋯ 153
三、文化资源开发的对策⋯⋯⋯⋯⋯⋯⋯⋯⋯⋯⋯ 156

案例：再造"大唐胜景"——西安曲江新区开发模式
⋯⋯⋯⋯⋯⋯⋯⋯⋯⋯⋯⋯⋯⋯⋯⋯⋯⋯⋯⋯⋯⋯ 158

第五章　文化资源保护 ⋯⋯⋯⋯⋯⋯⋯⋯⋯⋯⋯⋯⋯ **165**

第一节　文化资源保护概述 ⋯⋯⋯⋯⋯⋯⋯⋯⋯ 166

一、文化资源保护的目的与意义·············166
　　二、文化资源保护的原则··················167
　　三、文化资源保护的依据··················170

第二节　文化资源保护实践··················177
　　一、文化资源保护成效····················177
　　二、文化资源保护模式····················179

第三节　文化资源保护中存在的问题及对策······185
　　一、文化资源保护中存在的问题············186
　　二、文化资源保护的对策··················187
　　案例：南浔古镇文化资源保护与传承······*191*

第六章　文化资源配置的市场机制··················**195**

第一节　文化资源配置的市场机制概述··········196
　　一、市场机制的基本原理··················196
　　二、文化资源配置的一般性分析············198
　　三、发挥市场机制在文化资源配置中的决定性引导作用·······································202

第二节　市场机制在文化资源配置中的优势······207
　　一、市场机制的特点······················208
　　二、市场机制在文化资源配置中的优势······209

第三节　市场机制在文化资源配置中的弱点和缺陷 212
　　一、导致违反道德和法规的逐利行为········212
　　二、对垄断性调节的乏力性················212
　　三、对公共文化产品和服务调节的乏力性····213
　　四、造成外部不经济······················213
　　案例：横店影视城　"中国好莱坞"的成功之路
　　·······································*215*

第七章　文化资源配置的政府规制行为和规制均衡···**223**

第一节　政府规制概述······················224
　　一、政府规制的一般性分析················224
　　二、经济规制的一般性分析················226
　　三、社会规制的一般性分析················229
　　四、行政规制的一般性分析················232

第二节 文化资源配置的政府规制 …………… 235
一、文化资源配置政府规制的必然性及目标…… 235
二、文化资源配置政府规制的方法和作用……… 239

第三节 文化资源配置政府规制均衡重构 ……… 240
一、文化资源配置政府规制行为的外部性……… 240
二、政府行为外部性对文化资源规制失衡的影响 241
三、文化资源配置政府规制均衡重构与规制目标 243

附：国务院办公厅关于印发文化体制改革中经营性文化事业单位转制为企业和进一步支持文化企业发展两个规定的通知 …………………………………………… 249

案例：上海市历史风貌区和优秀历史建筑保护 ……… 255

参考文献 …………………………………………… 259

后　记 ……………………………………………… 261

绪 论

20世纪末,文化产业在全球范围内不断发展壮大。可以说文化产业是在全球化浪潮中,文化与经济相互渗透、相互融合过程中形成的新兴产业。作为当代人类社会新的财富创造形态,文化产业产生出巨大的经济和社会效益,日益成为世界各国竞相争抢的战略高地,开始对世界格局产生前所未有的战略性影响。文化产业在一些发达国家已获得极大发展,成为国民经济的支柱产业。在我国,文化产业伴随着改革开放的不断深入发展,伴随着国家大力推进第三产业的发展而迅速发展壮大。为适应和推动中国文化产业快速发展,文化产业管理专业应运而生,伴随着产业的不断升级,专业发展也逐渐明晰了培养目标,构建了核心课程。在这一过程中,文化资源的经济功能在文化产业开发过程中的重要性日益凸显,文化资源学也逐步成为文化产业管理专业的核心课程。

作为专业核心课程,文化资源学的逻辑起点是什么,主要研究什么,怎样研究,都需要一一明确。经过近30年的研究,学界同仁多从自身学科背景出发,开展相关理论研究,取得了一系列成果,目前研究主要集中于基础理论和实际应用两方面。基础理论方面探讨了文化资源的内涵、特征、分类和构成、资源配置与市场机制、政府管理等方面的问题;实际应用则主要围绕文化资源的开发与保护展开研究。总之,多年的研究逐步建构起我国文化资源学的基本理论,明确了主要内容和研究方法,积累了大量文化资源保护与开发研究个案,初步搭建了文化资源学的课程体系。

从学科属性看,文化资源学研究多从人类学、民族学、历史学、社会学、经济学、民俗学、宗教学、管理学等学科视野出发,产生了一批学术成果,但对于"文化资源学"的学科属性、学科特点、独有的学术视野和研究方法等方面的探讨还需进一步推进。因此,建构并明晰"文化资源学"的学科架构与学科属性,明确界定"文化资源学"的研究内容、主要方法与研究手段就显得迫在眉睫,要让"文化资源学"真正"师出有名"。

从研究领域来看,除了理论的探讨,应用性的分析和研究更多。从现有研究成果来看,学术界现有研究领域要么涵盖一个地区或村镇地域,要么从民族或宗教文化属性入手,抑或从农村与城市二元格局切入,尤其是对具有一定代表性的国家级或者省(市)级历史文化遗产给予较多关注,而对那些数量众多、内容丰富、分布较广、特色各异、长期渗入在民间生活中的地方文化资源和文化遗产进行的调查、收集、整理与研究还略显不足。随着文化资源与文化产业研究的深入,要加大推进一般性、地方性的文化资源的研究力度,以此来丰富和完善文化资源的研究内容。

从研究方法来看,现有研究较多借助人类学、社会学、民俗学、经济学等社会科学理论方法开展"问题—对策"探讨,主要研究范式表现为:在梳理各地文化资源类别、特征及价值基础上分析问题并提出建议与对策,但学理探讨和理论升华有待提高,现有研究对"文化资源学"的理论建构与学科体系探讨还不足。

本书在前人研究的基础上,尝试探讨文化资源学学科属性与理论框架。对文化资源的理论探讨建立在为文化产业服务的逻辑起点上,试图从历史学、社会学、经济学和管理学的视角,探讨文化资源是什么、有什么用、怎么用。因此研究内容涉及文化资源的界定和分类;文化资源的调查、开发与保护;文化资源配置的市场机制和政府规制。研究中力求突破二元格局,就文化资源整体进行探讨,在资源分类中突破物质文化与精神文化、物质文化与非物质文化的简单分类,以文化产业需要为逻辑起点,以获取文化资源的途径为分类标准,将文化资源分为物质实证性文化资源、文字与影像记载性文化资源和行为传递性文化资源。在文化资源的开发过程中,提出旅游业开发、艺术业开发、地产业开发和出版业开发。由此,更为综合地分析文化资源的理论及实际运用。研究方法上既有历史文献法、个案研究法,也有"问题—对策"探讨,同时特别强调田野调查在文化资源调查中的作用,并指明了调查的程序及报告的编写过程。

本书以2014年东南大学出版社出版的《文化资源学概论》框架为基础,主要在以下几方面作出修订和充实。首先,在教材的体例上,每章前增加了导读,明确学习该章内容的目的、应达到的效果及可能引发的讨论。其次,在关键术语和典型案例上,进行了适当的修改,增加了近几年出现的新案例。再次,在教材的内容上,第四章和第五章内容作了较大修改:第四章在文化资源开发中增加了文化资源影视的IP化开发、地产业开发和出版业开发,出版业开发中涉及了数字化开发,分析了更新的、更全面的文化资源开发路径;在第五章文化资源保护中,更改原有第二节内容,将文化资源遭到破坏的原因改为文化资源保护实践,梳理了我国文化资源保护的成效,同时在文化资源保护依据中增加了相关内容,使章节结构更为合理,内容更为充实。最后,在文献资料的引用上,作了相应的更新。其他各章节,文字表述上也力求更精确、更通顺。

感谢东南大学出版社对本书出版的支持!

第一章　文化资源的界定

目　的

在本章中你将
- 透彻地理解"文化"这个概念
- 了解关于文化的几个特点
- 掌握"文化资源"的定义
- 知晓文化产业包括哪些基本领域
- 了解文化资源与文化产业的关系
- 懂得文化资源对于文化产业发展的重要性

效　果

在实现这些目的之后,你应该能
- 凡是涉及"文化"的知识,都能以其定义为尺度,进行甄别
- 通过"文化"的基本特点理解文化产业的特点
- 以"文化资源的界定与特点"为标准,可以区分什么是文化资源,什么不是文化资源
- 运用"文化资源"的范畴,为家乡的文化旅游"支招"
- 向文化产业相关部门建议:哪些文化资源亟待开发、亟待保护
- 建立"文化资源对文化产业之重要"的强烈意识

讨　论

本章我们将讨论以下问题
- 文化的本质界定是褒义词还是中性词?为什么?
- 在文化资源的界定中"留有人类印记"和"承载人类文明"的差异是什么?
- 你是怎样理解文化产业的定义的?请举例说明。
- 你认为在文化资源的五个特点中,最重要的是哪一个?为什么?

文化资源是什么？文化资源在哪里？文化资源有哪些基本的特点？文化资源有什么用？这是学习"文化资源学概论"首先要认识清楚的一系列基本问题。

而要解答以上诸多问题，对"文化"和"文化资源"的界定，便尤为必要，因为这是最重要的理论基础。

第一节 文 化

我们都知道，平日里时常挂在口头上的词汇，往往是人们不能彻底说清楚的东西（狄德罗语），如"人""人类""感情""艺术""美"等等。"文化"也是如此，虽然常被人们言说，却是一个如同"空气"一般很难界定的范畴。可是，从文化资源和文化产业的学科建设出发，这又是一个无论如何都绕不过去的概念，那么，我们该如何认识这个非常关键的学术范畴呢？

一、文化的界定

迄今为止，对"文化"的界定已经有160多种。其中，既有将"文化"作为褒义词来界定的，也有将"文化"作为中性词来界定的。在众多的界定中，是选择一个大众化的具有普识性的界定作为文化资源学的理论基础，还是将几个界定进行比较，选择一个相对科学、较为客观的界定作为理论基础？这里，在褒义词和中性词中，我们各选出一个具有代表性的定义，给予相应的论述。但是，在本学科构建中，我们是以后者即中性词的界说为学理依据的，原因有三：首先，文化现象自古以来即良莠混杂，中性词更符合客观事实。其次，既然有"先进文化"和"落后文化"之分，文化，就不是褒义词。再次，如果文化都是"正能量"，那就不必再主张"推进文化的发展"了。所以，在理论界定中，只有符合客观事实的，才是相对科学的。

（一）作为褒义词的"文化"

从我国各种工具书对"文化"的界定来看，影响最大的一种就是把文化定义为"人类在社会历史发展过程中创造的物质财富和精神财富的总和，特指精神财富"[①]。

财富，是具有价值的东西。物质财富是这样，精神财富也是这样。如人类知识的总和，包括自然科学知识、社会科学知识、思维科学知识，是精神财富；人的知识水平和认知能力，也是精神财富；人类所有的思想观念，无论哲学观念、政治观念、经济观念、教育观念、法制观念、道德观念，还是宗教观念、艺术观念等等，凡是对推进人类历史进步有价值的观念，同样是精神财富。因此，在这里，无论是指"物质财富和精神财富的总和"，还是仅仅指"精神财富"，"文化"都是作为褒义词存在的。

---

① 中国社会科学院语言研究所词典编辑室：《现代汉语词典》，商务印书馆，2004年，第1318页。

胡适曾言:"文化,就是一种文明的生存方式。"为此,他在《我们对待西洋近代文明的态度》一文中指出:"我想提出几个基本概念来做讨论的标准。第一,文明是一个民族应付他的环境的总成绩。第二,文化是一种文明所形成的生活方式。第三,凡一种文明的造成,必有两个因子:一是物质的,包括种种自然界的势力与质料;一是精神的,包括一个民族的聪明才智、感情和理想。"① 在此,"总成绩"主要是指人类在接受自然环境、认识自然环境、适应自然环境甚至改造自然环境以求生存的实践活动中所获得的经验和成果,继而,就是人类应付社会环境,即伦理等级、政治等级、经济等级、学术等级所造成的人与人之间各种关系所取得的"成绩"。这些成绩沉淀而成的价值观,就会不断左右人们的生活方式。胡适虽然没有指出这些成绩与文明的关系,但"文明"一定是以"该做什么、不该做什么,该说什么、不该说什么"的相对明确的价值观为灵魂的。

肯定了"文化"即"文明所形成的生活方式",就肯定了"文化"一定是以正确价值观为核心的事关人类行为的物质和精神对象,这就为目前把"文化"定位为褒义词的理论界定夯实了权威性的学理基础。而德国历史哲学家斯宾格勒从地域、种族与历史进程交叉点的角度阐明人类创造过八种"高级文化",即埃及文化、印度文化、巴比伦文化、中国文化、古希腊罗马文化、伊斯兰文化、墨西哥文化、欧美为代表的近代西方文化。毫无疑问,斯宾格勒所言及的八种"高级文化",也是以这样的理论倾向为前提的。

不同的文化土壤,产生不同品格的文化产品;不同品格的文化产品,必然承载并揭示不同文化的核心价值,这是毋庸置疑的。但是,源自民族或者地域文化的各种文化产品,"在生活中可能只属于一个小范围,只是特定地域和特定人类的自我表现形式"②。若将其置于人类大文化的长河作动态考察,不仅可以看到各种"文化"自身继承发展的存在和演化态势,而且能够看出不同文化圈之间由于存在着差异,相互影响、互相制约而造成的文化演进或倒退。可见,自古以来,"文化"就具有"先进"和"落后"之分。而作为褒义词的"文化"界定,由此便显现出一定的局限性。因为褒义词是不能用贬义词来修饰的,就像我们不能说"罪恶的善良""低劣的高雅""荒谬的正确"一样。

在文化的多种定义中,上述概念只是其中的一种观点,有其合理性,也有其片面性。如果说一夫多妻、陪葬习俗、三叩九拜都曾经是一种"文化"的话,文化即"财富"的褒义词性,显然在逻辑上是不够严谨的。

(二)作为中性词的"文化"

学者余秋雨在《何谓文化》一书中指出:"文化,是一种包含精神价值和生活方式的生态共同体。"③ 他的这个观点,曾经以不同的结构方式在不同的场所有过多次表述,如"文化,是一个民族习惯了的生活方式和精神价值,以后者为主","变成了习惯的精神价值和生活方式,就是文化"等等。

"精神价值",是这一"文化"定义的灵魂,却是一个费解的概念。如果说"价值"就

---

① 胡适:《胡适精品集》第5册,光明日报出版社,1998年。
② [英]斯宾格勒:《西方的没落》,陈晓林译,商务印书馆,1963年,第38页。
③ 余秋雨:《何谓文化》,长江文艺出版社,2012年,第7页。

是"有用",那么"精神价值"就是指在精神领域即意识活动中对某一对象"有用"与否的判断。由此,我们会进一步追问,在精神领域里对客观世界某一对象"有用与否"的判断,其依据是什么?答案是关乎该做什么、不该做什么的道德观念,信仰什么、不信仰什么的宗教观念,拥护什么、反对什么的政治观念,尊奉什么、不尊奉什么的法制观念等等。一切关系到价值判断的标准和原则,即观念形态,就是精神价值。换句话说,凡是在精神领域进行的是非判断、美丑判断、褒贬判断、取舍判断、爱恨判断以及所持的评判标准,就是"精神价值"。

当然,只有当"精神价值"融汇于人的生活之中,统领人的生活方式,并使之成为"习惯"时,才形成"文化"。例如,在天安门前无数次举行过的升国旗仪式,就见证了中国人对五星红旗(国旗)——祖国的象征——所怀有的敬仰心态、肃穆的状态和礼敬的仪态。久而久之,这就成了中国人的一种行为习惯,其中蕴含着对社会主义祖国的热爱,也蕴含着作为一个日渐强大的国家的公民所特有的骄傲和自豪。因为国富民足,国强民安,中国人民这样的行为习惯就是精神价值的体现。与此同时,这样的精神价值又影响或决定着中国人民的行为习惯。

在余秋雨对文化的界定中,"生态共同体"也是一个费解的概念。如果说"生态共同体"是指人类在大自然中的生存状态,那么,社会生态是否也应该包括在其中呢?现实中,人们一旦感慨某一个人"文化素质太差"的时候,并非是指此人的识字能力差,或掌握现代科技的水平差,而是指"精神价值"出现偏颇之后,人们形成了没有道德底线的生活习惯,从而破坏了人们共同拥有的"生态环境"。显然,"生态共同体"是既包括自然生态——绿色健康的自然环境,也包括社会生态——安全和谐的社会环境在内的。

至此,余氏定义文化的三个关键词,便构成了"文化"的基本内涵。"精神价值"影响并引导生活习惯;"习惯了的生活方式"则建构或破坏着人的生态环境;而人们"听见了什么、看见了什么"甚至"吃到了什么、喝到了什么"的社会生态环境和自然生态环境,又必然影响着人的精神价值的形成:由此便形成了一个个无限循环的有机逻辑链条,影响着人类的生命质量。

二、文化的特点

文化,作为人类"应付他的环境的总成绩"所沉淀而成的精神价值,是渗透在人类各种实践活动之中的。总体而言,具有以下几个基本特点:

(一)文化具有以价值标准为核心的引导性

文化是一种引导。习惯了的生活方式,会派生出价值倾向;价值倾向又会引导甚至改变人们的生活习惯和行为方式。

人,是一个矛盾体:既有与外部世界的矛盾,包括与自然界和社会之间的矛盾;也有与自身的矛盾,包括欲望与良知的矛盾、情感与理智的矛盾等等。文化的灵魂,恰恰是在人类处理这些矛盾的过程中形成的各种观念。换句话说,文化,就是人类"与天奋斗、与地奋斗、与人奋斗、与己奋斗"的经验总结,所以,才具备了指导人类思想活动和行为实践的价值意义。

当我们承认社会思潮和社会风尚都是重要的文化现象时,一个时代特有的生活风尚和政治思潮、哲学思潮、艺术思潮等,便决定着人们吃什么饭、穿什么衣、住什么房、开什么车、玩什么手机、看什么电影、听什么音乐、读什么书、买什么报纸,甚至嫁什么人、干什么工作、以什么为追求或梦想的思想观念和行为。因而,学习文化,不仅是学习知识,更重要的是接受正确的价值观,学习正确认识问题、分析问题、解决问题的方式与方法。

（二）文化具有对人类欲望的约束性

纵观人的一生,是不断地在三个"形象"中转换身份的:在公共空间扮演的是社会形象,在家庭中扮演的是生活形象,在工作岗位上则扮演的是职场形象。而如何扮演这些形象,是有一定心理依据的。

当某一时期的主流意识形态提出要加强"社会公德""职业道德""家庭美德"以及"个人品德"建设的时候,人的行为则是在受"文化"的制约。而"文化"所制约的对象,主要是人的欲望,尤其是那些属于人的动物本能的各种贪欲,即总想获得不该获得的东西,以及由此产生的不符合道德、不符合法规的各种行为。这样,就出现了以"法制观念""政治观念""哲学观念""教育观念"甚至"宗教观念"为主导的文化建设。这就是文化对人的言行举止的规约作用,也是人们建构外部世界——如孟母择邻,以及建构内部世界——如自我批评,所依据的各种"文化"参照系。可见,以价值观为灵魂的"文化",对于人类的欲望来说,其天职就是约束。正因为有了这种约束,人,才成为了人。

总之,"文化"可以引导人们做什么、怎样做、为什么这样做,也可以规约人们不断思考在家庭里、在社会中、在单位里不应该做什么、为什么不应该做,以此逐渐创建起一个时代、一个民族的"集体人格"。

（三）文化具有不能遗传的习得性

社会现实和教育实践告诉我们,无论是人的知识,还是人的思想观念,都是通过教育或者实践活动才能够获得的。即使衣、食、住、行或言、行、举、止这些人类生命最基本的现象,也是需要通过学习,行为主体才能够掌握的。20世纪50年代初,印度曾经发现了一个"狼孩"。这个已经有11岁自然生命的孩子,在婴儿时期被一只母狼叼走并养大。由于他的成长完全与人类的文化无关（不会人类的语言,不会直立行走,不习惯吃熟食,不习惯穿衣服,表达感情只会"狼嚎"等等）,人们在这个人类后代的身上竟然看不到一点儿关乎人类的文化痕迹。可见,脱离了人类生存的社会环境,丧失人类文化的耳濡目染,没有接受人类的教育,"文化"是不可能随着父母亲的生物基因遗传给后代的。因而,文化,只能后天习得,不能先天遗传。

（四）文化具有类别的多样性

由于所有人类的活动——包括活动的过程、活动的规律、活动的对象、活动的结果——都与文化相关,所以,为文化分类便成了十分艰难的工作。

在现实中,存在着这样的一个逻辑链条:人的所思所想,制约着人的所作所为;人的所作所为,又成了人的所见所闻;而人的所见所闻,又一定影响着人的所思所想。这种循环性的逻辑链条,便是将文化分为"精神文化、行为文化、物质文化"的事实基础。然而,这些环节的循环往复,是以"你中有我,我中有你"难以截然区分开的"混响"现象存在的,所以,只有从不同的价值立场出发,设定不同的衡量标准,文化才可能相对地分为不同的类型。

以地域的区别来划分,文化有雪域文化、黄河文化、长江文化、岭南文化、草原文化等等;以种族的区别来划分,有印第安文化、匈奴文化、契丹文化等等;以不同的宗教来划分,又有基督教文化、伊斯兰文化、佛教文化、道教文化等等;以民族风俗的内容来划分,文化又包括礼仪文化、丧葬文化、梨园文化、陵园文化等等;以考古学标准来划分,文化还有仰韶文化、兴隆洼文化、龙山文化、红山文化等等;以历史演进的阶段来划分,文化又有青铜器文化、古希腊罗马文化、先秦文化、盛唐文化等等。可谓不胜枚举。

而以人类的实践活动来划分文化的层级,有两种观点:一种认为,文化可分为物质文化、精神文化、制度文化和行为文化;另一种则认为,文化可分为物质文化、精神文化、社会文化。实际上,二者都是以人类与外部世界的关系为逻辑起点的。

一个人从无意识状态来到世界上,到有意识地为了生存进行各种实践活动,便会经历从熟悉环境到认识环境,再到分析环境、最终适应环境或者改变环境的全部过程。于是,物质环境,造就了人的精神内容,精神内容必然通过人的言行举止来表达;而言行举止又必然对物质世界产生或积极或消极的作用。由此,物质世界会再一次以新的状态决定人的精神活动。由此形成了人类在世界中"靠什么生存"即物质文化,"想什么"即精神文化,"说什么"即制度文化,"做什么"即行为文化的"文化链条"。这就是文化层次理论的基本依托。

(五) 文化既具有稳定性又具有发展性

文化的稳定性是通过传承得以实现的。

当人们感慨东方文化是"耻感文化"、西方文化是"罪感文化"的时候,后者是以天主教、基督教的宗教文化为依托的,前者则是以儒教、佛教、道教思想为依托的。

与此同时,当我们不否认中国文化现状是在"感性自由"的层面上徘徊、西方文化是在"理性自由"的层面上延展的时候,两种文化相对稳定的特点是可以通过各自文化圈的人群其言行举止和生活态度得到证实的。毋庸置疑,由于西方人主张"人性本恶",所以,要用宗教和严格的法规制约人的私欲。久而久之,人的言行举止都要遵守法规,这便逐步构成了在理性层面上"想做什么就做什么"的自由。反之,中国文化主张"人之初,性本善",所以,人们对人性本善的极度信任,便形成了靠他人的评价决定自身行为的心理惯性,这就出现了"众口铄金""人言可畏""千夫所指、无病而死"等古训。在乎别人的脸色,在意别人的口舌,是"感性自由"文化的体现。

发展是绝对的,不变是相对的。文化亦然。

生产力的发展推动了社会经济基础的变革,经济基础的变化必然带来上层建筑(包括意识形态)的变化。其中最为重要的是观念的变化。当几千年的封建文化使人们脑海里"女子无才便是德"的观念尚未褪尽的时候,文姬续史、木兰从军、文成进藏、秋瑾革命，她们都以自己的才能和精神境界，完成了一种伟大的使命，并将其做到圆满，而被后人称为巾帼英雄。所以才有了今天女博士频频建功立业、女专家屡屡报效祖国的社会现实。

特点，是在比较中显现出来的。文化的特点，只有通过与客观存在的大自然相比较，才能够总结出来，这就为进一步研究相对于物质资源而存在的文化资源奠定了基础。

第二节　文化资源

犹如现实中的各种物质生产（物质产业）需要大量的资源一样，文化产业也需要资源，即"文化资源"。如果说，物质资源是具体的、可以量化的、难以再生的，是"不以人的意志为转移"的客观存在，那么，文化资源却拥有与之不尽相同的性质和特点。

一、文化资源的界定

资源，是人类生产活动可资利用的材料。文化资源，是文化产业所需要的原料。

（一）与物质资源并存的文化资源

物质资源，是宇宙之中、地球之上、自然界里的一切可以成为物质生产资料来源的那些对象，包括土地资源、水资源、太阳能资源、森林资源、煤矿资源、石油资源、天然气资源等等。挖掘并利用这些资源所进行的物质生产，主要是为了生产满足人类衣、食、住、行等生存需要的物质产品。

文化资源，则是人类社会中特有的、生产"满足人类精神需要的产品"即文化产品所依赖的资料来源。这些资源是关乎"人"的，是人类创造的文化的载体，有物质对象，有精神对象，也有物质和精神相结合的对象。所涉及的领域主要是不同民族、不同地域、不同历史阶段的人们特有的生产生活规律、言语文字特点、衣食住行习惯、歌舞娱乐方式、宗教信仰禁忌、节庆习俗礼仪等等。

（二）文化产业是界定文化资源的前提

物质资源是物质生产的前提和基础，同样，文化资源就是文化产业发展的前提和基础。而文化产业，正如有的学者所指出的那样，是"资本加技术，通过审美来实现的经济事实"（王列生）。目前，在我国，文化产业已经拥有了新闻信息服务、内容创作生产、创意设计服务、文化传播渠道、文化投资运营和文化娱乐休闲服务等多种类型。但无论类型多么丰富，关键的一点，还是需要通过"审美"即满足人们各种情感体验的精神活动，最终实现或者盈利或者赔本的经济事实。而分析各种文化产品的"审美"价值，便可以了解文化产业所需要的资源是什么、所需要的资源在哪里、为什么需要这样的文化资源等等。

从一个旅游景区与历史建筑的关系、一部电视剧与历史人物的关系、一部小说与历史事件的关系、一场晚会与民族民间歌舞的关系来分析,均可充分认识到文化产业对文化资源巨大的依赖性。没有文化资源,就没有文化产业;没有优质的文化资源,便很难产生优秀的文化产品。因为前者——旅游业、影视业、演艺业是文化产业,而后者——历史建筑、历史人物、历史事件、民族民间歌舞就是文化资源。

可见,文化资源是文化产业的基础,要有力推进我国文化产业的长足发展,首先就要重视对文化资源的挖掘、整理、遴选、运用和保护。

(三)文化资源的界定

美籍学者谭中教授曾指出,中华文明是一盏从未熄灭并永远照亮人类的明灯。这就从侧面充分肯定了我国作为一个文化资源大国在世界范围内的积极影响,即中华民族五千年没有间断过的文化足迹,使历史具有了充分积淀的连续性,进而遗留下了极为丰富和厚重的"人"的活动遗存和精神印记。这种遗存和印记落在了哪里,哪里就有文化资源,无论历史人物与历史事件、历史建筑与文物古迹、历史典籍与语言文字,还是生产方式与生活方式、宗教信仰和民族习俗、节庆礼仪与民间艺术,文化资源可谓取之不尽、用之不竭。即使在漫长的历史发展过程中经历了一次又一次来自大自然的毁坏,或来自人类社会自身的破坏,人类的文化资源依然异常丰厚。

由此看来,宇宙苍穹给予的客观存在的物质对象,是物质生产的资源;人类创造的体现人类意志的各种物质现象和精神现象,就是文化资源。换句话说,一切留有人类印记的、承载人类文明的、可资运用于文化产业的物质对象或精神对象,就是文化资源,价值观是其灵魂。

二、文化资源的特点

文化资源的特点,是相对于满足人类生存所需的物质资源而言的。物质资源,是大自然馈赠的遵循自然法则存在的各种资源,如江河湖海、森林山川、沙漠丘陵、肥沃良田、浩渺苍穹、日月光源等。相比较,留有人类印记的、承载人类文明的、可资运用于文化产业的文化资源又是如何存在的呢?

总括起来看,从历史性来说,文化资源包括典籍中记载或民间传说的属于"过去时"的历史人物与历史事件、历史建筑与文物古迹、生产方式与生活方式、宗教信仰与节庆礼俗、民族语言与民族教育、民间艺术与竞技娱乐;从现实性来看,文化资源则包括存在于目前生活里的"现在进行时"的某一民族或某一地区特有的生产方式与生活方式、宗教信仰与节庆礼俗、民族语言与民族教育、民间艺术与竞技娱乐等等。"现在进行时"是活态的文化资源,"过去时"则是曾经"活态的"通过不同渠道留在人类记忆中的文化资源。

因而,与物质资源相比较,文化资源的特点十分鲜明,即一切留有人类痕迹的、可用于文化产业的资源,既具有存在样态的丰富性、社会历史的记录性、精神价值的承载性,又具有地域或民族的独特性、可资利用的无限性。

(一) 存在样态的丰富性

文化资源样态的丰富性，是由"文化"辐射的广泛性和随着历史的发展不断演变、更新、充实的不定性所决定的。在此基础上，一切留有人类印记的、承载人类文明的、可资运用于文化产业的物质对象或精神对象，即文化资源，就形成了一个个范围极其广泛、样态极为多样的资源链、资源群、资源丛。

从已经被挖掘出来或被运用于文化产业的资源来分析，有的是以精神形态存在的，有的是以物质形态存在的；有的是动态的，抓不住就会消失，有的是静态的，需要开发和保护；有的是以文字记录的形态存在的，有的则以鲜活的行为存在于生活之中。认真研究并梳理文化资源的存在形态，既有益于挖掘和保护文化资源，又有益于文化产业的发展。

1. 物质形态的文化资源与意识形态的文化资源

存在决定意识，物质决定精神，在文化资源领域亦如此。

（1）物质形态的文化资源

物质，是独立存在于人类意识之外的看得见、摸得到的客观对象。作为物质形态的文化资源，或者说以物质形态存在的文化资源，如万里长城、都江堰水利枢纽工程、兵马俑、明十三陵等，在建设时期，有的是为了抵御外敌，有的是为了促进农业生产，有的是为了尊崇皇权，总之，都是按照人的意志去修建完成的，一旦成为客观存在的物质对象，历经千年风雨，就是名副其实的"留有人类印记的，承载人类文明的"极为可贵的物质形态的文化资源。

一般地说，凡是与人的物质需要相关的人类文明的遗存物，即与衣着、饮食、住所、交通相关，或者与生产劳动实践相关、与节庆礼俗相关、与娱乐消遣相关、与战争相关的物质遗存，都属于物质形态的文化资源。生活用具包括服饰、卧具、炊具、餐具、车御、建筑等，生产用具包括锄、镐、镰、犁、耧等工具，战争用具主要是花样繁多的兵器。至于各式各样的礼器都是为了祭祀所用，而古玩字画则是属于古人文化娱乐的物质结晶。这就是为什么一件古老的民族服装、一个上千年的"粗瓷大碗"、一顶上百年的毡包或帐篷、一个老旧的马车木轮、一个陪葬的玉琮、一幅古人的墨迹，都能够进入收藏家慧眼的原因。

尽管我们承认，物质，只有承载了人类智慧和文明，才能够成为文化资源，可是，文化资源一旦以特定的物质形态而存在，就是独立于人的意识之外的客观事实。因此，旅游业、会展业、出版业等作为日益繁盛的文化产业类型，正在大量深入挖掘、利用的，大多是物质形态的文化资源。

（2）意识形态的文化资源

意识形态，即观念形态，是建立在特定经济基础之上，人们对于世界的各种现象有系统的看法和见解，包括政治观念、法制观念、道德观念、哲学观念、经济观念，以及教育观念、艺术观念等等。

文化产品要打动人心，一定会承载不同的价值观，而价值观的建立无不取决于特定的意识形态。因此，以各类书籍为载体的观念形态，如《论语》《孟子》《大学》《中庸》

《易经》《诗经》《尚书》《礼》《春秋》等经史，毛泽东的《实践论》《矛盾论》等哲学著作，以及西方大量的科学学说，如达尔文的进化论学说，马克思、恩格斯的历史唯物主义和辩证唯物主义学说，弗洛伊德的精神分析理论、潜意识理论、性本能学说等等，广泛涉猎伦理学、政治学、哲学、教育学、心理学、史学等诸多学科领域，均属于观念形态的文化资源。

具体而言，仅我国儒家学说，就包括教育观念：有教无类；教不严，师之惰；因材施教；深入浅出与循循善诱；头悬梁、锥刺股的学习精神；孟母择邻；笨鸟先飞等等。道德观念：己所不欲，勿施于人；诚外无物；天道酬勤；严于律己，宽以待人；表里如一；敏于行而讷于言；诚信至上等等。文学艺术观念：诗言志；文以载道；寓教于乐，潜移默化；外师造化、中得心源；不像不是戏，太像不是艺等等。还有法制观念、宗教观念、科技理念……由于这些学说曾有力地影响过我国社会发展和文明的进程，便构成了具有产业价值的文化资源。

2. 动态文化资源与静态文化资源

运动是绝对的，静止是相对的，在文化资源领域也是如此。

（1）动态文化资源

动态的文化资源，是不容易被保护的，因为往往是易过性的，如民间祭祀仪式、民间节庆礼仪、民间歌曲、民间曲艺、民间舞蹈、民间体育赛事等等。每一位参与者，都是活动的主体，在活动的过程中无不渗透着自身的主观意识。因此，动态文化资源，凡是流传至今的，一般都会有"万变不离其宗"的多种版本。

仅以民间艺术为例。凡是迄今存活于现实生活中的民歌、民间故事、民谣，都是经由不同的民间艺术家口口相传保留下来的。所以，民间艺术才具有充分的鲜活性、不定性、即时性、多样性和流动性等特点。其一旦被当代的艺术家记录下来，变成了歌曲集上的"作品"，就失去了动态的灵性和可供恣意发挥的创意空间。

为此，凡是在易过性现象中可以感受到的文化资源，就是动态的文化资源。

（2）静态文化资源

静态的文化资源，是大多作用于视觉的对象，如建筑、服饰、用于祭祀的礼器和用于生活的物具等等。从陕西的兵马俑、山西的晋祠、河北的避暑山庄，到苏州的园林、湖北的黄鹤楼、湖南的岳阳楼，从蒙古族服饰、藏族服饰、维吾尔族服饰到朝鲜族服饰、纳西族服饰、白族服饰，从明朝的宫廷设施和民居家具到清朝普通百姓家里的用具都属于静态的文化资源，可以成为旅游业的基础，也可以成为出版业、会展业、影视业甚至演艺业的重要资源。

（二）社会历史的记录性

有人说，一片土地的历史，就是在它之上的人民的历史。人民创造文化，人类的历史，就是承载文化的历史。所以，文化，是一个历史范畴。

当一个民族"习惯了"的生活方式和精神价值需要历经几十年、几百年甚至几千年才能够积淀而成的时候，回顾历史，就是在回顾文化；回顾文化，也就是在回顾历史。所以，凡是好看的舞台剧、故事片或者电视剧，都有扣人心弦的好故事，而动人的好故事大多来自承载历史的文化资源。如反映鄂温克族索伦部历史的民族歌舞剧《彩虹之路》，就是从乾隆年间发生的真实事件中挖掘文化资源、运用文化资源的；由此，在呼伦贝尔市还建立了供旅游参观的"索伦部主题公园"。

而故事片《红色满洲里》，则是主创人员从20世纪20年代的党史资料中挖掘文化资源、运用文化资源的成功范例。至于上世纪八九十年代张艺谋在柏林国际电影节获得金熊奖的故事片《红高粱》、陈凯歌上世纪90年代在戛纳国际电影节获得金棕榈奖的故事片

图1-1 《霸王别姬》剧照

《霸王别姬》（图1-1），以及21世纪以来在A级国际电影节获奖的故事片如《我的父亲母亲》等等，无不源自中华民族近现代历史的文化资源。

时间，是一次性的。已经过去了的时间，便成了历史而不可能复现。那么，我们是怎样认识历史的呢？途径是多样的，可以通过记载历史的各种文本，也可以通过承载文化的各种实物，还可以通过现实中人们各种行为的传承，如语言文字、道德规范等。而各种文本，只要是作者尽力按照客观事实"本来样子"进行书写的，便具备了鲜明的历史承载性。同时，各种具有历史价值的实物，各种反映历史的民族风俗、民间艺术等等，前者如历史建筑、民族服饰、古玩字画，后者如节庆礼俗、婚庆仪式、民间歌曲、民间故事，也可以帮助人们去认识一个民族曾经的发展脚步，从而体现出文化资源的历史承载性。

1. "名人"的历史记录性

文化产业各行业都尽可能从承载历史的各种文本中挖掘作为文化资源的历史人物，这是文化资源推动文化产业发展最为有效的实践活动。

从近些年的畅销书来看，有的是记述历史上著名的政治人物，如《千古一帝秦始皇》《卑鄙的圣人曹操》《成吉思汗评传》《我的父亲邓小平》等；有的是记述作为时代英模的人物，如《孔繁森》等；有的是记述因科技而致富或因政治地位而致富的林林总总的富翁，如《红顶商人胡雪岩》《地产女王》《比尔·盖茨全传》等；还有的是记述在文艺界或体育界因其巨大的社会影响力而格外著名的人物，如《徐志摩的前世今生》《美丽与哀愁——一个真实的邓丽君》《无法直面的人生——鲁迅传》《姚明传》等；以及记述那些因身边非凡的"男性"而出名的人物，如《张学良的红颜知己——赵四小姐》《宋美龄最后的日子》《贺子珍传奇》等；再有就是记述与黑社会相关的历史人物，如《教父杜月笙》等等。

读者对名人成功的诀窍以及生活方式往往怀有极大的好奇心，这就使得从古至今的大政治家、大企业家、大文学家、大艺术家以及他们身边的各色人物，成了抢手的文化资源。

但是，阅读名人传记或根据名人传记衍生出来的小说，人们的收获主要还是对"名

人之所以成为名人"的深刻思考；进而，是对在那个时代何以能产生这样的"名人"的历史发展规律的认识。因为，只有明白了自己是"从哪里来"，才能够明确自己应该到"哪里去"。

除此之外，近半个世纪在我国影响非常广泛的文化产业之一，是电视业，尤其是电视连续剧。而好评如潮的剧目，其创作资源大多来自社会发展的历史，而且还因通过反映著名历史人物的性格和命运以展示历史演进的脚步而令人难忘。从古代对我国社会发展产生过巨大的正面或负面影响的历史人物，如《孔子》《汉武大帝》《武则天》《唐明皇》《包公》《李清照》《成吉思汗》《大脚马皇后》《努尔哈赤》《康熙王朝》《雍正王朝》《宰相刘罗锅》《铁齿铜牙纪晓岚》《末代皇帝》，到近现代在中华民族求解放的历程中写下厚重一笔的历史人物，如《霍元甲》《鲁迅》《李大钊》《秋白之死》《赵尚志》《诺尔曼·白求恩》《周恩来在重庆》《少年英雄王二小》《彭雪枫》，再到当代在政治、科技、文学艺术等领域作出过巨大贡献的人物，如《华罗庚》《周总理的一天》《赵树理》《朱德元帅》《严凤英》《陈赓大将》《李小龙传奇》《刘伯承》等等，这些以名人的名字命名的文化产品——电影或电视剧，所引发的是人们对艺术背后的真实历史的兴趣——对文化资源本身深入认识的兴趣。

孔子是怎样创建儒家学说的，儒家学说对中国人的精神世界为什么能够产生几千年的深远影响？包拯为什么是一个黑脸的形象？他秉公执法、铁面无私的法制思想，对今天中国的法制建设会产生怎样的影响？康熙和雍正，究竟谁对中国历史的贡献更大，为什么？武则天作为中国历史上唯一的女皇帝，思想之开放，政绩之辉煌，可感可叹，但她的墓前何以立的是一块"无字碑"？鲁迅作为中国人"最硬的脊梁"，是怎样被造就的？赵树理的成绩，是来源于政治机遇，还是来源于文学才华，抑或是脚踏实地的"草根情结"？周恩来总理是一个境界极为崇高的人，他的政治智慧、宽阔胸怀、敬业精神、牺牲精神均无与伦比，但他是一个悲剧人物吗？至于末代皇帝溥仪，作为伪满洲国的皇帝，其罪过，可谓罄竹难书，仅仅监守自盗故宫成千上万绝世珍宝这一项，就罪在不赦！

如果说，这一切都是文化资源中"名人"所承载的历史，以及由此引发的对历史的深入思考，那么，通过不同民族、不同地域、不同时代的人们的服饰装束、饮食习惯、居住环境、交通条件，还可以看出其关乎道德、政治、法制、宗教等范畴的生活态度和价值倾向，这些亦体现出了文化资源对社会历史的记录性。

2. 静态文化资源的历史记录性

历史建筑、古玩字画是静态的文化资源。旅游业不可或缺的文化资源，主要就是体现地域文化特色的古代建筑和历史文物。

一个旅游场域的吸引力，可以由自然景观的稀缺性、离奇性、挑战性而产生，也可以因人文景观与某一个历史人物或某些历史事件相关而具有独特的历史内涵。后者的吸引力有时会胜于前者。仅以旅游业所依赖的静态文化资源为例，就可以清楚地认识到这一点。

一座历史建筑经历过什么，见证过什么，记载着什么，诉说着什么，不仅可以激发观光者的无限遐想，而且通过那些带有历史痕迹的多种建筑元素，还可以将旅游者带回到过去的岁月。从体现当时科技水平的建筑材料,标志着当时审美倾向的造型和色彩,到反映当时社会等级差异的规制和格局,均程度不同地将那个年代人们的生活习惯、行为习惯、兴趣爱好、生活格调、价值标准记录了下来。由此,将不同历史时期的建筑物进行对比,便可以领略一个民族或一个国家在不同发展阶段的生活风采和精神价值。

在我国的古代建筑群中,最具代表性的是位于北京市中心的明朝和清朝的皇帝宫殿——紫禁城,即故宫。自1406年肇建至今,已经历了600多年的风风雨雨。

按照使用功能,故宫分为"前朝"和"内廷"。前朝,以位于紫禁城南北中轴线显要位置的太和殿、中和殿、保和殿为中心。宫殿气势宏阔,庄严雄伟。就在俗称金銮殿的太和殿内,有一组六根蟠龙的金柱,蟠龙的造型,均由"薄如蝉翼,轻如鸿毛,柔似绸缎"的金箔打造而成。西侧的龙头向东眺望,东侧的龙头向西眺望,与藻井中的金色飞龙相互呼应,不仅围绕出一个只有"真龙天子"才能置位的金碧辉煌的神圣空间,而且见证了宫内宫外的时势更替和文化变迁:自顺治皇帝登极,太和殿就历经了清朝9位皇帝的登极大典,至于皇帝大婚、册封皇后、命将出征等国家大事,以及万寿节(皇帝寿诞日)、元旦、冬至三大节日,皇帝都要在这里接受朝贺。同时,这六根金柱上的贴金工艺也记录了500多年前我国的金箔工艺所达到的水平:凭借手工,能够把纯度99.99%的一克黄金,夹在煤油熏炼成的乌金纸里,经过6～8小时的捶打,变成厚度为万分之一点五毫米的金箔,约有0.5平方米大。迄今,南京的一家金箔厂还保留着这项工艺。因而,就在《清史稿》里记录的发生在太和殿的重大事件,不断成为影片《末代皇帝》《末代皇后》,电视剧《雍正王朝》《甄嬛传》《康熙大帝》等文化产品的重要资源时,"六龙御天"造就的视觉神话,也成为我国工艺史闪光的一页,是推进我国金箔工艺长足发展应当借鉴的文化资源。

故宫建筑群里,在太和殿与武英殿之间,有一座单孔汉白玉石拱桥(图1-2),护栏的石雕活泼可爱、清新淳朴。34只狮子居于石柱顶上,而穿行于牡丹、荷花、菊花、蜀葵之间的游龙,却出现在位于其下的桥梁护栏上。"龙在下,狮在上"的造型结构,在整个故宫建筑群是独一无二的。

那么,这座名为"断虹桥"的建筑,究竟记录了什么呢?据学者们考证,这是元朝蒙古人修建的早于故宫建筑群的一座石桥。草原民族信奉"万物有灵"的萨满教,这就使之摆脱了中原农耕文化造就的"真龙天子"至高无上的教条与严苛,因而,这里的"龙"才有了脱离权威的自在,有了不必装腔作势的轻松,有了"毫无心机的自由"。可见,断虹桥的记录功能,不仅告诉人们是谁修建了它,为什么修建,而且还记录下建筑者的审美倾向和文化诉求。

至于会展业、设计业、收藏业甚至广告业,文物古迹、古玩字画都是最基本、

图1-2 故宫内"单孔汉白玉拱桥"

最丰富,也是最能够诉说历史的文化资源。

上世纪我国出土的"凤纹钟钮模"是一件稀世珍宝,既反映了春秋时期经济实力强大的晋国铸铜业的辉煌,反映了当时我国铜铸工艺所达到的水平,同时还揭示了今天"模范"一词构成的事实根据。两千多年前,一个国家的"大事",无非是祭祀和战争。既需要礼器,又需要兵器,二者均离不开铸铜工艺。通过这个"凤纹钟钮模",我们可以看到拥有丰富铜矿资源的晋国,是如何使陶范的外范、内范、合范技艺达到炉火纯青水平的。第一步是用陶土制模,第二步是在模上刻范,第三步是将其阴干,第四步是烘焙模范,第五步是翻范。之后再铸铜。这是活版印刷术的前身——块范法的具体体现。

静态文化资源,作为实体性存在,是可以通过观察、解构、化验和分析,发现其承载的多种历史文化元素的。这种无言的诉说,较之于语言记述中的历史,具有更为可靠的事实依据。

3. 动态文化资源的历史记录性

如果说古代建筑、历史文物,包括历史典籍,都是静态的文化资源,那么,一个民族或一个地区特有的生产方式和生活方式、宗教信仰与节庆礼俗、民族语言与民族教育、民间艺术与竞技娱乐等等,就是动态的文化资源。

就其旅游业而言,上述文化现象都是其基本的文化资源,无论是体验式的农村度假游、牧区度假游还是观光式的异地游,从采摘、收割的生产劳动到同吃同住的生活经历,都离不开对民族习俗的体验,对民间艺术的欣赏,以及对民族语言(包括地域方言)的感知。对于出版业、影视业、动漫业甚至演艺业而言,作为产业发展的重要基础,上述动态文化资源同样具有不同民族、不同地域、不同时代的历史记录性。这里,仅以民歌为例。

爬山调,顾名思义,是与"山"相关的歌唱,不论是阴山西麓的狼山、东麓的大青山,还是接近于"山"的陕北、晋西北的"黄土高坡",歌唱主体主要是生存于这种干旱少雨、土地贫瘠的自然环境中的晋、陕、内蒙古交界地区的劳动人民,即昔日的长工、佃户,今日的农民、牧民等等。其中大多是因生存所迫走西口的"贫困移民"。有歌词为证:"河曲宝德州,十年九不收。男人跑口外,女人掏苦菜。"生存环境的恶劣、经济权力的微弱、所处时代的局限,都是原生态爬山调生成的历史背景。

而"原生态"爬山调,特指前工业社会时期生成的、散落在民间且口口相传的爬山调作品。这是由语言形态的原生性、生活追求的原生性、价值尺度的原生性等几个方面共同决定的,反映着一种独特的文化气质:一是具有对大自然环境的依赖性和妥协性;二是具有鲜明的地域性或民族性;三是具有极大的可持续发展性。

客观地说,从浩如烟海的爬山调民歌来分析,可以看到,爬山调表达的主要是与生存底线即"食、色"相关的内容:从每天吃什么,穿什么,戴什么,住什么,用什么,甚至铺什么,盖什么,到自己爱的是谁,为什么爱,怎样爱,能否得其所爱,是否娶得起妻子,娶了什么样的妻子,日子过得怎么样等等,朴素、实在、率真且痛快淋漓地记录着草根民众的生活与感情。当我们承认,身体的变化会发生知觉,随之产生的感受就是情绪时,爬山调的情感,均源于歌唱主体生存状况的切实感受,没有空话,没有大话,没有假话,只有在认同"求生存"的真实中,倾诉着喜怒哀乐,真实而质朴。不论宣泄还是诅咒,不论忧伤还是喜悦,不论歌颂还是批判,不论愤怒还是抑郁,都围绕着一个中心,那就是能否满足老百姓"生存"的要求。就是这个标准,使得普通百姓在歌唱中不断显现出记录社会问题和评说社会时弊的思想倾向:历史上的各种社会制度、社会风潮以及国计民生,只需用民众"衣、食、住、行"的切身感受作为标准,就可知其兴衰。

有学者认为,爬山调是在清王朝就出现了的,但作为文化资源摆在我们面前的,主要是20世纪初期以来搜集到的作品。从目前掌握的有限的歌词来看,大致记录的是三个历史时期的民生状况,一是1949年之前,二是1949年到1979年之间,三是1979年之后。

1949年以前,劳动人民生活得怎么样?"炉子不吸灶火烟,掏回苦菜没咸盐。财主吃肉红烧上,咱吃粗粮菜拌上。"那么,造成百姓生活艰难的根源是什么?概括起来看,主要有两个原因:一是政治压迫;一是经济剥削。"白马青鬃大路上站,要一回壮丁众人难。""听见保长进了院,好比阎王露了面。""一脚踢开两扇门,五花大绑捆了个紧。""没头鬼甲长不算人,半夜三更来抓兵。大风刮起油油沙,也不知道把个人流落在哪?"这是半封建半殖民地农民所受的政治压迫,其中日本帝国主义对中国人民的压迫可以说是最为残酷的。"数九寒天没衣衫,日寇侵占大青山。三光政策真凶恶,又烧又杀又抢掠。"而地主老财的剥削,在1949年之前,则是更为普遍和广泛的。"算盘一响卷铺盖,工钱不给赶出来。……一年四季没挣下个钱,地冻三尺谁可怜?财主就像狼一般,吃肉又把血吸干。"

1949年中华人民共和国成立之后,劳动人民站起来了,生存的需要得到了满足:"白面馍馍糜米饭,一年四季肚皮展。""上街买了两把羊刀刀,回家咱们就包饺饺。""草原时兴个手把羊,牧民的光景一天比一天强。"

1978年改革开放之后,农村包产到户,普通百姓的物质生活发生了更为巨大的变化:"涤纶裤裤涤确良衫,灯芯绒鞋钵钵外铲铲。拉毛围巾脖颈上围,时兴衣裳换不拌。""高腰腰皮靴踩住镫,得劲得劲赶生灵。""红绸褥子绿缎被,写字台茶儿高低柜。""一年卖给国家万斤粮,惬惬儿买回一辆新凤凰(自行车牌子)。"

在新的历史条件下,传统价值观会不断受到挑战。只有那些发自人性本真并被广大民众"坚守"不变的,才可能与新的价值倾向兼容并存,才可能使这种文化价值观依然显现出特有的风采。尊重人,尊重每一个人,尤其是尊重社会底层的劳动者,集中体现在对每个人"一餐、一饭、一件衣裳"的物质需求和精神需求的具体尊重,这就是中华民族文化的核心,是"提高综合国力""以人为本""科学发展观"的现实基础,也是爬山调所反映的基本的价值观念。

(三)民族、地域、时代的特色性

"文化资源"是一个历史范畴,因其地域特色、民族特色、时代特色具有不可复制、不可替代、不可再生的特殊品质。就像我国历史上只有一个秦始皇、一个孔子、一个孙膑、一个毛泽东、一个袁隆平一样,所有影响过历史进程的人物,无论是在他所处的特定历史时期,还是在人类历史发展的整个过程中,都是不可替代、不可复制的,尽管他们之间也许会有某些相似之处。

因此,谁占有了民族特色鲜明或地域特色浓郁的不可再生的独特的文化资源,所生产的文化产品便会拥有非常乐观而饱满的市场预期。这在分别获得国际大奖的莫言、张艺谋、陈凯歌、贾樟柯的作品中已经得到了印证。从小说《蛙》《生死疲劳》《丰乳肥臀》,到影片《英雄》《霸王别姬》《三峡好人》,无不得益于对稀缺的民族文化资源的创意性运用。秦王嬴政之于故事片《英雄》,是对"稀缺"的重要历史人物的挖掘和运用,三峡居民迁徙之于故事片《三峡好人》、出台计划生育国策之于小说《蛙》,又是对我国历史上独一无二的重要历史事件的挖掘和运用,就是最好的例证。

1. 文化资源的民族特色

"民族,是人们在历史上形成的一个有共同语言、共同地域、共同经济生活以及表现在共同文化上的共同心理素质的稳定的共同体。"[①]而在民族历史发展中稳定形成的、承载民族集体智慧的文化资源,就是民族文化资源。在此基础上形成的文化产品必然会在该民族群体中拥有良好的市场前景。可以说,文化资源的民族特色是其最明显、最重要的特色。

2. 文化资源的地域特色

地域文化,是指在一定地理空间范围内形成的相对稳定的特色文化,是一切文化产业非常重要的文化资源。地域文化的基础,是自然地理和人文地理位置;地域文化的灵魂,是生活在特定地区的人们共有的以价值取向为核心的生活态度;地域文化的特色,则是某一地区民众在生活习惯中表现出来的言行举止的特殊性。而地域文化所具备的"人无我有"或"人有我优"的多元统一的特殊品质,就是地域文化特质。地域文化特色是表现,地域文化特质是灵魂。

位于华北平原北端的北京城,拥有"扼三北""通五江"的地理优势;也有从公元10世纪始便与"京都"结缘的人文优势:辽陪都、金中都、元大都,明朝和清朝都曾在这里建都。双重优势,夯实了北京文化特质的物质基础与精神基础。

回顾以近百年北京人生活为题材的电视剧,无论是《四世同堂》《大宅门》《茶馆》《五月槐花香》,还是近来播出的《情满四合院》《芝麻胡同》《正阳门下小女人》等等,都因其自觉地表现了北京地区特有的人文历史或当今百姓特色鲜明的生活态度,反映出鲜明的地域文化特色,而获得了不错的收视率。其中,既揭示出由四合院的居住条件所决定的北京人特别"重视德行"的生活态度,又表现出了由社会政治地位悬殊极大造就的北京人特别"客气好礼"的生活习惯。与此同时,由六百年京都文化造成的北京人"笃诚爱国"的精神以及北京人"敢为世人先"的创新精神,都是植根于地域文化的沃土之中的。

3. 文化资源的时代特色

文化资源的灵魂是文化,文化是随着人类社会的发展而变化的,所以,文化资源的时代性,就是文化资源的发展性。

---

① 斯大林:《马克思主义和民族问题》,载《斯大林选集》上卷,人民出版社,1979年,第63页。

时代,是历史进程中的一个节点,是在纵向的历时态中截取的一个现时态概念。具有时代特色的文化资源,是在某一个特定历史时期多重要素共同促成的,同时,会以"那个"时代的主流意识形态即时代精神为核心,在继承文化传统的基础上形成自己独特的风采。

不同时代的生活和生产方式是文化资源,不同时代的艺术遗产也是文化资源。因而,当古人论及音乐这种文化资源时,曾指出:"盛世之音歌以颂,败世之音歌以糜,乱世之音歌以怨。"就是在强调动态文化资源的时代特色。而静态的文化资源中,既有"晋书尚韵,唐书尚法,宋书尚意"(董其昌)的时代特色,又有绘画艺术中"北宋画深沉,南宋画水墨苍劲,元代绘画潇洒抒情"的时代性。再如人物画的审美倾向,在魏、晋、宋、齐时代,以"秀骨清样"为美;在梁、陈、隋代以"面短而艳"为美;到了唐代则以"肥胖健硕"为美等等,也是静态文化资源的时代特色。

依照爱默生的观点,越是具有时代特色的文化资源,也就越能为后代接受者显示出一种庄严伟大的境界,显示出一种必然伟大的道理和神圣的品质。[①] 今天,当文化产业的组织者或文化产品的主创人员在寻找具有不同时代特色的文化资源时,"买故事就是买特色",几乎成了不言而喻的事实。其中,既包括垂青于那些独具民族特色的文化资源,青睐于那些独具地域特色的文化资源,也包括格外重视那些独具时代特色的文化资源。无论明朝张居正的故事、元朝忽必烈的故事、晚清秋瑾的故事,作为文化产业——影视业、出版业、旅游业等文化产业的创意前奏,一旦与市场挂钩,与经济相连,其"买故事"即"买资源""买创意",就会像争夺物质资源一样,陷入激烈的竞争。

(四)精神价值的承载性

精神价值,是人们在意识活动中,判断爱恨、是非、美丑、褒贬、取舍、对错的基本标准。当各种文化现象一旦作为资源被文化产品选择并运用时,其重要的文化附加值就是精神价值。所以说,文化资源与物质资源最大的区别,是拥有精神的承载性、引导性,换句话说,文化资源的意义就在于因精神价值的承载性而受到文化产业的垂青。

所谓"精神价值的承载性",一是指文化资源自身蕴含着某种精神价值,二是指文化资源可以产生某种精神价值,三是指文化资源可以强化某种精神价值。无论民族文化资源还是地域文化资源,抑或是一个时代的文化资源,都具有这样的特性。

1. 居住环境造就的精神价值

从庄严的明清故宫到古香古色的四合院,从高大的正阳门到清新优雅的皇家园林,从巍峨的天坛到造型精美的北海白塔,标志性建筑、纪念性建筑、观赏性建筑和实用性建筑,共同构成了北京特有的文化资源。其中,四合院就颇具精神价值——"重视德行"的承载性。

无论正房、西房、东房甚至南房,面面相对的结构格局,使四合院里各家各户的门一敞开,几乎无秘密可言。彼此之间不想关注的关注,不是监督的监督,没有故事的故事,便油然而生。为此,家族成员或不同利益相关人群之间便建构起了互相关注、互相影响、

---

① 蒋孔阳,朱立元:《西方美学通史》第5卷,上海文艺出版社,1999年,第756页。

互相帮助的人际关系,当然也难免互相猜忌、互相攀比、互相拆台。孰是孰非,孰对孰错,在"众口铄金的现实"中便生成并强化了北京人特别重视德行的生活态度,这就是为什么维护社会公德的"小脚侦缉队"会出现在北京,大多数以北京人生活为题材的文化产品为什么都以道德为主题的原因。

2. 语言特色承载的精神价值

作为北京文化资源的听觉元素,且不说需要解释的北京方言,如,讽刺人,叫"挤兑人";胡说,叫"胡呲";出馊点子,叫"出幺蛾子"等等,即使从人对人的称谓上看,也无不体现着具有文化厚度的地域特色。

历史上,北京城曾上有天子,下有乞丐;今天的北京市,从国家级、省部级、地市级……直到普通百姓,社会地位的极大悬殊,便形成了人的尊卑心理,而这种心理必然表现在称谓上。

解放前,尊称男性必带个"爷"字,如"查六爷""秦二爷""常四爷"等。解放后,尊称男性很少再称"爷"了,但鄙称男性却依然会用绰号或冠以"小"缀以"子"字,显见,还是秉承了解放前的口语习惯的,如"结巴""虾米""小李子""小梁子""小祺子"等。习惯性称谓是人与人之间特定关系的写照,同时也反映出北京方言"客气好礼"深层的心理原因——礼即"禮",事神致福也,即用贡品敬奉神灵的一种行为,表达的是人们对保障自己生存的"神"由衷的感恩与敬畏。以此推导,凡是与生存相关的感恩、敬畏心理,表现在语言上,必以"礼"为核心。

无疑,客气是因为好礼,好礼是因为要生存。而生存,既与社会地位相关,也与家庭地位相关;而地位,则由政治和经济共同形成的社会等级所决定。即使今天,对领导和长辈要"敬",对下级和晚辈要"慈",对同级和同辈要"友",也是与生存相关的带有差异性的"客气好礼"。

3. 娱乐方式承载的精神价值

在北京的地域文化中,京剧、京韵大鼓等等,既是地域文化的听觉"符号",也是精神价值的载体。你听,时常挂在白景琦嘴上的京剧念白:"看前面,黑洞洞,定是那贼巢穴。待俺赶上前去,杀他个干干净净",带着岳家军第一号猛将高宠特有的气势和力量,一定是在剧情发展到最关键的地方才出现的(见电视剧《大宅门》)(图1-3);令人又喜欢又同情的白新生,无论喜怒哀乐还是爱恨情仇,都能随大鼓书娓娓道来,透着阅尽京城沧桑而"处变不惊"的一种心理承受能力(见电视剧《全家福》);而祺瑞年的晚年生活,需要精神寄托,也需要亲情、友情甚至爱情,他之所以沉醉于京戏,既是为了消遣,也是因为喜欢"有板有眼"的唱腔中蕴含着北京人做人做事的"精、气、神"(见电视剧《有你才幸福》)。

图1-3 《大宅门》海报

（五）可资利用的无限性

相对而言，物质资源，无论是煤矿资源、石油资源，还是土地资源、森林资源，都是越用越少的。而文化资源，大多属于精神对象，是在信息传播中存在的，即使被运用，也没有实体性消耗，因而，就具有了可资无限利用的特殊性。一位传奇人物、一个民间故事、一首民歌，可以在不同的版本中源远流长地得以传播，就是这个道理。

物质形态的文化资源，作为实体具有不可再生的稀缺性，其精神内涵的附加值，

图1-4 动画片《狮子王》剧照

却是可以被无限运用的。因为只要与人相关，就有故事发生，而故事的内容是可以随着不同时代演绎者们价值观的变化而发生改变的。至于非物质形态的文化资源，其可资无限利用的特殊性就更加明显了。如，莎士比亚的悲剧《哈姆雷特》不仅在我国被改编为故事片《夜宴》，还被美国改编为动画片《狮子王》（图1-4）。由此可以看出，凡是具有超越国度、超越民族、超越时代的审美共识的文化资源，转化为文化产品的前景多么广阔，可资利用的无限性便不言而喻。

那么，文化资源为什么会被无限地使用呢？原因有三：一是文化产品创作者的价值立场存在着差异，即不同的人对同一个文化资源会有不尽相同的价值评断，这样，同一个文化资源就会被多次解读、多次阐释、多次使用。二是一个时代有一个时代之需，即不同的时代会根据当时主流意识形态的需要，对同一个文化资源作出特有的价值判断。由此循环往复，同一个文化资源就会产生许多不同的阐释和运用。三是地域或民族存有差异，即对于某些特色鲜明的文化资源，不同民族、不同地区的接受者必然会有不同的理解和运用。

1. 价值评断的歧义性——文化资源无限使用性的个人原因

在现实中，面对同一个文化资源，不同的接受者或传播者会有自己独特的理解和价值判断，这就使得文化资源价值判断的歧义性在所难免。继而，在文化产品中，就会出现对某一文化资源中某一元素价值评断的不同意见，各种文化产品版本并存流传的现象便构成了文化资源可资运用的多样性。

作家二月河认为：对历史人物是肯定还是批判，有三个重要尺度，就是要看他们"在中国历史上对国家的统一和民族的团结是否作出过贡献；是否有利于发展生产力、改善当时人民的生活水平；是否在科学教育、发明创造上作出过历史贡献"[①]。这些尺度为我们评价不同时期的历史人物提供了有益的借鉴。

从热播的电视连续剧《雍正王朝》来看，观众的认可，在某种意义上讲，就是对其精

---

① 王小宁：《一位作家的历史观和读者情——对话二月河》，《人民政协报》，2011年1月10日，文化版。

神价值的认可。如雍正的暴君形象被淡化,因为他即位之后,改革吏治、严明法制、促进经济,使得国库存银从他登极时的700多万两上升到他故去时的6 000多万两。发展经济是硬道理,似乎在属于雍正历史的文化资源中也得到了印证。

但是,任何有影响的政治人物,都是被敌人或反对派所造就的。所以,也有人认为,在清代十三朝中,雍正是一位施行恐怖、严苛政治的强权统治者,关于诋毁他的言辞在民间亦曾广为流传,认为他夺位前善于韬晦、老谋深算,即位后心狠手辣、冷酷无情。在清末民初的小说里,以雍正为题材的就有胡蕴玉的《胤禛外传》、燕北老人的《满清十三朝宫闱秘史》、孙剑秋的《吕四娘演义》、紫萼的《梵天庐丛录》等。其中,尤以关乎吕四娘的传说为最甚。

尽管这些内容属于民间传说或稗官野史,但还是印证了一个道理,立场不同,对一个历史人物的评价就会有天地之别。对于秦皇、汉武、唐宗、宋祖以及成吉思汗的历史评价,均有极为鲜明而巨大的歧义性,也就是这个道理。

西施是我国古代四大美女之一。如果站在越王勾践的角度来评价,她不仅有沉鱼落雁、闭月羞花之貌,风华绝代、光彩照人之神,而且还有忍辱负重、善于韬晦、自我牺牲的精神。但是,如果站在吴国广大百姓的价值立场来评价,她就是一个用妖媚艳丽俘获了吴王夫差的"女特务"。因为她的存在,使吴国惨败之时,百姓死伤无数。

相比较而言,夫差的相国伍子胥不仅对吴国忠心耿耿,而且经常秉公直言、大义进谏、批评国君,当他看穿越国的"美人计"并一再提醒这位昏君之时,孰料却落得个被夫差赐死的结局。如若站在吴国百姓的价值立场,他是一位忠勇的国相,如若站在勾践的角度来看,他就是自己复国雪耻最大的克星。

那么,怎样在文化产品中对西施、伍子胥这些文化资源进行价值评价呢?站在不同的价值立场,便可以产生不同的价值判断。这是由地域之别造成的,也是由立足于不同国家的政治立场所决定的。

2. 时代精神的附加值——文化资源无限使用的时代原因

不同时代对文化产品有不同的价值需求,于是,就会将一些影响极为广泛的文化资源赋予某一历史时期的"时代精神"。原生态性文化资源由于不同时代精神的附加值便具有了无限阐释性和可资利用性。经历的时代越久远,一个文化资源被运用的无限性就越明显。

文化资源,尤其是非物质形态的文化资源,在衍生出不同样式的文化产品时,不同时代的创作者和制作者会依据自己的理解和判断,进行多种阐释或解读,而"自己的理解"是一定会受到时代精神的影响甚至制约的。

王嫱,即王昭君,本来是西汉王朝汉元帝时期一位选秀进宫的"掖庭待诏",却因为挺身而出,自愿与匈奴的可汗呼韩邪单于和亲,在民族关系发展中留下了浓重的一笔,进而名垂史册。从公元前33年至今,两千多年来,以"昭君出塞"为题材的文化产品,浩如烟海,有诗、词、散曲、小说、散文、民间故事、民间传说、歌曲、舞蹈、绘画、雕塑、戏剧、电视剧等等,故而被学者认为"其数量之大、体裁之多、门类之众、作者之广、绵延时间之长都是少见的"①（图1-5）。

但是，翻阅这些承载文化资源的作品，仅以文学作品为例，以《昭君怨》或《昭君恨》为题的诗词曲赋就多达近百首。从南北朝时陈叔宝的"图形汉宫里，遥聘单于庭。狼山聚云暗，龙沙飞雪轻。笳吟度陇咽，笛转出关鸣。啼妆寒叶下，愁眉塞月生。只余马上曲，犹作别时声"，到清朝时葛宜的"匹马辞金阙，冲寒拂玉鞭。蛾眉边月苦，翠袖朔风坚。书断还窥雁，愁深罢拨弦。谁言明镜里，犹是汉宫年"，突出的就是别离故乡、孤苦伶仃的思乡之愁和欲言又止的别君之怨。

中华人民共和国成立之后，56个民族的团结是社会主义建设的基础，怎样评价王昭君自愿和亲之举，就有了时代精神的新阐释。于是，出现了《昭君不怨》《咏王昭君》等文学作品。

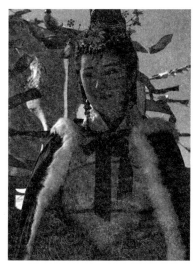

图1-5 电视剧《王昭君》剧照

从20世纪60年代老舍的一段文字："1961年9月，瞻访汉明妃墓……以往文人，咏诵青冢，每多悲怨，或未尽解和亲之意。墓前数碑则一致歌颂昭君，较为得体。友人曹禺拟草《王昭君》剧本，亦以明和亲睦邻，导致和平之义，因成小诗二韵寄赠，希剧作早日脱稿也"，董必武的一首诗"昭君自有千秋在，胡汉和亲识见高。词客各抒胸臆懑，舞文弄墨总徒劳"，及至后来端木蕻良、谢觉哉、翦伯赞、吴祖光、流沙河、贺敬之、唐弢、启功等大学者纷纷颂咏王昭君作为民族友好使者的高风亮节："巧妇能为无米炊，万家宝笔有惊雷。从今不许昭君怨，一路春风到北陲。""牺牲一己济苍生，巾帼坚于十万兵。青冢至今同景仰，千秋不朽是英名。""大漠何来车马喧，香水昭君请赴边。永结同心为黎庶，边塞从此息硝烟。"②

时代精神不同，对同一个文化资源的认识和评价，以及挖掘和利用，就会出现不同甚至大相径庭的态度。

3. 民族精神的附加值——文化资源无限使用的民族原因

文化产品的创作主体不同，对某一民族文化资源的认识和理解也会有所不同，于是，在文化产品的创作和制作中，就会出现接受主体对文化资源进行"再造"的现象。这也使得文化资源在传播中，具有了无限使用的可能性。

黑格尔曾经将悲剧誉为"艺术的王冠"，而中国人却特别钟情于大团圆的故事结局。于是，面对同一个文化资源，西方人特别感兴趣的是蕴含着矛盾绝对性和斗争性的历史事件，中国人特别感兴趣的却是主张和睦、和平、和谐的那些历史事件。

古希腊哲学家赫拉克利特曾经特别强调："应当知道，战争是普遍的，正义就是斗

---

① 可咏雪，余国钦：《历代昭君文学作品选》，内蒙古人民出版社，2004年，第1页。
② 《人民日报》，1979年1月14日，副刊。

争。一切都是通过斗争和必然性而产生的。""战争是万物之父,也是万物之王。"这种将斗争看作是绝对的,把和谐看作是相对的思想,就成了莎士比亚四大悲剧所选文化资源的价值立场。反之,秦王嬴政的统一六合,是在斗智斗勇中完成的。但是,张艺谋拍摄故事片《英雄》选择那段历史文化资源时,更多的是着力于挖掘斗争之后的和谐,而不是止步于斗争,听任于矛盾,戛然于冲突。

如果说《影响人类历史的100场战争》也是文化资源,那么从公元前1472年至今的3 000多年,由中国发起的只有"蒙古对欧亚大陆的征战"①。就我国在世界范围的人口比例和版图比例来看,不言而喻,中华民族绝不是好战的民族。所以西方学者也承认:"中国人从古代就会依据文化而不是战争准则来生活,并以此治理自己的国家。"②这也印证了纳西族题材的古代历史剧《木府风云》何以出现"征兵收税,百姓就会苦不堪言","战争一起,百姓就会流离失所","我反对战争,我要阻止战争","和平才是百姓的希望","木府绝不会拿丽江冒险","为丽江的安宁,我决不会主动发起战争"等等出自不同人物之口极力主张和平的台词。这不仅是属于大明朝的丽江当时北邻吐蕃、南邻大理国的地理位置使然,更重要的是崇拜"天地君亲师"的中华文化同样使之具有清醒冷静而又温情脉脉的中庸心理,从中亦不难看出不狂暴、不玄想,以保持现有和谐稳定为目标,珍视人际关系,反对冒险的儒家文化倾向。

同理,《汉武大帝》《大明宫词》《康熙王朝》等电视剧,在遴选文化资源时,之所以将刘彻、武则天、康熙等作为主人公,就是他们在暮年时具有反省一生的文化自觉——这是打破了狭隘的民族主义才会有的一种境界——进而揭示出以"和"为宗旨,以"仁道""恕道"为思想基础,以广大民众共享太平为追求,以国家统一为目标的思想主题。

近年,有一本被敬一丹视为"提供了一种可能",被纪连海誉为"还真是一本好书"的题为《为女人翻案》的出版物,作者是一位男性,目的就要为以妹喜、妲己、褒姒为首的被历史钉在耻辱柱上的若干位古代女性鸣冤叫屈,原因是她们都遭遇了"比窦娥还要冤"的不幸。

红颜祸水、"唯女子与小人难养也"的传统偏见,是中华民族不能抹去的胎记。然而作者却认为,妲己是以色相"献身救国"的女豪杰,殷纣王与妲己"十分恩爱";而由于妲己喜听男性惨叫之声,殷纣王才发明了炮烙之刑,则纯属"无稽之谈",因为,这就"如同现代用枪决的方式处决死刑犯的原因,是因为行刑队长的老婆爱听枪声一样可笑"。说到褒姒,他的批评矛头是直指太史公司马迁的。他不仅大段引用了《史记》的内容,而且对褒姒还作出了截然相反的评说。③该书是"跳出民族文化传统的偏见,批评民族文化偏见的"。所以,对同一个文化资源的价值判断,可以因为民族不同而不同,也可以因为民族相同而不同。

有理论家认为,倾心于"清新淡雅的色调",以红色和黄色为"主色",对白色与黑色

---

① [俄]索科洛夫:《影响人类历史的100场战争》,柳新军、彭文钊译,经济日报出版社,2005年,第2页。
② 李舫:《外国学者眼中的中国文化》,《人民日报》,2011年10月17日,第17版。
③ 孙杰:《为女人翻案》,辽宁人民出版社,2007年,第26、30、34页。

往往拥有较为复杂的"心理效应",是中华民族,尤其是汉民族的色彩审美特点,[①]由此,便决定了其对视觉文化资源的价值判断。

从张艺谋的那些或挣或赔的文化产品——故事片来看,他对文化资源色彩的穿透力和扩张感的敏锐感受,决定着他在追求生命的辩证、文化的辩证、人性的辩证和生活的辩证时,是一定会通过"明晰化、具象化、情趣化"基调中"红色"的视觉冲击和"心灵的震颤"来完成的。比如,《红高粱》里那火红火红的高粱地、高粱酒,《菊豆》里的火红火红的大染池、大红布,《大红灯笼高高挂》里火红火红的红灯笼,以及《秋菊打官司》里一车一车火红火红的红辣椒,都是在对"红色"作出属于中国人特有的价值开发和价值确认。

在东方,红色,是喜庆、热烈气氛(婚礼最典型)的象征;在西方,红色则是危险、紧张气氛(消防车最典型)的象征。前者使与"红色"维系在一起的文化资源拥有了耐人寻味的厚度;后者,又使"红色"成了最具刺激性的颜色。这与不同民族"集体无意识"密切相关,又与特定时代不同民族的审美情趣不可分割。当我们发现,张艺谋的成功,是方法的成功、色彩的成功时,就是在肯定他对于民族文化资源运用的成功,因为通过民族文化的厚重,他可以不断清晰地刻画出民族的性格和民族的命运。

毋庸讳言,面对同一历史人物或同一历史事件,如秦始皇以及他的焚书坑儒,往往会引发不同时代、不同人群对其功过是非见仁见智的判断分歧。但这在对物质资源的基本功用和开发价值进行判断时,一般是不会出现的。正因为文化资源具有无限阐释的多义性,其才具有了可资运用的无限性,以及文化产品"审美"内涵的多样性、情韵的丰富性、接受的差异性。相比较而言,这恰恰是挖掘文化资源不会破坏自然生态的优势所在。

本章思考题

1. 文化资源概论的学科属性是什么?
2. 具有代表性的关于"文化"的界定有几种?你赞同哪一种?为什么?
3. 文化资源的界定是什么?
4. 文化资源的基本特点有哪些?这些特点之间的逻辑关系如何?
5. 静态文化资源和独特文化资源之间是什么关系?
6. 你如何理解文化资源具有"精神价值的承载性"?
7. 文化产业与文化资源的关系如何?
8. 在文化资源的五个基本特点中,你认为哪一个最重要?为什么?

---

① 梁一儒,户晓辉等:《中国人审美心理研究》,山东人民出版社,2002年,第84-92页。

第二章 文化资源的类别

目　的

在本章中你将
- 不再被纷繁的文化资源现象所困惑,能够了解文化资源有哪些种类
- 掌握获取文化资源的三个基本途径
- 掌握物质实证性文化资源、图文记载的文化资源、行为传承的文化资源各自的基本特点和类型
- 知晓不同类型的文化资源分别与哪些文化产业密切相关
- 懂得历史人物、历史事件、历史建筑在文化资源中的重要性
- 了解逻辑思维的属种之差与基本推理

效　果

在实现这些目的之后,你应该能
- 在实践中把握获取文化资源的基本途径
- 通过了解物质实证性文化资源为家乡的文化旅游建言献策
- 思考自己家乡哪些著名的历史人物或历史事件可以成为文化产业的优质资源
- 系统考察自己家乡或自己有兴趣的知名历史建筑,能够清晰表述它们的独特价值
- 能够在春节、元宵节、中秋节、重阳节等传统节日中挖掘出传统节日与现实问题、现实需要相结合的价值观
- 萃取传统生产方式、学习方式、娱乐方式中可以成为文化资源的那些现象

讨 论

本章我们将讨论以下问题

- 为什么我们把"获取文化资源的途径"作为文化资源分类的标准?说说你的理解。
- 物质实证性文化资源与图文记载性文化资源之间的关系是什么?
- 请你以故乡过春节的民俗为例,谈一谈现实行为传承性文化资源对文化旅游的重要意义
- 你认为获取文字与影像记载的文化资源,对哪一种文化产业最重要?为什么?
- 有人说,三个类别的文化资源是"相互印证的",你同意吗?为什么?
- 历史建筑作为"优质文化资源"应当具备哪些条件?
- 为什么说"历史要籍"是文化产业获取历史人物和历史事件的重要依据?
- 物质实证性文化资源如何与现实行为传承性文化资源结合才能有力推进家乡的文化旅游?

文化资源，是一切留有人类印记、承载人类文明、蕴含着价值倾向并可运用于文化产业的那些物质对象或精神对象，因而，其类别的丰富性便难以估量——除了大自然原生的各类实物、各种物理现象和化学现象，如阳光、月光、星光、原始森林、原生草原、沙漠、自然生成的江河湖海、高山平原等等，凡是承载人类实践过程的物质和精神对象，便具备了"文化"的特性，都可能成为文化资源。这就造成了学理上对文化资源进行分类的艰难性。

纵观已有的文化资源分类，主要存在以下问题：一是分类的标准不够科学，致使类别之间的区分不够准确、不够细致，甚至不够明确；二是各类别之间存有局部重叠和属种之间相互混淆的问题，如把"历史资源"与"红色资源""民族资源"等而论之，或将"物质资源""精神资源"与"特色资源""人力资源"等而论之；三是文化资源诸类别尚不能涵盖所有的文化资源现象，即在逻辑上不够周延。其根源，就是文化资源分类的基本前提即逻辑起点不够明确，继而缺乏相对科学的分类标准。

那么，究竟该如何确立文化资源分类的逻辑起点与分类标准呢？

第一节 文化资源分类的逻辑起点与标准

事物的分类需要标准，标准的前提是逻辑起点。

逻辑，是对客观事物之间关系的规律性总结；逻辑起点，则是推论或探究某一事物性质的基点，换句话说，就是展开对某一事物研究的基本前提。

那么，文化资源分类的逻辑起点是什么呢？

一、以文化产业的需要为逻辑起点

文化资源是为文化产业服务的。文化产业需要什么，文化资源就应该提供什么；反过来讲，文化资源拥有什么，文化产业才可能需要什么、运用什么、表达什么。因此，文化资源分类的逻辑起点，就是文化产业的基本需要。

2018年最新出台的文化产业分类标准中，将原来的大类由10个修订为9个，中类由50个修订为43个，小类由120个修订为146个。其中文化核心领域为新闻信息服务、内容创作生产、创意设计服务、文化传播渠道、文化投资运营及文化娱乐休闲服务。文化相关领域为文化辅助生产和中介服务、文化装备生产、文化消费终端生产。这一标准的出台，既为我国文化及相关产业生产活动提供了分类依据，也为文化资源的开发指明了具体方向。从文化产业发展的实际情况出发，究竟需要哪些文化资源呢？换句话说，究竟哪些文化资源是具有产业价值的呢？这里仅选择几个具有代表性的文化产业领域，对其需要的文化资源作一简要分析。

（一）旅游业的需要

在旅行中游览观光，是旅游的主要目的。不论是随团游、自驾游，还是徒步游，"观光"的核心，就是要解决一系列"看"的问题，即"看什么、怎样看、为什么看、最终看到了什么"等等。

一般地说，旅游观光的对象，大致可分为三类：一是大自然景观，如黄山雾凇、钱塘江潮等；二是留有人类活动遗迹的人文景观，如河南洛阳的关林、山东曲阜的孔庙等；三是自然景观与人文景观的融合，如位于庐山的美庐、位于渤海湾的山海关等。无论东岳泰山、中岳嵩山、西岳华山，还是南岳衡山和北岳恒山，当人们到此观光旅游的时候，既要体验山势峻峭、飞云流霞、古树参天、朝阳初升等大自然的景致，又会对东岳泰山的秦代石刻，中岳嵩山始建于北魏时期、在康熙年间又重建的"嵩阳书院"等古代遗迹产生浓厚的兴趣。

旅游观光"看什么"？无疑，大自然景观是非常重要的看点。但最重要的，人们还是要看与"人"相关的"实物"，包括历史建筑、历史文物（如家具、工具、服饰、头饰、古董、字画）、岩画石刻等等。例如，李斯的《谏逐客书》被古人以石刻的形式保留在泰山上，就成了五岳之首的东岳最重要的人文景观。

因而，一个与著名历史人物的出生、生活、事业、成就相关的建筑、器物、字画，都会成为印证、承载、提示历史发展遗迹的最为吸引人的"看点"。因为旅游中人们最大的好奇心，就是希望通过一座座实实在在的建筑或一个个实实在在的物件，透视到特定历史时期古人的生存状况——包括生产行为、生活行为、学习行为、娱乐行为、礼俗行为等等。

由此可见，各种以历史建筑和历史文物为主的人文景观就成了旅游业不可或缺的重要的文化资源。

（二）影视业的需要

无论是电影故事片（包括微电影），还是电视剧，都以叙事为主。而叙事的启、承、转、合，又与"人"的命运的跌宕起伏相辅相成。所以，当人们的文化消费选择了影视产品的时候，人们究竟会被什么所吸引呢？

看故事、看演员，往往是观众最普遍的心理期待。于是，一切与人的性格和命运相关的"好故事""有意思的故事""有悬念的故事"，甚至"有思想的故事""有深度的故事"，无论是历史上的故事，还是现实中的故事，都是影视产业特别关注的文化资源。

同时，影片或电视剧中的主角、配角由谁来扮演？是实力派演员，还是青春偶像派演员？是"老戏骨"，还是艺坛新秀？男主角、女主角是一线明星吗？他们演得如何？这既是消费者非常在意的元素，也是事关艺术人才资源的问题。

由此，不难看出，与旅游业的基本需要为历史建筑、历史文物有所区别，影视业最需要的、最基本的文化资源是具有吸引力和感染力的"故事"，是性格鲜明且能够深入人心的"人物形象"。如《西游记》作为小说，就曾被改编为故事片《孙悟空三打白骨精》《大话西游》《女儿国》《西游降魔篇》，动画片《孙悟空大闹天宫》《大圣归来》，电视连续剧《西游记》（1987年版）、《西游记后传》《西游记》（2010版）等等。

走西口,是自清朝始就出现的山西人"去草地讨生计"的移民现象。从中选择能够吸引人、感染人、震撼人的"好故事",以揭示人性的复杂性,就是电视剧《走西口》主创人员对于文化资源的选择。剧中由富大龙扮演的陈世美式的人物叫梁满囤,是个配角。这个背井离乡、身无分文的苦孩子,在吃尽苦头之后,竟成了包头最大皮作坊掌柜的乘龙快婿。这样的人和这样的事,在"走西口"的历史上是颇具典型性的。"一步登天",构成了以梁满囤为代表的这类人物特有的性格变化——之前,胆小怕事、自私懦弱,却不乏真诚。每当一个诱人的利益摆在面前令其不敢相信的时候,他都会用一字一顿、放慢语速、重复一遍的语言,将其真诚的态度表达得淋漓尽致。当棺材铺的田老板把10块银圆送给他时,他感激涕零:"你咋这——好的个人呢!"当田老板要认他做干儿子时,他就更加感动起来,一边下跪一边又重复着:"你咋这——好的个人呢!"加重语气、拉长声调,简短的几个字,就把一个屡遭磨难却心地单纯的人物"立"在了观众面前。"一步登天"之后,他抛弃了恩重如山的结发妻子,背离了"一诺千金"的做人信义,放弃了做男人的尊严,堵死了再回故乡的道路……可同时,他又将承受怎样的良心拷问和他人的白眼呢?

富大龙是个优秀的演员。他将小人得志的心理分层设色:有"善"的一面、"恶"的一面,也有"善与恶"之间的一面。他借助于一个眼神、一个动作、一句台词、一种语气,将这个背信弃义却在潜意识中没有完全丧失良知的人物演绎得准确而深刻,从而尽显出"演什么就是什么"的实力派魅力,让观众领悟了什么是"配角,在自己的位置上是主角"的艺术功力。

故事、人物——既包括故事里角色的各种行为,也包括演员进入角色后的艺术行为,便构成了影视业最需要的文化资源。

(三)广告业的需要

广告,包括商业广告和公益广告。

无论是平面广告、立体广告、动态广告、静态广告,还是报刊广告、网络广告、电视广告,都是一种宣传方式,而且还是文化产业中适应性很强、传播性很强、大众性很强的一种宣传方式。然而,对于广告来说,"宣传什么"是重要的,"怎样宣传"却更为重要。宣传什么是目的,怎样宣传是方法。而消费者对什么样的广告感兴趣,对什么样的广告过目难忘,什么样的广告可以震撼人心,均取决于广告的宣传方法,而"方法"是由文化资源的性质和特色所决定的。

"今年过节不收礼,收礼还收脑白金"的广告,连续几年都是以两个卡通形象出现的,随着服饰的变化,卡通人物的舞姿也在变:穿着非洲土著服饰,就跳草裙舞;穿着西洋古典服饰,就跳宫廷舞;穿着欧式的晚礼服,就跳拉丁舞。各种动漫的造型、活泼而滑稽的动作,以及通俗歌手的音色,共同构成了这一广告特有的视觉和听觉冲击力。既有不同风格的舞蹈(如民间舞、宫廷舞、现代舞),不同风格的服装,又有不同风格的音乐,共同体现着文化资源的特定性质,进而决定了广告特有的宣传方法。

因此,有的歌手是带着他(她)的成名之作进入广告的,有的舞者是用他(她)最具代表性的舞姿进入广告的,有的戏曲演员是以最具穿透力的唱腔或手、眼、身、法、步的

"绝活儿"进入广告的。当然,也有的广告是以现实中动人的故事打动人心的。例如,公益广告中那位"什么都忘了,就是没有忘记爱你"的患有阿尔茨海默症的老父亲——当他以木讷的话语和痴呆的眼神,将两个水饺直接装进上衣口袋时,一句"这是留给我儿子的,他最爱吃饺子了",不禁令人潸然泪下——这就是中华民族血缘亲情最有效的传递。"把孩子爱吃的留给孩子"是生活中随处可见的父母们极为普遍的行为,这样的文化资源显然适合于"按照生活本来的样子去表现"的写实方法,所以这则广告才深入人心。

由此可见,事关伦理道德的行为,与歌唱、舞蹈、戏剧、曲艺一样,都是通过动态形式、通过人的行为得以展现的电视广告、网络广告所需要的文化资源。

既然文化产业的需要是文化资源分类的逻辑起点,那么,文化资源应当依据怎样的标准来划分类别呢?

二、以"获取文化资源的途径"为分类标准

分类,既是为了系统、深入地认识事物,也是为了在对比中把握事物的本质和发展的规律。所以,分类的标准就显得至关重要。

确立文化资源分类的标准,除了以文化产业的基本需要为逻辑起点之外,也需要尽量解决文化产品题材的雷同化、文化资源运用的重复化问题。

(一)几种文化资源分类的标准

迄今为止,大部分文化资源的分类是以"文化"的分类为前提的,即:有多少种文化类型,就有多少种文化资源的类别。

例如,有的学者将文化分为物质文化、精神文化、行为文化、制度文化。于是,在为文化资源进行分类时,就有了以"文化层次理论"为准绳的分类结果:将文化资源分为物质文化资源、精神文化资源、行为文化资源、制度文化资源。

又如,有的学者将文化资源分为社会文化资源、物质文化资源、精神文化资源,所依据的标准是"文化"的存在空间。有存在于物质当中的"文化",就有了物质形态的文化资源;有存在于精神领域的"文化",就有了精神形态的文化资源;有存在于二者之间的"文化",就有了社会文化资源。

当然,也有的学者是依据所谓"文化资源不同的主题"来分类的,于是就有了历史文化资源、民族文化资源、民俗文化资源、宗教文化资源、红色文化资源等等。[①]但是,"主题"作为学术范畴,是特指文学作品、艺术作品、谈话内容、文件内容中中心思想的,故而,以"主题"为文化资源的分类标准,显然是不够严谨的。毕竟,离开了特定民族的文化资源是无所谓"历史文化资源"的,同理,"民俗文化资源""红色文化资源""宗教文化资源"又都是"历史文化资源"的有机构成要素。

那么,我们的分类标准将依据什么来确立呢?

---

① 牛淑萍:《文化资源学》,福建人民出版社,2012年,第36页。

（二）以"获取文化资源的途径"为分类标准

既然我们把"文化产业的需要"确立为文化资源分类的逻辑起点,那么,划分文化资源种类的标准就应该以此为前提。即,无论文化产业需要的资源是什么、文化产业需要的资源在哪里,获取文化资源的途径,对于文化产业的长足发展来说,都是至关重要的。换句话说,以文化产业的需要为前提,怎样获取文化资源——即获取文化资源的途径是什么,就是我们划分文化资源类别所确立的标准。

从文化产业的实际状况出发,不难发现,以获取文化资源的途径为标准,文化资源大致可以分为三个基本类型:一是通过物质实体获取的文化资源,即物质实证性文化资源;二是通过文字或影像记载获取的文化资源,即文字与影像记载性文化资源;二是通过人的行为获取的文化资源,即行为传递性文化资源。

"耳听为虚,眼见为实"是人们认识事物的基本心理,所以,文化资源首先要从看得见、摸得到的物质实体中去获取,这就是"物质实证性文化资源";其次,那些已经消失了的物质实体——包括历史人物、历史建筑、历史文物等等,之所以相信他(她、它)曾经存在,是因为有各种流传渠道为根据,因而通过文字或影像记载获取文化资源又是一个十分重要的途径,这就是"文字与影像记载性文化资源";而活性文化资源,是通过当前现实生活中人们的各种行为方式展现出来的——包括生活行为、生产行为、学习行为、娱乐行为、节庆行为等等。因而文化产业的主创人员必须深入生活、体验生活、观察生活、思考生活,才能拥有丰富的活性文化资源,这就是通过人的行为获取的文化资源,即"行为传递性文化资源"。"物质实证性文化资源""文字与影像记载性文化资源"与"行为传递性文化资源",显然是一个具有内在逻辑的资源链条,可以互相印证,互相补充,只是获取的途径有别。

这里需要特别说明的是,以这样的标准划分文化资源,既是为了有效推进文化产业的发展,向文化产业的行为主体提供获取资源的方法,也是为了避免文化资源类别在划分中的重复性和重叠性。

第二节　物质实证性文化资源

考察现有文化产品大量运用的文化资源,不难发现,通过看得见、摸得到的独立于人的意识之外的客观实物获取文化资源,是一个非常重要而普遍的现象。

那么,物质实证性文化资源,究竟包括哪些具体范例呢?大而言之,有雄伟壮观的万里长城、气派宏大的北京故宫、优雅巧致的苏州园林、肃穆古朴的山东孔林、精致大气的乔家大院等等;小而言之,有精巧别致的古玩、意境空灵的书画、质地醇厚的礼器等等,不一而足。总之,凡是通过实实在在的物质对象可以掌握的文化资源,就是"物质实证性文化资源"。

总体来说,历史建筑和历史文物是物质实证性文化资源,具有社会影响力的现代建筑和现代造型艺术品也是物质实证性文化资源,如2008年举办奥运会的场所"鸟巢"和"水立方"。

这里,我们仅选出存在量较大、影响面较广、运用率较高的三种物质实证性文化资源即历史建筑、历史文物和现代造型艺术品,进行学理分析。

一、历史建筑

古罗马时期的建筑理论家曾指出,人类的"建筑"应具备三个品质:实用性、坚固性、美观性。因为房屋是人类室内活动的场所,是遮风挡雨、避寒避暑的空间,所以给人舒适感的实用性是第一位的。为此可以说,建筑是以其不同的质料、结构、造型、色彩共同形成的具有特定文化附加值的、具有实用价值的一种物质产业。

(一)历史建筑的界定与特点

经验告诉我们,建筑融汇多种造型元素,形成了巨大的视觉冲击力、恒长的心灵感染力以及文化内涵的承载力。不同时期的建筑,既诉说着不同历史阶段人类生产力的水平,又体现着不同时代特定道德伦理与社会制度等精神风貌。这就使得各国、各民族、各个历史时期的建筑物作为文化资源拥有了实用性和审美性兼备的长久的产业价值。

1. 历史建筑的界定

历史建筑,是以时间的长短为定义标准的。一般地说,历史上存留下来的建筑物,无论具有怎样的功能,都可以称为"历史建筑"。但是,作为文化资源的物质实体性"历史建筑",一般是指半个世纪之前建造的(如湖南湘潭韶山冲的毛氏家族老屋),与某一历史时期社会变革相关的,或与某一重要历史人物、重要历史事件、重要的民族习俗等密切相关的,甚至被写入历史的那些建筑物。例如,北京的天安门是历史建筑,明代的十三陵是历史建筑,福建客家的围屋、苏州的网师园等等,也是具有文化产业价值的历史建筑。

2. 历史建筑的特点

(1)时间越久、保存越完整的建筑,其文化产业价值就越高。现实中存在半个世纪以上的物质实体性建筑,在经历了多次战争动乱和社会变革之后,依然能够较为完整地保存下来,是不容易的。因其历史可考性即可信性,便产生了历史见证的力量。一般地说,文化资源的价值,是因其蕴含着人类社会发展的规律而具有了现实借鉴性的。时代越是久远、保存越是完好的建筑,其沧海桑田的见证性和颇具历史感的视觉特性,就越能够揭示历史发展的趋势即社会规律,因而,这类"历史建筑"就越具有历史力量。

例如,古代咸阳通往塞北的"大秦直道",就是对秦始皇政治统治的见证。至于其修建目的——是为了蒙恬大将戍边、制衡匈奴,还是为始皇帝顺利巡游和畅通长城内外的商贾贸易,均有助于揭示社会发展的必然性。

作为具有造型意义的静态的视觉对象,历史建筑主要对旅游业、会展业、图书业、影视业等等具有不可或缺的资源价值。所以,衡量历史建筑的价值标准,就是以其文化产业的需求——主要是满足消费者的好奇心为前提的。因而,对年代越久远、保存越完整的历史建筑，人们亲眼得见的心理期待就越是强烈。同时，对于保存相对完好的历史久远的建筑，消费者还会产生礼敬之感。

（2）就建筑美学的意义而论，其民族风格、地域风格、时代风格越鲜明，就越有价值。黑格尔曾称赞说，在中国古代建筑面前，欧洲的建筑很像"玩具"，由此不难想象，气势磅礴的万里长城、巍峨高大的紫禁城、灵秀清雅的苏州园林，都曾以独特的东方气派和中国的古典风格——无论通过怎样的途径——深深打动甚至是震撼过这位世界级美学大师。可以说，建筑风格无论是具有不可替代的稀缺品质，还是具有超乎想象的高拔气派，或是具有某一艺术流派的典型特性，都会因其独特的审美力量而标志着历史建筑的文化资源价值。而这种审美力量来源于它体现了特定民族在特定历史时期的审美意识和审美理想。

建筑学家梁思成根据中国传统建筑亭、台、楼、榭、阁、舫、桥等造型经验，为建筑艺术概括出八个视觉要素：轮廓、比例、尺度、均衡、节奏、质感、色彩和装饰。使建筑依靠营造"一定的气氛"来引起人们的情感反应：或是庄严雄伟，或是明朗质朴，或是高贵典雅等等，就是衡量建筑物上述三个方面美学价值的基本标准。

凡是在某一个方面具有独特风格的建筑，如赵州桥、卢沟桥、南京长江大桥等等，不仅彰显出了不同国家建筑发展史的足迹，而且还彰显出了不同时代独特的造型美学倾向。仅从北京大学、清华大学、武汉大学、湖南大学等大学校园里不同时代的建筑，以及美国的白宫、法国的埃菲尔铁塔、澳大利亚的悉尼歌剧院等不同国家的建筑风格，就可以看到这一点。

（3）与其相关的历史人物或历史事件、神话故事或民间传说的知名度越高，该建筑物就越有价值。无论是旅游业，还是会展业（包括摄影、绘画、雕塑等展卖性产业），其格外关注的往往是在中国历史上、世界历史上具有知名度的那些建筑物。所谓知名度，表现在两个方面：一是媒介提及率高；一是公众提及率高。前者是指报刊、广播、电视、网络等传媒经常提及；后者是指广大百姓在日常生活中经常提及。例如，北京的天安门城楼，由于1949年中华人民共和国的开国大典在此举行，所以，不仅在中国具有振聋发聩的知名度，而且在全世界也有极高的知名度，致使世界各地和全国各地的旅游者都慕名而来。因此，便实现了物质实体性文化资源特有的社会价值和经济价值。

如果某一个民族、某一个国家，甚至某一位重要的历史人物，离开了某一座建筑物，其历史的进程就会断裂，那么，这座历史建筑就是具有影响力的。例如，瑞典的斯德哥尔摩市政厅，被公认为是这座城市甚至这个国家的文化象征。这是一座庞大的红砖建筑物，右侧有高105米、出现3个皇冠的尖塔式建筑，分别代表瑞典、丹麦、挪威三国政府和人民之间的合作共存关系，其中的"蓝厅"（Bia Hallen），还是每年诺贝尔奖颁奖仪式之后举行晚宴的地方。忽略这座建筑，就可能影响人们认识和判断瑞典在北欧的国际地位，影响人们理解瑞典与挪威、丹麦的双边关系，所以这座独具风采的"市政厅"就是具有文化标志性和影响力的。

在浙江绍兴，有关我国现代文学家鲁迅的一切建筑物，不论是"三味书屋""咸亨酒店"，还是拥有"百草园"的周家老屋，均令旅客兴致盎然。在鲁迅故居的街道上，观光者蜂拥而至,摩肩接踵,熙熙攘攘,构成了绍兴旅游业的一种常态。其原因就在于,人们将对鲁迅这一历史人物的关注,转化成了对与其家族、家庭、家人、家事相关的一切建筑物的关注。而天安门因为见证过1949年10月1日中华人民共和国"开国大典"的历史时刻,以及毛泽东在天安门城楼上向全国人民、全世界人民宣布"中华人民共和国中央人民政府正式成立",从而成为极具历史意义的建筑物。

(4)与其相关的民族生活习俗或宗教信仰越稀缺,该建筑物就越有价值。世界上独一无二、不可替代、影响力巨大,且目前保存较为完整的历史建筑,都是具有稀缺性的。建筑物所具备的稀缺品格,一般都是建筑者独特的生活习俗或独特的宗教信仰使然。稀缺,是因为独特;独特,是因为历史;历史,一定记录着某些事件;事件,一定具有社会发展规律的揭示力量。因此,稀缺,并非因为稀缺而宝贵,而是因为多了一种为文化消费者拓展认识世界或认识人类的空间和思路而宝贵。

围屋,是由生活在山区的客家人"本姓本家人"聚居在一起的生活习俗决定的;而便携式的毡包又是游牧民族"逐水草而居"的生活习俗的产物。西藏的布达拉宫、扎什伦布寺,青海的塔尔寺,甘肃的拉卜楞寺,都属于佛教的历史建筑;宁夏的同心清真寺、新疆的艾提尕尔清真寺、甘肃的大拱北清真寺等等,又属于伊斯兰教的历史建筑。

(5)建筑物的建筑材料、建筑技术、室内外装潢、壁画和雕塑越是珍贵,该建筑物就越有价值。例如,应县木塔,就因为它是在公元十二世纪用纯质的木料建成,才显出其珍贵性的。北京故宫的武英殿,因其没用一颗铁钉,完全用木头榫卯建成,则尽显建筑技术的珍贵性。而布达拉宫,之所以闻名天下,不仅因其具有独特的建筑风格和宗教意义,还因其建筑装潢特色鲜明而弥足珍贵。近些年,西藏旅游的吸引力之一,便是来自这座兼具历史特色、民族特色、宗教特色、美学特色和哲学特色的历史建筑。

(二)历史建筑的分类

以建筑物的实际功用为标准,历史建筑可以根据初建时的"用途"进行分类,大致可分为七类,即皇家建筑、民居建筑、宗教建筑、公共建筑、国防建筑、行政建筑、丧葬建筑。

1. 皇家建筑

一般地说,凡是现存的与皇帝、皇权相关的建筑物,即为了皇帝行使权力及日常生活而修造的一切建筑,都属于"皇家建筑",如现存周长2774米宫墙墙基的秦代咸阳宫。皇家建筑包括皇帝宫殿、皇家园林、皇上行宫、皇帝祭拜神灵的场所等等,而现存于各地的"公主府"之类,则是皇家建筑的延展性建筑。例如,北京的故宫(紫禁城),就是明清时期皇帝和皇室成员集工作、生活、娱乐为一体的大型建筑群;而天坛则是皇帝祭拜苍天、向天祈福的处所;颐和园又是慈禧太后集娱乐、修养、问政、听政为一身的皇家园林,这些建筑无不与政治相关。

若以满足皇帝各种需要的用途为标准,皇家建筑可以分为以下七类:

(1)处理政务的场所,如北京故宫的太和殿。

(2)祭拜神灵的场所,如北京的天坛、地坛、日坛、月坛、先农坛。

(3)日常生活的场所,如现存的北京故宫内的乾清宫、交泰殿、坤宁宫。

（4）学习阅读的场所，如北京故宫的上书房、文华殿。

（5）娱乐消遣的场所，如北京故宫的御花园。

（6）皇室成员活动的场所，如散见于各地的公主府。

（7）皇帝的行宫，这是融处理政务、日常生活、娱乐消遣的各种需要为一体的皇室建筑，如河北承德地区包括木兰围场在内的清朝皇帝的行宫"避暑山庄"、北京的颐和园、只余下残壁颓苑的圆明园等等。

现存的最具代表性的实证性皇家建筑，就是位于北京中心、南北中轴线上的故宫，这是始建于明代永乐四年到十八年（1406—1420）的形制完备、规模巨大的一座紫禁城。它由数十个院落组成，房屋9 000多间，建筑面积约15万平方米。周围有10多米高的城墙，50多米宽的护城河；四隅有角楼，南面正中间为午门。主要建筑分为外朝和内廷。外朝以太和、宝和、中和三大殿为主体，均建于三层汉白玉台基上，是封建帝王行使权力、举行盛大典礼的地方。内廷以乾清宫、交泰殿、坤宁宫为主体，是帝王办事和居住的地方。其两侧东、西六宫为嫔妃居住的处所。此外，尚有文华殿、武英殿、御花园等处所，是皇家娱乐和休闲的地方。

2. 民居建筑

一切现存的为满足老百姓居住需要而修建的百年以上的建筑物，就是文化资源意义上的民居建筑。其建筑风格是由自然环境和生活习俗所决定的，因而材质、结构、规模、技术等一切建筑元素便形成了不同的特色。

若以风格为分类标准，我国目前尚存的民居建筑大致可分为八大类：

（1）客家的"围屋"。围屋，亦称福建圆楼，是世界上独一无二的神话般的山村民居建筑，不仅规模宏大，而且结构精妙。

（2）北京的"四合院"。四面是房子，中间是院子的住房建筑，就叫四合院。

（3）陕西的"窑洞"。这是在我国西北黄土高原地区，靠土山的山崖挖成的供人居住的山洞。

（4）广西的"吊脚楼"，即"杆栏式"（也写作"杆栏式"）建筑。

（5）云南的"一颗印"，是一种四四方方的二层建筑，有天井。

（6）苏州的私家园林，与皇家园林和宗教园林不同，主要是达官贵人用以修身养性、闲适自娱的住所。

（7）山西的城堡式建筑。

（8）草原民族的毡包和毡房。无论是蒙古包还是塔吉克族的帐房，大多用毛毡为围墙，故而均属于这一类。

下面，仅分别对围屋、吊脚楼和城堡式建筑作一简介。

客家"围屋"的建造特色与客家人的历史密切相关。客家人每到一处，本姓本家人都会居住在一起。原因是，他们大多居住在偏僻的山区甚至深山老林之中，这样的地理环境既缺少建筑材料，又会遭到豺狼虎豹和强盗毛贼的袭扰，客家人便营造起"抵御性"的城堡式住宅，这就形成了客家民居独特的建筑形式——土楼。土楼主要分布在福建省的龙岩、漳州等地区。福建土楼产生于宋元时期，经过明代早、中期的发展，明末、清代、民国时期逐渐成熟,并一直延续至今。

而"吊脚楼"即"杆栏式",则是山区的一种木板房或竹房子,下面用木桩做支柱。中国古籍亦称为干栏、高栏、阁栏、葛栏,现代日本语则称为高床,考古学和民族志中所见的水上居址或栅栏居,均属杆栏式房子。杆栏式房子是指在木(竹)柱底架上建筑的高出地面的房子。其具体构筑办法是用竖立的木桩为基础,其上架设竹、木质大小龙骨作为承托地板悬空的基座,基座上再立木柱和架横梁,构筑成框架状的墙围和屋盖,柱、梁之间或用树皮茅草,或用竹条板块,或用草泥填实。据民族学材料看,其具有有效地利用空间、一房多用的效能,上层住人,下层养殖家禽家畜,既可防蛇虫猛兽之害,又可避潮湿。文献传说的巢居,则被认为是杆栏房子的最早前身。从考古发现看,迄今所知最早的杆栏式房子是浙江余姚河姆渡遗址出土的杆栏式房子。至今,我国西南一些少数民族地区,还采用这种古老建筑形式。现在主要流行于壮族聚居的比较偏远的地区以及长江流域一带,包括广西中西部、云南东南部、贵州西南部和越南北部。同时,应当看到,这种建筑风格也不同程度地受到了汉式建筑和佛教建筑的影响。

王家大院,因其城堡式建筑风格成为清代北方民居建筑的集大成者,由历史上山西灵石县四大家族之一的太原王氏后裔历经康熙、雍正、乾隆、嘉庆年间先后建成。建筑规模在我国民居中较为罕见,有"五堡""五巷""五祠堂"。其中,"五堡"即五座院落,它们分别被誉为五种瑞兽名,即"龙""凤""龟""麟""虎",总面积有25万平方米以上,共有大小院落231座,房屋2 078间,面积8万平方米。

这些知名度很高的民居建筑,因其颇具旅游产业、会展产业、影视产业的文化价值,作为物质实证性的文化资源便很珍贵。

3. 宗教建筑

所谓宗教建筑,主要是指为宗教信徒的各类与教义相关的活动而修建的场所。在许多旅游景点,宗教建筑都是颇为引人注目的。这些风格各异的建筑,无一例外地记载了不同时代和不同民族因对某种教义极为崇信而产生的"造型"遗迹。

(1)佛教建筑。与佛教相关的建筑包括寺庙、尼姑庵、石窟、藏经塔。例如,柬埔寨的"吴哥古迹",我国陕西的法门寺、浙江的灵隐寺、北京的雍和宫、河南的少林寺,以及位于河南省的龙门石窟、山西省的云冈石窟、甘肃省的敦煌莫高窟和麦积山石窟等等。至于在四大佛教名山上的建筑,即山西五台山、四川峨眉山、江西九华山、浙江普陀山的佛教建筑,更是驰名天下。

于公元977年建造的雷峰塔(1924年倒塌,2002年又被重新修建起来),就是非常重要的物质实证性文化资源。公元10世纪,杭州城是吴越国国都。在五代十国时期,它是个小国,统治的疆域是现浙江省为主的东南沿海一带。吴越国的创立者是来自浙江的钱镠,据说他非常尊重佛教,其原因是他早年身份微贱时曾受到浙江天目山昭明禅寺法济洪諲禅师的器重。当他发迹建立了吴越国后,便大力提倡佛教,建造供塔。雷峰塔就是这样建造的,由此全社会学习佛法便蔚然成风,这种风气一直延续到吴越国的最后一位国王钱俶。

(2)道教建筑。与道教相关的建筑主要是道观,散见于我国各个地区。有位于四川省青城山的上清宫、位于陕西榆林白云山的白云观,还有亚洲最大的道观即位于北京西城区的白云观。其中,位于江西省鹰潭市西南20公里处贵溪市境内的龙虎山,则是道教正一派的发源地。东汉中叶,正一道创始人张陵曾在此炼丹。据道教典籍记载,张陵第四代孙张盛在三国或西晋时已赴龙虎山定居。此后,张天师后裔世居龙虎山,至今承袭63代,历经1900多年。因而,龙虎山天师府的天师殿就是非常重要的道教建筑。

(3)基督教、天主教建筑。与基督教、天主教相关的建筑,主要是风格各异的大教堂,如巴黎圣母院(法国巴黎)、圣·彼得大教堂(梵蒂冈)、圣·保罗大教堂(美国纽约)、乌普萨拉教堂(瑞典斯德哥尔摩)。这些大教堂,有的属于罗马式建筑风格,有的属于拜占庭式建筑风格,有的属于哥特式建筑风格。

(4)伊斯兰教建筑。与伊斯兰教相关的建筑主要是散见于各地的清真寺,如印度的泰姬陵等。而麦加的清真大寺,则是伊斯兰教的圣寺,多年来,一直是全世界穆斯林的朝圣之处。

4. 公共建筑

"公共建筑"的范围非常广泛,凡是为民众的社会活动修造的建筑,都可以称为公共建筑。目前以实物形态存留的路桥建筑、教育场所、金融与贸易场所、休闲和娱乐场所、医疗建筑等场所,都属于这个范围。

(1)路桥建筑。路桥建筑是满足人的出行和交通需要的。因而,现存的不同历史时期的"道路"状况——包括大运河——也是文化资源的重要组成部分。如,作为"太行古径"之一的井陉驿道,据学者推算,就是迄今已经有2100多年的古代遗存,从时间上看,超越了著名的"罗马古道"。而大秦直道,是公元前212至公元前210年秦始皇下令修建的一条古道,南起京都咸阳,北至九原郡(今内蒙古包头市西南孟家湾村),穿越14个县,全长700多千米;路面最宽处约60米,一般亦有20米。修建的目的有两种说法:一是认为直道可以为大将蒙恬保卫北疆、镇守边陲、随时出征匈奴提供方便;一是认为大秦统一六国之后,始皇帝要巡游天下,需要有便捷的交通条件。真实的情况无论前者还是后者,都有深厚的文化资源价值,因此才有了电视剧《大秦直道》。

桥,是路的延伸。始建于金朝大定二十九年(1189),建成于明昌三年(1192),元朝和明朝两代曾多次修缮,清康熙三十七年(1698)重新修建的北京西南郊的卢沟桥,全长212.2米,有11孔。桥面两侧的石栏柱高1.40米,每一个柱头上刻有姿态各异的石狮,有的蹲着,有的趴着,有的大,有的小,多达485头。石柱间嵌石栏板,高85厘米,桥的两端还有华表、御碑亭和碑刻等,桥畔两头各筑有一座正方形的汉白玉碑亭,亭柱上的盘龙纹饰雕刻得极为精美。《马可·波罗行纪》对此有详细记载。因"七七卢沟桥事变"在我国抗战史上的重要性,它成了具有历史意义的纪念性建筑物。

再者,无论是始建于南宋高宗以前,至明万历二年(1574)重修的浙江绍兴的广宁桥,还是始建于1912年,历时12年建成的广西北部的程阳桥即永济桥,抑或是被称为"万里长江第一桥"的武汉长江大桥、被载入《吉尼斯世界纪录大全》的南京长江大桥,都因其在中国桥梁史上的重要意义而成为难能可贵的文化资源。

(2)教育场所。教育场所是公共建筑的主要组成部分。自先秦时期,孔子有教无类的观念奠定了我国教育思想的基础。因而，教育场所就从贵族子弟的专属场所发展成为大众读书的场所。

作为物质实证性的教育场所，迄今可以看到的有岳麓书院（湖南长沙）、白鹿洞书院（江西庐山）、嵩阳书院（河南登封）、应天书院（河南商丘）等宋代就有的"四大书院"建筑，以及福建的紫阳书院、台湾的蓝田书院、山东的徂徕书院等等。

图2-1　湖南岳麓书院

"杏坛"，是我国最早的教育场所，坐落在山东省曲阜市孔庙的大成殿前。相传此处是孔子讲学之处。《庄子·渔父篇》载："孔子游乎缁帷之林，休坐乎杏坛之上。弟子读书，孔子弦歌鼓琴。"宋代之前，此处是大成殿，1024年即天圣二年，孔子的45代孙孔道辅监修孔庙的时候，在正殿的旧址上"环植以杏，名曰杏坛"。于是，"杏坛"，便成了教育圣地的代名词。

岳麓书院（图2-1），位于湖南省长沙市湘江西岸，始建于北宋开宝九年（976），历经宋、元、明、清时势变迁，迨及晚清（1903）改制为湖南高等学堂，1926年正式定名为湖南大学。

嵩阳书院，位于河南省登封市区北2.5公里嵩山南麓，背靠峻极峰，面对双溪河，因坐落在嵩山之阳而得名嵩阳书院。创建于北魏孝文帝太和八年（484），时称嵩阳寺，至唐代改为嵩阳观，到五代时改建为太室书院。宋代理学的"洛学"创始人程颢、程颐兄弟都曾在嵩阳书院讲学，此后，嵩阳书院成为宋代理学的发源地之一。

应天府书院，亦称应天书院、睢阳书院，其前身为南都学舍，为五代后晋时的商丘人杨悫所创办，位于河南省商丘市。北宋大中祥符二年（1009），宋真宗正式赐额为应天书院，宋仁宗景祐元年（1034），应天书院改为府学，为应天府书院，庆历三年（1043）改为南京（北宋陪都，今河南商丘）国子监，为北宋最高学府。北宋初，书院多设在山林胜地，唯应天书院设在繁华闹市，人才辈出。随着晏殊、范仲淹等的加入，应天书院逐渐发展为北宋最具影响力的书院，是古代书院中唯一一个升级为国子监的书院。

及至近代，无论是创建于1898年的北京大学（京师大学堂），还是创建于1893年的武汉大学（武昌语言专科学校），均因拥有许多半个世纪以上的历史建筑，也在逐步生成与旅游业、影视业等文化产业相关的资源性价值。

（3）金融与贸易场所。这是商家进行金融交易和货物交易即做买卖的地方。如修建于1900年的天津起士林旧址、于1893年开业的北京瑞蚨祥旧址、分别创建于1864年和1669年的全聚德旧址与同仁堂旧址、创建于清朝中期的山西日升昌票号、肇始于康熙年间的呼和浩特大盛魁商号旧址等等。

凡是去过山西平遥古城的游客，都会对一座建筑印象深刻，这就是昔日的"日升昌票号"——"中国现代银行的开山鼻祖""中国第一家票号"。作为建筑实物的这座票号，建在"大清金融第一街"的平遥大街上。这是一座穿堂式楼院，既体现了晋中民居的传统特色，又吸取了晋商商铺的建筑风格。院屋的第一进为柜台和账房；第二进是票号职员的住所；第三进是二层楼房，楼上是花门，楼下是仓储和伙计们的住所；最后一进是贵宾及高级职员的住所。西侧有廊道，可通马车。票号，是清代出现的一种金融机构，而开办最早的日升昌票号，其财东是山西平遥县达蒲村李氏。

日升昌票号的前身是"西裕成"颜料庄，总庄设在平遥，并在北京崇文门外设有分庄。清嘉庆末年，由于社会商品货币经济的发展，埠际间货币流通量大增，而过去的起标运银由于很不安全，已不能适应新形势的需要，"西裕成"颜料庄首先在京、晋之间试行汇兑方式，效果很好，于是便开始兼营汇兑业。道光初年，"西裕成"颜料庄正式更名为日升昌票号，专营汇兑。票号是很能赚银两的生意，估计从道光到同治年间50余年的时间内，财东李氏在日升昌票号的分红就高达200万银两以上。

（4）休闲娱乐场所。人们的休闲娱乐与哪些建筑物相关，哪里就是休闲娱乐场所，包括规模不同的公园、广场、博物院（博物馆）、展览馆、图书馆、文化馆、体育馆、演艺场所等在内的各类建筑。如我国的天安门广场、故宫博物院，法国的罗浮宫、凡尔赛宫，俄罗斯的红场、米哈伊尔宫殿即俄罗斯博物馆、冬宫博物馆等等。而演艺场所，如澳大利亚的悉尼歌剧院、意大利的米兰歌剧院、英国的皇家歌剧院等等，都是具有产业开发价值的公共建筑。体育运动场所，如2008年举办北京奥运会的水立方、"鸟巢"等建筑设施，虽然目前尚不属于"历史建筑"，但以其独特的历史见证性和审美观赏性也一定会成为重要的文化资源。在我国，汇集亭、台、楼、阁、榭各种中式建筑样式为一体的，或者包括西式建筑在内的各种公园，都是非常重要的休闲娱乐场所，如始建于714年的西安兴庆宫即今天的兴庆公园、1906年修建于上海的顾家公园、修建于1917年的天津中心公园等等。

（5）医疗场所。20世纪初，世界首富之一洛克菲勒父子筹划在中国北京建成远东地区最好的医学学府，"目标是建立一个与欧洲、美洲同样好的医学院，具有优秀的教学队伍，装备良好的实验室，高水平的教学医院和护士学校"。洛氏父子出资建立的中华医学基金会先后购买了英国伦敦教会等六家教会医院在1906年共同创办的"北京协和医学堂"和豫王府的全部房产，开始筹建"北京协和医学院"。1917年9月24日，由著名建筑设计师查尔斯·柯立芝先生设计的、中西合璧具有宫殿式外观的现代化医院在王府旧址上破土动工。1921年9月16日，北京协和医院建成并收治第一位病人。医院建筑面积53 006平方米，时设床位250张。同年，护士楼建成，建筑面积为7 000平方米。再如，上海交通大学医学院附属瑞金医院建于1907年，原名广慈医院，是我国较早的教会医院，其中保存至今的两座法式建筑，就是历史的见证。

5. 国防建筑

所谓国防建筑，是指一切为了国家的安全和双边关系而修造的建筑。作为现存的历史建筑，与国防相关的不是很多，但名气却很大，如我国的万里长城。由此推导，凡是规制不同的各类城墙、烽火台、关隘（如山海关、玉门关）、炮台（如大沽口炮台、白龙炮台）等迄今尚存的重要的国防建筑实物，都是可以开发的文化资源。仅以各类关隘为例，我国就有甘肃的嘉峪关、玉门关，河北的山海关等等。

山海关，又称"榆关"，位于秦皇岛市东北15公里，是明代长城的东北关隘之一，与万里之外的嘉峪关遥相呼应，建筑特色是以城为关，故而有"天下第一关"之称。山海关城，周长约4公里，与长城相连，城高14米，厚7米，有四座城门，有多种防御建筑，作为国家历史文化名城的旅游景区，"老龙头""孟姜女庙""角山""天下第一关"等六大风景区已经充分显现出物质实证性文化资源被开发之后的社会效益和经济效益。

6. 行政建筑

中央集权统辖下的各级行政官署，是为官员们办公所需修建的，因而这一类建筑就是行政建筑。如各地现存的行政公署建筑，如河北正定县的"正定府衙门"、辽宁大连市的"复州知州衙门"、湖北仙桃市的"沔州府衙门"、内蒙古呼和浩特的"清将军衙署"、江西赣州市的"赣州府衙"等官府衙门，有的建造于宋代，有的建造于元代或清代，都是具有旅游开发价值的实物性文化资源。

当然，也有一种例外，是将皇城与相府结合在一起的一座行政建筑，即清朝文渊阁大学士兼吏部尚书、《康熙字典》总阅官陈廷敬的故居。位于山西晋城的皇城相府其建筑依山就势，随形生变，官宅民居，鳞次栉比，是一组别具特色的明清城堡式官宅建筑群。"绿树村边合，青山郭外斜"，皇城相府不仅是一幅古代"自然山水画"，更是一座具有强烈人文精神的东方古城堡。

7. 丧葬建筑

凡是为埋葬逝者而修造的建筑，就是丧葬建筑。在人类相信神、相信灵魂的漫长历史阶段，对于逝者的丧葬礼俗是一个重要的精神寄托。因而，不同社会等级的人逝世之后所受到的礼遇，即可通过不同规格和形制的丧葬建筑来体现。埃及的金字塔，是只有法老才能够享有的丧葬规制，就是一个例证。在我国，目前作为物质实体性文化资源的丧葬建筑物有很多，其形制多样，称谓不同——分别称为"陵""林""墓"和"浮屠"——也是这个原因。

（1）陵。一般地说，凡是国家首脑的坟墓，都称为"陵"。对国家有突出贡献的英雄，其安葬处也称为"陵"，如烈士陵园。迄今尚存的陵园有周武王陵、秦始皇陵、秦二世陵、隋文帝的泰陵、唐代的昭陵和乾陵、明孝陵、成吉思汗陵、明十三陵、清东陵和西陵、中山陵等等。

（2）林。我国将安葬圣人的处所尊称为"林"，如山东曲阜的"孔林"与河南洛阳的"关林"等。"孔林"是安葬文圣人孔丘即孔子的处所，虽然过去了两千多年但依然保存完好；"关林"是安葬武圣人关云长即关公的处所，目前也是一个旅游胜地。

（3）浮屠。浮屠，也写作"浮图"，就是佛塔，除了藏经塔之外，大多数的浮屠都是"和尚坟"，如河南少林寺的塔林、北京潭柘寺的塔林等等。

（4）墓。凡是为安葬除上述三者之外的人而修造的建筑，都称为"墓"，如湖北随州的曾侯乙墓、河北平山战国时期的中山王墓、湖南长沙的马王堆汉墓、山东临沂的银雀山汉墓、广州西汉的越王墓等等。其中，被誉为"民族团结友好使者"的王昭君即王嫱，传说是西汉时期自愿出塞与匈奴首领呼韩邪单于和亲的大美女，去世后就埋葬在今内蒙古中西部沿大黑河一代，因而，在呼和浩特、包头、鄂尔多斯均有"昭君墓"。

历史建筑具有较大的吸引力，其地的旅游业就会蓬勃发展；历史建筑令人过目难忘,其地的会展业也会对此格外关注;历史建筑拥有与此相关的传奇性故事和历史人物,也会受到出版业和影视业的重视。总之,凡是涉及"造型"的文化产品或文化产业,如绘画、摄影、雕塑、室内外装潢设计、环境艺术设计、书籍装帧设计、广告设计、装饰品设计,以及影视业的内景外景、远景近景等均离不开历史建筑,包括皇家建筑、民居建筑、宗教建筑、公共场所建筑、国防建筑、行政建筑、丧葬建筑等等。所以,可考性、稀缺性、知名度、影响力等等就构成了历史建筑产业价值的基本条件。

二、历史文物

就广义的"文物"而论,凡是历史上遗留下来的可以说明人类发展足迹的东西都是文物,包括建筑在内。但由于历史建筑作为文化资源的重要组成部分,已在前面作了专门论述,这里不再赘述。

(一)历史文物的界定与特点

无论是祖上留下的一件元代的青花瓷器,还是先人留下的一枚良渚文化的玉琮,都是人们身边的文物。但是,作为文化资源的历史文物,却是有特定标准的。

1. 历史文物的界定

历史文物的界定,也是以时间的长短为衡量标准的。一般地说,拥有半个世纪以上,见证过某一阶段人类历史进程的各种器物,都可以称为"文物",如旧石器与新石器时期的劳动工具和生活用具;春秋战国时期的战争武器、祭祀礼器等;大秦王朝的碑刻;以及各个历史时期遗留下来的各种艺术品,如古人的书画、雕塑、服饰等等。总之,凡是半个世纪以前制造或创造的,直接或间接印证某一段历史进程的器物和各类物质形态的艺术品,无论具有怎样的功能,都是文化资源意义上的历史文物。

2. 历史文物的特点

与当下出产的物件不同,历史文物的意义就在于历史的见证性,其特点如下:

(1)时间越久、保存越完整,其文化产业价值就越高。如果说,历史建筑的完整性与时间性共同构成了作为文化资源的价值标准,那么,与建筑作为物质实体相一致的是,凡与人类生活相关的各种器物,虽然个体单位较小、更换率较高、耐损性的差异性较大,但衡量其产业价值还是以时间为标准。因为其质料、结构、形制等的完整性是对不同历史阶段生产力水平的真实性来说的,所以,历史文物保存得越是完好,就越具有文化价值和观赏价值。字画易燃烧,丝织品易腐朽,陶瓷制品易破碎,在经历了多次战乱和社会变革后,依然能较为完整地保存下来,实属不易。因而,文物的体积越小,易损度越高,在同一年代的物件中其价值就越高。

(2)文物的创造者、制造者、曾经的拥有者或与此相关者的知名度越高,经历的事件越是传奇,其文化价值就越高。作为文化资源的历史文物,一般都会与某一著名的历史人物或某一重大的历史事件相关,有的则是对某一历史时期多种文化元素的传承,所以都具有不可低估的产业价值。

文物的知名度高,文化附加值就高;反之,即使保存完好,内涵丰富,如知之者甚少,也会影响其市场竞争力。如家喻户晓的历史名人越王勾践和人们耳熟能详的成语"卧薪尝胆",便使"越王剑"的文化附加值因著名的历史人物和历史故事而大大增长。

再如,迄今为止发现的我国最早的绘画即西晋顾恺之的《洛神赋》(宋代摹本),隋代展子虔的真迹《游春图》,我国最早的书法真迹西晋陆机的《平复帖》、东晋王羲之的《兰亭集序》等等,这些影响了中国上千年绘画和书法艺术发展的文物,无论在哪里展出,都会以其巨大的影响力产生一定的经济效益和社会效益。

(3)实证性越强,历史的认识意义越高,历史文物的文化产业价值就越高。以其实体性存在而直接或间接揭示出特定历史时期人类的社会制度状况、文化发展状况,是文化资源的一种特殊力量。例如,至今我国发现的最早以四十位梁山好汉为绘画题材的"叶子",即明代陈洪绶的《水浒叶子》,就说明三个问题:一是在400多年前,我们的先人在消遣中就已经有了类似今天"扑克牌"性质的娱乐行为;二是以陈洪绶为代表的大画家当时已有从通俗文学——小说文本中寻求创作资源的现象;三是从一百单八将中遴选四十位梁山好汉的标准是什么?四十位人物形象是否与施耐庵的创作原意相一致?又体现出艺术二度创造的选择性和倾向性。除此之外,迄今出土的我国最早的瓦当、最早的印版,保存完好的最早的纸币、最早的股票等等,都具有通过工艺的技术含量来揭示生产力发展状况和艺术发展水平的实证性特点。

(4)历史文物的艺术含量越高,审美特征越鲜明、越独特,其文化产业的价值就越高。所谓"艺术性",就是历史文物以其特有的质料、造型、色彩、结构等具备的"好看""耐看"的特性。而"审美",如前所述,是打动人心的。一件历史文物如果对视觉有独特的吸引力,对心灵有独特的感染力和震撼力,那么,它的产业价值就高。同时,凡是世界上独一无二、不可替代、不可复制的历史文物,一般都具有艺术层面的稀缺性,而稀缺性,是生成吸引力的前提和基础。

例如,斯德哥尔摩的市政厅内,有一个被称为"金厅"(Gyllene Salen)的空间,纵深约25米,四周有用1 800万块约1厘米见方的黄金和各种彩色玻璃镶嵌而成的一幅幅壁画。左侧是从瑞典海盗时代直到近代工业化时代的顺叙性历史造型,右侧是瑞典历史上一些著名人物的肖像,正中间是一位高大的女神。壁画,象征着北欧梅拉伦湖与波罗的海的结合。这一大型壁画,因其独特的构思、独特的材质、独特的色彩,最重要的是其独特的地理位置,形成了独一无二、不可替代、不可复制的特殊性,这就是文物的视觉审美所拥有的稀缺性。

(5)时代的对应性越强,即社会问题的针对性越强,历史文物的产业价值就越高。哪些文化资源在哪一个时代会受到特别的关注和推介,取决于这一历史时期的"时代精神"与某一文化资源的思想对应性。齐白石老人是用丹青通过自然情趣表达对人生思考的大师级画家,他笔下的游虾和菜蔬都给人们留下了深刻的印象。但是,当这样一幅画作出现时,便格外引起了当下人们的审美关注:一位古代的老者盘腿席地而坐,头颅微垂,一副醉态。沽酒的葫芦倾斜着,有些洒在地上……上面的题字与画面形成的想象空间和思想深度颇耐人寻味:"宰相归田,囊底无钱,宁肯为盗,不肯伤廉。"那么,是因为"为官皆贪,唯己独廉"而抱恨之醉?是"不贪白不贪"的抱憾之醉?还是清廉一生却未能改变社会风气的抱怨之醉？画面与题字的现实针对性便使这一文化资源具有了社会对应的思想价值。

（二）历史文物的分类

在学界，对历史文物进行分类的标准有很多，包括时代分类法，即以文物制作的时代为标准，如古代文物和近现代文物；质地分类法，即以文物的质地来分类，如石器、玉器、骨器（含骨器、牙器）、木器、竹器、铜器、铁器、金器、银器、铅锌器、瓷器、漆器、玻璃器、珐琅器、纺织品、纸类文物等等。然而，作为物质实证性的各类文物，无论质料如何，在被创造或制造的那个历史时期，都是人类有目的行为的产物。这种目的，概括起来看，主要有两种：一是为了"用"，即使用；一是为了"看"，即观赏。为了"用"而产生的文物具有实用价值，如工具、文具、厨具、餐具、茶具、酒具、卧具、服装、兵器、乐器、礼器等等；为了"看"而产生的文物则具有审美价值，如书画作品、手工艺品等等。从品格来说，前者属于非艺术类文物，后者则属于艺术类文物。

1. 艺术类文物

如果把为了满足人的精神需要而创作的"技巧、情感、创意三合一的结晶"称为"艺术"的话，那么，历史文物当中既有纯粹的艺术作品，如绘画，也有具备一定艺术元素的实用性物品，如服饰。而艺术类文物，主要是指前者。但即便如此，这也是一个极为广泛的领域。

那么，如何为物质实证性艺术类文物分类呢？在此，我们主要以材质和制造手段为标准，将其分为书画、壁画、雕塑、纺织和印染等等。

（1）书画

书画，是历史上留存下来的书法作品和绘画作品的总称。在我国，由于书法和绘画是同宗同源，所以"书画"便成了一个专用术语。

书法，是指用毛笔书写文字的艺术。如果是用其他笔（如钢笔、铅笔等）来书写，其往往称为"硬笔书法"。书法有真、草、隶、篆、行之分。真，就是正，正就是楷，因而，真书就是楷书，其特点是形体方正，笔画平直，可做楷模，始于东汉，其名家很多，如"欧体"（欧阳询）、"虞体"（虞世南）、"颜体"（颜真卿）、"柳体"（柳公权）、"赵体"（赵孟頫）等；草书，是指笔画相连，书写速度较快的一种字体，分为大草、小草和狂草；隶书，是由篆书简化演变过来的，笔画较为简单，是汉朝通用的字体；篆书，是秦朝在文字整理的基础上形成的字体，也是其规定的文字书写方法，分大篆和小篆；行书，也是一种汉字字体，是介于楷书和草书之间的，即比楷书柔和、比草书规整的一种字体。

绘画，是用色彩、线条把客观存在或想象中的物体形象描绘在纸、布或其他底子上的造型艺术，属于二维空间创造。摄影产生之前，人类"存形莫善于画"。但是作为纯艺术的中国绘画却一直以"虚实相生，写意为重"作为上乘品的标志，如宋代梁楷的《布袋和尚图》、明代吴伟的《武陵春图卷》。神韵、境界是中国绘画经验的理论总结，强调形象要在似与不似之间，形象之外要有无穷之意，这在中国水墨写意画中尤为突出。例如东晋顾恺之的《洛神赋》、北宋范宽的《雪景寒林图》、苏轼的《古木怪石图》、元代高克恭的《雨竹图轴》、明代谢时臣的《武当南岭霁雪图轴》等等。

甲骨文是从1899年至1928年断断续续被发现的刻在龟甲和兽骨上的文字,在4 500多字中已有1 700多字被确认出来。其主要内容有三:一是记录了问卦的词语;二是记录了占卜结果;三是验证占卜是否准确的词语。作为物质实证性文化资源,这些商周时期刻在龟甲和兽骨上的文字,因其相对真实地记载了当时统治者占卜凶吉的内容,其潜在的文化价值毋庸置疑。尽管甲骨文不是书写在绢帛或纸张上,但其文字造型无疑也是属于"书法"范围之内的。

在绘画领域中,特别具有产业价值的文化资源是现存于北京故宫博物院的宋代张择端的《清明上河图》。2010年上海世博会将这幅二维空间的绘画,运用高科技手法创作成了三维空间与时间维度相统一的动态观赏对象。创作者通过标题即可对时间、地点、人物、事件展开想象,这幅长卷,酷似纪录片,又酷似现实生活。观赏者置身其中,犹如漫步于一千多年前汴梁城的闹市,与古人同步而行,好奇心、思古之幽情油然而生。为此,人们无不流连忘返。

当然,古代的绘画,有的是绘制在瓷器、陶器上,这不仅使绘画拥有了长久保留的可能,也使瓷器或陶器拥有了丰富的文化内涵。例如,北京故宫博物院藏有一个清代"康熙五彩兰亭会纹瓶",既是300多年前我国瓷器发展水平的见证,也是我国历代文人雅士生活情趣的记载。上面的人物纹饰,反映出古人每逢三月(农历)上旬巳日集会于环曲的水渠旁饮酒作乐的情景。其规则是,在上流放置盛了酒水的羽觞,任其顺流漂浮而下,停在谁的面前,谁即取饮,名谓"流觞"。王羲之《兰亭集序》中就有这样的记载:"又有清流激湍,映带左右,引以为流觞曲水。"而许之衡的《饮流斋说瓷·说花绘》中又有"明瓷所绘故事,若周茂叔爱莲、陶渊明赏菊、竹林七贤、流觞曲水之属,均极俊逸雅倩之致。"可见,明代就有以此为绘画题材的瓷器了。这样的双重内涵,自然使其文化资源的价值倍增。

这里还需要说明的是,我国的戏曲脸谱也是绘画的一种形式,由于还存在于当下艺术活动的现实中,属于行为传承的文化资源,故而这里不再论述。

(2)壁画

刻在岩壁上或画在墙壁上的图画,就是壁画。迄今,作为物质实证性文化资源,且最具旅游业价值、出版业价值、影视业价值的壁画,如我国的莫高窟壁画、法国的拉斯科岩洞壁画、西班牙的阿尔塔米拉岩洞壁画,以及迄今我国发现较早的纪实性、顺叙性墓葬壁画和林格尔东汉护乌桓校尉墓壁画等等,都是非常重要的文化资源。

1971年,内蒙古和林格尔的一位农民在耕地时偶尔发现了一块古砖。出于好奇,他一层一层地取下去,竟发现了一个大洞穴。这就是1500年前的一座汉代大墓。墓主人是东汉王朝派往北方民族杂居地区的最高行政长官——使持节护乌桓校尉。离奇的是,墓室有3.8米高的前室、4米高的中室、3.6米高的后室和3个耳室,全长20米。就在墓室的墓壁上有100多平方米、46组、57幅壁画。从内容上看,既有墓室主人的为官经历和官宦生活的图景,又有当时社会的生产行为和生活行为,还有用图画记录圣贤、忠臣、孝子、烈女行为的场景。更有意思的是,墓室壁画中的那幅乐舞百戏图,堪称是迄今为止最具体、最形象、最生动地记载东汉时期的器乐演奏和杂技表演的图画。因此,其产业价值——无论对于旅游业、演艺业、影视业、出版业、会展业,都是不可低估的。①

（3）雕塑

一般来说,雕塑,包括"雕"和"塑"两个部分。前者是用利器在物体上凿刻,以"去掉些自身的物质",用的是减法,即雕刻,包括木雕(根雕)、砖雕、石雕、玉雕、贝雕、骨雕、象牙雕等等;后者是以同一物质材料的累加为主要方式,一点点使对象成形,用的是加法,包括泥塑、蜡塑、面塑、陶塑、石膏塑等等。从立体化的程度出发,雕塑有浮雕、圆雕、透雕即"镂";从更为广泛的角度看,雕塑的"塑"还应包括"铸"的成分在内,如铜铸、铁铸、钢铸等。例如,在陕西考古发现的秦咸阳城以及秦宫殿遗址中,有12个巨大的铜人,这是秦始皇在统一六国之后,为了防止贵族割据,将六国的兵器和民间的武器都缴获回来,熔铸销毁,以此铸成的,并将其竖立在了秦皇宫殿前。秦末项羽入关,烧毁了宫殿,却留下铸铜的塑像。

当然,对于秦王朝政治格局和嬴政本人的政治魄力最有见证力量的雕塑实物,还是秦始皇陵的兵马俑。秦始皇陵占地面积212.95万平方米,有内外两重城垣,内城北部有建筑遗迹,应该是陵寝建筑。兵马俑坑是地下坑道建筑,据说,这里发掘出来的陶制兵马俑是替代活人陪葬的随葬品。1号坑有11个过洞,四边各5个门道,据推测,坑内的兵马俑大约有6 000余件;以步兵为主,布成长方形军阵。2号坑是由弓弩兵、骑射兵、战车等混编的曲尺阵;一共四个部分,这是既独立又统一的大方阵。3号坑是整个军阵的统帅部。作为陶塑,兵马俑与现实中的真人真物大小相等。俑高1.8米左右,最高的1.96米。军阶分明,有将军俑、武官俑、御手俑、跪射武士俑、立射武士俑、骑士鞍马俑等等。其规模之庞大,在我国历史上是罕见的。它们形象地展示出秦代军队的装束、服饰、武器设备、队伍编制等。后又发掘的陪葬坑内,还有反映宫廷百戏娱乐活动的雕塑实物。其中,铜马车的精湛技艺令人叹为观止。

而无论是陶器上的陶绘,寺庙和墓室里的壁画,还是过年张贴的年画,都是通过实物可以获取的文化资源。

（4）纺织与印染

① 纺织。迄今为止,两千年前就打通东西方贸易道路的,是著名的丝绸之路,而"丝绸"就是出自东方的纺织物。从目前可见的物质实证性文化资源来看,纺织物中,有的称为"织锦",有的称为"刺绣"。那么,织锦和刺绣是什么关系呢?一般地说,织锦是织有图案和花纹的缎子,同时也指那种或单色或彩色的像刺绣　样的丝织品。而刺绣,属于一种手工艺,是用丝线在纺织品上绣出花鸟、景物等图案。我国颇具代表性的刺绣有四川的蜀绣、江苏的苏绣、广东的粤绣、湖南的湘秀。

由于丝织品与铺盖或服饰有着密切的关系,所以有些是以实用性功能出现的文物。从长沙马王堆出土的丝织品即可看出这一点。然而,在墙壁上以饰物的形式出现的丝织品,如挂件,就是以观赏为主的对象了,同时这些实实在在的文物也体现出了当时纺织业生产力和生产技术的基本水平。

---

① 吴欣:《盛乐:草原第一都》,内蒙古人民出版社,2011年,第33页。

② 印染。在纺织品上染上颜色或印上图案，就是印染。作为观赏对象，如蜡染就是非常重要的品种。在各种出土的纺织品中，除了编织出来的图案，大部分都属于印染。

艺术类文物的产业价值，主要体现在出版业和会展业两类产业中。

2. 非艺术类文物

如果说艺术类文物是以观赏为主的话，那么，非艺术类文物即使具有一定的艺术性，也是以实用为主、观赏为辅的。例如，为慈禧陪葬的诸多物件均属于非艺术类文物。如夜明珠，尽管价值连城且无比美丽，但因具有防腐作用而用于墓葬。至于用捻金线织成的"陀罗尼经被"的宗教意义，赞美慈禧一生功绩的"香册"和刻有谥号的"香宝"的政治意义，都是通过一定的艺术造型体现出来的。而大量用于棺椁之间填缝的出自黑龙江和乌苏里江的珍珠，既是墓主人身份无比高贵的象征，也是具有防腐实用作用的。为此，类似上述以实用为主的文物就是"非艺术类文物"。

（1）服饰

服饰，是人类服装与用于身体的饰物的总称。因而，世界上有多少个民族，基本上就会有多少种不同风格的服饰。

而饰物，又包括头饰（即狭义的首饰）、臂饰（镯子）、手饰（戒指、扳指、护指套）、腰饰（腰带）、足饰（脚链）等等。如华北地区一些博物院收藏的西晋鹿角金步摇冠（图2-2）、西晋嵌宝石桃形金冠饰、元代金钗、辽代的魔蝎形金耳坠和琥珀珍珠耳饰、清代的银錾花耳饰和翡翠耳饰，以及鄂尔多斯妇女头饰都属于首饰；而辽代的双龙纹金镯、清代的玉手镯、万寿纹银手镯都属于臂饰；北朝的立羊形金戒指，属于手饰；战国时期的虎咬牛纹金带饰、辽代的双鱼形佩件都属于腰饰等等。这些饰物，包括钉缀到服装上的饰物，往往是由珍珠、玛瑙、珊瑚、绿松石、金银、象牙、翡翠、琥珀等等极为贵重的物品构成的，所以，其也是获取珠宝类文化资源的重要途径。

服饰，是人体的"外包装"，可以保暖、遮体，也可以美化人的外观。因而，保存至今的各类服饰，无不体现着不同历史时期、不同地区人们特有的历史文化传统以及生产和生活水平，同时，也体现着不同民族的审美倾向、精神向往和创造能力。

作为文化资源的历史服饰，就其民族属性而言，则体现了其所处的自然地理环境，反映了不同时代衣着的审美风格以及特有的宗教信仰，展现了其由历史积淀而形成的生活习俗，彰显了衣着者的社会地位和经济条件，因而其产业意义就在于满足人们的好奇心，拓宽人们的知识眼界，增加各类历史知识。

图 2-2　西晋鹿角金步摇冠

从实用性来看，服饰兼顾质地、色彩、款式三个要素，其产业价值是不仅"可看"，而且"可用"——这是现代服装设计业、演艺业、影视业等不可或缺的创作基础，即实证性文化资源。

从社会发展的角度看,历史服装的文化承载性具有时代特点、由地理气候和生产行为所决定的民族特点、社会身份(职业)特点、性别和年龄特点,甚至已婚或未婚的特点,以及个人性格及审美倾向的特点等等。从目前存在于博物馆的布里亚特服饰就可以看出这一点。

目前,世界上的布里亚特蒙古人约有60多万,分布在俄罗斯、蒙古国、中国等地。其女性服饰有着自身独特的款式。她们的长袍不仅采用肘、肩、腰围等关节部位分割缝制的工艺,而且还能够通过是平肩袖还是耸肩袖,是配以坎肩还是不配坎肩,分辨出女性婚否的社会身份。

(2)器物

器物,作为文化资源,主要是指现存的半个世纪以上的器具和物件,实用性是其主要的特性。

① 工具。生存依赖于生产,见证不同时期人类生产力发展水平的各种工具,就是非常重要的历史文物,包括农业生产工具、林业生产工具、牧业生产工具、渔业生产工具等等。

根据呼和浩特市东郊大窑新石器时代遗址清理简报,这里出土的历史遗物主要有生产工具和生活用具。在生产工具中有一个有趣的现象,与"三"有关的造型物品非常多:在刮削器里,有三边刃刮削器件,有三边打磨成刃的龟背形刮削器2件;横断面呈三角形的石镞3件;横断面呈三角形、器身有三道脊棱的不规则形石核10件;横断面呈三角形的石叶9件等等。三角形,不仅仅是一种最为坚固的立体形式(古人打磨工具是艰难的,所以希望工具经久耐用),而三角形又有锋利的特点(刮削器等要求锋利,否则影响劳动功效)。与两面刃的物器相比,三面刃更坚牢;与四面刃的器具相比,三面刃更具穿透力或进攻力。既实用又结实就构成了原始工具普遍采用三角形的规律。当人的实践一旦进入与自然规律相吻合的时候,实证性的文物也会因其合乎规律——数字"三"的规律性揭示——而具有了潜在的产业价值。

② 用具。人的日常生活,既有物质需要,又有精神需要,凡是满足这两种需要的器物,就是用具。

从衣、食、住、行等需要的器物来看,历史文物主要有与之相关联的一些类别:与"衣"相关的服装、头饰、首饰;与"食"相关的厨具、餐具、茶具、酒具等等;与"住"相关的卧具、灯具、摆件、挂件等等;与"行"相关的交通工具,如各类车、船、轿、滑竿等等。除此之外,在与休闲娱乐相关的各类活动中,还有花样繁多的各种乐器、玩具,与教育相关的各种文具,如纸、墨、笔、砚,与医疗相关的各种器具等等。因而,只要拥有半个世纪以上的这些文物,就都拥有了文化资源的价值和意义。

在河南博物馆,收藏有一件"春秋单匜"(图2-3),就是一个盥洗用的器物。匜,最早在西周中期就出现了,一直流传到明清时期。现在可以见到的匜,在不同的历史时期其所用的材质也不同,先秦时期大多是以青铜制造,秦汉时期多以漆器制造。魏晋以后,匜的使用率显著减少。早期的匜很像一个大瓢,而且有兽形纹装饰的"流",底部是四足或者是三足,与流对称的一侧是一个龙形的扳手。据史书记载,匜,往往是在某些礼

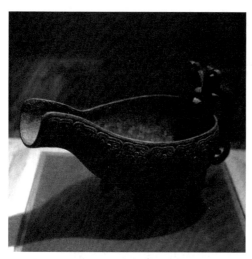

图 2-3　春秋单匜

仪场中使用。

③ 兵器。兵器即武器,是为了直接杀伤敌人而制造的器械或装置,如古代的刀、枪、剑、戟,近现代的枪炮和原子弹等等。作为历史遗存的兵器,往往与某一位重要的历史人物、某一重要的战役或冶炼技术相关。

例如,上海崇明区博物馆现收藏一柄铸成于晚清时期的"青龙偃月刀",就是镇馆之宝。这是在该区城桥镇山阳村杨家庙附近施姓老宅基下取土筑路时,在1.8米深处挖得的。刀长1.96米,重34公斤,铁柄有锈蚀,但基本完好。有关专家认定是清朝雍正年间铸就的兵器,距今有150年历史。尽管青龙偃月刀也称为"关刀",但实际上与关羽是没有关系的,因为这种刀是自宋代才出现的。

④ 礼器。礼器是我国古代贵族在举行祭祀、宴飨、征伐以及丧葬等礼仪活动中使用的器物,用以表明使用者的身份、等级与权力。

玉琮的功用是什么? 这是一个颇具争议的学术问题。就目前研究的情况来看,玉琮的功能归纳起来至少有20多种。如女阴象征说、图腾柱说、大地之表号说、祖先崇拜(男女密合器)说、天象观测器物说等。但归纳起来,其功能性质不外乎为实用器、陈设器、礼器和明器。

尽管玉琮的器型和或繁或简的兽面纹基本相同,然其高矮、方圆和大小各异,节数也有多寡,用途也不可一概而论。就现有资料来看,真正可称为玉琮的是器身较大而中孔较小(器身多低矮,有1节或23节)者和形制为内圆外方、器身较高(往往节数较多)、上大下小、略呈方柱形者两大类,特别是以方柱形的多节长玉琮最为典型,因而颇有深入研究的必要。有学者指出,浙江良渚的玉琮是同原始宗教(巫术)有关的工具。它被葬入墓中,表明它既是良渚先民用以保护死者、镇墓压胜、辟凶祛邪的法器,同时又具有敛尸防腐的作用(先民认为)。为此,倘若随葬有大量玉琮,即可以推测墓主人生前具有特权,既占有财富,拥有妻妾,又可杀殉奴隶,应是当时的显贵者,有的可能是军事首领,实际上也是最早的奴隶主。

⑤ 法器。一般地说,宗教活动使用的器物就是法器,如佛教用的佛像、佛灯、佛珠、佛台、法轮,还有舍利子;基督教的十字架等等。

⑥ 冥器。冥器又称"明器"或"盟器",是古代为盛放死者骨质或随葬而制作的各种器物。冥器大多是仿制人活着时使用的各种工具、用具、武器、礼器等,也有人、家畜、禽兽的形象以及车船、家具、建筑物等模型。

例如,2002年在云南禄丰县出土的一大批元末至明朝中后期的青花盖罐和罐子,都属于火葬罐。这是彝族的丧葬习俗,他们自古对死者就施行火葬,焚尸场在离村不远的荒野或山坡上。火化后，或就地掩埋骨灰，或装入陶罐里，或撒在竹林里。彝族的火葬罐高约1米，材料为土陶，直径30～50厘米，上下窄中间宽，罐子外面纹有象征宗教寓意的彝族文字。这一批发掘出来的火葬罐包括元代青釉模印贴花盖罐、元末明初青花凤穿牡丹纹盖罐、元末明初青花折枝花果纹罐、明初青花狮子滚绣球纹罐、明初青花人物琴棋书画纹罐、明中晚期青花水波纹盖罐等41件之多。以元代青釉模印贴花盖罐为例，造型规整，胎体厚重，胎色灰白，釉色青灰，罐子底部没有涂釉。盖顶有宝珠钮，盖上附加两道堆纹，间以4朵模印莲花，莲花上印有"常乐我净"4个字。

⑦ 乐器。虽然有的文物分类法把乐器放在礼器一类，但是，由于乐器家族庞大，门类繁多，影响广泛，所以有必要单独介绍。

乐器，作为文物，仅我国保留至今的就有弹拨乐器，如古琴、古筝、琵琶、冬不拉、特布秀尔、都塔尔、柳琴、大阮、小阮、中阮、三弦等等；弓弦乐器，有二胡、四胡、板胡、京胡、革胡、马头琴等等；吹奏乐器，有箫、笛子、唢呐、芦笙、胡笳等等；打击乐器，有锣、鼓、镲、扬琴等等。

三、现代视觉艺术

现代视觉艺术是一个非常广泛的领域，作为物质实证存在的文化资源，包括各种绘画、雕塑、建筑、造型设计等等。

（一）绘画

现代造型艺术品是以绘画为主流的。这些作品之所以能够成为文化资源，关键就在于绘画作品本身的文化内涵。例如，徐悲鸿的《奔马图》，通过它不仅可以了解抗日战争时期中国知识分子的铮铮铁骨，中国文人"威武不能屈"的高风亮节，而且还能够了解当时绘画技法发展到了怎样的水平。而罗中立的油画《父亲》（图2-4），在其传达的文化信息中，既包含着"我为有这样的父亲而自豪，也为有这样的父亲而不幸"的复杂情感，同时还揭示出20世纪70年代末中国农民的生存状况和精神状态。

图 2-4 罗中立的油画《父亲》

（二）雕塑

现当代以来，名人肖像雕塑，多以伟人为原型。而伟人，都有相对明确而统一的历史"公论"：邓小平是"中国改革开放的总设计师"，鲁迅是"中国新文学的奠基者"，老子是"战国时代著名的哲学家"等等。这是民族的共识和骄傲，是历史的记忆和评定。为此，名人肖像创作，需要尊重公论而又超越公论的艺术想象，尊重限定而又突破限定的"自由选择"。半个多世纪以来，中国名人肖像雕塑有着明显的"偶像化"、脸谱化倾向,让"神化"了的名人具有感人的力量,就成了雕塑家艺术见地、美学勇气和真情实感的体现。

伫立在四川广安的《邓小平铜像》,展现的是晚年邓小平慈爱、安详的"微笑",平易而有亲和力。小平同志坐在藤椅上的体态,淡化了人物身材并不高大的弱点;随意的坐姿比严谨的站姿少了几分领袖的威严感,多了几分平常人的贴近感;而贴近感又从他慈爱、安详的"微笑"中传达出来。这是"小平精神"最准确、最深刻的揭示——"总设计师"为亲眼见到改革开放累累硕果而欣慰。同时,这"微笑"又是面对家乡父老乡亲的必然反应:15岁离家,小平再没回过故乡,却以"中国人民的儿子"之大爱富强了整个祖国。这座塑像,显然见证并反映出了20世纪末到21世纪的中国精神。

(三)约定俗成的造型符号

松、竹、梅是岁寒三友,在现代造型艺术中依然频频出现,其"大雪压青松,青松挺且直,要知松高洁,待到雪化时"的气派和气节均不言而喻。

而戏剧脸谱,无论是京剧、川剧、越剧、豫剧、秦腔,还是晋剧、琼剧、吕剧,各种人物的脸谱,如红脸的关公、黑脸的李逵、白脸的曹操、蓝脸的窦尔敦等等,都有约定俗成的历史文化内涵。

同时,一个国家在特有的动物基础上形成的图案,如澳大利亚的考拉和袋鼠、我国的熊猫和东北虎、肯尼亚的斑马和长颈鹿等等,是以动物与人之间长期的相互关系决定的,因而,这些图案作为"人化的自然",已成了广告产业、影视产业等广泛运用的文化资源。

(四)图腾

当我们以文物的造型技法为标准分类时,有一种延续至今的物质实证性文化资源,就是兼具绘画(图案)和雕塑两种品行的"图腾"。

图腾即Totem,是拉丁语,原指一个部族的崇拜对象和象征。其表现形态既有雕塑,也有平面图形。从20世纪收集到的大洋洲、非洲、北美洲的物质实证性图腾来看,大致有四种情况:祖先崇拜、生殖崇拜、巫师与酋长崇拜、动物与植物崇拜。其中,生殖崇拜,有男女同体;动物崇拜,有龟鱼连体、狐羚连体等等;巫师与酋长崇拜,则主要是将崇拜的对象绘制出来或雕刻出来;而祖先崇拜的形象塑造就是"复现"自己,使一次性、直接性的人的自然生命变为永恒。

例如,有这样一个圆雕:一个母亲只有头部和两个硕大的乳部,其他均略去。传说,这个部落濒于灭绝,这位母亲生了17个儿子,都是刚健强壮的斗士,于是挽救了部落,重振部族,这位伟大的母亲就成了人们崇拜的偶像,即祖先崇拜。这就是20世纪末在北京圆明园湖心岛上展出的"图腾木雕群",据说,展出十年,经济收益不菲。

对于我国浩如烟海的物质实证性文化资源,这里列举的只是沧海一粟。但是,作为获取文化资源的途径,它们均具有引导意义。毕竟,以创意为核心、以版权为保证、以高科技为手段的文化产业,还是要以地域文化特色或民族文化特色为灵魂的,而特色的主要载体,就是历史建筑和历史文物,这是不容置疑的。

第三节　文字与影像记载性文化资源

从一个民族的口头语言到书面形式,从摄影术的发明到电影和电视机的发明,其主要意义就在于尽量准确地不断真实地记载人类的发展历程,这恰恰是文化资源最有价值之处。

当人们要通过"文字记载"或"影像记录"获取文化资源的时候,书籍(包括刊物和报纸)——以文字符号为媒介的记录性载体,摄影(包括纸质和网络传递)——以静态照片为媒介的记载方式,以及"影视"——以动态影音为媒介的记录性载体,就是人们打破时间和空间限定,去认识历史、认识世界的有效途径。

在浩如烟海的卷帙和影像资料中,以获取文化资源为目的,哪些是必读的书籍和必看的影像,哪些是精读的书籍和细看的影像,哪些是泛读的书籍或粗览的影像,显然是有区别的。

那么,以获取文化资源的基本途径为标准,文字和影像记载性文化资源都包括哪些类别呢?择其要,一是语言文字,二是历史要籍,三是文学经典,四是影像资料。

一、语言文字

作为人与人交流的工具,语言和文字都是人类文明的产物,也是记载人类社会发展的重要手段。

(一)语言

在人类文明的进程中,语言是先于文字出现的。无论是表音文字还是表意文字,都是特定民族将口头语言转化为视觉符号的智慧性创造。

1. 界定(概念或定义)

什么是语言?一般地说,人们借助于语音、词汇、语法、语句来表达思想和情感的交流方式就是语言,诉说和听取是其主要的行为方式。

2. 分类

不同的地区有不同的语言,按照谱系划分,语言有不同的语系、不同的语族、不同的语支。语系包括语族,语族包括语支。语系主要有汉藏语系,包括汉语、藏语、壮语、苗语、侗语、瑶语等语族;阿尔泰语系,包括突厥语、蒙古语、满语、通古斯(鄂温克)语等语族;印欧语系,包括塔吉克语、俄罗斯语等语族。

另外,不同的民族大多有不同的语言,所以,语言又可以用民族属性来分类。在我国就有蒙古语、藏语、维吾尔语、朝鲜语、汉语等丰富的口语现象。

而同一个民族因所处地域不同、历史进程不同,又有各种方言土语,所以,语言又可以用不同的方言区来分类,如我国的闽南语区、粤语区等等。而汉语的"普通话",就是以北京语音为标准,以北方话为基础方言,以典范的现代白话文著作为语法规范的现代汉民族共同语。为此,匈牙利民族音乐学家将汉语发音的四声比作是"唱歌"一样美妙。

同时,以语言的文化内涵为标准,又可以分为成语、俗语、谚语、歇后语、格言、顺口溜等语言现象,这些均程度不同地反映出了特定民族的文化积淀和文化性格,以及蕴含于其中的价值取向。

例如,在汉语中,"忧劳兴国,逸豫亡身""位卑未敢忘忧国",表达的是关心国家命运的社会责任感;"谨言慎行""含而不露""敏于行而讷于言",又是告诫人们在日常生活的言行举止中要形成审慎的做人风格;而"节衣缩食""粗茶淡饭""滴水成河、粒米成箩",反映的是崇尚勤俭节约的文化传统;"滴水穿石""锲而不舍""咬定青山不放松"等成语和俗语,则是在鼓励人们的意志和毅力;至于"百善孝为先""父慈子孝""尊老爱幼""老吾老以及人之老"等等,则是中华民族伦理道德的价值取向;而"高义薄云""人同此心,心同此理""富贵不能淫、威武不能屈、贫贱不能移""乘人之车,载人之忧;衣人之衣,怀人之忧",则显现出中华民族重视情义、道义、大义的文化传统。

(二)文字

口语是先于文字出现的,容易出现,也容易消失。怎样才能保留有价值的口语呢?于是,就有了文字。

1. 界定

文字,无论是哪一个民族、哪一个历史时期出现的,都是记录语言的符号。

2. 分类

以其元素所指或内涵为标准,文字主要分为两大类:一类是表音(拼音)文字;一类是表意文字。前者,如英语、法语、德语、蒙古语等等,都是看见了由字母拼写在一起的单词,就可以直接读出其发音;后者,如汉语,则是看见文字,即可揣测其内在的含义,但大多却不知该如何发音。因此,书画同源,是汉字的特点,也是广告业、设计业、会展业(尤其是书法业)、出版业,在文字的造型与内涵的关系中做足文章的原因。

这里,仅以汉字的构造规律为例,了解一下文字的分类。

通常,我们将汉字的造字方法称为"六书",即六种造字法,这就是象形字、会意字、形声字、指事字、转注字和假借字。一个字是如何生成的,必然蕴含着以价值观为核心的文化深意,由此便可以透析符码背后的文化意味。

(1)象形字

追求字形与表现对象的相像性是象形字的主要特点。如"人",颇似一个侧立的人的形状;"木"也是如此,中间是树干,上面是树冠和树枝,下面是树根和树须。"日"和"月"亦都是象形字。

(2)会意字

会意字,是由两个以上形体组成,将它们的意义组合成一个新的意义,让人们看了就可以领会其意思的文字。在汉字中,会意字占的比重很大。例如,"莫",当太阳即"日"落山的时候,被草丛掩盖住了,因而,就看不见了,就是没有了——迄今,"莫"即"没有"

就是这个道理。而"休",也是会意字,当一个人侧靠着"木"即树的时候,全身放松,不再劳作,就是歇息,这就是"休"的内涵。再如"德",在许慎的《说文解字》里写作"惪",南唐的徐锴解释为"外得于人,内得于心"即为"德",就是当别人的眼睛看着你的行为,认为你做得"可以",扪心自问,也认为自己做得"可以"时,这个行为就达到了"德"的境界。在《说文解字》里,"美"被解释为"羊大,甘也",即肥硕的绵羊是非常好吃的,继而引申为凡是能够满足人的需要的对象,就是美。①

（3）指事字

"指事"是特别要强调哪一个事物之意,因而,指事字就是在一个字的形状和结构中,着意突出某一个元素,以揭示该字内涵的造字方式。如"本"字,其母体是木,木就是树,当人们要强调树木的根部时,就会在下面加上这一横,这就是"本",本就是根。同理,"示"也是指事字：一横代表苍天,中间的一竖代表日光,其他的撇和捺分别代表月光和星光。古人认为,有了日月星三光,人类才能生存,那么是什么赐予大地"三光"呢？答案是居住在苍天之上的"神",也就是特别标指出来的一横之上的那一点。

（4）形声字

据考古发现,甲骨文中就已经有了形声字。尽管汉字不是表音文字,但是也可以通过已知偏旁部首的发音,来判断这个字的读音。一般地说,形声字都由两个以上部分组成,一个部分为"形",就是这个字的含义；一个部分为声,就是这个字的发音。如"神"字,左侧的"示"就是含义,右边的"申"则是这个字的发音。

由于假借字和转注字作为文化资源的意义不够明确,这里不再论述。因为,当演艺业将一些内涵深厚的文字改编为舞蹈的时候,当广告业将汉字的内涵深入挖掘并广泛运用的时候,凸显其文化产业价值的大多是象形字和会意字。

3. 特点

文字的特点,是在与口语比较的基础上显现出来的。

（1）记录性强

在19世纪30年代摄影术发明之前,借助于绘画和雕塑虽然也可以留下一些关乎历史人物或历史场景的资料,但是记录事物和人物主要还是以文字为工具的。时间、地点、人物、事件、原因、结果,这些记述事件的任务,基本都是通过文字来完成的。

（2）可信性强

在我国的俗语中,"白纸黑字""立字为据"等等,就是对文字可信度的表达。因而,大部分关乎历史人物和历史事件的文化资源,都是出自文字记载,即使一些存在的历史建筑、历史文物等实物性文化资源,如秦代长安的阿房宫、北魏龙门石窟的帝后礼佛图,也是通过文字记载,我们才信其有的。

（3）具有鲜明的民族特色

不同的民族有不同的文字,不同的文字以不同的语法记载不同民族的历史发展进程,这就使文字的组织结构形成了民族特色。而一个时代又有一个时代的文字语言特

---

① 许慎：《说文解字》,中华书局,1963年,第217、78页。

点。

以石刻碑文为例，亦可说明文字以上特点。碑文，是镌刻在石碑上的文字。由于石头比绢帛和纸张都坚固，因而许多碑文就成为获取文化资源的重要渠道。那么，具体到一块一块的石碑，碑上刻的是什么文字？谁刻的？什么时间刻的？内容是什么？这些都是文化产业开发的重要对象。

2005年至2008年，我国和蒙古人民共和国的联合考察团对漠北的三块石碑进行了历史考证，这是公元6世纪到8世纪之间突厥汗国遗留下来的墓碑，上面有奇形怪状的"鲁尼文"。经过专家对鲁尼文与粟特文的比较研究，尤其是对石碑另一侧汉文的研究，确认了这是第二突厥汗国时期的碑刻。一块石碑是为第二突厥汗国的大汗毗伽可汗树立的墓碑，第二块是为毗伽可汗的弟弟阙特勤树立的墓碑，还有一块是为毗伽可汗的岳父墩欲谷树立的墓碑。三块墓碑的文化资源价值是通过镌刻在石碑上的文字内容以及与浮雕在上面的大唐宝像花石刻图案的物质实证反映出来的。从两种文字的记载可以看出：一是阙特勤为兄长取得政权曾立下过赫赫战功，一是墩欲谷曾立下了劝阻女婿不要攻打大唐的谏言之功，还有就是毗伽可汗与唐玄宗曾以"父子"相称的双边友好关系。如果没有上面的雕刻，这三款石碑便会失去作为文化资源的价值和意义，这是显而易见的。

二、历史要籍

考察文化产业的实践，总结文化产业的经验，不难发现，许多文化资源都是通过文字记载——书籍获取的。其中，历史书籍是非常重要的一个类别，包括记载古代历史的书籍、记载近代历史的书籍、记载现当代历史的书籍，这是与自然发展史、科学发展史等书籍有所区别的一大类文化资源。因而，只有以记载人类历史为目的的书籍，方可称为"史书"。

那么，什么是历史要籍呢？

（一）历史要籍的界定与特点

任何一个文明古国，都会拥有大量的历史文化典籍，我国亦如此。据专家不完全统计，已经散佚的不算，我国保存至今的古籍就有七八万种之多，堪称世界之最。这些历史典籍，无疑是发展文化产业的一笔巨大的财富和资源，可谓取之不尽、用之不竭。而"要籍"则是其中精华的那一部分。

1. 界定

重要的书籍，才可以称之为"要籍"。

中华文明五千年历史，留下了浩如烟海的各类书籍，如经、史、子、集等等。从哲学、文学、史学、教育学、伦理学，到天文学、地质学、医学、生物学等等，凡是书籍，虽然都或多或少地与历史相关，但是，作为获取文化资源的途径，只有那些公众提及率和实践运用率最高的以记载人类历史为目的的书籍，才可以称为"历史要籍"，换句话说，历史要籍就是以记载人类历史为目的，在史书中颇具代表性，可以为文化产业提供各种资源的书籍。

2. 特点

概括历史要籍的特点,应该在研究和梳理全部人类书籍的基础上完成,所以很难。但是,从文化产业的需要以及文化资源的功能出发,历史要籍的基本特点还是比较清晰的。

（1）具有可考性即可信性

西方新历史主义理论家认为,历史存在于各种人书写的史书之中,为此提出了"历史的文本性"与"文本的历史性"学说,并认为:凡是人类的历史,尤其是人类有了文字之后的历史,几乎都是可以通过书籍或碑刻文字来查找的。而书籍,除了科学幻想类的图书,几乎都是对于人类"过去了的"所见所闻、所作所为、所思所想的记载。因此,"文本的历史性"便会带有著书者的主观倾向。然而,我国历来有崇尚史传的优良传统、求真务实的治史精神和治史经验,创造了大批无与伦比的史学著作,从而有力地揭示了华夏民族面对历史时求真求实的精神。

当人们通过阅读史书,进而理性地认识"我是谁,从哪里来,到哪里去"的时候,对本民族历史真实性、系统性、独特性、庄严性的礼敬是由"王者因事而言,有言必有事"的历史传统所决定的。正因如此,那些历史正剧,如《雍正王朝》《康熙王朝》《于成龙》等等,才会以历史唯物主义的立场和面对历史要籍——民族文化资源的科学态度,坚守"主要人物和主要事件必须真实"的原则,具备了经受时间和实践检验的经典性。

（2）具有广涉性

按照时代划分,历史要籍既覆盖了古代历史部分,即先秦时期、秦汉时期、魏晋南北朝时期、隋唐五代时期、宋辽金元时期、明清时期的重要历史书籍,又覆盖了近现代历史甚至当代历史部分。从涉猎的文化领域分析,这些史书可以分为经、史、子、集,是囊括了上至天文、下至地理、中间广涉人文的各种思想观念在内的图书大全;从记载的时间长度上分析,这些史书又可以分为通史类和断代史类;从文体上说,这些史书又包括对话录、公文、笔记等各种文体在内;仅从思想领域来分析,这些史书就包括哲学思想、政治思想、法制思想、伦理学思想、教育学思想、科学思想、神学思想、美学思想等等各个领域。

（3）具有丰富性

历史要籍内容的丰富性,主要是通过对人类五千年文明方方面面的记载来体现的。其中,既不能通过物质实证性途径获取,又不能通过行为传承获取的文化资源,如历史人物、历史事件以及消失的历史建筑和历史文物,都是通过历史要籍才能够获取。

就历史人物而论,有政治家、军事家、哲学家、神学家、科学家、教育家、艺术家等等;就历史事件而论,既有不同性质的革命——如民主主义革命、资产阶级革命、无产阶级革命,又有不同程度的社会改革;既有历史的进步,又有社会的倒退;既有封建王朝的更替,又有政党的例行换届:可谓不一而足。

（4）具有权威性和代表性

与稗官野史不同,古代历史要籍大多是职业史官的业绩,他们"冷对千霜剑,能铸万古词"的无私无畏的敬业精神,使得这些史书的真实性不容置疑。为此,当消费者们看历史题材的书籍、电影、电视剧是怀着"在看历史"的心态时,这种具有权威性的文化资源无疑是难能可贵的。

(二)历史要籍的分类

以时间为标准,就我国历史的划分而言,1840年之前为古代,1840年到1919年为近代,1919年到1949年为现代,1949年至今为当代。因而,历史要籍便可据此分为古代部分、近现代部分和当代部分。

1. 记载我国古代历史的要籍主要是四库全书,以及清史稿。此外,还有少数民族史、不同社会领域的门类史等等。

(1)经,也称"甲部",是我国古代图书四部分类的第一大类,包括《周易》《尚书》《诗经》、三礼(《周礼》《仪礼》《礼记》)、三传(《左传》《公羊传》《谷梁传》)、《孝经》《论语》《孟子》等。

(2)史,也称"乙部",是我国古代图书四部分类的第二大类,即史传,包括《逸周书》《国语》《战国策》《竹书纪年》(亦称《汲冢纪年》)、《穆天子传》《山海经》《世本》《史记》等等,显然,二十四史是主要的构成部分。

(3)子,即诸子,也称"丙部",是我国古代图书四部分类的第三大类,包括管仲的《管子》、庄周的《庄子》、慎到的《慎子》、鬼谷子的《鬼谷子》、荀卿的《荀子》、韩非的《韩非子》,以及吕不韦的《吕氏春秋》、孙武的《孙子》、墨翟的《墨子》、李耳的《老子》、列御寇的《列子》、孙膑的《齐孙子》、商鞅的《商君书》等27种。

(4)集,也称"丁部",是我国古代图书四部分类的第四大类,包括历代作家一人或多人的散文集、骈文集、诗集、词集、散曲集等文学作品集,以及文学评论集、戏曲集等等。清代的《四库全书》将其又细分为楚辞、别集、总集、诗文评、词曲五类。①

(5)《清史稿》,是以记载清王朝各位皇帝的言行为主要内容的,分为"关外本"和"关内本",前者有《张勋传》和《康有为传》,后者现不存。

(6)各个少数民族史,如《蒙古秘史》《黄金家族史纲》《维吾尔族历史》《藏族历史》等等。

(7)不同社会领域的门类史,如《中国民族关系史纲要》《中国丝绸史》《中国古代邮驿史》《纹身的历史》《中国历史通俗演义》等等。

2. **记载近代历史的书籍**

凡是记载鸦片战争至"五四运动"之间、"五四运动"至中华人民共和国成立之间这两段历史的书籍,就属于"近现代史书"。

如徐中约的《中国近代史》以及《中国近代史纲要》都是以记载和介绍鸦片战争以来中华民族反侵略、反封建专制斗争为主的。反抗侵略者以求民族独立和解放、反抗封建压迫以求民主和自由,是近代史文本的主要价值倾向,其中涉及的林则徐、邓世昌等历史人物是民族的脊梁和民族精神的代表。这类历史要籍还有《中国近代史话》《蔡

---

① 《辞海》,上海辞书出版社,1979年,第1740页。

元培与近代中国》《近代中国社会的新陈代谢》《中国近百年政治史》《辛亥革命与清末民初社会》《晚清七十年》等等。

3. 记载现代历史的书籍

《中国现代史》《中国现代史稿》《现代中国》是主要的书籍。其内容大多分为新民主主义社会和社会主义社会两个阶段。前者主要是建立新民主主义政权阶段，后者主要是巩固政权并探索推进具有中国特色社会主义建设的阶段。一些政治人物，如毛泽东、周恩来、刘少奇、朱德、邓小平等等都是了解中国这一段历史不可或缺的重要人物。

4. 记载当代历史的书籍

1949年中华人民共和国成立以来，经历了镇压反革命、"三反五反"、"反右派"、"大跃进"、四清运动、"无产阶级文化大革命"、改革开放、香港回归、澳门回归等一系列重大政治历史事件，经历了与美国、日本、英国、法国、德国等众多国家建交的外交事件，也经历了原子弹试验成功、"神六"至"神九"试验成功、航母试验成功等一系列军事科学事件，还经历了成功举办北京奥运会、上海世博会等世界性重大活动的文化事件等等，凡是记载这一历史时期各种历史人物和事件的书籍，都是当代历史书籍。

《新中国三十年》《当代中国政坛》《庐山会议实录》《马克思主义在中国》都属于记载当代历史的要籍。而华东师范大学中国当代史研究中心出版的《中国当代史研究》，就是非常重要的文化资源文本。它详细记载了新中国成立以来政治、经济、文化、教育、军事等诸方面重大的事件以及重要的人物，如改革开放、邓小平、江泽民、胡锦涛等等对中国历史进程的巨大影响。

迄今，凡是能以文化产品打入世界市场的文化产业，大多具有通过历史要籍获取文化资源的自觉意识和相关能力。从收视率比较高的电视连续剧《延禧攻略》《雍正王朝》《大宅门》《康熙王朝》《亮剑》来看，主创人员不仅努力研究了诸多历史要籍，还阅读了一些"稗官野史"。因而，通过文字记载，尤其是历史性文字记载获取文化资源，是非常重要的一个途径。

（三）历史要籍的资源价值

与获取各种物质实证性或行为传承性文化资源不同，对于历史要籍，人们是通过阅读各种史书获取文化资源的。其中，最有价值的就是对历史人物、历史事件以及已消失的那些历史建筑和历史文物的记载。

1. 记载重要的历史人物

纵观人类历史，是一个个对民族和社会发展产生过重要影响的人物衔接起来的历史。

（1）历史人物的界定

广义的历史人物，是不论社会地位高低、贫富、好坏、贵贱，已经逝去的即"成为昨天"的人物；狭义的历史人物，则是指对一个民族、一个时代、一个领域的发展产生过巨大影响的人物，即有可能成为文化资源的那些"过去了的人物"。

（2）历史人物的特点

历史人物的特点,是在与现当代人物的比较中总结出来的。凡是可以作为文化产业有效资源的历史人物,一般都具备以下特点:

① 具有可考性即可信性。历史人物不能是杜撰的,而是在古籍中可以考证、可以考察、可以考信的。越是觉得"不可信"而越能够得到史籍印证的,就越具有文化资源价值。譬如,我国继成吉思汗之后第二位统一蒙古高原的北元时期女政治家满都海·斯琴非凡、传奇、杰出的人生就是通过史书得以揭示的。

② 具有传奇性与神秘性。传奇,就是在超越常规的事实中令人感到惊异和好奇。20年间,既有电视连续剧《燕子李三》,又有电视剧《新燕子李三》,就在于这位能够飞檐走壁、铲霸除恶,又能伸张正义的历史人物的传奇性,这是以满足人们猎奇心理为基础的。而神秘性则是形成传奇性的深层原因。

③ 具有很高的知名度和社会影响力。凡是历史上有影响且影响至今的历史人物,如李时珍的医学贡献、李白的文学贡献、李四光的石油与地震理论贡献、钱学森为两弹一星所作的贡献、邓小平对中国改革开放的政治贡献等等,都是具有很高知名度和社会影响力的。因为,当这个人物开一个时代或一个潮流或一种风气或一种风格的先河时,就具有开创性。例如,但丁是"旧时期最后一位诗人,也是新时代第一位诗人",贝多芬是欧洲音乐古典主义最后一位优秀的音乐家,也是浪漫主义第一位优秀的音乐家。张居正与诸葛亮的区别就在于后者的媒介提及率和大众提及率都远远超过前者,而获得了更为普遍的认识和认同。

④ 具有稀缺性与独特性。孔子也好,鲁迅也罢,不仅是独一无二的,而且还是不可替代的。例如,明安图绘制的《天文图》,是迄今世界上唯一运用古代蒙文所作出的对于天文学的贡献,对于中国来讲,是唯一的,对于世界来讲,也是唯一的。

⑤ 具有现实问题的针对性即时代对应性。每当文化产品表现一个历史人物时,一定是从其生活经历中发现了能够回答当今某些社会问题的现实价值,或是引发人们深入思考的现实意义。因而,一个时代有一个时代"当红"的人物,就是这个道理。

⑥ 具有可资运用的无限性。一个历史人物,可以成为许多文化产品的资源,就是可资运用的无限性。例如,20世纪30年代出现在科尔沁草原上反帝反封建的历史人物嘎达梅林,就被音乐《交响诗·嘎达梅林》、文学(诗歌)《嘎达梅林》、连环画《嘎达梅林》、故事片《嘎达梅林》、电视剧《嘎达梅林》等不同文化产品所采用。

(3)历史人物的分类

无论是中国的历史人物,还是其他国家历史人物,都是因其在某一个领域作出了卓越贡献或者产生过巨大的破坏作用,被载入史册的。因而,历史人物,若因其在特定领域获得的成就来分类,可分为政治家、思想家、教育家、自然科学家(如医学家、物理学家、数学家、地质学家、天文学家、生物学家、化学家等等)、社会科学家(如法学家、史学家、伦理学家、教育学家、军事科学家、建筑学家、神学家、美学家等等),也包括发明家、收藏家、艺术家、探险家、美食家、旅行家、企业家、体育明星等等。

翻阅历史要籍,可以看到,在《国语》里有《越王勾践灭吴》《战国策》里有《苏秦始将连横说秦》《史记》里有《秦始皇本纪》《李将军列传》《汉书》里有《武帝纪》《张骞传》《后汉书》里有《华佗列传》《三国志》里有《诸葛亮传》《南齐书》里有《祖冲之传》《宋史》里有《岳飞传》《元史》里有《耶律楚材传》《明史》里有《戚继光传》等等。作为中国历史上著名的政治家、科学家的代表人物,是极具文化产业价值的。

(4)历史人物的产业价值

在我国《文化产业振兴规划》中,列举出了一些基本的文化创意产业领域,包括"影视创作产业、出版发行产业、印刷复制产业、广告产业、演艺娱乐产业、文化会展产业、数字内容和动漫产业"等等。由此不难推出,历史人物与影视业、出版业、报刊业、演艺业、动漫业等多个产业领域有着密切的关系。

① 影视业。人,总是对人的生存状况充满了兴趣。具体到现实中的文化消费者,一是对不同历史时期人的生存状态感兴趣,二是对生存于不同自然环境中的人的状态感兴趣。前者要超越的是时间界限,后者要超越的则是空间界限。因而,历史人物作为文化资源的重要性是不言而喻的。

从电视剧《雍正王朝》《康熙大帝》《武则天》《成吉思汗》《努尔哈赤》到电影《孟二冬》《剃头匠》《长调》,都是以历史人物为文化资源的。再者,从很少见的同样题材的两部电视剧同时公映的产业现象也不难看出,陈道明和陈宝国分别出演电视剧《卧薪尝胆》,无疑都是主创人员对越王勾践这个历史人物极为感兴趣所致,由此,一个重要历史人物的文化产业价值便凸显了出来。

② 出版业。从各种人物传记到以历史人物为原型的诗歌、小说、散文、剧本、说唱脚本,都是以历史人物为文化资源的。仅以成吉思汗为文化资源的图书就有薄音湖的《一代天骄和他的继承者们》、马冀的《成吉思汗评传》、冉平的《蒙古往事》、小林高次郎的《成吉思汗》、孟松林的《成吉思汗与蒙古高原》、杨勇和苏力德的《成吉思汗与蒙古族》、郭武荣主编的《永远的成吉思汗》、朱耀庭的《蒙元帝国》和《正说元朝十五帝》、勒尼·格鲁塞的《草原帝国》、梁越的《大汗的挽歌》等等。

③ 文化会展产业。以历史人物作为会展业的文化资源时,是一定伴随着特定历史事件的。早在抗日战争时期,著名画家和美术教育家徐悲鸿就曾以《史记·田儋列传》为文化资源,创作了震撼人心的《田横五百士》,呼唤"威武不能屈"的精神;继而又以《书经》为依据,创作了《徯我后》,表达水深火热之中广大民众求解放的期盼;后来,又以《列子·汤问》为题材,创作了著名的《愚公移山》,以赞颂知难而进的顽强的民族意志和民族精神。而长达216米、宽2.5米的《蒙古历史油画长卷》,就是以记载蒙古族历史的典籍《蒙古秘史》为核心创作完成的。因而文化会展产业以各种文化产品为基础,而文化产品的表现对象是离不开作为重要文化资源的历史人物的。

从演艺产业的剧目,如《霸王别姬》,到动漫产业的片目,如关乎唐僧的"西游记系列故事",无论是史实中真实的历史人物,还是被神化了的历史人物,都是文化产业不可或缺的重要资源。

2. 记载重要的历史事件

(1)历史事件的界定

如果说,社会上发生的不平常的事情,方能称为"事件"的话,那么,凡是成为"过去"的,对一个民族、一个时代、一个领域产生过巨大影响(有益或有害)的,且可以推进文化产业发展的事件,就是文化资源意义上的历史事件。

（2）历史事件的特点

历史的进程,是在无数事件中向前推进的。第一次世界大战的爆发,是一个历史事件;蒸汽机的诞生,是一个历史事件;文成公主与松赞干布和亲也是一个历史事件。从文化产业的角度看,这些历史事件有什么价值呢?

① 造就英雄的社会影响力。
② 造就灾难的历史教训力。
③ 揭示社会发展规律的科学性。
④ 启迪人们深入思考人性的哲学性。
⑤ 具有强大情感力量的审美性。

俗话说,时势造英雄。具体来说,是一个个破坏社会稳定和民族团结且挑战人的牺牲精神的历史事件造就了无数英雄。

据史书记载,15到16世纪的蒙古高原,群雄争霸、风云变幻,颇具号召力的成吉思汗黄金家族面临后继无人的危险。成吉思汗第12世孙有兄弟三人,长孙和次孙先后在部族争斗中成为牺牲品。幼孙满都鲁与夫人满都海·斯琴又膝下无子。继而,1475年满都鲁以黄金家族继承人的身份登上汗位,1479年辞世,随之权力之争白热化。当满都海·斯琴将满都鲁二哥的重孙即成吉思汗第15代嫡孙、7岁的巴图孟克收为养子,并立其为"达延汗"即"大元大可汗"时,她还牺牲个人幸福,以年长22岁的双重身份——养母和叔伯曾祖母的身份嫁给了达延汗。对于北方民族来说,这一桩"转房婚"就是一个重要的历史事件。

史实证明,满都海·斯琴不仅聪慧果敢、高瞻远瞩,而且能征善战。1479年,达延汗继位的同年,满都海就亲率大军南征北战,一举打败对黄金家族统治威胁最大的四卫喇特,为"小王子"铲除了一个隐患。之后,又率察哈尔部和土默特部大军征讨曾经迫害满都鲁汗的乩思兰太师,大获成功,进而再振黄金家族之雄威。1483年到1486年间,她又派遣以郭尔罗斯部托郭齐少师为首的20余名将军先后征讨实力强大的亦思马因太师,直到把这支劲敌和残余的对抗黄金家族、不利于草原统一的各种势力全部铲平。

至此,征服蒙古部落中与黄金家族敌对的政治势力,再度统一蒙古高原,结束自妥欢帖木儿之后北元王朝与明王朝敌对的政治格局——"明代万里长城"就是为防范北元蒙古军队进击而修建的——并与其开市通商,是满都海·斯琴的三大历史贡献。为此,有史学家称赞说:"满都海夫人在达延汗继位之初,辅佐他消灭政敌,稳定社会秩序,重新确立黄金家族的统治地位,功劳可谓大矣!"

那么,是什么造就了满都海精神呢?黄金家族与西蒙古尖锐冲突的历史事件造就了出类拔萃的满都海·斯琴,这是不容置疑的。而满都海·斯琴以超越家族谱系的辈分之差嫁与幼小巴图孟克这带有传奇色彩的婚姻,则既揭示了社会发展规律的必然性,又启迪人们深入思考人性的复杂性,更重要的是,还具有强大情感力量的审美性。

可见,历史事件影响了特定民族的历史进程。这些举足轻重的事件之所以被写进历史,就是因其或加快了某一民族的历史进程,或滞缓了某一民族的历史进程而具有"史鉴"的意义。

（3）历史事件的分类

历史事件有诸多分类,具体包括：

① 政治事件,即与政治相关的事件,包括外交活动、政治斗争、战争中的事件,如郑伯克段于鄢、淝水之战、张骞出使西域、安史之乱、"八一南昌起义"等等,我国自古代到现代,政治事件之多,不胜枚举;即使抗日战争时期,就有对中国命运影响巨大的"九一八事变"、西安事变、"卢沟桥事变"、首战平型关等等,这些无一不属于政治事件。在抗日战争时期,作为四大名旦之首的梅兰芳拒绝为日寇演戏,蓄须明志,也是一个轰动全国的政治事件。

② 宗教事件,即与佛教、天主教、基督教、伊斯兰教等宗教相关的事件,如十字军东征。1096～1291年间在罗马天主教教皇准许下,由西欧封建领主和骑士对地中海东岸国家发动了持续近200年的宗教性战争。东征期间,教会授予每一个战士十字架,组成的军队称为十字军。十字军东征一般被认为是天主教的暴行。尽管如此,十字军东征使西欧直接接触到了当时更为先进的拜占庭文明和伊斯兰文明,这就为欧洲的文艺复兴开辟了道路。

③ 科技事件,即与科学技术相关的事件,如1839年摄影被发明,1895年电影被发明,1925年电视机被发明,1946年电脑(计算机)被发明,我国第一颗原子弹发射成功、神舟六号航天飞船发射成功等等。

④ 艺术事件,即与艺术相关的事件,如1905年北京丰泰照相馆将谭鑫培主演的折子戏《定军山》拍摄成了电影,由此宣告中国有了自己拍摄的第一部电影。

当然,各种历史事件的分类是一个相对的问题,如果说"战争是政治的极端行为",那么,十字军东征所引发的战争既具有宗教性质,又具有政治性质。同样,梅兰芳蓄须明志,是一个政治事件,也是一个艺术事件。

（4）历史事件的产业价值

以叙事为主要开发手段的文化产业,都离不开历史事件,如出版业、影视业、演艺业(戏剧、曲艺)等。例如,在鄂尔多斯成吉思汗陵旅游区内,有一巨幅油画,长206米,高2.5米,题为《蒙古历史油画长卷》(图2-5),表现的就是自1162年成吉思汗出生到1368年蒙元王朝覆灭206年间的历史。其中就有许多历史事件,如"十三翼之战""袒乳教子""班珠泥湖结盟""西征花剌子模"等等。这些历史事件经常被运用到艺术创作中,成为产业开发的重要资源。

图2-5 《蒙古历史油画长卷》之一

三、文学经典

文学,作为语言艺术,是运用书面文字或口头语言来反映生活、抒发感情、表达思想的精神产品。《西游记》《红楼梦》《水浒传》《三国演义》之所以频频被画成连环画或拍摄成电视剧、故事片或动画片,就充分证明一个民族的文学经典是发展文化产业非常重要的文化资源。

古今中外,文学作品铺天盖地,那么,什么是文学经典呢?

(一)文学经典的界定与特点

1. 界定

经典,无论是源自"典籍"一词的传统性解释,还是指"经历了时间和空间的检验,依然堪称典范"的现代性解释,总之,经典,是榜样,是生命力不衰且历久弥新的各种文章或著述。而文学经典,就是被各国读者公认为是"典范"的那些小说、诗歌、散文和剧本等文学作品。

2. 特点

文学经典的特点,是在与一般性文学作品的比较中总结出来的。

(1)具有典型性

典型,是以鲜明独特的个别性揭示某一类人物共同性的文学形象,即有性格的形象,如阿Q。只有创造了典型形象的文学作品,才堪称文学经典。

(2)具有影响性

先吸引人,再感染人,最终震撼人,是文学经典影响力形成的基础。无论是西方的吝啬鬼形象阿巴贡、葛朗台、夏洛克,还是"多余人"形象奥波罗莫夫、叶甫盖尼·奥涅金,都是具有世界性影响的人物,所以,生成他们的载体即剧本《悭吝人》《威尼斯商人》《叶甫盖尼·奥涅金》和小说《欧也妮·葛朗台》《奥波罗莫夫》等等,都是名副其实的文学经典。

(3)具有深刻性

凡是揭示了社会发展规律的文学作品,都是具有深刻性的。而社会规律,是指客观存在的不以人的意志为转移的以否定之否定的形式重复出现的社会发展的必然趋势。无论是福楼拜的《包法利夫人》,还是司汤达的《红与黑》、屠格涅夫的《猎人笔记》,都是因其深刻揭示了19世纪欧洲社会发展的必然趋势而成为文学经典的。

(二)文学经典的分类

作为文化资源,文学经典最重要的是叙事性作品,如史诗、小说、剧本。因此,只要把19世纪末以来通过电影业展现出来的文学经典梳理一下,不难发现,具有文化资源价值的文学经典主要集中于这几种体裁:

1. 外国文学经典

史诗类经典如《荷马史诗》中的《伊利亚特》和《奥德赛》,德国的民间史诗《尼伯龙根之歌》,都曾被搬上银幕或屏幕。

小说类，这是最容易改编成影视作品的文化资源。以列夫·托尔斯泰的《战争与和平》《安娜·卡列尼娜》《复活》等长篇小说为例，就被多次改编成为故事片和电视剧，及至2004年，仅《安娜·卡列尼娜》就有40多个电影版本。从俄罗斯到苏联，许多小说都成了故事片的文化资源，如肖洛霍夫的长篇小说《静静的顿河》改编成了同名故事片，高尔基的短篇小说《马卡尔·楚德拉》改编成了故事片《浪迹天涯》，奥斯特洛夫斯基的长篇小说《钢铁是怎样炼成的》改编成了同名故事片。而法国浪漫主义作家维克多·雨果的《巴黎圣母院》《悲惨世界》，福楼拜的《包法利夫人》，大仲马的《基督山伯爵》，小仲马的《茶花女》，巴尔扎克的《高老头》《欧也妮·葛朗台》《搅水女人》，司汤达的《红与黑》；还有英国狄更斯的《双城记》《大卫·科波菲尔》《孤星血泪》《奥列佛·退斯特》《老古玩店》，哈代的《德伯家的苔丝》《卡斯特桥市长》，夏洛蒂·勃朗特的《简·爱》，艾米莉·勃朗特的《呼啸山庄》，奥斯汀的《傲慢与偏见》，美国作家海明威的《老人与海》，以及马尔克斯的《百年孤独》等等，都是炙手可热的文化资源，由此改编的同名或异名故事片和电视剧，不胜枚举。仅19世纪意大利作家乔万尼奥利的长篇小说《斯巴达克斯》就曾被改编为多种版本的故事片和电视连续剧，这就是文化资源具有无限使用性的典范。

剧本类，既有古希腊时期三大悲剧作家埃斯库罗斯的《被缚的普罗米修斯》、欧里彼得斯的《美狄亚》、索福克勒斯的《俄狄浦斯王》，也有古希腊时期的戏剧之父阿里斯托芬的《阿卡奈人》。再者，文艺复兴时期英国莎士比亚的戏剧作品和古典主义时期法国喜剧大师莫里哀的戏剧作品，也是非常重要的文化资源，前者如《罗密欧与朱丽叶》《哈姆雷特》《李尔王》《奥赛罗》《麦克白》《温莎的风流娘们》等；后者如《吝啬鬼》《伪君子》等等。

及至19世纪，以俄罗斯作家契诃夫为代表的批判现实主义剧本有《樱桃园》《三姐妹》《海鸥》，果戈理的《钦差大臣》，阿·奥斯特洛夫斯基的《大雷雨》，高尔基的《在底层》等等；20世纪之后，西方现代主义剧作亦大量涌现，如美国尤金·奥尼尔的《天边外》《毛猿》《悲悼三部曲》以及密勒的《推销员之死》，法国尤内斯库的《秃头歌女》以及贝克特的《等待戈多》，比利时梅特林克的《青鸟》，瑞士杜伦·马特的《老妇还乡》等等，都是非常重要的文化资源。

其中，以《哈姆雷特》为资源的作品，就有苏联的黑白影片《王子复仇记》、美国的动画片《狮子王》、我国的彩色故事片《夜宴》等等。

童话，是专门为儿童编写的故事。从《卖火柴的小女孩》《皇帝的新衣》等安徒生童话，到《红鼻子哥哥与蓝鼻子弟弟》《乌鸦与狐狸的故事》等欧洲童话，在出版业的连环画、童话集等书籍中早已成主角，近年来又屡屡出现在动漫产业中，其产业的潜在价值，可见一斑。

在外国文学经典中，人物传记是一个重要的散文分支，既有政治家的传记，如《丘吉尔传》《拿破仑传》《约翰逊传》《肯尼迪》《世界名人传记——平民总统林肯》《罗斯福传》《甘地传》等等，又有科学家的人物传记，如《爱迪生传》《诺贝尔传》《富兰克林自传》《比尔·盖茨的秘密档案》等等，再有文学家和艺术家传记，如《贝多芬传》《米开朗琪罗传》《托尔斯泰传》《凡·高传》《海明威传》《巴尔扎克传》等等,还有思想家传记,如《萨特传》《罗素自传》等等,这些无疑都是文化资源的权威性文本。

同时,作为文化资源的散文诗,是一个相对的弱项,但屠格涅夫的《门槛》却因其深刻的思想,成为我国大学语文必读的文学典范,也是文化资源价值的体现。

2. 中国文学经典

我国的文学经典浩如烟海,从先秦时期的《诗经》、屈原的《离骚》、乐府诗集、三曹诗歌,到唐代李白和杜甫的诗、唐宋八大家的散文等等,都是将人类的想象力发挥到极致的"经典"之作。

从小说来看,作为文化资源屡屡被开发运用的,有明清时期罗贯中的《三国演义》、施耐庵的《水浒传》、吴承恩的《西游记》、曹雪芹的《红楼梦》、蒲松龄的《聊斋志异》,晚清的《二十年目睹之怪现状》,以及现当代的鲁迅小说、路遥小说、陈忠实小说等等。

从剧本来看,具有潜在资源价值的有一系列元杂剧,如关汉卿的《窦娥冤》、马致远的《汉宫秋》、王实甫的《西厢记》、汤显祖的"临川四梦",也有明末清初孔尚任的《桃花扇》等等,还有现当代以来曹禺的著名剧作《雷雨》《日出》《北京人》《原野》《王昭君》,老舍的《茶馆》《龙须沟》等等。

从散文来看,唐宋八大家及其作品名声大震,仅韩愈的《张中丞传后续》,就颇具开发价值。但真正有文化资源价值的还是人物传记。如以《李将军列传》为代表的《史记》中的各种"列传"为之后的人物传记奠定了扎实的资源基础。从政治家传记《秦始皇大传》《纪晓岚传》《孙中山》《毛泽东传》《周恩来传》《邓小平政治评传》,到文学家传记《沈从文自传》《茅盾的一生》《朱自清传》《林徽因》《老舍自传》《巴金自传》,都是对我国文化资源的有效运用,同时又为文化产业的进一步发展提供了深入挖掘的可能性。

神话,是人们借助想象力,表达征服自然或与自然和谐相处的文学结晶。无论是"精卫填海""夸父追日""女娲补天",还是"羿射九日",都是已经被开发的文化资源。而"天仙配""牛郎织女的故事""白蛇传""梁山伯与祝英台"等四大爱情神话故事,更是家喻户晓,人人皆知。故而,从地方戏曲到影视业,神话都是生命力不衰的文化资源。

至于史诗,如《江格尔》和《格萨尔王》也是非常重要的亟待深入开发的文化资源。

(三)文学经典的文化产业价值

文学经典作为文化资源,最重要的产业价值就在于它可以成为各类文化产品创意的基础。换句话说,就是文学经典可以用来被"改编",甚至被演绎。从影视业、演艺业、动漫业,到出版业、网络业、广告业,文学经典作为重要IP资源被广泛运用的成功案例不胜枚举。

1. 影视业中的文学经典

自1895年电影诞生以来,故事片和动画片就在不断挖掘文学经典中的优质文化资源。仅以观众喜爱的故事片来看,既有小说《飘》《马卡尔·楚德拉》《牛虻》《安娜·卡列尼娜》改编的《乱世佳人》《浪迹天涯》《牛虻》《安娜·卡列尼娜》,又有从剧本《哈姆雷特》改编的《王子复仇记》。

2. 演艺业中的文学经典

我国有300多个地方戏曲品种，很多剧目都是从文学作品改编而来。既有由小说《水浒传》改编的京剧《林冲夜奔》《三岔口》，又有从小说《西游记》改编的京剧《孙悟空大闹天宫》，以及从乐府诗《木兰辞》改编的豫剧《花木兰》，由小说《红楼梦》改编的越剧《红楼梦》等等，不一而足。

3. 动漫业中的文学经典

自从美国生产出动画片《花木兰》之后，文学经典打破国界的资源优势和价值便不言而喻。而格林童话、安徒生童话，中国的四大"爱情神话"等等，都是非常惹人关注的文化资源。仅《西游记》，在半个世纪中，就派生出动画片《孙悟空大闹天宫》《孙悟空大闹水晶宫》《孙悟空大战红孩儿》等等。

四、影像资料

摄影和录像（摄像），都是与文字一样的承载手段，凡是用文字可以记载的对象，无论是历史人物，还是历史事件，都是可以用摄影、录像、摄像来记载和保留的。

（一）摄影资料

与文字相比较，摄影是一个非常年轻的记录人类历史的手段，自1839年至今，诞生还不到200年。

1. 摄影资料的界定与特点

一般地说，摄影就是"照相"，既是一种行为，也是一种结果。那么，什么是摄影资料呢？

（1）界定

自从1839年法国的达盖尔发明摄影术之后，"照相"就成了以静态——二维空间的方式记录历史、见证人物、再现场景的重要手段。而摄影资料，就是借助于这种手段保留下来可以作为文化资源的那些资料。

（2）特点

摄影资料的基本特点，是在与文字资料的比较中显现出来的。

① 形象性。由于文字只是一种提示，达不能将具体形象展现出来，所以，摄影的形象性就成了记载文化资源的巨大优势。如《巴顿将军传记》中有描写其长相的文字，这需要读者根据文字提示调动生活经验加以想象，才能够大致对他的长相有一个模糊的"意象"，但是，如果面对巴顿将军的照片，其人物形象就非常具体了。

② 纪实性。"耳听为虚，眼见为实"是一句俗语，也是对事实的总结。所以，即使照相术与一个人的情感倾向密切相关，其受到物质世界的限制毕竟是事实。这就使摄影具有了毋庸置疑的真实性。

③ 选择性。拍照有两种情况：一是抓拍，二是摆拍。抓拍，有一个抓什么来拍的问题；摆拍，有一个摆什么、怎样摆的问题，所以，选择性，就是倾向性。

④ 静态性。人,是在动态中生存的,从其行为动作中截取一个静态的画面反映生活,就具有了以点带面的特性。

2. 摄影资料的类别

摄影有很多种类,概括地说,无非有两种:一种是以事实为依据的纪实摄影,包括新闻摄影、科技摄影;一种是注重想象的艺术摄影,包括静物摄影、风光摄影、人物摄影、广告摄影。

影像记载性文化资源,最有价值的主要是纪实摄影。

纪实,就是记录客观世界所发生的真实情况,包括记录社会上发生的各种情况、自然界出现的各种情况等等。为此,纪实摄影,从其拍摄动机来看,是摄影家抓住一个时代人们重点关切的焦点,及时捕捉人们感兴趣的真实瞬间,记录下有价值的画面,这就是文化资源最重要的意义所在。

20世纪80年代,当年迈的犹太钢琴演奏家霍洛维茨复出后,时值美国总统里根执政。一次,在观赏了霍洛维茨钢琴独奏音乐会之后,激动不已的总统夫人南希走上台去接见钢琴家,没想到,激动的心情使她被长裙绊倒,就在她要倒地的一瞬间,霍洛维茨敏捷地扶住了她。新闻摄影家及时抓拍到了这个场景,作为新闻摄影,这幅照片既曝出了美国第一夫人的兴趣爱好,又展示出霍洛维茨作为犹太艺术家在美国的地位。

特别需要强调的一点是,纪实摄影的文化资源价值离不开文字说明。例如,20世纪末的一幅纪实摄影作品名为《比亚法拉的困斗》,照片是以无数比亚法拉战士为表现对象的。摄影家截取的是一大批手持钢枪、上身裸露、怒目圆睁、立正姿势的比亚法拉士兵,没有主次,没有首领。文字说明写着:"当法国殖民主义者又一次要打入比亚法拉的时候,比亚法拉政府经济的困窘使他们除了为战士发一支枪之外,只能给每一个战士发一条大裤衩",像外之意令人感动。宁肯贫穷,也不愿接受殖民统治,就是这幅纪实摄影的精神价值。

而艺术摄影,无论是摆拍,还是抓拍,想象性均大于纪实性。然而,艺术是生活的一面镜子,精彩的艺术摄影作品,其真实记载人类历史的价值虽逊色于纪实摄影,但也是考察文化资源不可或缺的一个领域。

(二)电影资料

与摄影不同,电影是对人类活动和大自然状态的动态性记录。

1. 电影的界定与特点

自从1895年法国的卢米埃尔兄弟发明电影以来,这种音与像兼备的记录手段,便成了人类继摄影之后又一种记录社会、记录自然、记录自身的重要手段。

(1)界定

电影是什么?简单地说,电影就是"由活动照相术结合幻灯放映术发展起来的一种现代艺术"[①]。电影的创作与传播由三个环节构成,即拍摄、制作(剪接、配音等)发行、放映。

---

① 《辞海》,上海辞书出版社,1979年,第3144页。

（2）特点

尽管摄影也是一种科学技术成果,就记载人类历史的功能而言,静态性就是一种局限。与此相比较,电影的特点是比较明确的。

① 电影是科学技术与综合艺术的结合体。从艺术类电影来看,剧本是文学,主题歌是音乐,服装化妆和道具是美术,角色的创造是表演,离开了任何一个艺术元素,电影都不成立。从纪实电影来看,时间、地点、人物、事件、原因、结果,六个元素缺一不可,这是既有声音又有画面的"音像综合体",所以,电影是现代科技与综合艺术的结合。

② 电影艺术是"导演的艺术"。从选择题材、选择演员,到选择镜头、选择画面,导演都拥有无可置疑的裁决权。即使那些不是导演的投资方即出品人有时会干预上述决定,但从电影质量出发,还是会尊重导演的裁决。例如,是否要拍摄反映中国一夫多妻制的彩色故事片《大红灯笼高高挂》,并以苏童的小说《妻妾成群》为蓝本,是否由巩俐扮演女主角,最终通过剪辑保留哪些镜头等等,都是由导演决定的。

③ 运用具有表现力的"蒙太奇"手段。蒙太奇,法语 Montage 的音译,特指电影画面的剪与接,这也是电影纪实性受到质疑的地方。如何运用"蒙太奇",是决定纪录片真实与否的关键,所以拒绝从中间剪断的长镜头,就成了一个时期电影的重要流派。

2. 电影的分类

电影,以其所表现的内容与真实生活的关系,主要可以划分为两大类,即纪录性质的影片和艺术性质的影片（包括故事片、舞台艺术片、动画片）。作为记载人类历史的文化资源,主要在于纪录片和故事片。

（1）纪录片。凡是专门报道某一个问题、某一个事件、某一个人物的影片就是纪录片。从奥斯卡历届获得最佳纪录片奖的作品不难看出,既有记录重大政治事件的分别于1945年、1956年、1969年获奖的《希特勒活着吗?》《南北战争的真相》《1968年的捷克斯洛伐克》等等,也有记录人类与自然界相互关系的分别于1953年、1975年获奖的《阿拉斯加的爱斯基摩人》《从珠穆朗玛峰滑下来的人》,还有记录某一位历史人物的各种获奖纪录片,如《女佣人》《埃莉诺·罗斯福的故事》《访问我的老战士》《保罗·罗伯逊:对一位艺术家的歌颂》《从东方伟人到莫扎特:艾萨克·斯特恩在中国》《石雕师》《终点饭店:克劳斯·巴比的一生》《走钢索的人》等等。对于认识20世纪以来的欧美历史,无疑都是不可多得的文化资源。

（2）故事片（含译制的故事片）,即被美学家朱光潜称为"电影剧"的那些影像资料,是以演员表演和故事情节为主的叙事性艺术。

作为一种艺术创作,故事片是来源于生活的,因此,优秀的故事片便程度不同地记载了特定历史时期中特定社会、特定民族的生活状况。这里既有记载并反映社会问题、心理问题的影片,也有记载并反映历史问题的影片。

1992年由美国通俗小说家汤玛士·哈里斯的同名小说改编,获第64届奥斯卡金像奖五项大奖的故事片《沉默的羔羊》（图2-6）,就是一部反映美国社会犯罪心理的影片。心理变态的野牛比尔在向医院请求做变性手术失败后,便开始连续杀害了5个身材高大的女性,并剥了她们的皮。为破案,女特工斯塔琳与其斗智斗勇,老谋深算、凶

图 2-6 故事片《沉默的羔羊》剧照

狠毒辣的比尔竟然都不是她的对手。这样的情节,恰恰印证了弗洛伊德理论,观众们"带着一种安全感,跟随主角经历他那可怕的冒险;这种安全感就像现实生活中一个英雄跳进水里去救一个快淹死的人,或在敌人的炮火下为了进行一次猛袭而挺身出来时的感觉一样。这是一种真正的英雄气概,这种英雄气概由一个出色的作家用一句无与伦比的话表述了出来'我不会出事情的!'……然而就是这种启示性的特性或不会伤害的性质,我们立即可以认出'自我陛下',他是每一场白日梦和每一篇故事的主角"。这对于正视西方社会"上帝死了,除了性和毒品,我们一无所有"的颓废心理,是非常有力的。

而故事片《教父》则是通过黑社会成员之间、黑社会与国家司法机构之间错综复杂的矛盾冲突,深刻反映出了列夫·托尔斯泰所说的"人类最大的不幸",即"制止犯罪的人,也在犯罪"。

第一次世界大战之后,美国底层社会的人们是如何生存的?卓别林用故事片《摩登时代》作出了最好的回答。其中有这样一个情节,工人查理低着头、猫着腰、双手操着扳子全神贯注地在快速运转的生产线上拧着螺丝。严酷的盘剥、单调而疯狂的机械劳动使他的精神出了问题。只要见到貌似螺丝的圆形物体,如工头的鼻子、女士上衣的扣子,他都要冲上前去旋拧一下。于是,"拧螺丝"成了他条件反射的下意识动作。这个动作便是影片"立得住、存得住"进而让观众"记得住"的对社会问题的记载:查理为什么去旋拧不该拧的东西?因为精神出了问题。他的精神为什么会出问题?长期高强度劳动所致。他为什么要"遭受折磨"?因为他要生存。为什么他不受折磨就不能生存?因为一次世界大战后美国社会制度对于人的摧残和异化是历史之必然。其中折射出来的则是"社会变革"的不可逆转性。由此可见,即使是喜剧,也是对特定社会问题的记载和反映。

第二次世界大战之后,法国人是如何对待孩子的教育问题的?故事片《四百下》和《放牛班的春天》从不同角度进行反映。

获1993年法国戛纳电影节"金棕榈"奖的故事片《霸王别姬》,可谓是一部通过记载20世纪20年代到70年代京剧和京剧表演艺术家的坎坷经历以反映民族文化心态、文化现象、文化批判的力作。在观众中引起的是两种反应:"看不懂",或是看懂之后感到"深刻"。该片深刻之处,就是通过抗日战争和解放战争以及政治运动无情地揭示了一个事实:最美的与最丑的交融在一起,把丑的剔除掉,美的也不复存在了;把美提纯出来,丑也随之而来。折射出来的不仅是"鱼和熊掌不能兼得"的哲学命题,还有半个世纪中国现代史所反映的政治与艺术的关系、权利与法制关系、理性与情感的关系等等一系列社会矛盾。

至于《辛德勒的名单》《巴顿将军》《罗马11时》等根据真人真事创作的故事片,其记载历史的价值更是显而易见的。

（三）电视资料

电视资料，是指通过电子传送技术完成的专门为电视传播而制作的视听性文化产品。既有纪实性电视节目，又有艺术性电视节目。作为一种影像资料，各类电视节目对于各种文化现象的承载性和记录性，也是毋庸置疑的。

1. 电视纪录片

对于民众生存现状以及人类与大自然关系的见证和记录，是电视纪录片作为文化资源的一大优势。从上个世纪人们耳熟能详的《动物世界》到现在一些电视台专门设置的纪录片频道，就充分说明了这一点。

如系列电视纪录片《舌尖上的中国》，是对国民生计第一要义"吃"的一系列问题——如食材来源、烹饪技术、文化传统、销售价格等多种元素的如实记载。

从《天津人》转型为《中国人》的电视纪录片栏目，则是天津卫视非常重要的一档文化栏目，既记录不同领域的名人，尤其是时代的英雄，又记载英雄形成的社会原因，由此构成了不同于其他电视纪录片的思想境界和文化价值。

而《远祖之谜》《细细的小雨》《进城》《爱情天梯》《旅馆》等"巴渝风格"的电视片和《西藏的诱惑》《江南》《西湖》等纪录片，则是对地域文化的真实记录；同时，河南卫视的《武林风》和内蒙古卫视的《蔚蓝的故乡》，又是对不同地区文化资源——民间体育竞技和民间艺术的真实反映。

当然，对于自然生态变化的真实记录，电视片也具有不可忽略的作用，如美国的电视纪录片《海豚湾》《难以忽视的真相》《第11个小时》，我国台湾出品的电视纪录片《奇迹背后》《人民的声音》等等。

还有一些电视栏目，也是专门为纪录片设置的，这里不再论述。

2. 电视剧

迄今为止，电视剧的题材类型非常丰富，有革命历史题材的《长征》《历史的天空》《我们队伍向太阳》；军旅战争题材的《亮剑》《士兵突击》《激情燃烧的岁月》；抗击日寇题材的《民兵葛二蛋》《我的兄弟叫顺溜》；反腐倡廉题材的《大雪无痕》《苍天在上》《英雄无悔》；家庭伦理题材的《蜗居》《都挺好》《我的前半生》；文化史诗题材的《闯关东》《走西口》《大宅门》；谍战侦破题材的《悬崖》《潜伏》；商业题材的《向东是大海》《乔家大院》《东方商人》；武侠动作题材的《武林外传》《光荣时代》《连城诀》《笑傲江湖》；青春励志题材的《北京青年》《油菜花香》；后宫斗争题材的《美人心计》《甄嬛传》《步步惊心》等等。然而，无论什么题材，这些电视剧都是艺术家和文化产业主体审美选择的结果，因而，便直接或间接、深刻或肤浅地记载了特定时代不同人群的民族精神和价值取向。

仅就都市言情剧而言，从《渴望》《中国式关系》《娘家的故事》到《都挺好》《蜗居》《我的前半生》，都是对改革开放四十多年来我国都市家庭生活真实状况的程度不同的反映。然而，以女性为主角，以情感为主线的电视剧，尽量真实再现普通人的生活，以此拉近与观众的距离、激发观众情感共鸣，这其中老年女性形象被大面积"矮化"而由此造成思想倾向愈来愈平庸、愈来愈浅薄、愈来愈浮躁,却是亟待重视的大问题。

那么,女性形象为什么会被大面积矮化呢?从客观原因分析,是我国传统文化格局形成的伦理观念使然;从主观原因分析,则是都市言情剧为了提高收视率即经济利益使然。由此,影像所记载的不仅仅是出现在故事里的各色人物,同时还折射出故事背后的社会现状和与此相关的诸多社会问题。

第四节　行为传递性文化资源

与物质实证性文化资源不同,行为传递性文化资源是存在于现实中动态的、活性的、"现在进行时"的资源;换句话说,就是从当下人们的行为中随时可以发现的体现不同地域、不同民族、不同国家习惯了的生活方式和精神价值的那些文化资源。

对于旅游业、影视业、会展业、网络业、出版业等各种文化产业来讲,通过行为传递获取的文化资源群,有一个内在的逻辑关系,即特定的自然环境促使人类形成特定的生产行为,特定的生产行为决定着生活行为的形成,生活行为形成生活习俗,生活习俗制约人的行为,人的行为又会影响甚至改变自然环境。因而,作为文化资源的生产行为、生活行为、学习行为、娱乐行为、礼俗行为,就是我们要认识的主要对象。

一、作为文化资源的生产行为

广义的生产,即"谋生手段",人类为了满足生存需要所进行的一切实践活动——包括有产品和没有产品两种情况——均可称为生产;狭义的生产,仅仅指拥有产品的实践活动。

认识作为文化资源的生产行为,关键在于"行为",既可以了解人类与大自然的关系是如何发展变化的,也可以了解人类在生产中是如何不断进步与发展的。生产行为的结晶,是生产经验,也是近现代以来各种代代相传的"品牌"。如与"衣"相关的瑞蚨祥、皮尔·卡丹,与"食"相关的全聚德烤鸭、肯德基,与"行"相关的路虎车、宝马车等等。这就涉及农业、牧业、渔业、林业和制造业等等。

（一）生产行为的分类

作为文化资源的生产行为,一定是越古远,就越具有产业价值。因为,当人们不可能重返历史体味另一种生产行为的时候,进入文化产品的古代生产方式(行为)是可以满足人们的好奇心的。

俯瞰人类生存的这个蓝色星球,有大海,有高山,有河流,有丘陵;有平原。不同地区和不同民族的生产行为是由其生存的大自然环境和不断发展的生产力共同决定的。不同地区、不同国度、不同民族的生存环境,如岛国、半岛国家、内陆国家,或者是热带、亚热带、寒带、中寒地区等等,聚集群体是如何进行生产以求生存的,便在行为中体现和传承着人如何与大自然相处的思想观念。由此便能够清楚地认识生产行为所揭示的人与大自然之间的关系——是对抗自然、破坏自然，还是适应自然、顺应自然等等。

1. 山区生产

山区自然条件和生态状况构成了生活在这里的人们特有的生产行为，包括自然采集、狩猎、驯养、林木业以及采矿。但是，最具文化资源意义的是自然采集，这是先于农业耕种的一种顺应大自然的生产行为。因为自古以来采集的范围非常广泛，从鲜果（野杏、野桃、野梨子等）、干果（榛子、栗子、核桃等），到各种菌类（如野山菇）等等，而采集的方式又主要是寻找熟透了的东西，这样不仅不会破坏自然生态的平衡，而且还有助于吐故纳新。因而，到山村旅游，自然采集也是生产体验的形式之一。

2. 渔业生产

一般地说，渔村的地理环境或靠近大海，或靠近江河湖泊，捕捞水产——鱼虾龟蟹等等——就成了渔村主要的生产行为。从捕捞方式看，主要有四种：一是手工捕捞，即"捉鱼""捉鳖"等；二是工具捕捞，即借助于渔网、筐篮、钩子、叉子等工具打鱼；三是药物捕捞，如东北地区用核桃楸树皮"药鱼"的方法；四是通过训练有素的鱼鹰来捕鱼。如此看来，只要不伤害鱼苗、不污染水源，任何一种捕捞方式都体现了人类适应自然以求生存的智慧和方法。

3. 牧业生产

牧村，是指生活在大草原上的人们以"逐水草而居"的流动行为构成的生产单位。畜牧业生产从古代狩猎生产行为发展而来，正如有的学者所说："狩猎生产方式并不都是捕杀，有时是用驱赶兽群入栏的围猎方式，为驯服野兽（主要是野牛、野马、野羊、野骆驼），创造了早期的牧业生产雏形。"之后，游牧的生产行为不仅拉近了人与动物之间的关系，生成了牧区"万物有灵"的思想观念，同时也使得草原在牧人不断转场的过程中得到了休养生息。

4. 农业生产

农业生产的基本条件是土地和水源。尽管农业生产也是从野生植物的栽培发展起来的，但是与牧业生产相比较，面对大自然，人的力量介入更多一些，对于自然生态的依赖、对于其他生命的役使也更重一些。如牛拉犁、马驾车、驴拉磨等等，这样的生产行为所生成的，是"万物皆备于我"的人类中心主义思想。

费孝通指出："私的毛病在中国，实在比愚和病要普遍得多。"[1]这是由华夏民族生存的地理条件、生产行为以及社会历史所决定的。翻开《说文解字》："私，禾也。从禾，厶（si）声。"[2]作为大部分面积处于内陆的临海国，与工商社会不同的农业生产是生成我国文化特点的基础和条件。上古时期，庄稼是个人财产，所以，"禾"即"私"（粮食）；私，即个人拥有。有粮即有"私"，生存就有保障；无粮即无"私"，生存就有困难。为了生存，要把尽可能收获的粮食都变成"私"——个人拥有，这就是农业生产与渔业生产、牧

---

[1] 费孝通：《乡土中国》，北京出版社，2011年，第101页。
[2] 许慎：《说文解字》，中华书局，1963年，第144页。

图 2-7　电视剧《甄嬛传》海报

业生产相区别之处,在此基础上形成的农耕民族的文化心理,势必以自我为中心。这就是人们不断反思颇具争议的电视剧《甄嬛传》(图 2-7)的缘故。

5. 其他谋生行为

进入 21 世纪以来,作为获取生活资料和生产资料的生产行为,如大工业(冶炼、汽业)、手工业(包括小炉匠、篾匠、铁匠等等)、IT 业、航空业、医疗卫生、服务业、金融业、娱乐业等等谋生行为,也是不可忽视的文化资源。要促进"接地气、传得开、留得住"的优质文化产品,无论出版业、影视业、会展业、演艺业,还是动漫业、网络业、文化旅游业,深入各行各业体验生活、获取文化资源,都是十分重要的。例如,反映北京大学教授生活的故事片《孟二冬》,反映当前医患关系的电视剧《心术》《医者仁心》,就是以教师和医生的职业为表现对象的。

（二）生产行为的基本特点

1. 人类的生产行为是由所依赖的自然环境决定的

正如恩格斯所说,环境,是包围着人,并促使人去行动的一切外在因素的总和。而人的第一能动性,就是求生存,而生存的第一要件就是解决温饱问题。"靠山吃山,靠水吃水"的谚语告诉人们,解决温饱是要适应自身所处的自然环境,并且向大自然索取的。怎样索取? 这就构成了特定的生产行为。因而,生产行为是由自然环境决定的。

2. 以满足人类生存的物质需要为目的

无论农业、牧业、渔业、林业,还是纺织业、石油业、IT 业以及各类文化产业,都是人类为生存而采取的生产行为。人类的物质需求量越大,对自然的破坏就越严重,大自然生态与人类生存之间的悖论关系便由此而生。

3. 随着生产力的发展而变化

生产行为是由生产力决定的,生产力越发达,生产行为就越先进,生产力越低下,生产行为就越落后;反之,生产行为越先进,证明生产力就越发达。

4. 不断揭示人类与大自然的关系

人类是大自然的一分子,不同社会阶段的生产行为直接影响着人类的生活环境。当各类化工厂的污水致使鱼塘不能养鱼、山峦不能长树、农田不生庄稼的时候,人类的饮水安全、呼吸安全、食品安全,都受到了威胁。所以,生产行为蕴含着价值取向,警示着人们如何处理好自身欲望与自然环境之间的关系。

（三）生产行为的文化价值

这里的"价值",是就文化产业的开发而言的,主要是通过目前依然存在的生产行为,发掘价值观的精神引导性。

1. 不断提示人们应当如何与大自然相处

在叙事性文化产品中,在旅游业产品中,在摄影作品中,凡是深刻揭示特定历史时期社会状况的题材,大多会涉及人与大自然的关系。

例如,摄影画册《生命的呼唤》就反映了生产行为不当给生态带来的巨大危害。20世纪60年代,中国人"与天奋斗其乐无穷、与地奋斗其乐无穷"的偏执消解了"小己体合于宇宙"的观念,没有节制的戕天役物造成了生态环境的不断恶化,致使大批牧民"逐水草而居"的传统生存方式难以为继。具体到内蒙古西部的阿拉善,"黑河断流、长期干旱和对草原森林的过度利用,导致湖泊干涸、湿地消失、绿洲萎缩、植被退化,生物多样性减少,沙漠化加剧,沙尘暴频繁发生"。

因而,摄影家不得不以惨痛的心态将"异化"了的家乡真实地展示在世人面前:《1985年中国西部第一场沙尘暴》让我们看到了黄沙漫卷、不见天日那可怕的灾难实况。与此相印证,记录1997年沙尘暴的《吞噬》又让我们看到了"白天突然间变成黑夜"的可怕情景——似乎一切生命瞬间都淹没在了风沙滚滚的咆哮之中。与此结合在一起的还有特写式的"沙尘暴"组照,居延海干涸的河床,大片枯死的梭梭林和胡杨林,在沙漠中艰难跋涉的生态移民等等。因此,什么样的生产行为就会造就什么样的生态环境。

电视剧《闯关东前传》里反复出现的淘金情节,《大宅门》里多次出现的研制中药的情节,《静静的艾敏河》里放马牧羊的情节等等,均程度不同地揭示出无论是农耕民族、海洋民族,还是草原民族、森林民族,只有尊重大自然、顺应大自然,才能够更好生活的道理。

事实证明,人类的所有生活资料,都是在向大自然索取,而索取的方式不同,必然形成不同的生产行为,不同的生产行为则又决定着伤害大自然生态的程度。所以,作为文化资源的生产行为其精神价值就在于此。

2. 增强了文化产业的吸引力

猎奇心理,是文化消费的动力。在经度和纬度不同的交结点上,气候不同,地理位置不同,土著民族的生产行为就不同。我国北方草原上,冬天一片白,夏天一片绿,骑马、套马、打马鬃,是游牧民族非常普遍的生产行为,同时也是以草原为题材的各种文化产业吸引人的地方。旅游业、影视业、出版业、广告业、网络业等对草原的浓厚兴趣不仅表现在人们津津乐道的"天苍苍,野茫茫,风吹草低见牛羊"上,而且还出现了"越冷越向北"的旅游口号,就是一个例证。

二、承载文化传统的生活行为

生活有广义和狭义之分。广义的"生活"是指人类为了生存和发展而进行的各种活动,是包括生产在内的。狭义的"生活",主要指人的衣食住行以及子嗣繁衍。我们把生产行为与生活行为分别加以阐述,即是从狭义上理解和把握"生活"的。

（一）生活行为的分类

在旅游、影视欣赏、读书、上网中，人们特别关注的是那些与自己的生活经历不同的视觉和听觉对象，看着那些自己没有吃过的、没有穿过的、没有住过的、没有用过的各种物质对象，会充满了好奇心，甚至向往之情。例如，没有骑过马的人，向往草原，大多是向往马背上的驰骋；没有坐过船的人，向往大海，大多是向往乘风破浪的豪迈。但是，在辽阔的草原和大海上，马背民族与海洋民族独特的生活"方式"是怎样的呢？尤其是与当今嘈杂的都市生活"方式"有什么区别呢？这就是文化资源的潜在价值。

1. 日常生活行为

通过日常生活行为获取文化资源，就是在现今人们平日里的衣、食、住、行中，去认识各种"习惯了的生活方式"，以及这种方式所显现的不同历史时期的不同民族特有的哲学观念、道德观念、政治观念等精神价值。而这些依然存活在人们生活行为中的各种现象，也是丰富的文化资源。

（1）衣着方式

生活在不同自然环境中的民族，由于特定的季节变化、特定的温度制约服饰的差异是很大的。同时，自然环境决定着生产行为，生产行为会制约服装的款式，历史上著名的"胡服骑射"就是一个典型案例。所以，无论哪一个地区或民族的衣着方式，都是既体现着性别差异、年龄差异、职业差异，又体现着宗教信仰差异、政治地位差异的。

故而，在旅游中，人们一边欣赏着异地服装的款式、色彩、质地和造型的不同风格，一边感受着衣着装束特有的束缚性和保温性。前者是服饰的精神价值，后者是服饰的实用价值。如蒙古族服饰、维吾尔族服饰、藏族服饰、彝族服饰、朝鲜族服饰等等，其民族特点是既有外形的构成缘由，又有款式背后的故事。这在演艺业、影视业、会展业、动漫业，尤其是旅游业中，都是不可或缺的视觉资源。

（2）饮食方式

不同地区有不同的物产，不同的物产形成不同地区广大民众的饮食方式。北方草原，无论是东部还是西部，畜产品的丰盛，形成了以乳、肉为主的饮食习惯。所食所饮之间的辩证关系，无不体现着相辅相成或相反相成的哲学内涵和生命规律。

当电视纪录片《舌尖上的中国》作为收视率很高的文化产品受到广大观众欢迎的时候，大江南北、长城内外的物产和蕴含在饮食文化中的民族历史，便揭示出一个道理：吃，绝不仅仅是在吃。因为，人们日常生活中吃什么、怎样吃、为什么这样吃等一系列问题，既是生命与地缘的诉说，也是时代与文化的标记。而这一切均存活在现实人们的行为中。对于绿色食品、低脂食品、低盐食品、低糖食品的制作和介绍，是具有精神价值的倡导意义的。

（3）居住方式

居住方式作为文化资源的意义主要体现在三个方面：一是可以体现人伦关系；二是可以揭示伦理道德形成的根源；三是可以彰显不同地区文化传统所决定的对建筑之造型美的追求。

居室，是一个私密空间。空间里，可以遮风避雨，可以休养生息，也可以传宗接代。

于是,怎样居住,与什么人在一起居住,就具有了文化内涵。如山东孔府的建筑格局和孔子第72代孙一家的居住模式,既体现出血缘亲情所蕴含的辈分等级制,又体现出地域文化所决定的审美性,因而成了旅游业非常重要的文化资源。

再如,便携式的毡包(蒙古包),是逐水草而居的马背民族最普通的居住方式,即使大家同居一室(一个毡包),也是长幼有别、男女有别、亲疏有别的;而北京的四合院,面面相对的居住格局,抬头不见低头见

图 2-8 滑竿

的居住环境,便形成了这座城市迄今为止依然格外重视社会公德、家庭美德、个人品德的社会风气。所以说,对我国56个民族居住方式的深度开发,是具有产业价值的。

(4)交通方式

步行、骑马、乘轿、乘车、乘船、乘飞机是比较传统的交通方式。交通工具是第一要素。步行,不涉及交通工具,而骑什么马、坐什么轿、乘什么车,是直接或间接与特定历史时期的生产力水平密切相关的,从中还可以看到人类与大自然之间的关系。

"滑竿"(图2-8)是四川山区较为普遍的一种交通工具,也是地域特色鲜明的用来缓解游客旅途疲劳的行进方式。从什么人抬滑竿、什么人坐滑竿,还可以看出这个地区许多关乎"文化"的深刻内涵。

而被誉为"马背民族"的蒙古族,不仅在生产中、战争中、娱乐中都离不开马,而且还在生活中,尤其是交通方式上,对马产生了极大的依赖。俗语说"蒙古人的身体是长在马背上"的,就是这个道理。同时,人与马还构建起了相知、相谐、相助的依存关系。因而,其文化资源意义格外重大。

2. 特殊生活行为

特殊的生活行为,是指并非天天出现的具有特定内涵的生活行为,婚丧嫁娶、宗教礼俗,就是最主要的特殊生活行为。

(1)婚俗

婚姻习俗,主要由婚姻结构和成婚礼仪两个方面构成。前者既关系到经济、法制,又关系到道德;后者既关系到经济、风尚,又关系到民族习俗。

迄今,被文化产业关注的文化资源之一,就是不同时代不同民族的婚姻方式。无论是殷商时期就出现的在清朝依然盛行的收继婚,三国时期出现的在民国时期依然存在的童养婚,还是以重男轻女为价值取向的典妻婚、转房婚、招夫养夫婚,以封建迷信为前提的冥婚,以及迄今依然符合《中华人民共和国婚姻法》的招养夫婚(即倒插门、招上门女婿)等等,都是紧紧围绕着经济利益和异性之间情感生活展开的民间习俗。

从传统的婚俗来看,婚礼的前奏,是议婚。包括"纳采",即男方备礼物到女方家求婚;"问名",即相互了解生辰八字、身体状况、门第职位、家庭境况等等;"纳吉",是在男

女双方得到占卜合婚的好结果之后的订婚仪式;"纳征",就是俗称的男方向女方下聘礼;随之是"请期",即确定婚礼的时间。当然,真正意义上的"婚礼"是在前面的五个过程都完成之后,最为重要而隆重的环节——是新女婿亲自前往女方家迎娶新娘子的仪式。其程序不仅很复杂,而且不同地区、不同民族、不同时代的婚礼过程也有很大区别。但是,"三拜"却是大同小异的,只是有的是拜天地、拜父母、夫妻对拜;有的是拜证婚人、拜父母、拜来宾;还有的是拜领袖、拜父母、夫妻对拜等等。

(2)丧俗

丧葬礼俗,是一个人的生命结束后,亲戚朋友进行哀悼、缅怀和纪念的一种民间习俗。包括丧葬的方式和礼仪,作为文化资源,在电视剧《红楼梦》中秦可卿出殡、《大宅门》中白文氏出殡的众多画面中均可看到。

从丧葬方式来看,主要有火葬、土葬、天葬、水葬、先火葬再土葬、先火葬后水葬的复合形式等。土葬,在我国的历史比较长,不仅汉族有这样的丧葬方式,古代的匈奴、突厥、回鹘和苗族都有这样的习俗。方法是将尸体置于棺材中,挖墓穴,将棺木深埋于土中,之后以冢为记号。而天葬,又称露天葬、鸟葬或风葬,东北地区鄂温克族人用木柴裹在尸体外面置于树林中的风葬方式,西北地区有的将棺木悬于悬崖之上或置于岩洞之中的方式,都属于天葬。《隋书·契丹传》记载:"父母死,以其尸置于小树之上,经三年之后,乃取其骨而焚之",则是先风葬后火葬的复合形式。

从丧葬礼仪来看,自死者去世那一天开始,亲戚朋友要做的关乎丧葬的事宜是有规定程序的。首先,要将遗体放置在规定的地方(停尸),一般是三日、五日、七日等单数日子;随之,家人要向其他人通知死讯,即公开丧事信息(报丧);继而是吊丧,家中设灵堂,儿女守灵,接受亲戚朋友的吊唁;之后是入殓,如果是土葬,入殓时都有随葬物同时入棺的习俗;最后是葬礼,程序是介绍死者的生平和功绩,众人默哀、鞠躬、向遗体或遗像告别。

从墓地的名称来看,国家首脑(如皇帝、总统)的坟墓大多称为"陵",如陕西的乾陵、河北的清东陵、北京的十三陵、南京的中山陵等等;圣人的坟墓则称为"林",如山东有埋葬文圣人孔子的孔林,河南有埋葬武圣人关羽的关林;和尚的坟墓称为"浮屠",俗称"和尚坟",如河南少林寺的塔林;普通人的埋葬处就称为"坟"或者"墓"了。

(3)礼拜

有宗教信仰的人,"做礼拜"是不可或缺的生活行为。但就普通人的生活视角来说,这也是一种特殊的生活行为。

从基督教来看,"礼拜"源自《圣经》,即星期日,是基督徒敬拜神的一种行为,即把这一天献给神,让自己的这一天属于神。所以这一天又称为"主日""圣日""礼拜天",即敬拜神的日子。礼拜,分开来看,"礼"就是把礼物奉献给神,可以是物质的,也可以是精神的。把礼物带到神的面前,是奉献——敬拜神,就是礼拜。现在无论是哪个国家、哪个民族,都把礼拜天作为休息的日子,因为《圣经》告诉人们,上帝用六天创造万物,第七天休息了。礼拜天最早是从安息日演变过来的,七天一个周期,就是让教徒们既要休息,也要敬拜神。

从汉语的字义来分析,"礼"即"禮",是事神致福的意思,即用贡品敬奉神灵的一种行为,表达的是人们对保障自己生存的"神"由衷的感恩与敬畏。以此推导,凡是与生存相关的感恩、敬畏心理,表现在宗教信仰方面,必以"礼"为核心。而"拜",则是感恩、敬畏心理即"礼"的行为化体现。

（二）生活行为的特点

与生产行为不同,生活行为是由生存和生育共同构成的,因而就具备了以下基本特点：

1. 自然环境和生产行为是生活行为形成的基础

逐水草而居的生活行为,大多出现在草原上。为了保护环境,也为了保证畜群有足够的牧草,牧业生产只能随着草场的情况而有所选择和变化。所以,草原决定了"游牧"的生产行为,游牧的生产行为又决定了逐水草而居的生活行为。

今天,人们听到腾格尔的歌声,都会联想起大草原。一大批草原歌曲,无论《蒙古人》《天堂》《我思念草原》,还是《草原在哪里》《呼伦贝尔大草原》,都是植根于北方游牧民族特定的生产和生活行为的。例如,歌曲《蒙古人》被译成汉语歌词的第一句是"洁白的毡包炊烟升起,我出生在牧人的家里",而蒙古语的原文歌词却是"在笼罩着牛粪燃烧的炊烟里,我降生在蒙古包里"。茫茫的草原上,牛粪几乎是唯一的燃料,而无污染的草原上,牛粪都散发着草的芬芳。所以,牛奶味和牛粪味,共同构成了草原民族生活行为的基本要素。尊重并深入挖掘一个民族拥有或曾经拥有的生活行为,就是文化资源产业价值可持续的基础。

2. 生活行为生成道德观念

无论家庭美德、职业道德、社会公德和个人品德,都是在生活行为中形成的。父慈子孝,是家庭美德;尽职敬业,是养家糊口的基本保证;凡是对家人有责任心的人,必然在工作中也有责任心,因为,爱家人是需要能力的,这个能力就是职场决定的经济收入。所以,职业道德,是家庭美德的延伸——爱家人,就要爱工作。而社会公德,也是父母在衣食住行的基本行为中对儿女教育的结果,是家庭美德的放大。凡是在家里可以自律的人,在公共空间也会自律。

而个人品德,则是上述三种道德修养的基础。一个人如果具有良好的品德,在生活中一定会孝敬父母、疼爱子女、友善兄弟;在工作中,一定会严于律己、恪尽职守、勤勤恳恳;在社会上,一定会遵纪守法、助人为乐。因此,在生活行为中形成的个人品德,是一定会反映到职场、公共空间的。

（三）生活行为的文化价值

作为文化资源,生活行为方式既是各种观念的载体,又是可以进入到许多产业领域的表现对象。因而,其既具有精神价值,又具有实用价值。

1. 承载民族风俗的实在性

不同的时代,各个民族都有自己独特的生活习惯和风尚、礼节,这就是民族风俗。婚俗、年俗、礼俗,是民族风俗的主要组成部分。婚俗,是怎样结婚;年俗,是怎样过年;礼俗,是节庆日怎样度过等等,这些都程度不同地体现着特定民族的婚恋观、幸福观、人生观。

婚俗，是不同时代、不同民族的婚礼习俗，如怎样举办婚礼，男女双方的家长怎样见面；在婚礼上，新娘和新郎分别穿着什么样的服装，婚礼的程序是什么，都属于生活行为中非常重要的一种风俗。

年俗，是不同民族怎样过年的风俗习惯。用年俗吸引旅游观光者，是一个非常有效的途径。没有敬畏之心的春节，就是吃喝玩乐的春节，年年岁岁"年相似"，就会失去过年原有的文化意义，以及文化产业（如旅游业）生成的机遇。

一个民族对于大自然的崇敬，往往表现为感恩和敬畏的心理。这就是"礼"的繁体写法传递出来的全部内涵。天圆地方，天上有日光、月光、星光，万物才能生长，人类才能生存。是什么赐予人类和其他生命以日、月、星三光呢？苍天之上居住着"示"即"神"。为此，礼节、礼拜、礼仪、礼貌，均含有敬畏和感恩之意。在此基础上，有了各种各样的宗教，以及各种各样的节庆。因而，每一种节庆，都含有特定的纪念意义和思想引导性。

春节的辞旧迎新，中秋节的团团圆圆，清明节的感恩先人、继承传统等，都是因为礼俗而具有了文化产业可吸纳的文化价值。

2. 现实生活态度的参照性

生活态度是蕴含着人生观、世界观和价值观的心理状态。通过生活行为折射出的不同历史时期、不同民族的生活态度，可以促使今人思考价值取向。如，"楚王好细腰，宫人多饿死"的楚国之风，魏晋时期的清谈之风，元朝时期的尚武之风，我国改革开放以来"人人下海"的经商之风，都是渗透到当时民众生活态度中的各个阶层的生活行为。从中可以看到权力至上的价值取向，文人治国多误国的历史教训，尚武精神与战争频仍的内在关系，以及在经济利益面前的从众心理。这些，都可以成为建构时代风尚的文化借鉴。

三、传承思想观念的学习行为

什么是学习？一般地说，学习，是接受知识、接受思想观念的一种模仿、传习加创新的行为。就广义而言，一切掌握某种知识、接受某种思想的实践活动和精神活动，都是学习。就狭义而言，从阅读、听讲、实践、研究中获得知识和本领，就是学习。那么，人的学习行为是指什么呢？

周作人曾调侃地说过，人性就是"神性"和"兽性"的结合。纵观人类的各种行为，凡是与生物本能相关的均属于兽性。而学习，是以精神活动为主的行为，则是"神性"的体现。

所以说，学习特指一个人获得知识和技能，接受某种思想的一切行为，包括有意识地效法或无意识地模仿，这是文化传承最重要的一种行为。

（一）学习行为的分类

学习是一个终身的行为，但是就其发生的场所，还是有所不同的，这就为学习行为

的分类奠定了基础。总体说来,学习行为大致有以下几种:

1. 在家庭中发生的学习行为

这既是指进幼儿园之前孩子们的学习行为,也是指家庭成员们延续终身的学习行为。由于家庭里发生的学习行为多以家长的言传身教为主,所以,怎样形成良好的生活习惯,怎样形成尊老爱幼的道德观念,怎样形成诚实守信的个人品行,怎样形成不懂就问的求知心态,怎样理解"百善孝为先""己所不欲勿施于人"的思想观念等等,大多是在家庭成员长幼之间的行为中得以传承的。所谓"上行下效",就是这个道理。随着时代的快速发展,尽管也会出现晚辈与长辈之间的"知识反哺"现象,但教学相长的同时,一个家长的主导思想意识是会对尚未接受其他教育的儿女产生三观奠基作用的。各种版本的《庭训》《家书》《弟子规》《女儿经》等等,都是我国长久以来家庭学习行为的书面表达形式。

2. 在学校里发生的学习行为

一个人以求知为主的学习行为,在学校(包括幼儿园)里会持续近20年。漫长的时间,学生会有怎样的学习行为呢?掌握基础知识——包括语言文学、历史、地理、政治等文科知识,也包括数学、物理、化学、生物等理科知识;掌握学习方法——这是回答"学什么""为什么学""怎样学"等一系列问题的核心;而中国古人倡导的"授之以鱼(结果)不如授之以渔(获得结果的方法)"的思想,就是对学习方法重要性的强调;接受某种思想观念——既包括政治思想观念、哲学思想观念、经济思想观念,也包括道德观念、宗教观念等等。言传身教,身教胜于言教,环境造就人,人也造就环境。为此,老师的引导作用均促成或改变着学生的德、智、体状况。

3. 在社会中发生的学习行为

社会促就的学习行为,主要有三种:一是国家大事,如全国两会和党代会形成的主要精神,所促成的学习行为;二是地域文化特点促成的学习行为;三是身边的常人常事促成的学习行为。社会风气的形成,往往是人的从众心理造成的。而"从众"本身就是一种学习行为,即别人干什么自己就跟着干什么的效仿。

这里特别需要说明的是,有些社会学习行为,是在"沙龙"中完成的。"沙龙"一词是法文salon的音译,原本指17世纪末叶和18世纪法国巴黎的贵族妇女在客厅招待文人和艺术家的聚会,后来便把有闲有钱阶级与文人雅士清谈的场所叫做沙龙,同时也指西欧上流社会的一种谈论文学、艺术或政治问题的社交集会。

但到了18世纪下半叶,沙龙已失去贵族情调,变得不拘形式,并由高雅之士"谈经论道"的场所,演变成为一个促进身份平等的地方:讨论热烈但从无争吵;有知识有教养者有礼节,从不流于粗野;愉快却不荒唐。这是发生社会学习行为——聆听最自由、最活跃、最有教益的一个场所。沙龙讨论的主题各式各样,这使得参与这一学术活动形式的人员日益增多,当代学术沙龙的范型也就在这一过程中逐渐得以形成。沙龙逐渐演变成学术界和大学的一种科研和教学方式,成为知识分子活动的八种制度化环境之首,并被认为对西方世界知识分子职业的形成起到了孵化器的作用。经过三个多世纪的演变,如今的学术沙龙几乎已遍及所有学科,其形式和做法也更为多样。

学术沙龙史上造就了大批学术精英。例如,卡尔·马克思在柏林大学求学期间,参与"柏林青年黑格尔派的博士俱乐部";社会学家马克斯·韦伯在海德堡大学任教时,在家中创办的星期天沙龙被称为"韦伯圈";同时代法国巴黎大学有"涂尔干圈"的学术沙龙。剑桥大学每日下午利用两个小时,有组织、有计划地安排不同学科的权威级教授相聚于学校的小型、随意的研讨会或在校区内的咖啡屋和茶园共进午茶。学校出资为他们创造了良好的、亲切的、自由沟通的交流环境。在这里,每一位教授都在吸纳其他领域的研究方法,通过互相学习以及知识的组合产生出大量的、边缘性的学术思想和学术理论。喝下午茶获得的创意并非在后来都可能获得诺贝尔奖,但他们在喝下午茶时提出的创意的潜在重要性却不可低估。而剑桥大学校方对他们的这一创举深感骄傲,他们逢人便说,"瞧,喝下午茶我们就喝出了六十多位诺贝尔奖获得者"。

4. 职场学习行为

职业,是一个人养家糊口的工作,是实现人生价值的空间,是报效祖国的重要领域,也是不断学习提高的推手。学习职能技术、职场礼仪、职业道德等等,阅读本专业相关的书籍,学习"红头文件",领会职场不断更新的规章制度,向前辈、领导、师傅、老同事学习,都需要脑勤、眼勤、嘴勤、手勤、腿勤。"天道酬勤"的思想,"活到老,学到老"的精神,在职场学习行为中得到传承。

(二)学习行为的基本特点

与生命本能的各种行为相比较,学习行为主要有以下几个特点:

1. 既具有主动性又具有被迫性

学习,作为人类的普遍行为,最初的动力,都是为了生存。当人类对未知的世界充满好奇心的时候,既要深入认识客观世界与主观世界,又要系统认识物质世界和精神世界,学习行为就发生了。从行为主体来看,有兴趣的学习,是主动的;没有兴趣的学习,就是被迫的,即使是为了分数、为了升学、为了就业。

2. 既具有传承性又具有创新性

文化不能遗传,只能后天习得。为此,知识的传承性便成了人类学习行为的主要特性。但是,学习是为了创新,只有创新,才能体现学习的价值。

3. 既具有普遍性又具有个体性

孔子的"有教无类",是在强调学习行为发生的普遍性,而"因材施教",则是在强调个体学习行为的差异性。当代中国,九年义务制教育催生了青少年普遍性的学习行为,但,九年之中,其学习的结果却大相径庭。这就使九年之后的学习行为无可阻止地发生了差异巨大的变化。

(三)学习行为的产业价值

如前所述,"文化产业,是资本加技术,通过审美实现的经济事实",而打动人心的"审美"力量,是必然依托于一种鲜明的价值立场和价值观的。

价值观,是判断对错、是非、美丑、取舍、褒贬、爱恨的明确标准。这种价值标准的确立,一定是由学习行为来完成的。价值立场,是各种文化产品从谁的立场出发言说、怎样言说的前提。所以,20年的学校教育,"思想品德课"与"大学生思想品德修养课"便成为传授正确价值观的主力课程。而社会学习行为,包括由"社会公德、家庭美德、职业道德、个人品德"所倡导和引领的境界,都是承载精神价值,维护社会文明的重要基础,由此,学习行为便潜存着无可替代的产业价值。

四、彰显民族性格的娱乐行为

在田野调查中,不难发现,大众的娱乐行为作为不可或缺的一种社会现象,往往是彰显民族性格、承载价值观的重要文化资源,同时也是获取文化资源的一个重要途径。

具有文化传统的大众娱乐行为,主要有两种,即民间艺术和体育竞技。无论民间音乐、民间舞蹈、民间造型艺术、民间戏曲、民间说唱艺术、民间文学,还是赛马、赛驼、赛龙舟、叼羊等竞技活动,都是一个民族非常重要的文化资源。因而,凡是申报世界非物质文化遗产或国家级非物质文化遗产的对象,都是含金量很高的文化资源。而在演艺业、旅游业、影视业、动漫业、出版业等等十余种文化产业类型里,倘若离开了民间艺术和民间竞技,就会脱离地气,丢掉民族特色,失去文化底蕴,因为民间艺术和竞技是其落地生根的产业基础。

(一)娱乐行为的分类

纵览民间的各种娱乐行为,其主要由民间艺术和民间游戏竞技两种类型构成。田野采风,就是通过现实中人们的娱乐行为以获取文化资源的非常重要的途径。

1. 民间艺术

如果说"艺术"是融技术、情感、创意为一体的满足人们精神需要的对象,那么"民间艺术"就是由普通老百姓创作,在民众中口口相传或手手相传的那些既有技术含量,又有浓郁的情感,还有超凡想象力的各类作品。

(1)民间音乐

歌唱,是一种行为;器乐演奏,也是一种行为。这就构成了行为中传承的两种基本民间音乐样式,即民间歌曲(民歌)和民间器乐。就民歌而言,又包括与劳动相关的夯歌、牧歌、渔歌;与男女交往相关的恋歌、情歌;与风俗习惯相关的酒歌、婚嫁歌、丧歌;与宗教相关的经文歌、众赞歌、弥撒曲等等。劳动号子,有巴蜀之地的《川江号子》;牧歌,有哈萨克民族的《褐色的鹰》;情歌,有维吾尔族的《古兰木汗》;民俗歌曲,有在回族的古尔邦节、鄂温克族的色宾节、藏族的雪顿节等节庆活动中演唱的各种颂赞歌、祭祀歌。就民间器乐而言,各种各样的乐器都有其代表性的乐曲以及背后的故事,如马头琴的传说和代表性曲目《万马奔腾》,都具有令人瞩目的文化产业价值。

(2)民间舞蹈

舞蹈,是用人体动作构成的表演性艺术。从民间舞蹈的目的来看,主要有自娱性舞蹈和仪式性舞蹈两种。例如"秧歌",是我国北方非常著名的自娱性民间舞蹈样式,起源于农民田间劳作(插秧)所唱的歌,是"从伴随劳动生活的小曲"开始的。后来逐渐发展成为载歌载舞的民间歌舞演唱,最后两极分化:一方面发展成内容丰富的小戏——秧歌剧;另一方面发展成内容单一的舞蹈——扭秧歌。产生于劳动过程的"秧歌",目的很明确,消除疲劳,调节身心,提高劳动效率,自娱的性质非常明确。

再者,据汉代学者董仲舒在《春秋繁露》里记载,中国古代一年四季都有祈雨祭祀的舞龙活动,并按季节变换龙的颜色:春舞青龙,夏舞赤龙和黄龙,秋舞白龙,冬舞黑龙,每条龙都有数丈长,每次5～9条龙同舞。类似的祈福免灾的舞蹈还有狮子舞等。这类舞蹈是原始巫术舞蹈的发展,也是现代宗教仪式舞蹈的前身。

通过舞蹈行为,获取舞蹈承载的文化传统,获取舞蹈内容背后的故事,以及著名舞者的人生经历,都可以产生产业价值。

（3）民间戏曲

传统的地方戏曲,以歌唱、舞蹈、对白、动作程式为主要表现手段,均属于民间艺术。清人黄幡绰在《梨园原》中关于"戲"(戏)字有这样的解释:"从虚中生戈",并说明我国早在先秦时期就出现了"戏"。六朝时期又出了"劇"(剧)的字样。当前流行的"戏"和"剧"是古汉语中繁体字的简化。原本两个字都从"虎"字头,"戲"字从戈,"劇"字从刀。戈和刀,是我国古代战争时期敌我双方拼搏和战斗的武器。换句话说,"戏剧"就是古代人们披着虎皮、持操武器来决斗,当然是假的决斗。由此可以得出结论:"戏剧"一词,是来源于我国古代战争时期,出于纯粹娱乐性目的,对战争的模仿和再现。可见,有造型、有动作、有情节的娱乐性表演,就是"戏剧"。

我国是世界上地方戏种类最多的国家,据不完全统计,有300种之多。从北部到南部有龙江剧、吉剧、评剧、京剧、吕剧、越剧、婺剧、粤剧、琼剧等；从东部到西部,有河北梆子、晋剧、豫剧、秦腔、川剧、漫瀚剧、藏剧等,而这些文化资源在文化产业中也是频频出现的。

民间戏曲的价值,就在于唱腔衍生出来的旋律以及剧目承载的故事。

（4）民间曲艺

在电视、电脑、电话、手机非常普及的21世纪,还能从人的行为中获取民间曲艺这种文化资源吗？如果我们把民间曲艺仅仅理解为民间说唱艺术,那么,一些民族的英雄史诗,依然是通过说唱艺术存活在现实中的。

《格萨尔王》,又称《格斯尔王》,是我国三大英雄史诗之一,也是迄今为止演唱篇幅最长的史诗。人们通过说唱形式,可以了解蒙古族的历史、宗教、语言、文学和习俗。目前,能够完整演唱这部史诗的,全国也不到10个人,其中年龄最小的也已60多岁。一位80多岁叫金巴扎木苏的老人演唱的《格萨尔王》,是内容最丰富的口头文本。他从15岁开始演唱至今,已整整演唱了65个年头。为此,2007年金巴扎木苏被中国民间文艺家协会命名为"中国民间文化杰出传承人"。多年来,老人一直坚持在内蒙古东部地区游唱,还收了一些徒弟,但由于《格萨尔王》篇幅宏大,需要演唱者拥有古典蒙古语和蒙古族历史文化的系统知识,坚持学习下来的人很少。将《格萨尔王》纳入蒙古语中小学课程,就是从老人说唱艺术的行为中获得文化资源的。

（5）民间杂技

杂技的范围非常广泛,凡是各种特殊技艺的表演都称为杂技。迄今依然可以看到的口技、车技、顶碗、走钢丝、舞狮子、变戏法即变魔术等动作难度很大的技艺,都是民间杂技。如河北吴桥杂技在全国的巡回演出，就是对这一文化资源非常有效的运用。

尽管民间美术的创作是一个行为过程，但是它作为娱乐的最终结果，是以物质实证性文化资源形式存在的。只有剪纸（图2-9）是一个例外。因为，它是一种非常普遍的依赖于"纸"的民间造型艺术形式。从炕头到地头，人们随时可以将生产场景或生活场景，动物或植物，飞禽或走兽，劳动姿态或歌舞姿态，用纸张剪下来，因此被学者们称为"民族历史的活化石"。虽然"剪纸"的行为依然存在，但是保存百年以上的实物性"剪纸"却几乎难找，因此，它是在人们现实行为中传承的文化资源。当然，通过民间陶艺、雕刻、泥塑等实物折射出来的工艺过程和创作行为，也是值得重视的。

图2-9　民间剪纸

2. 民间游戏与竞技

游戏，是竞技，是人的体力和智力的集中较量，既有体育竞赛的性质，又有民间游戏的性质，既可以强身健体，又可以益智益脑。

（1）游戏

游戏，对于孩子们来说，就是玩耍的一种形式；对于成年人来说，则是一种娱乐的方式。因而，孩子们有孩子们的游戏，成年人也有成年人的游戏。

① 儿童游戏

从目前依然存在的室外儿童游戏来看，主要有捉迷藏、荡秋千、踢毛键、跳绳、抽陀螺、抖空竹、打弹弓、老鹰捉小鸡、罗雀和捕雀、捕蝉、捉蜻蜓等等。例如捉迷藏，一般都是选出一名捉人者，被蒙上双眼，其余人分散躲藏起来，捉者问："藏好了吗？"众人回答："好了！"捉者就可以摘掉蒙眼布，寻找藏者。被找到的，变为捉者，再开始下一轮游戏。

与室外的游戏不同，室内的儿童游戏是比较安静的，不吵不闹就能玩。如"抓子儿"，东北地区受少数民族语言的影响，称为"抓嘎拉哈"，华北地区也有称为"抓杆儿"的。还有挑线儿、捉中指、拍手（打麦）、吹雨水泡儿（即吹皂泡儿）等等。而挑线儿也称为翻花儿、翻单单、抄花儿。在蒲松龄的《聊斋志异》里就有这样的描写：有两位女子，因长夜难遣，聊以交线之戏，"翻变良久"，"愈出愈幻，不穷于术"，就是对这种游戏的记载。

② 成人游戏

首先是技巧性游戏，是以玩"巧活儿"为衡量标准的。如荡秋千、放风筝、猜谜语等等。在陕西，有一句俗语："处处隔壁闻笑声，家家院落试秋千。"当地的民俗是，大年三十支好秋千架，大年初一进行荡秋千比赛，姑娘和小伙子各有各的玩法，女性玩的是"龙门秋"，男性玩的是"轮秋"，荡秋千的最终目的是祈求苍天和大地保佑自己富贵并长寿。

（2）竞技

① 体力竞技

一般地说，与体育相关的竞赛，才可称为竞技较力游戏，是较量力气的游戏，如摔跤、拔河、赛龙舟等等。摔跤，又称角力、角抵、手搏、相搏等等。我国自汉代就盛行摔跤之风，《汉书》对此就有记载，因而，这一成年人的游戏也就成了当时砖雕、画像石、壁画、帛画等艺术表现的对象。到了唐代，又出现了女子摔跤。到了清代，则是摔跤这种游戏最为普遍的时期。

② 智力竞技

从目前人们的娱乐行为可以看出，各种棋类、牌类都属于智力竞技。例如，我国产生的围棋、象棋，以及外来的军棋、跳棋，还有扑克牌、麻将牌、桥牌等等，一旦与文化产业相关，就可以体现出其作为文化资源的潜在价值。

③ 体力和智力兼备的竞技

各种球类竞技是既需要体力，又需要智力的，如乒乓球、曲棍球，以及赛马、赛驼。

④ 武术

"中国功夫"驰名世界，这是毋庸置疑的。由此产生的各种武侠小说，无论是三侠五义、七侠五义，还是以金庸、古龙、梁羽生为代表的当代小说创作，都获得了不菲的文化产业价值。

（二）娱乐行为的特点

民间娱乐行为的基本特点，是以专业艺术活动和专业体育竞技活动为参照系总结出来的。

1. 自娱性强

民间艺术之所以没有明确的固定作者，是因为每一位参与者都是二度再创作者。创作者在随性随意中不断发挥主观能动性，是民间艺术得以传承的保证。

2. 参与性强

由于民间艺术或民间体育都是全民参与，没有任何限制，所以，对同一个艺术节目或体育项目，大家都可以借助自己的理解和能力进行自由发挥。正因如此，民间娱乐的对象就拥有了可解读的巨大空间。而这也就是一个民歌可以有多种版本、多种演绎，一个民间故事可以有多种解读，一个民间竞技项目可以有多种玩法即规则的原因。

3. 变化性强

民间娱乐行为具有突出的即兴发挥特点。随着时代的变化，娱乐主体其情趣和选择也会发生变化，由此，娱乐行为的不定性，必然带来娱乐行为的随机变化性。

（三）娱乐行为作为文化资源的价值

1. 具有文化产业的核心品质"审美"特性。
2. 是文化产品再创造的基础，是文化产业的母体。
3. 可以丰富各类文化产业的内容。

不论以《印象·刘三姐》为代表的实景演出也好，还是以《云南映象》为代表的驻地演出也罢，离开了传统民歌的旋律和传统舞蹈的神韵，其产业效益是会大打折扣的。

五、表达感恩和敬畏的节庆行为

节日,是人们为了纪念、为了庆贺、为了祭祀而约定俗成的日子。无论旅游业、影视业,还是会展业、演艺业,都非常注重节庆给文化市场带来的商机。今天,当一些传统节日被法定为休假日的时候,沿袭几千年的精神内涵是拥有文化魅力和潜力的。那么,在现实行为中,有哪些节庆行为是具有文化资源意义的呢?

(一)春季的节庆行为

一般地说,公历的2月到4月是春季,在这个季节里,最重要的是民俗性的节庆行为,如,农历一月一日(即正月初一)的春节,农历正月十五的元宵节,农历二月二、公历4月4日或5日的清明节;也有纪念性节日,如3月8日的"国际劳动妇女节"等等。

迄今,"过年"就是过春节,对于中国人来说,这是一年当中最重要的节日。那么,在现实中,人们是怎样过春节的呢?春节前有前奏,即腊月初八的"腊八节"、腊月二十三的"小年",前者要喝腊八粥,后者要吃饺子。腊月的最后一天,即"大年三十"要全家团聚在一起吃年夜饭。之后,就是守岁(熬夜)、放鞭炮、包饺子。一直到第二天凌晨,新的一年的一月一日即春节到来。在农耕文化的习俗中,大年初一,晚辈要以磕头或鞠躬的形式给长辈拜年,长辈要给晚辈"压岁钱"。在草原文化的习俗中,蒙古族过春节是要祭火、祭祖先、祭神灵的;达斡尔族的孩子们在大年初一上午还有读书学习的传统。

通过体验现实中人们怎样过年、为什么这样过年的行为传递,我们可以从古老的文化习俗中了解民族的优良传统。例如,有所敬畏、有所感恩,是春节的核心意义。既要感恩大自然过去一年的馈赠,又要为新的一年向大自然祈福。既要感恩父母亲过去一年的无私奉献,又要感恩长辈们在新的一年继续辛劳。所以,没有了感恩和敬畏的春节,只会越过越没有意思。

清明,既是一个农历的节气,又是一个踏青扫墓、缅怀先人的节日。从农业谚语的"清明谷雨两相连,浸种更添莫迟延""种树造林,莫过清明"等等,就可以看出这个节庆日子对于农耕文化的重要性。同时"清明时节雨纷纷,路上行人欲断魂"的诗句,又记录了这个节气要踏青扫墓的民间习俗。我国的清明节,是一个具有文化自觉的节庆,在祭奠先人的行为中,"我是谁,从哪里来,到哪里去"的意识会强化起来,以便增强自勉、自励、自尊、自强的意识。

(二)夏季的节庆行为

公历的5月到7月是夏季,这个季节,既有民俗性的节庆,如端午节,也有随着时代而产生的纪念性节庆,如"五一国际劳动节""六一国际儿童节"。

以农历五月初五的"端午节"为例,可以看到承载历史和文化传统的资源特征。那么,人们为什么要过端午?又是怎样过"端午节"的呢?《太平御览》中曾经引用《土风记》里的记载,写明:"仲夏端午,端,初也。"所以,端午也称为"端阳""重午""重五"等等。后来,据民间传说,约定俗成的端午节包粽子、吃粽子,是为了怀念投汨罗江自尽的爱国诗人屈原,而这一日里的划龙舟,也是在追思屈子。这样的历史文化内涵,便使得原本为民俗农事的节庆——端午节具有了厚重文化底蕴的纪念意义。

(三)秋季的节庆行为

公历的8月到10月是秋季,在这个季节里,既有民俗性节庆,如八月十五"中秋节"、九九"重阳节";也有庆祝性节庆,如10月1日"国庆节";还有纪念性节日,如8月1日中国人民解放军"建军节",9月10日"教师节"。

中秋,是农历的八月十五,因是秋季的正中间而得名。在古代诗词中,有"露从今夜白,月是故乡明""海上生明月,天涯共此时""八月十五月正圆,送君吟上木兰船""明月几时有,把酒问青天"等等,那么,进入21世纪,人们是怎样过中秋节的呢?团团圆圆,甜甜蜜蜜,是人们吃月饼的现代性祈愿。赏月赏菊,是人们对大自然的现代性回归和依恋。所以,中秋节是通过家家户户吃"月饼"这种追求"圆满"的文化内涵,以承载华夏民族重视"龢"即和睦、和谐、和平、和善的价值倾向的。

国庆节,公历的10月1日,是中华人民共和国成立的纪念日。1949年10月1日,毛泽东宣布:"中华人民共和国中央人民政府正式成立了!"从此,中国结束了半封建半殖民地的历史,掀开了自力更生、奋发图强、勤俭节约、艰苦奋斗建设社会主义国家的崭新的一页。

(四)冬季的节庆行为

公历的11月到第二年的1月是冬季。这个季节,有西方的圣诞节即12月25日、元旦(新年)即公历的1月1日、情人节即2月14日等等,也有我国的腊八节。

圣诞节,是基督教纪念传说中耶稣诞生的节日。尽管不同的教派使用的历法不同,但一般都认为"圣诞日"是12月25日。这一天,以西方的风俗,人们会用圣诞树装饰房屋,塔形的常绿树如柏树、杉树是圣诞树的最佳选择。树上要挂各种彩条、彩灯和礼物。传说,有一位农民在圣诞夜接济过一个贫苦的孤儿,孤儿告别时,折了杉树枝插在屋内的地上,树枝立刻长成大树,树上挂满了礼物。孤儿又说:"年年此日,礼物满枝。留下这棵美丽的杉树,报答你的善心。"于是,圣诞树、圣诞老人送礼物的风俗便延续到了今天。

为文化资源分类,是为了推进文化产业的发展。旅游业、影视业、会展业、出版业、报刊业、动漫业等等,无论哪一种文化产业,都需要文化资源。因而,以获取文化资源的途径为分类标准,将丰厚而丰富的文化资源分为"物质实证性文化资源""文字与影像记载性文化资源"和"行为传承性文化资源",就是从实际出发、从实践出发、从实用出发的一种学术界定。

本章思考题

    1. 文化资源分类的逻辑起点是什么?

    2. 文化资源分类的标准是什么?

    3. 以"获取文化资源的途径"为标准,文化资源可以分为哪些类别?

4. 物质实证性文化资源包括哪些领域？
5. 文字与影像记载性文化资源包括哪些领域？
6. 行为传承的文化资源包括哪些领域？
7. 历史人物和历史事件分别具有哪些特点？
8. 历史建筑和历史文物的产业价值主要体现在哪些方面？

第三章　文化资源调查与价值评价

目　的

在本章中你将
- 知道文化资源调查的作用和原则
- 了解文化资源调查的类型和内容
- 掌握文化资源调查的程序和方法
- 明确文化资源的评价要素
- 掌握文化资源评价的指标设计
- 知道文化资源评价的具体方法

效　果

在实现上述目的之后,你应该能够
- 知道文化资源调查的程序和方法
- 开展文化资源调查实践
- 撰写文化资源调查报告
- 运用文化资源评价的方法
- 进行文化资源的价值评价

讨　论

本章我们将讨论以下问题
- 不同地区文化资源评价的具体指标是否一致
- 文化资源评价还应该有哪些特殊指标

文化资源是开展文化活动、发展文化产业的物质基础,是文化活动的客体。要想对文化资源进行合理开发和有效保护,首先需要对文化资源进行全面的调查和科学的评价。运用科学手段进行有重点、有步骤的调查,同时运用合理的指标进行有效的评价,由此既可以有效描述、诊断、预测和管理资源,又可为开发和利用资源奠定基础、指明方向。

第一节　文化资源调查

文化资源调查,是指在特定区域范围内,在既定时间段,调查者在既定目的驱动下,以科学的理论为指导,运用科学的方法和手段,有目的、有系统地收集、记录、整理、分析和总结文化资源及其相关因素的信息资料,以确定文化资源的存量状况,并为文化经营管理者提供客观决策依据的活动。文化资源的调查有着独特的作用,应遵循一定的原则,针对不同类型的调查,制定不同的调查方案,并明确调查的内容,按一定的程序和方法有步骤地展开。

一、文化资源调查的作用及原则

（一）文化资源调查的作用

文化资源调查是进行文化资源评价、合理开发与利用并保护文化资源的最基本工作,其重要作用表现在以下几方面:

1. 描述作用

通过文化资源调查,可以全面认识调查区域内文化资源的类型、数量、特征、规模和开发潜力等因素,从而为其评价和开发奠定基础,为文化资源信息库提供丰富的数据资料。

2. 诊断作用

通过对文化资源自身和其外部开发条件的深入调查,可以认清文化资源的价值特征、空间特征、时间特征、经济特征、文化特征,以及各种特征形成的原因和环境背景。

3. 预测作用

文化资源调查可以充实和完善文化资源信息资料,为市场预测、决策奠定基础,为寻找新的文化资源、开发新的文化产品、开拓文化市场提供帮助。同时,为确定资源的开发导向、开发时序、开发重点提出有针对性的建议。

4. 管理作用

重视文化资源调查是文化资源管理部门从传统的经验管理向现代的科学管理转化的重要标志。对文化资源的定期调查,便于当地文化管理部门动态掌握文化资源的开发、利用、保护状况,进而及时、准确地为其提供有效信息,有利于文化资源的开发与保护。

（二）文化资源调查的原则

1. 内外结合原则

文化资源的调查，首先要搜集整理文化资源方面的文献、报告、志书、图表等文字、影像资料等，并就二手资料进行分析、考证，掌握文化资源的形成机制、分布规律；其次还要亲临现场进行田野考察、测量、拍照、录像、分析、记录等，以获取第一手资料。通过采用内外结合的方法，研究资源的性质、价值、等级、开发与利用现状及潜力等。

2. 综合调查原则

文化资源的调查是涉及众多学科的理论与实践。一方面，调查人员的结构要尽量合理，尽可能吸纳具有历史、文化、艺术、管理等专业背景的技术人员，以便充分利用不同学科的特长及研究方法，优势互补，并尽量取得各有关部门的支持与配合；另一方面，要对调查区域内的文化资源以及所依托的经济、社会、文化等客观状况进行全面调查与分析，以获得综合、系统的资料。

3. 深入原则

随着社会经济的发展、生活水平的提高，以及价值观、人生观等诸多方面的变化，人们对文化资源的认识也随之提升。因而，在调查过程中，要准确把握被调查对象在当前及将来市场吸引力的变化和趋势，深入了解文化资源的内在特点及其吸引力，发现新的文化资源，探寻文化资源的新潜力及可能进行深度开发的内容，并作出准确评价。

4. 选择性原则

文化资源的调查应在普遍调查的基础上突出重点，一方面选择那些濒临灭绝的、需要重点保护的文化资源予以重点关注；另一方面对那些极具特色或有可能发挥特殊功能的文化资源给予充分重视。同时，对那些不具备开发条件的文化资源也应进行定时的调查。

二、文化资源调查的类型和内容

（一）文化资源调查的类型

随着文化产业的发展，各地加强了对文化资源的调查。文化资源的调查可分为概查、普查、详查、典型调查、重点调查以及抽样调查等（参见表3-1）。

1. 概查

概查是指对文化资源的概略性调查或探测性调查。这种调查是为发现问题而进行的一种初步调查，概查主要寻找问题产生的原因以及问题的症结所在，为进一步调查做好准备。此类调查可以采用较为简单的方法，不必制定严密的调查方案。概查以定性为主，一般是对大区域的文化资源进行调查，以确定文化资源的类型、分布、规模和开发程度。

表 3-1　文化资源概查、普查和详查对比

项目	文化资源概查	文化资源普查	文化资源详查
性质	专题性	区域性	区域性
目的	为地区文化资源开发的一种或少数几种特定目的服务	为地区文化资源的评价和开发工作奠定基础	为地区文化资源开发的综合目的服务
适用范围	文化研究、文化资源保护、专项文化资源产品开发	区域文化产业发展目标的制定、文化资源的规划与开发	区域文化资源研究、文化资源开发、文化资源信息系统管理
组织形式	一般不用成立专门调查组	专门成立调查组，成员、专业组合完备	专门成立调查组，成员、专业组合完备
工作方式	按照调查规定的相关程序运作，按实际需要确定调查对象并实施调查，可简化工作程序	对所有文化资源进行全面调查，执行调查规定的全部程序	对所有文化资源进行更为深入的调查，执行调查规定的全部程序
提交文件	部分相关的文化资源内容和图片	标准要求的全部文化资源内容和图片	文化资源具体材料图片及详细的文字报告
成果处理	成果直接为专项任务服务	为正确制定文化产业的发展奠定基础，为文化资源的规划和开发提供依据	建立区域文化资源信息库，直接处理转化为公共成果

2. 普查

文化资源的普查一般是在概查的基础上进行的，即对一个地区内的各种文化资源进行综合调查。普查对时间、人力、资金的消耗非常大，调查的项目也不可能很细，对文化资源的调查缺乏深度。

3. 详查

文化资源的详查一般是在概查和普查的基础上进行的，即将文化资源普查的结果进行筛选，确定有重要意义的文化资源作为开发的对象，对于这些文化资源再进行更为详尽的实地考察。

4. 典型调查

典型调查是根据文化资源调查的目的和任务，在被调查对象中有意识地选取一个或若干个具有典型意义的文化资源进行调查研究。

5. 重点调查

重点调查，即在调查对象中选择一部分对全局具有决定性作用的重点文化资源进行调查，以掌握调查总体情况的调查方式。重点调查一般适用于只要求掌握调查总体的基本情况，调查指标较为单一，调查对象也只集中于少数文化资源。

6. 抽样调查

抽样调查是按照调查任务确定的对象和范围,从调查总体中抽选部分对象作为样本进行调查研究,用所得的结果推断总体结果的调查方式。在文化资源调查中,对于一些不可能或不必要进行全面调查的现象,或人力、财力资源有限的情况下,最适宜使用抽样调查的方法。

(二)文化资源调查的内容

文化资源调查的内容复杂而繁多,涉及与文化活动有关的方方面面,对其调查既要注重文化资源自身的各种情况,也要关注资源外界环境的现状与发展变化。因此,文化资源调查的内容包括文化资源现状、文化资源开发、保护动态等。针对具体调查区域所开展的具体的文化资源调查活动不一定要涉及各个方面,可根据调查的目的和用途,选择相应的调查方式,从中筛选部分内容或重点内容进行研究,以完成调查任务。

1. 文化资源环境调查

(1) 自然环境的调查

① 所在区域调查。此调查需要明确文化资源所在区域的名称、地域范围、面积,所在的行政区及其中心位置与依托的城市,也就是要对文化资源所在的外部环境进行调查。例如,对明孝陵的调查,就需要全面了解它所依托的南京的历史与资源状况,由此才能有更开阔的视野和更全面的信息。

② 自然环境条件调查。此类调查主要应调查当地的地质、地貌情况、气候情况、空气质量、水体质量和生态环境等与文化资源的形成与发展有关的自然因素及其组合。之所以调查这些自然环境条件,是因为很多物质文化资源,如一些重点保护的文物,都存在于一定的自然环境当中,自然环境的质量不仅对文化资源的形成和发展产生影响,还会影响到文化资源的开发和相应的建设。

以云冈石窟为例(图3-1),文物所在地大同,地处黄土高原,土质疏松,加之云冈石

图3-1 风化的云冈石窟

窟属于砂岩,砂岩虽然便于雕刻,但也很容易风化,墙体上的浮雕历经风吹日晒、雨打雷击,砂岩的质量直线下降,致使其表皮起皮脱落。较之于其他石窟来说,莫高窟属于砾岩,虽也比较松散,但敦煌地处沙漠,降水量很小,因而保存比较好。龙门石窟则属于石灰岩,石灰可溶于水,能使岩体更坚实。由此可见,能否较完好地保护此类户外雕刻性的建筑,重点是控制其与水的关系,因此,要保护云冈石窟首先要治水。

(2)人文环境的调查

① 历史沿革调查。主要包括调查区的发展历史,具体如建制形成、行政区的历次调整、发生的历史事件、调查区内名人及其活动。

② 社会文化环境调查。主要包括调查区内的宗教信仰、风俗习惯、社会价值观念、审美观念等。

2. 文化资源赋存状况调查

(1)历史资源状况调查

包括物质实证性文化资源、文字与影像记载性文化资源和行为传递性文化资源的数量、规模、级别、文化资源开发状况,也包括各种文化资源的密度、地域组合、完整性等方面。

(2)现有文化市场调查

主要包括现有文化市场的类型、特征、成因、规模、组合结构等基本情况,分析该区域可能的文化市场结构及邻近地区文化资源对本地文化市场发展产生的积极或消极的影响。

3. 文化资源开发现状及开发条件调查

(1)文化资源开发现状调查

一个地域文化资源的开发利用,必须有坚实的社会经济基础做后盾。如地区的社会开化程度、地区国民总收入、总消费水平、居民平均收入、主要经济部门的收入渠道、基础设施和文化专用设施的容纳能力、投资和接受投资用于文化开发的能力、当地文化产业的满足程度及区域外调入的可行性、区域投入文化产业的人力资源等。这些都是文化资源开发现状所应调查的主要内容。

(2)文化资源开发条件调查

除了开发现状的调查,还应调查该地区开发的条件,也就是对其未来发展潜力作调查和评估。包括该区域的交通条件、接待设施条件、政策条件、技术开发条件、市场开发条件等因素。以交通条件为例,文化资源集中地若进行旅游开发,便需要考虑资源集中地与中心城市之间的距离以及交通状况的好坏程度。如果是比较好的交通状况,比如高速公路、省级公路等,开发的交通条件就较好,如果是乡镇公路或者没有公路,开发条件就较差。

三、文化资源调查的程序与方法

（一）文化资源调查的程序

文化资源调查，特别是区域文化资源综合调查，是一项复杂而烦琐的基础工作，也是一项周期长、耗资大、成果科学性要求高的工作，对人、财、物等方面都有较高要求。因此，调查必须经过规范的程序，才能保证工作效率和调查质量。综合各地文化资源的调查，大体可以将文化资源调查分为三个阶段，即调查准备阶段、调查实施阶段和调查整理阶段。

1. 调查准备阶段

调查准备阶段是文化资源调查工作的开始，准备阶段的工作是否充分扎实，直接关系到整个文化资源调查结果质量的高低。

（1）成立调查小组

文化资源调查是一项系统性很强的工作，需要成立调查小组，确定调查人员，以便更好地开展工作。调查通常由承担文化资源调查工作的部门、单位负责组建，如文化和旅游部门、社科院、文联等，吸收不同部门的工作人员、不同学科方向的专业人士和民间团体，如音乐、舞蹈、美术、摄影、书法、历史、文化等方面的专家及民间文艺家协会等民间组织成员，由专业人员及普通的调查人员组成调查小组。小组要有一定的组织关系和协调配合机构。

（2）明确调查目标及重点对象

明确文化资源调查所要达到的目的，要将调查目标明确化、具体化，并进一步研究调查所应采用的方式、调查重点对象。

（3）制定调查方案和工作计划

调查工作正式开始前，应先制定调查方案和工作计划，内容主要包括调查范围、调查对象、主要调查方式、调查工作的时间安排、调查的精度要求、调查小组人员分工、调查成果的表达形式、投入人力与财力的预算等。

（4）拟定文化资源分类体系，编制文化资源单体统计表

由于文化资源的分类目前没有统一的标准，各地在进行文化资源的调查时，应结合调查区域的文化资源分布、类型、数量等基本情况，拟定好文化资源分类方案，设计文化资源单体统计表。该表的主要内容应包括文化资源单体的序号、名称、基本类型、所属区域、现存状况等。这是文化资源调查阶段非常重要的表格，一方面是对文化资源单体基本信息的汇总，其设计和填写是进行实地调查的基础；另一方面便于对文化资源单体在计算机上进行统计、排序、计算，以备在此后的文化调查文件汇编和文化资源开发时使用。

（5）确定调查小区和调查线路

为便于实际操作和适应今后的文化资源评价、文化资源统计和区域文化资源的整合，可以将整个调查区分为若干"调查小区"。调查小区一般按行政区划分（如省级调

查区，可将地市州级的行政区划分为调查小区；地市州级的调查区，可将县级行政区划分为调查小区；县一级的调查区，可将乡镇一级的行政区划分为调查小区），也可视具体情况按现有文化区域划分。调查线路按实际要求设置，一般要求贯穿调查区内所有调查小区，做到覆盖面尽量大，避免遗漏某些内容。

2. 调查实施阶段

该阶段的主要任务是在准备工作的基础上，根据调查方案的要求和调查工作计划的安排，系统地收集各类二手和一手的资料数据，并填写文化资源单体调查表。

（1）收集第二手资料

二手资料主要指所调查区域内与文化资源单体及其依托环境有关的各类文字性描述材料，包括书籍、报刊、地方志、乡土教材、网络及宣传材料上的文字记述；所调查区域内与文化资源单体有关的各种照片、图片及影像资料。在此基础上，对调查区域内的基本情况要形成一个概要的基本印象，对于第二手资料中介绍详尽的文化资源，可直接填写文化资源调查表，以便于野外考察时比较、变更、查漏补缺。

（2）收集第一手资料

第一手资料又称实地调查资料，它是调查人员为了目前的调查目的专门收集的各种原始资料，又称一手资料。虽然二手资料是实地调查的基础，也可以得到实际调查无法获得的某些资料，并能鉴定一手资料的可行度，但二手资料不能取代一手资料，因此，在收集二手资料的同时，也需要搜集一定数量的一手资料加以补充。

（3）填写文化资源单体调查表

填写"文化资源单体调查表"是调查实施阶段最重要的工作步骤。这张表格承载着文化资源最核心的内容，包括调查者在调查准备阶段中收集到的各种文化资源资料和数据，本阶段对文化资源的实地研究和验证，都要在这一张表上体现出来。填写的主要内容包括单体序号、单体名称、代号、性质与特征等。本表对之后文化资源评价、文化资源调查成果的质量以及依据文化资源调查成果所进行的文化资源开发都将起到重要的作用。

3. 调查整理阶段

该阶段是在数据和资料收集的工作完成后，将所调查的资料全部汇总，仔细地整理和分析，最后完成图文资料的编辑工作，呈送相关部门审阅并留存。

（1）整理编写调查资料

资料的整理主要是把收集的零星资料整理成有条理的、能说明问题的情报，包括对文字资料、照片、影像资料的整理，以及图片的编绘等内容。具体而言，包括以下环节：首先，对资料进行鉴别、核对和修正，使其达到完整、准确、统一、客观的要求。其次，应用科学的方法对资料进行编码与分类，以便于分析利用。再次，采用常规的资料储存方法或计算机储存方法，将资料归卷存档，以利于今后查阅和再利用。在资料整理完成后，调查人员要借助科学的统计分析技术对经过整理后的资料、数据进行分析解释，从而为该项调查结果提出合理的行动建议。

（2）编写文化资源调查报告

文化资源调查是为区域文化资源保护、文化资源研究、文化资源开发等目的而进行的调查,因此,调查之后应有体现调查工作综合性成果的图文材料。外界可以通过该报告认识调查区域内文化资源的总体状况,并从中获取各种专门资料和数据(图3-2)。

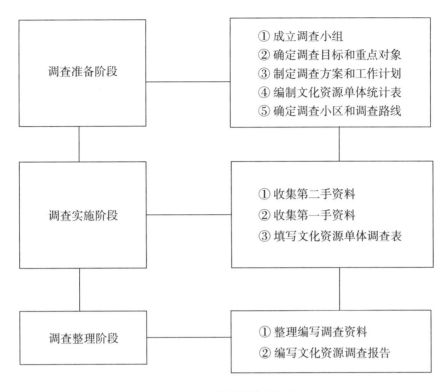

图 3-2 文化资源调查程序

4. 文化资源数据库建设阶段

文化资源的储存整理应特别重视数据库建设,由此提供一套系统、可靠、翔实的研究基础资料,同时进行科学、系统保护与管理,还能更好适应复杂检索需求。

(1) 元数据确定

文化资源数据库建设应首先确定元数据,元数据又称中介数据、中继数据,为描述数据的数据,主要是描述数据属性的信息,用来支持如指示存储位置、历史数据、资源查找、文件记录等功能。元数据是一种电子式目录,为了达到编制目录的目的,必须描述并收藏数据的内容或特色,进而达成协助数据检索的目的。元数据的确定可参考前文文化资源分类进行,也可根据地方文化资源特色进行设定。

元数据用于描述或标识文化信息资源对象的内容、属性和外观特征,包括描述、定位、管理、检索、评估和选择、交互等方面。文化资源元数据的内容结构包括文化资源核心元素、文化资源类型核心元素、文化资源个别元素。以戏剧数据库剧种元数据著录为例,戏剧剧种元数据由核心元素、戏剧剧种类型核心元素、个别元素三部分组成。核心元素指在各类资源对象的描述中都通用的元素,包括五项:名称、创建者、创建时间、主题与关键词、描述。戏剧剧种类型核心元素属于资源类型核心元素,指根据戏剧剧种资源的特点,设计出相似资源共同所需的元素和修饰词,以尽可能保证数据之间的相互转换性,包括六项:剧种属性、流布地区、剧目、音乐属性、代表人物、班社剧团。个别元素是以戏剧剧种为特定资源对象统计其属性、特点等,仅适用于戏剧剧种,可不用于交换,包括两项:剧种源流、剧种照片。

（2）管理体系

文化数据库按照媒介划分可以分为文本资源、图像资源、音频资源、视频资源等。根据数据库的特殊需求,从数字资源的性质和功能方面来讲,数据库的馆藏资源又可以分为一次文献(如电子图书)、二次文献(文摘数据、书目数据)、三次文献(元搜索引擎索引)。其管理体系包括以下四个方面:①文化资源采集,即对文化数字资源进行采购、数字化加工和采集链接的馆藏体系。②文化资源整理,即对文化资源数据的加工,对资源进行描述、揭示和组织的体系。③文化资源保存,即对文化资源数据的存档、保存和存储。④文化资源整合,即将分散的文化资源和服务按照知识管理规则和服务目的有机组织在一起,为用户提供"一站式"服务。文化资源数据库应用系统采用相同的层次模式,即数据库的组织结构相同,并在此基础上,对外提供一致的接口,使各个单独的子库之间真正结成一个虚拟的、有组织的、相互操作的、可伸缩的网络信息,实现跨资源、跨系统的无缝链接和检索。各层次的含义为:文化资源存储层指文化数字资源的存储与管理,可以采用分布式,存储于不同的系统中。文化资源加工层指按照拟定的文化资源标准规范对资源进行数字加工和元数据加工。上述两层可以统称为文化资源层。文化资源应用层指通过搜索引擎对文化资源进行检索、调度、获取、传递。文化资源服务层指文化资源库作为数字图书馆,与用户交互,为用户提供服务窗口。

文化资源数据库建设,通过对来自不同时期、不同载体的海量文化资源内容进行碎片化与结构化标引,对依靠口传心授方式流传的文化遗产、正在消失的传统技艺、濒临毁弃的珍贵文史资料进行数字化记录和集成,为用户提供专业化和结构化的文化资源检索服务。

（二）文化资源调查的方法

1. 文案调查法(间接调查法)

文案调查法是通过收集文化资源的各种现有信息数据和情报资料,从中摘取与资源调查项目有关的内容,进行分析研究的一种调查方法。文化资源调查工作顺利开展的重要基础和开端是收集二手资料。收集的对象主要包括调查区域的文献资料、统计年鉴、统计报表、调查报告、地方志、文学作品等文字、照片和影像资料。在所收集到的资料中,选出与文化资源调查项目有关的内容,通过科学的方法对其进行归类和分析统计,并对其权威性、准确性、可利用性进行评价和比较。

2. 询问调查法

询问调查是调查者用访谈询问的方式了解文化资源情况的一种方法。询问调查法是文化资源调查的一种重要方法,通过这一方法,可以了解文化资源客观事实和难以发现的事物和现象。这一方法通常可以采用设计调查问卷、调查卡片、调查表等,通过面谈调查、电话调查、邮寄调查、留置问卷调查等形式进行询问访谈，获取需要的资料信息。如果是访问座谈，要求预先精心设计询问或讨论的问题，且调查对象应具有代表性。如果是问卷调查，要求问卷设计合理，分发收回的程序符合问卷调查的规定，以保证其结果的有效性、合理性。

3. 观察调查法

观察调查是调查者在现场对被调查事物和现象进行直接观察或借助仪器设备进行记录，以获得文化资源信息资料的调查方法。

4. 田野调查法

文化资源总是分布在一定的地域范围，对其分布位置、变化规律、数量、特色、类型、结构、功能、价值等的了解和认识，只有通过对调查区的综合考察，全面系统地分析才能得到。调查人员通过观察、记录、摄像等形式直接接触文化资源，可以获得宝贵的第一手资料，通过专业人员的感性认识和客观分析，才能得到翔实可靠的结果。调查要求调查者勤于观察、善于发现、及时填写、现场摄录，并做好总结工作。

5. 分类比较法

分类比较法就是将在调查区搜集到的资料进行特征归纳，并进行不同地区间同类或不同类型资源的比较、评价的一种方法。通过分类比较法，得出该区域内文化资源的共性特征和个性特征，以便合理保护和综合开发。

四、文化资源调查报告的编写

文化资源调查报告是文化资源调研工作的综合性成果，它汇集了文化资源的全部数据和资料。报告的编制应本着数据准确、内容翔实、中心明确、结构合理、分类明晰、实际客观的原则进行编写，由此可以为本区域的文化资源总体情况提供丰富、准确的资料，也为从业人员进行文化资源的保护、传承、开发和管理提供理论依据和附件材料。

调查报告内容根据调查区资源类型和调查方法的不同而有所区别，但一般包括标题、目录、前言、概要、正文（包括结论与建议）、附件等几个主要部分。

1. 标题。主要包括调查项目的名称、调查单位、调查日期等内容。

2. 目录。通常是调查报告的主要章节及附录的索引。

3. 前言。要将调查任务来源、目的、要求、调查区位置、行政区划与归属、调查组基本情况、工作期限、工作量等内容作概述。

4. 概要。包括调查区域概况以及此次调查的工作任务、目的、具体要求等内容。同时，在概要中还应将调查人员的组成、工作安排及期限、工作量和取得的主要成果简要介绍一下。

5. 正文。这是调查报告的主要内容，是调查报告的主体，其核心内容包括六方面：第一，调查地区的位置、行政区划、交通状况和社会经济概况等；第二，文化资源的历史和现状，在尊重历史的基础上，以发展的眼光简述调查区文化资源的保护状况和开发的情况；第三，文化资源基本类型，包括文化资源的名称、规模、形态和特征等（可附带素描、照片和影像资料）；第四，文化资源评价，运用科学的方法对调查区内文化资源作出综合评价；第五，文化资源开发和保护建议，此部分主要指出调查区文化资源开发中存在的问题并提出建议；第六，在报告的结尾列出主要参考文献。

在报告撰写过程中，以上内容是必须包含的，不能遗漏，调查者可根据具体情况对报告的内容作一定的调整和增补。

6. 附件。即对主体报告的补充或详尽说明，主要包括背景资料、音像材料及其他需要进一步详细说明的材料等。具体有调查区基本概况的一些材料，反映调查区文化资源状况的系列图片，文化资源统计数据的汇总表，调查区内经编辑整理后的文化资源录像带、影像碟片、照片集、幻灯片以及调查日记、资料卡片、随笔等。

第二节　文化资源的评价要素及指标设计

文化资源的评价是在文化资源调查的基础上，在一定原则的指导下，按照某些评价体系和评价方法，对一定区域的文化资源的质量、品味、等级、价值、开发条件等进行研究和剖析、评判和鉴定的过程，是文化资源调查的深化与延伸。

一、文化资源的评价要素

由于文化资源类型丰富，覆盖面广，差异性大，而且缺乏明晰的发展轨迹和路径，加上主观因素的干预，评价标准的设置很难尽善尽美。评价文化资源需要考虑很多因素，不同的资源具有不同的个性化测量标准。目前，在对文化资源进行评价时，应主要考虑以下指标：

（一）文化资源品相指标

文化资源的品相要素集中地浓缩了资源的特征和基本属性。因为文化资源涵盖内容非常广泛，故对其评价难度较大。其中，文化资源的品相就难以界定。一般来说，文化资源的品相应包括下列基本属性，即保存状态、知名度等。

1. 保存状态，也就是文化资源的保存数量和保存质量。例如，山西晋商大院（图3-3）就保持了较好的保存状态。明清两朝的历史记录表明，晋商曾经在中国大地红极一时，拥有海内最富有的民间资产。在黄河文化的影响下，形成独具特色的建筑群。历经动荡，这些大院得以保存，是三晋文化的奇葩。而位于新疆若羌县的古楼兰遗址，则由于历史的原因，神秘辉煌的楼兰文化已湮没在历史的长河中，保存至今的只有一些残骸，难以形成大规模的资源积累。

2. 知名度，即文化资源的媒介提及率和公众提及率。比如，哈尔滨的冰雪文化（图3-4）、湖南的茶文化、云南的民族文化等都有很高的媒介提及率。在我国各城市中，率先在电视台做城市广告的大连市、烟台市等，其旅游资源都有很高的知名度。

图 3-3　山西晋商大院

图 3-4　哈尔滨冰雪大世界

（二）文化资源价值指标

文化资源的价值评价主要包括文化资源的精神价值、时间价值、消费价值和保护等级等几个方面。

1. 文化资源的精神价值

文化资源最为显著的价值就是精神价值。文化一旦成为资源的核心，就表明这种资源被赋予了人类活动的社会性和精神价值取向，这是文化资源区别于其他物质资源的本质特征。因此，在判断文化资源的优劣时，应该具有明确的价值标准，这既是遴选优质文化资源的依据，也是全面认识文化资源不可或缺的价值立场。

那么，衡量文化资源优劣的精神价值标准是什么呢？

（1）具有"人无我有、人有我优"的独特性

独特性既是文化资源区别于其他类型资源的个性特征，也是文化资源的魅力所在。纵览以20世纪以来北京人的生活为题材的电视剧，无论是《四世同堂》《小井胡同》《大宅门》《茶馆》《五月槐花香》，还是近年来播出的《芝麻胡同》《有你才幸福》《正阳门下》等，都因其"京味儿"十足的地域文化特色，展现了独特的"北京文化特质"。

北京文化，既源于其"扼三北""通五江"的地理优势，又源于从公元10世纪始便与"京都"结缘的人文优势，还源于生活在"天子脚下"的百姓对生活的独特态度。尽管大多数"京味儿电视剧"是以道德为主题的，表现的是在抬头不见低头见的四合院里的故事，崇尚"和善"之心、修炼"和悦"之情、追求"和睦"之境是北京的文化基因。同时，"京味儿电视剧"又尽量按照生活本来的样子反映生活，所以，从白景琦到严振声，到祺瑞年，再到"九门提督"之后关大爷，"近代北京文化"的丰富性和多样性，是由贵族文化、中产阶级文化、贫民文化、革命文化相互碰撞、相互交织、相互融合而成。其"人无我有、人有我优"的独特性就是以厚德之本、好礼之行、爱国之魂、创新之能共同融汇起来的北京文化特质。

众所周知，"北京文化"是首都文化，以中华文化（主要是儒家文化）为基础，又以"人有我优"的品质——"重视德行、客气好礼、笃诚爱国、勇于创新"——在引领中华文化前行。系统地研究"京味儿电视剧"，是为了不断深入认识首都文化特质，也是为了强化电视剧创作积极有效地开发运用地域文化资源的自觉性，这对于促进我国影视产业发展，建构中华民族"崇高的文化理想"，都具有不可替代的作用。

（2）具有使本文化圈的广大民众提升幸福感的有效性

王蒙提出："文化的力量首先在于它的有效性，也就是说一种文化要使接受这种文化的人群或族群过上有质量的生活。"历史经验证明，"有效"的文化，才堪称"文明"，而"文明"是必须以物质丰富为基础，以精神的健康和充实为保障的。

在电视剧《雍正王朝》里，当皇四子胤禛从其父康熙帝手中接过皇权时，国库存银尚不足700万两。雍正帝执政十三年，也把政治改革推行了十三年：整顿吏治，设立军机处，完善密折制度，改土归流，摊丁入亩等等。当他把皇权传于儿子弘历（乾隆帝）时，国库存银已达6 000万两。虽然当时就有人诋毁雍正"矫诏"、篡位，是暴君、施暴政、树敌过多，乃至今天我们也不否认他是一位地地道道的封建皇帝，但是，他通过政治改革

使国库存银大增,提高了国家的综合经济实力却是不争的事实。

这部电视剧推出时,恰逢改革开放20年。从计划经济转型至市场经济,会遇见前所未有的困难和坎坷,怎样认识改革开放带来的负面效应?怎样认识中国人民"站起来"和"富起来"的关系,是深入认识"中国富起来之后怎么办"的基本前提。所以,在特定的时代,对雍正王朝这段历史进行重新认识和价值判断,并将其"可持续发展"的某些思想观念运用到电视剧中,就是为了凸显"提高综合国力"是人类历史进步不可或缺的"硬道理"。

文明,毕竟以保证最广大的民众能够安居乐业为基本目标,之后才能论及其他。可见,文化资源的价值,在于能够提升文化圈内民众的价值认同感和幸福感。

(3)具有使其他文化圈民众亦能认同的普适性

文化的价值固然在于它的独特性,但这种独特性也应该为其他文化圈民众所接受,即具有"普适性"。

王国维在《论近年之学术界》一文中指出,中西文化应打破地域界限,只要能解决宇宙人生的问题,东西方文化都可适用。而近现代西方思想的输入,尤其是马克思主义的理论,对中国现当代文化的建构一直产生着巨大的启迪作用、引导作用。这就说明,孕育正确思想观念的文化资源,是具有使其他文化圈民众亦能认同的普适性的。

作为2012年度中国唯一入选加拿大"蒙特利尔国际电影节"的故事片,《老哨卡》是根据当代史资料即真人真事创作的。一封来自莫斯科的在路上走了半年的家书,刚到苏联远东的哨所,就被大风刮到了中国境内。20世纪70年代,中苏关系紧张。当捡到信的蒙古族战士阿尔斯楞目睹了苏联战士谢尔盖因此事而备受折磨时,他阅读了这封没有"情报价值"的私人信件,然后在面朝"敌人"哨卡的雪坡上,一次又一次用脚印将信的内容断断续续传递给了谢尔盖。感动之余,谢尔盖望着同样是"敌方"的阿尔斯楞情不自禁地自言自语:"真有你的兄弟!"一曲《牧歌》响起,倾盆大雨中谢尔盖在铁丝网这边一件件脱去了象征政治身份的军装,张开双臂沐浴在大自然的雨露中。

草原文化,是崇拜生命的文化,是践行开放的文化,是恪守信义的文化,是崇尚自然的文化。人同此心,心同此理,阿尔斯楞用"违反纪律"的行为,甚至冒着"通敌"的嫌疑,帮助了"敌人",所揭示的却是草原文化特有的力量。这是没有民族界限和国际界限的,其普适性不言而喻。

(4)具有吸引人、感染人、震撼人的审美性

审美,如前所述,就是"打动人心"。而打动人心是需要感情或思想力量的,这就是吸引人的力量、感染人的力量、震撼人的力量。

吸引人,凭借的是视觉和听觉的超乎寻常性;感染人,凭借的是真实的情感和跌宕起伏的情绪;震撼人,则凭借的是揭示出了人性复杂性和生活中经常遭遇的两难选择。

2010年,由冯小刚执导的故事片《唐山大地震》中有一个情节深深吸引着观众:地震发生后,儿子和女儿双双压在了坍塌的大水泥板两端,不论翘哪一端,救哪一个,都要以牺牲另一个为代价。此时,母亲必须作出选择"救谁",犹豫的、残酷的32秒之后,"救弟弟"的微弱声音,让女儿对母亲记恨了32年。汶川地震赈灾的现场,姐弟相认。"女

儿会原谅母亲吗?"是观众最关心的问题,也是对人性揭示得最深刻的问题,同时还是用中华民族传统哲学理念最能解决的问题,既然"熊掌和鱼不能兼得""自古忠孝难两全",那么,理解母亲,就是要放长远眼光,谋长远利益,两利相权取其重。

如果说,大地震的恐怖具有视觉冲击力,母亲的两难选择便具有了情感的感染力,最终,母女和解的泪水,又撞击出了对心灵的震撼力。这一文化资源告诉人们,追求和谐、和睦、和美是需要胸怀和境界的。

2. 文化资源的时间价值

时间价值主要考虑文化资源形成的历史久远性、文化资源的稀缺性、文化资源生成年代的社会经济发展水平、文化资源的比较优势和可替代性,以及文化资源的复制和传承能力。

(1) 文化资源形成的历史久远性

文化是人类劳动和思想意识的积淀,文化载体凝结了人类长期劳动和思考的成果,由此,形成了文化资源。一般而言,越是久远的文化资源,其中蕴含的文化因素就越多,这一资源也就具有更高的历史文化价值。从这种意义上说,较于年代短暂的文化资源,时间久远的文化资源其时间价值则更高。

时间是检验文化资源生命力是否旺盛的重要尺度,也是检验文化资源是否具有强大传承能力的试金石。因此,时间成为文化资源评价与考察的一个重要指标。正因如此,东周列国时期的文物其历史价值一般要高于隋唐以后的文物。因此,时间成为文化资源评价与考察的重要指标。截止到2019年7月,我国世界遗产已达55项,其中世界文化遗产37项,世界文化与自然双重遗产4项,世界自然遗产14项,与意大利并列为拥有世界遗产最多的国家。近几年,大运河、丝绸之路上长安—天山廊道的路网土司遗址、鼓浪屿及良渚古城遗产都成为世界文化遗产。包括之前申请到的周口店北京人遗址、甘肃敦煌莫高窟、长城、秦兵马俑等,都体现了时间价值的重要性。这些文化资源因为形成的历史久远,有着重要的文化价值。

(2) 文化资源的稀缺性

毋庸置疑,稀缺的文化资源必然具有较高的价值。文化资源因为时间的久远,逐渐遗失,最后成为稀缺资源,因而也就具有了更高的价值。但文化资源稀缺是相对的,而不是绝对的。目前,人们还难以用较理想的稀缺性参数来客观地评价和衡量稀缺文化资源的价值。现在一个可行的方法是比较各文化资源的稀缺程度,并非利用参数来进行评估。

(3) 文化资源形成时代的社会经济文化发展水平

文化资源的形成都会受到当时社会经济文化发展的影响,同时,也受到当时政治状况的影响。盛世的文化更能体现出发达的社会经济对文化的滋养和贡献。因此,越是发达的文化和社会经济状态,越有可能孕育和衍生出具有丰富内涵的文化资源,也越能历经各个朝代而更替传承。唐代出土的唐三彩(图3-5)、玻璃制品、丝绸等已经具有了当时世界上最高的工艺水平,流传至今,也依然堪称国宝。

（4）文化资源的比较优势

文化资源具有很强的地域性特征，即所谓的民族文化或者地方文化特色。我们从旅游角度不难看到各地倾力营造具有当地浓郁文化特色的旅游产品。资源的比较优势主要体现在文化的独特性和差异性方面，不能简单地把文化的差异作为评价文化优劣的标准。比如，无论是湘西民族文化还是内蒙古民族文化，引发的都是对美好生活的遐想，而不应产生拥此贬彼的情绪，不能形成对两种不同文化资源的褒贬争论。所谓的比较优势在这里实际上体现为个人价值取向与文化的趋同，也就是人们更加喜欢哪一种文化氛围，或者崇尚哪一种文化资源的人更多一些。比如喜欢佛教文化的人比崇尚道教文化的人可能会更多一点，但这并不是说佛教价值高于道教价值。

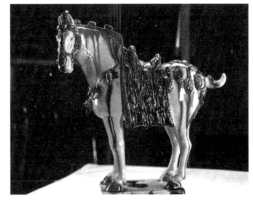

图 3-5　唐三彩

（5）文化资源的可替代性

文化资源能够传承，一定有其不可替代的传承价值。王羲之的书法、李白和杜甫的诗歌、传世的国画和各具特色的建筑，都因其不可替代的审美价值而传世。然而，随着社会经济的发展，一些文化资源因其可替代性而难以避免消亡的命运，后人只能从史书中领略其当年的盛况。因此，可替代性较强的文化资源，其价值一般低于不可替代的资源品种。文化资源的可替代性与资源的稀缺性有某种联系，一般而言，不可替代的文化资源具有稀缺性，会形成较为长久的传承。

（6）文化资源的复制和传承能力

文化资源在长期的发展演变和传承中，具备了很强的自我复制和传承能力。流传至今的文化资源的一个共性，就是其衍生和再生能力。大多数情况下，文化资源的保持和传播都要有一个良好、健康、低成本以及具有自我复制能力的载体，比如宗教、手工技艺、风俗人情、书籍典章。中国古老的书法艺术就是一个典型。尽管近年来学习书法的人数明显下降，但更为先进的书法传承技术，如计算机技术和数码印刷技术，使得书法的传承具有了更加科学的手段和保障。虽然研习书艺者越来越少，但书法艺术的传播借助高科技反而会更加快捷。由此可以分析和比较流传至今的文化资源，可见其自我复制和传承能力的重要性。同时，文化资源的地域特征和人文优势也是其传承能力的重要保障。比如北方民间艺术的奇葩"剪纸艺术"，被国际友人视为民间工艺的极品，是"活的化石"。我国剪纸艺术源于汉至南北朝时期，清代以后更加繁荣昌盛。目前，剪纸艺术仍然在民间流传，活跃着很多剪纸的非物质文化传承人，他们既在传承这一古老的技艺，又通过改进技艺，推动剪纸产业的发展。

3. 文化资源的消费价值

文化资源传承的一个重要内在动力，就是其消费性。首先，文化消费具有趋同性，同一时期人们都有共同的价值取向和审美爱好，所以，文化资源的消费也具有趋同性。

近年来,各地纷纷整合文化资源,打造文化品牌,努力拓展文化发展的新空间,正是因为注意到文化资源具有消费价值这一功能。随着人们生活水平的提高,恩格尔系数逐渐走低,城镇化人口比例逐年攀升,文化消费已成为国民消费增长最快的领域。公众的文化旅游、文物收藏热情高涨,也表明了文化资源的消费价值正日益凸显。其次,挖掘文化资源的文化内涵时应符合公众文化消费的价值取向。文化消费具有显著的文化教育功能,这也是文化资源区别于其他资源的又一个重要标志。文化资源的文化教育功能,包括信仰、人生观、价值观、社会观、习俗、家族、风尚等方面,更多地影响着文化产品的消费。教育功能较好的文化产品,在获得经济效益的同时会产生积极的社会效益,也会有更持续的发展。反之,只注重经济效益,而不关注社会效益的文化产品,不会有长久的发展,其消费价值也不能稳定地凸显出来。

4. 文化资源的保护等级

联合国教科文组织等国际组织和国内的有关机构,经常对相关文化资源的保护作出等级评审。比如人类文化遗产的评级、国家级保护文物等。这些评定主要考虑了资源生成、传承与现状,以及未来发展,并从人类文化传播的角度,理性地给出了文化资源的保护等级。这种评价结论是定性的,是非常有价值的,不足之处是缺乏国际或者不同部、类之间的比较。

（三）文化资源效用指标

文化资源的效用无疑是文化资源得以流传和发展的重要因素。文化资源的效用大致包括社会效用、经济效用、民间风俗礼仪、公众道德、资源消费人群以及资源市场规模等方面。文化资源的效用不同于经济资源或者其他直接用于人们生活和生存方面的资源,它具有强烈的可替代性和地域差异。这实际上就是丰富多彩的文化差异形成的关键因素。可以说,文化资源的效用是文化资源不同于经济资源而久久传承的动力。中国的书法艺术、剪纸艺术、民间戏曲艺术和风俗礼仪,从多方面满足了人们表达感情、信仰、生活态度的需要,因而固化成了有价值的文化资源。

（四）文化发展预期指标

文化资源作为文化产业发展的核心要素,产业化的发展是其重中之重。因此,文化资源的产业化发展依赖于资源属地的经济发展水平、交通运输便利程度、生活服务能力、商务服务能力等。文化资源的发展预期要考虑其区位条件、市场条件和投资条件。但在经济发展中,不应该把文化资源及时兑现,而应该更多地、更长远地把文化资源的发展放在首位。

同时,现阶段文化产业的发展就是主张文化的市场化和商业化,随着现代技术的发展和商业推广方式的日新月异,文化成为公众生活的普遍需求和主要的消费方向,因此,对文化资源的创新性开发,不仅需要渗透到自身已有的资源,更需要很好地整合外来资源为我所用。美国的多元文化以全球的文化资源作为资源储备,在拍摄电影时,借助其他国家和民族的文化资源,但主要不是反映异文化原貌,而重在以我为主,为我所用,助我发展。例如,电影《功夫熊猫》,运用的都是中国元素,但影片反映的却是美国的思想内涵和核心价值。在当今日益国际化的文化语境下,一切过去式的文化资源,都要面临重新发掘和创新的问题。任何文化资源要想在当下活跃，都必须与当下人民的精神生活相联系。2019年暑期，国产动画片《哪吒之魔童降世》（图3-6）脱颖而出，这部作品取材于中国古代神话，在原有基础上进行了创新，借哪吒之名反映当下时代矛盾，传递现代社会生活中的价值取向。不同于神话中脚踩风火轮，手拿火尖

图3-6 《哪吒之魔童降世》中的哪吒形象

枪，身披混天绫，满脸正气，打死了纨绔子弟龙王三太子的哪吒，影片中的形象顶着浓重的"烟熏妆"，三白眼，牙齿稀疏，小孩子的身体，散发着放荡不羁的气息。片中哪吒被误解，被拯救，决定对抗命运；龙王太子身负重振龙族重任，不得已做出违心的事，却仍然愿意为了珍贵的友情献出宝贵的生命。这些都在传达"谁都不能定义你，只有自己能决定自己是什么人"的影片内涵，展现当下年轻人的价值取向。

（五）文化资源传承能力

文化资源的传承能力主要是指资源规模、资源综合竞争力、资源成熟度、资源环境等。资源的综合竞争力则是指资源在产品、地域、人群、发展、竞争对手等方面集中表现出来的强于同类资源的竞争优势。这种优势，从竞争的角度看，实际上就是竞争力。为此，文化资源的优势也就是文化资源的竞争力。成熟的资源具有更好的发展空间和发展潜力，也更容易形成良好、健康的传承机制，同时对资源的环境也产生很大影响。以西湖为例，西湖承载着悠久的历史，积淀着深厚的文化，凝聚着数千年来杭州人民在创造物质文明和精神文明过程中传承下来的文化精髓。这既是西湖文化资源的优势，也是其竞争力所在。成熟的资源为杭州文化产业的发展提供了很好的发展空间，极大地带动了杭州文化产业的发展。

二、文化资源评价体系指标设计

（一）文化资源评价的意义

文化资源不是文化产品，更不是成熟的文化产业或产业组织。文化资源转化为文化产品，首要的问题就是要对它的产品属性进行深刻的评价和界定。文化资源评价的意义表现在：

1. 文化资源评价体系设计参数很多，有利于客观、准确地评价文化资源的产品属性，并从一定程度上解决文化资源进入市场的"身份证"问题，进一步明确文化资源的瞬间价值和可持续开发的永久价值。

2. 对文化资源进行统计评价，有利于明确资源价值，指出资源开发和发展的方向，对文化资源的进一步产业化发展具有重要的促进作用。

3. 在一定区域内，文化资源具有有限性，因此，利用文化资源时应有所取舍。文化资源评估，有利于不同资源之间的横向比较，明确资源开发的重心，决定资源开发的取

(二)文化资源评价的指标体系

文化资源评价指标体系的确立是一个庞大而复杂的工程。由于各地文化资源描述的对象不同,所采用的指标变化较大,所以,评价的指标体系有很多的不确定性,难以统一。目前较为完备、影响较大的是山西省文化产业研究中心课题组所建立的指标体系,此体系包括5个一级指标、25个二级指标、若干三级指标,并为每一指标设定模拟分值(参见表3-2)。指标权重应来自德尔菲法专家评分合成结果,同时结合当地文化资源调查的目的,根据实际情况进行设定和定期调整。

表3-2 文化资源评价指标体系

一级指标	二级指标	评价权重
资源品相指标	1.文化特色;2.保存状态;3.知名度;4.独特性;5.稀缺性;6.分布范围	权重应来自德尔菲法专家评分合成结果,同时结合当地文化资源调查目的,根据实际情况进行设定和调整
资源价值指标	7.精神价值;8.时间价值;9.消费价值;10.遗产保护等级;11.资源关联价值	
资源效用指标	12.社会效用;13.经济效用;14.民间风俗礼仪;15.公众道德;16.资源消费人群;17.资源市场规模	
发展预期指标	18.资源属地的经济发展水平;19.交通运输便利度;20.生活服务能力;21.商务服务能力	
传承能力指标	22.资源规模;23.资源综合竞争力;24.资源成熟度;25.资源环境	

三、文化资源评价的方法

文化资源评价主要有以下几种方法:

(一)统计报表评价

统计报表是对文化资源基础统计资料进行收集和整理的一个重要途径,也是文化资源评估的一种基本方法。

1. 资源统计台账

统计台账是根据社会服务业统计资料整理和企业管理需要而设置的一种系统积累统计资料的登记账册。建立分类文化资源统计台账体系,可将大量烦琐的原始记录资料整理工作分别在平时完成,到年末只需分类汇总有关数字就可做好文化资源的统计报表编制工作,这有利于提高文化资源统计报表的及时性。同时,统计台账可以将分散的原始记录资料加以集中,便于随时对比检查,及时发现问题,同时有利于对文化资源所有资料进行系统化和条理化,能较完备地积累历史资料,进行相应的管理。因此,各地应建立分类文化资源统计台账体系,做好各地区文化资源登记管理工作,建立基础的统计数据库,以便对文化资源的评价提供有效和长期的保障。

2. 文化资源年度异动报表

各类文化资源每时每刻都在发生着一定的变化。民俗的改变、文物的耗损、传统习惯的变迁,这些变化从统计学的角度看,就变成了资源异动的信息。建立一套月度/年度的文化资源异动报表,对资源的发展态势作出及时、积极的评价,不仅对文化资源的评价体系有着重要的影响,还对评估的可靠性和对资源瞬间状态的把握起到决定性作用。

3. 文化资源存量报表

文化资源存量报表,建立在各地文化资源统计台账的基础上。它的存在不仅有利于当地文化资源主管部门和相关机构了解和掌握当地文化资源的基本情况,把握文化资源的整体状态,而且对保护和传承文化资源具有重要意义。通过对地方存量的调查,可以获得这一地区相对完整的资源统计数据,由此可以对资源的完整性作出积极有效的统计,便于就文化资源的整体性作出地区间的比较和判断。

4. 文化资源普查

文化资源普查是做好文化资源评价的重要手段之一,对文化资源的综合评价也具有权威性,其最大特点就在于可以获得翔实的第一手资料。文化资源的普查不仅仅是数量的简单统计,还包括信息的整理和加工。首先,要评估各类文化资源的存量情况,初步形成地方文化资源的存量特征;其次,要进行资源类别间的存量比较,由历史发展中形成的资源结构比例特征来定位地方文化的气质类型;最后,要评估优势文化资源的存量规模,通过比照其他地区以及全国的同类文化资源,确定资源优势的竞争等级。

(二)问卷评价

问卷评价,一般采用定性和定量相结合的方式,对一些无法量化的指标进行评价。对于一些诸如民俗文化类资源、区域性文化资源、饮食文化资源,及地域文化、乡土风情、民族音乐和宗教文化等的特定文化资源来说,问卷调查是最具价值且最合适的评价方法。问卷调查要根据这些特定文化资源的特征,详细设计适合该类型资源特殊情况的问卷和问题,对评价者的选择也要有针对性。因此,问卷调查实质就是制作专门的调查问卷,对资源的基本状况作出客观、公正、有效的评价。这样的调查结果将优于简单的专家评审或者会议评审。

(三)专家系统评价

德尔菲法,又名专家意见法,是20世纪40年代由赫尔姆和达尔克首创,经过戈尔登和兰德公司进一步发展而成的。指依据系统的程序,采用匿名发表意见的方式,即团队成员之间不得互相讨论,不发生横向联系,只能与调查人员发生关系,以反复地填写问卷,来集结问卷填写人的共识及搜集各方意见,经过科学合理的总结评审,作出最后评价的方法。

1. 德尔菲法的特点

(1)匿名性

从事预测的专家并不知道还有哪些人参加预测,他们是在完全匿名的情况下交流思想的。德尔菲法采取匿名的发函调查形式,它克服了专家会议调查法易受权威影响、易受会议潮流、气氛影响和其他心理影响的缺点。专家们可以不受任何干扰地独立对调查表所提问题发表自己的意见,而且有充分的时间思考和进行调查研究、查阅资料。匿名性保证了专家意见的充分性和可靠性。

（2）反馈性

由于德尔菲法采用匿名形式,专家之间互不接触,仅靠一轮调查,专家意见往往比较分散,不易作出结论。为了使受邀的专家们能够了解每一轮咨询的汇总情况和其他专家的意见,组织者要对每一轮咨询的结果进行整理、分析、综合,并在下一轮咨询中反馈给每个受邀专家,以便专家们根据新的调查表进一步发表意见。

（3）统计性

在应用德尔菲法进行信息分析与预测研究时,对研究课题的评价或预测既不是由信息分析研究人员作出的,也不是由个别专家给出的,而是由一批有关的专家给出的,且对诸多专家的回答必须进行统计学处理。因此,应用德尔菲法所得的结果带有统计学的特征,往往以概率的形式出现,它既可反映专家意见的集中程度,又可反映专家意见的离散程度。

2. 德尔菲法的构成要素

德尔菲法由三个要素组成,即协调人、与决策问题有关的专家以及特制的咨询调查表和程序。协调人的主要工作是确定要咨询的问题,挑选专家,寄出咨询调查表,收集、归纳、综合、整理反馈调查结果,进行下一轮的意见再征询,提出预测报告或者决策意见。

3. 德尔菲法的程序

德尔菲法的程序是分轮进行的,每一轮中,组织者和专家都有不同的任务。

第一轮:①由组织者发给专家不带任何附加条件只提出资源评价问题的开放式的调查表,请专家围绕资源评价提出评价主题和事件。②组织者汇总整理专家调查表,归并同类事件,排除次要事件,用准确术语提出资源评价一览表,并将其作为第二步的调查表发给专家。

第二轮:①请专家对第一轮提出的每个事件,如资源产生的时间、拥有的空间、规模大小作出具体评价,并说明评价的理由。②组织者统计处理调查表中的专家意见,统计出专家总体意见的概率分布。

第三轮:①将第二轮的统计结果连同据此修订的调查表(包括概率分布或事件发生的中位数和上下四分点)再发给专家,请专家充分陈述理由(尤其是在上下四分点外的专家,应重述自己的理由),并再次作出评价。②组织者回收专家们的调查表,进行与第二轮类似的汇总整理、统计分析与预测工作,形成第四张调查表。

第四轮:①将第三轮的统计结果连同据此修订的第四张调查表再发给专家,专家再次评价和权衡,作出新的评价,并在必要时作出详细、充分的论证。②组织者依然要将回收的调查表进行汇总整理、统计分析与预测,并寻找出各种意见的理由及争论点。

4. 注意事项

（1）上述四轮调查不是简单的重复,而是一种螺旋上升的过程,每循环和反馈一次,专家都吸收了新的信息,并对预测对象有了更深刻、更全面的认识,预测结果的精确性也逐轮提高。

（2）并不是所有被预测的事件都要经过四轮。可能有的事件在第二轮就达到统一,而不必在第三轮中出现。

（3）在第四轮结束后,专家对各事件的预测也不一定都达到统一。若不统一时,也可以用中位数和上下四分点的统计方法来作结论。

本章思考题

1. 文化资源调查的作用是什么？
2. 文化资源调查的原则是什么？
3. 如果对家乡的文化资源进行调查,需要做哪些准备？采用哪些调查方法？
4. 文化资源的评价要素包括什么？
5. 文化资源的价值指标具体包括哪些内容？
6. 文化资源评价的主要方法是什么？

第四章　文化资源开发

目　的

在本章中你将
- 了解文化资源开发的意义及理论依据
- 知道文化资源开发的原则和标准
- 掌握文化资源开发的具体形式
- 分析文化资源开发中可能出现的问题及解决措施

效　果

在实现上述目的之后，你应该能够
- 解释文化资源开发的原因
- 明确文化资源开发的原则和标准
- 针对不同文化资源找到开发的具体方式
- 预测文化资源开发中可能出现的问题并合理规避
- 举出自己认为文化资源开发最好的案例

讨　论

本章我们将讨论以下问题
- 针对不同文化资源还可能有什么样的开发方式？
- 文化资源开发中还可能出现什么样的问题？应怎样合理规避？

文化资源开发是以文化生产力理论和文化资本理论为基础,在一定原则指导下,遵循特定标准而展开的有意义的文化活动。根据其特点、内容和类型的不同,文化资源可开发为不同的业态并有着不同的发展途径。开发实践中,应按特定的程序进行,及时发现开发中可能存在的问题并采取相应的措施。

第一节 文化资源开发的理论分析

文化资源的开发,以马克思的文化生产力和布迪厄的文化资本理论为依据,有着独特的内涵和重要的理论意义与现实意义。对其进行理论分析,既可探寻开发的原则和标准,又能为开发的有效展开奠定坚实的基础。

一、文化资源开发的内涵

文化资源开发是在尊重文化资源本体特征的基础上,为发挥、提高和改善文化资源的利用率,并使文化生产顺利进行所采取的一系列技术、经济措施与活动。这种开发的实质是尽可能发现和利用各种文化资源,通过劳动加工,使其成为具有较高文化价值的产品,以便更好地适应文化市场的需求,推动文化产业的发展。这一概念可从以下几点来认识。

1. 文化资源开发的主要目的就是发展文化产业。文化产业作为朝阳产业,能够扩大就业,调整产业结构,带动相关部门、行业发展,有力地促进区域经济发展,而且还可以促进国际间、地区间和民族间的文化交流,科学合理地开发利用文化资源,使文化资源得到重视和必要保护。

2. 以市场为导向,以发挥、改善和提高文化资源吸引力为着力点,通过生产加工,使其变成吸引物,是文化资源开发的实质。需要提及的是,文化资源的开发也要尊重资源本体的特性,不能牵强附会,更不能为了经济利益而歪曲文化资源的本体特征。

3. 文化资源的开发是一项有组织、有计划的系统工程,必须对文化资源的各个方面进行充分论证和评价。在开发效益方面,不能只考虑经济效益的大小,还要同时论证分析开发所带来的社会效益,只有两大效益同时具备,才能实现文化资源的可持续利用。

二、文化资源开发的意义

开发传统文化资源具有重大的现实意义和深远的文化战略意义。通过开发传统文化资源,既可以展现文化价值的多维性,增强文化自信,又可推动经济的增长,优化产业结构;同时,在全球化视野下,也有利于加强各国文化间的交流与合作,改善我国文化企业的结构。

（一）有利于发掘传统文化资源，展现传统文化多维价值

文化资源的开发要化繁为简，拨冗钩沉，将传统文化的精髓和要义以现代人可以接收的方式呈现出来。开发文化资源，实质就是发掘、宣传和阐释传统文化内涵要义，把文化的精髓通过一定的载体、一定的形式体现出来。同时，把文化的内涵分解，制作成若干组合信息，凝结于丰富而具体的文化产品上，通过文化产品的广泛传播传达出去，将文化的多维价值充分地挖掘并显示出来，根据时代的发展和人们的需求，提供多种多样的精神产品，根据时代要求重建社会价值体系，重塑民族精神。故宫文创就很好地发掘了故宫传统文化资源，通过品牌亲民化、用户年轻化、产品娱乐化和营销多元化，展现了故宫文化在当代发展的可能性。

（二）有利于促进区域经济发展，发挥各产业间的关联效应

文化资源开发对区域经济增长的促进，主要表现在直接和间接两个方面。消费者的"文化消费"体现了直接价值，文化产业的关联带动作用体现了间接价值。文化资源开发的关联效应，一方面作用于文化产业内部各相关产业，如演艺业与旅游业、网络传媒业与广告业之间都有密切的关系；另一方面作用于文化产业以外的其他行业，主要涉及住宿、餐饮、交通、零售、文化、娱乐六个部门。此外，农业、工业、建筑、金融、纺织、通信和城市建筑等部门也在间接效应影响范围之中。以电影为例，其关联效应表现为：首先创造票房收入，其次带动"后电影产品"的发展，如衍生品开发与售卖、拍摄景点旅游以及利用影片形象促销等。如今，"泛娱乐"一词被广泛提及，它泛指的便是以出版、影视、动漫和游戏为代表的跨领域、多平台经济生态圈。这一生态圈以IP为运营核心，将文化产业各行业紧密关联。从文化资源中挖掘IP，加强产业间联动，是文化资源开发在当下的重要途径。

此外，文化资源的开发，还可以吸纳就业、提供税源。随着人们收入的不断增长，物质生活需求日益得到满足，人们对文化产品和服务的需求会越来越丰富，越来越强烈，文化产业所蕴含的商机也越来越巨大。

（三）有利于提高文化就业，促进产业结构升级

文化资源的开发需要诸多具有较高文化素质的人才，在目前我国快速推进城镇化建设的过程中，更需要通过开发文化资源，促进文化产业发展，丰富人们的文化生活，扩大文化就业的机会以稳定社会。与此同时，文化资源的开发也相应地提高了劳动者的素质，提升了劳动者的创造就业能力。改革开放以来，我国的文化产业逐步迈开了新步伐，从业人员之多、产业进步之快都是前所未有的，文化产业已经成为促进就业、保证经济增长的新亮点。

文化资源的开发，还促进了产业结构的合理调整，成为推动各地经济发展的核心路径。实现经济结构的高度合理化一般有以下趋势：第一、第二和第三产业在产业结构中的优势地位依次转移；劳动密集型、资金密集型、技术（知识）密集型产业的优势地位顺向递进；产品加工程度加深；高附加值产业比重不断增加以及知识产品中知识含量的比重不断上升。通过开发和利用文化资源，重点发展第三产业，增加产品的文化内涵

和知识含量,对其他产业产生关联带动作用,有利于产业结构的演进与优化,提升产业结构。

（四）有利于弘扬民族文化,加强各民族间的文化交流

文化资源的有效开发,会使文化产品的设置更为精良,文化传播更为广泛,更能增进不同国家、地区和民族之间的交流。各国、各地区、各民族的文化、观念都存在差异,通过文化的交流,能增进彼此间的了解、互信、合作与和平,从而使文化也得到弘扬、创新和发展。当今,各国、各地区都在挖掘文化资源,设置文化产品,输出本国文化,以达到弘扬文化的目的。例如,美国通过把多部"大片"输入到世界各国,让世界了解美国人前瞻未来、探索创新的文化特点,同时熟悉好莱坞电影的运作模式。而日本的动漫和韩国的电视连续剧在中国的放映,也使我们了解到日韩的思维方式和生存状态。

我国也加强了文化对外传播工作。党的十九大报告提出我们要推进国际传播能力建设,讲好中国故事,展现真实、立体、全面的中国,提高文化软实力。曹文轩、刘慈欣等一批作家频频斩获国际文学大奖。《舌尖上的中国》《媳妇的美好时代》等一批充分展现中国文化与现代生活的影视作品,渐渐在对外传播中崭露头角。《我们诞生在中国》《长城》等一批中外合拍电影,带着中国形象、中国文化,迈向国际市场。从2014年APEC峰会到2016年G20峰会,在一次次主场外交重大活动中,中华文化大放异彩,惊艳世界。民族的强盛,以文化兴盛为支撑。中国文化不断感染世界,也更进一步深度影响国际文化市场。

（五）有利于培育和发展文化企业,改善中国参与国际经济的企业结构

文化企业的核心竞争力源于对要开发的文化资源的评估和选择、对文化市场发展走向的把握与掌控、对开发文化资源技术的研发与创新、对文化产品和服务分销体系的控制和管理。这些要素,构成文化企业的独特价值链,决定着企业的竞争优势。

文化企业对文化资源的开发与整合,有利于提高其核心竞争力。通过开发文化资源,文化企业可以积极主动地学习和借鉴国际文化企业的成功经验,探索独资、合资或合作等多种开发方式,根据企业的知识技术和人才储备来选择不同类型的文化资源,从文化资源中发掘其旅游价值、艺术价值、商业价值等,让自身在竞争中快速地成长,在合作中不断地提升。

三、文化资源开发的理论依据

文化资源开发,要遵循一定的客观规律。马克思的文化生产力理论和布迪厄的文化资本理论,为文化资源的开发奠定了坚实的基础,并成为科学的指导。文化资源开发的理论主要包括以下几点:

（一）文化生产力理论

1. 马克思哲学中的文化生产力

文化生产力是生产文化产品、提供文化服务的一种能力,在当代已经成为综合国力的构成要素之一。可以说,文化生产力是一个当代范畴。虽然不可能在马克思主义哲

学中找到这一名词术语,却不能因此否认马克思主义哲学与文化生产力的内在联系。"文化生产力不是外在地贴在马克思主义哲学上的一个标签,而是马克思主义哲学体系本身逻辑蕴含的一个重要问题。"①马克思主义哲学中与"文化生产力"相联系的内容至少包括以下三个方面:

(1)关于生产力的理论

生产力是马克思主义哲学的核心概念,生产力理论是科学而完整的马克思主义理论的重要组成部分。马克思的生产力观,阐明了"社会生产力是一种客观的现实力量""生产力是社会发展的最终决定力量""生产力决定生产关系,生产关系要适合生产力的性质"等一系列基本的观点,构成了马克思唯物史观的基础。

此外,早在100多年前,马克思就意识到知识形态的因素对生产力的作用,认为科学是"历史的有力杠杆""最高意义上的革命力量",指出"科学是一种生产力","生产力里面当然包括科学"。

(2)关于"精神生产"的思想

在人类思想史上,马克思较早地论述了精神生产力问题。马克思在批判、继承古典政治经济学的"精神生产"理论的基础上,充分肯定了"精神生产"在整个社会生产中的地位和作用,强调"精神生产"是社会生产的重要组成部分。他指出,"宗教、家庭、国家、法律、道德、科学、艺术等等,都不过是生产的一些特殊的方式,并且受生产的普遍规律的支配"。

马克思的"精神生产"思想主要包括这样几层意思:

第一,精神生产是在物质生产和经济发展的一定条件下产生出来的,受生产普遍规律的支配,是整个社会生产的一个组成部分,它与物质生产同属于人的"生命活动",是人的存在方式之一。

第二,精神生产是把艺术与宗教、法律、道德、科学等归为不同于一般生产的另一类生产,这类生产虽受生产普遍规律的支配,却又是一种特殊的生产活动。

第三,强调精神生产的"人属方面",从人类本质及人与动物相区别的角度,把精神生产理解为"全面生产"即人的自由自觉活动的一部分,是不受肉体需要支配进行的"真正的生产",是"按美的规律来创造"的生产。

第四,明确提出了与物质生产力相对应的"精神生产力"概念,并认为物质生产力对精神生产力起决定作用。物质生产力发展到一定阶段时才可能有"精神生产力"的出现,而"精神生产力"反过来又影响着一定社会关系的形成和解体。

(3)关于"人的全面而自由的发展"的思想

马克思指出了人的全面自由发展的内涵,特别强调的是人的个性化程度,即作为个体的人在物质生活和精神生活上的全面发展、身体素质和心理素质的全面发展等;指出了社会实践实现人的全面自由发展的条件,如物质生产力的发展、消除社会分工、消灭私有制等。

---

① 李春华:《丰富和发展马克思主义哲学的新视角》,《理论导刊》2008年第10期。

"人的全面而自由的发展"是马克思主义哲学的重要内容。在马克思看来，这一理想的实现绝不是对原始自然人的"复归"，也不是对抽象"人性"的放肆和张扬，而是一种建立在社会生产实践基础之上的"消灭现存状况的现实的运动"。并且，马克思还认为，"每个人的全面而自由的发展"绝不能仅仅靠物质生产领域的进步来实现，它是"作为目的本身的人类能力发展的必然结果"。其中，精神生产是促进和实现"人的全面而自由的发展"的重要途径或条件。

第一，"人的全面发展"是指人的本质的丰富、展示和提升，是人对自身本质的全面占有。人的全面发展是"人以一种全面的方式，也就是说，作为一个完整的人，占有自己的全面的本质"。它包括生产形式的丰富性和多样性、社会关系的丰富和发展，以及各种能力的发展和提升。

第二，人的自由发展是"建立在个人全面发展这一基础上的自由个性"的发展，即个人特有的生理素质、心理素质、思维方式、行为方式以及特有的兴趣、爱好、性格、气质等等。它的发展是人发展的高级形式，其结果是"有个性的个人"的形成。在现实中，人的全面发展和人的自由发展又是互为前提、相互制约、相互促进的。

第三，社会实践是"人的全面而自由的发展"思想得以实现的现实基础，主要指高度发达的社会生产力，消灭旧式分工和私有制。人是实践的主体，也是实践的产物。人发展的本质就是人自身内在本质力量的对象化，是人的本质力量的展示、丰富、张扬和提升，是人通过自身的社会生产实践将自己的需要、意志、愿望、能力等内在的力量对象化或外化的过程，并在这种对象化过程中使自己的本质力量不断地得到拓展、完善和提升，进而不断地占有自己的本质并成为自己对象的主人。

文化生产力是实现"人的全面而自由发展"的重要条件。马克思强调的物质生产实践活动只是"人的全面而自由发展"的前提，而并不能使"人的全面而自由发展"自然而然地实现。人的全面发展是人的发展的全面性，最基本的是人的身心发展的不缺失。因此，它不仅包括"肉体"，而且还包括"精神"，并且人的"精神"领域是极为宽泛、复杂的，既包括"知""情""意"，也包括"真""善""美"。

人的自由发展是人的发展的自由性，其实质是人对外在限制的摆脱、突破和超越，不断摆脱任何外在的目的，能够自己支配自己的发展；人的发展是人的内在本质力量自愿地、自主地、自觉地外化、丰富、张扬和提升，其结果是"有个性的个人"的形成。

为此，"人的全面而自由发展"的内容和特点，是很难纯粹靠物质生产的进步来实现的。物质生产本身只能为精神需求的满足提供基础条件，但无法直接提供精神文化产品来满足人的精神文化需求。

文化生产的直接目的就是满足人的精神需求。而人的精神需要，主要是靠精神生产者有意识的探索和创造来满足的。在现实社会生活中，人们正是根据人的精神活动通过对客观对象的认识和改造，超越了外部事物对人的限制，从而拓宽了人们的理论视野和精神空间，进而在自己的面前打开了一个具有多种可能性选择的世界。

马克思的理论表明，为了"人的全面而自由的发展"，要重视区别于物质生产的精神生产领域。精神生产就是艺术创作，就是文化生产，它可以是个人的行为，也可以是大规模的社会生产。作为一种大规模的社会生产,它就天然地具有社会生产的基本特征,具有生产、分配、交换、消费等基本环节,具有市场经济条件下文化产业运作的全过程,而不只是个别艺术家的精神活动。

2. 文化生产力的价值

(1) 文化生产力是综合国力的构成要素之一

在市场经济条件下,文化产业和文化事业构成文化生产力的两个方面。文化产业的水准反映文化事业的发展程度,没有高度发达的文化事业为基础,没有原创性的文化成果和大量的知识产权,文化产业不可能发展;同时,如果没有发达的文化产业,文化事业的发展就会缺乏动力、缺乏资金,民族文化的竞争力、影响力也会遭到削弱。

(2) 文化生产力是推动区域发展的重要动力

在区域经济发展诸要素中,文化与自然资源、生态环境、历史基础等要素一起,是不可或缺的基础性要素。它以乘数效应渗透于劳动力、资金、技术等牵动性要素与制度性要素之中,成为区域经济发展的强大驱动力。文化生产力促进区域经济发展具体体现在:文化资源成为影响区域经济增长的重要因素;文化产业成为区域经济新的增长点;地域文化塑造区域特色经济;文化交流促进和谐区域建设;企业文化提升区域微观基础的核心竞争力,增强区域的整体经济实力。

(二) 布迪厄的文化资本理论

1. 布迪厄的文化资本理论

(1) 文化资本的内涵

文化资源是文化资本的基础、前提、来源,文化资本是通过对文化资源的优化配置而形成的文化生产、文化服务,以物质财富和精神财富的形式具体表现出来的文化价值的积累及其形态,通过市场生成经济价值。

"文化资本"这一概念,由法国社会学家皮埃尔·布迪厄提出。皮埃尔·布迪厄在其《资本的形式》中,首先提出文化资本理论。他看到现实社会布满了人类活动的踪迹,整个世界自然就是人类劳动积累的人化世界,由此提出社会是一个积累的世界。为了理解社会的积累性,布迪厄引入资本的概念,因为资本是积累的劳动。

文化资本的概念之所以能出现,文化之所以能成为资本,是因为在文化与资本之间有着某些共有的属性和特征。从资本是积累的劳动上看,文化来源于人类的实践,是人类智慧和劳动积累的结晶,它的传承是通过教育和学习把知识固化于头脑中的劳动,是一种积累的劳动。"从资本能够自身增值的角度看,文化作为资本具有创造新价值的功能。文化的运用过程就是精神生产过程,通过这种抽象的劳动能创造出新的价值,即知识的知识,即未被消费掉的劳动实现了价值转移,又创造出了新的价值,也就是说文化能使自身增值。"[①]文化资本观实现了文化与资本的完美契合。

(2) 文化资本的形式

---

① 卜长莉:《文化资本多寡决定财富分配高低——布迪厄文化资本投资的启示》,《中国行政管理》2003年第2期。

布迪厄认为资本表现为三种基本形态：经济资本、文化资本和社会资本。文化资本可以有三种存在形式：其一，具体的状态，即以精神和身体的持久性形式存在（也可称为文化能力）；其二，客观的状态，即以文化商品诸如图片、书籍、词典、工具、机器等的形式存在（也可称为文化产品），这些商品是理论留下的痕迹或理论的具体显现，或是对这些理论、问题的批判等等；其三，体制的状态，即以一种客观化的形式存在。①

文化能力是一种内在化的文化资本，它成为人的固定财富，成为一个人的确定的组成部分，成为人的素质的体现，正像布迪厄所言的由"实有"变为"实存"。因而，文化能力与特定的个体是紧密相连的，正如健康一样，不能通过赠予、买卖、抢掠等形式实现个体之间的传递。

文化产品是文化资本的客体化形式。文化产品以物质的形式存在，是可以进行传递的。如果以经济资本为前提，文化产品可以作为特质财富被占有；如果以文化能力为前提，文化产品可以被象征性地占有。例如，富商购买了世界名画，这幅画便成为他的物质财富，如果他有了艺术欣赏能力（即文化能力），他便可以从象征的意义上消费、享受、占有这种艺术品。文化产品只有被主体占有，才能作为投资参与到文化生产和消费中，才能够作为一种有效的资本而存在。

"体制化的文化资本是文化能力经过文化体制的资格授权后的存在形式。文化管理部门通过对文化资本制度化来干预控制文化资本，使文化资本成为一种标签。"②由此，文化资本得到合法保障。一旦文化资本体制化，它在体制上就得到认可，并表征为一种学术资格证书，这种证书就赋予其拥有者一种社会约定的、有合法保证的文化权利。在文化日益发展、资本形式日益庞杂的现代社会，文化资本的体制化具有明显的必要性和有效性。

2. 文化资本理论的价值

（1）活化文化资源

"文化资本是以市场为导向，在参与市场运行中实现价值增值的文化价值物，其外延是具有资本增值属性的一切文化要素。"③文化资源活化的实质就是向文化资本的转变，利用文化资本运动和增值的属性，通过市场化的运作，促进文化资源的有效开发，实现文化资源潜在经济优势向现实经济优势转化。可以说，文化资源有向文化资本转变的主观意向性。人类社会的劳动是有目的、有意识的，这种有目的、有意识的实践活动表现在文化资源的占有方面，就是人们为了使所占有的文化资源产生价值获得更大的利润，必然要将这些文化资源置于社会交换场域中，使其在市场运作中转化成文化资本，进而转化成现实的经济资本，实现对资本的有效占有。对经济资本占有的欲望越强，实现资源向资本转换的频次也越高，从而也就加快了文化资源—文化资本—经济资本的转化过程，实现了文化资源活化的过程。

---

① 包亚明：《文化资本与社会炼金术》，上海人民出版社，1997年，第192页。
② 李全生：《布迪厄的文化资本理论》，《东方论坛》2008年第6期。
③ 孙继琼：《欠发达地区实现文化资源向文化资本转变的问题与对策分析》，《特区经济》2005年第4期。

（2）产生经济价值

有形文化资本，如一幢古建筑，就可能具有经济价值。从表面上看，有形文化资本的经济价值源于它诸如作为一幢建筑的物质存在，与它本身的文化价值无关，但事实上，财富被赋予经济价值的主要原因恰恰在于它本身的文化价值，即文化价值能够产生经济价值。而无形文化资本的文化价值和经济价值的关系相对复杂。无形文化资本一旦通过产业开发形成某种产品或服务进入市场，其文化价值就会转化为经济价值并产生实际的经济效益。无形文化资本开发、市场交易的经济价值，常常附着于现实物品的外观或构造上，从而增大被附着品的价值。被附着品价值的增大，从根本上说，来源于所开发利用的无形资本的价值。

第二节　文化资源开发的原则与标准

文化资源在开发过程中应注意保护文化的真实性、完整性和地域性，在发挥良好的社会效益、增加文化认知的同时，要关注其经济效益，努力寻求两者的最佳结合点。在合理有效地利用本国文化资源的基础上，还应大胆吸收外来文化资源，以开放的眼光、整合的心态有效地利用人类优秀的文化成果。同时，以民族性和时代性的标准，创造精良的文化产品。

一、文化资源开发的原则

文化资源开发的原则是文化资源开发过程中所遵循的指导思想和行为准则。文化资源是一种特殊的资源构成，而且不同的文化资源在性质、价值、数量和开发潜力等方面存在差异，开发方式各不相同，这就决定了我们在进行产品开发时必须遵循以下基本原则：

（一）开发与保护相结合的原则

文化资源是一种资源集合体，在其构成要素中，既有物态型资源，又有非物态型的精神文化资源。非物态型资源在很大程度上可循环利用、反复开发。例如一个历史传说，可被影视、戏剧、文学作品不断地重复开发利用，以不同的形式进行演绎；一个地区的历史、文化传统，也可以随着研究的不断深入、科技手段的不断发展，不断地发掘出新的内涵，成为新的文化资源亮点。但是，某一地区的物态文化资源，如历史文化遗存、遗迹、文献典籍等，则大多具有不可再生性。部分非物态文化资源，如地方戏剧、地方性绝活绝技等，虽可再生，但需经过特殊的传承手段和渠道。

文化资源的这种特性，就要求我们在对文化资源进行产品开发时，必须坚持开发利用与保护相结合的原则，正确处理文化资源的有效保护和合理开发利用之间的关系，保护和开发要互相补充、互相促进、互相强化。对资源合理有效的开发，不仅能够推动文化事业的产业化,而且能够最大限度地发挥其社会教化功能。因此,积极合理地开发利用资源是文化资源最有效的保护办法。

可持续发展首先是要发展,否则可持续无从谈起。片面强调保护而不强调发展,事实上保护就没有基础,也不是真正的可持续开发。同样,对文化资源必须加以妥善的保护,使其不被毁坏、失传、湮灭,否则文化资源的开发就成为无源之水。

因此,在对待历史文化资源,尤其是非再生性历史文化资源时,必须树立"保护第一"的观念,正确处理保护与开发的关系,做到在保护中开发,在开发中保护,形成保护与开发并举、以保护为重的良好局面。这是文化资源文脉传承的客观需要,更是实现可持续发展的要求。

（二）继承和创新相结合的原则

文化资源有其历史性,为此,在开发文化资源时,应尽可能地保存它原来的面貌。但是,文化要发展,就必须要有创新。今天的文化就是对历史文化的重新阐述,赋予其新的形式与内容,并根据今天的生产方式,创造出新的文化,与历史的传统文化相衔接,实现文化的传承与发展的有机统一。

因此,对各种历史文化用创新的眼光、态度和方法对待它们,是继承历史文化的必然要求。在开发利用文化资源时,要有一种开放的目光和创新的意识,不能墨守成规,要善于把文化资源开发与文化资源创新有机结合起来,深度挖掘并提炼文化资源的内涵,注重对文化资源体验性、参与性、互动性的开发,实现文化资源的永续利用、持续开发和循环发展。

（三）整体与重点相结合的原则

文化资源生生不息、源远流长的源泉所在,除了其独特的地缘要素之外,就在于文化资源各分支系统的相互依存关系。任何一个地方的文化资源都是该地文化资源集合体中的一个构成要素。如巴蜀文化资源、中原文化资源、齐鲁文化资源、秦文化资源、楚文化资源等无不如此。一种地域文化资源的共性要素,是其存在发展的根基,而个性特征则是其鲜活生命力的表现。

因此,在实现文化资源开发的过程中,既要突出文化资源的整体性,又要兼顾对区域文化资源个性化的塑造和培育,开发过程中突出重点,以张扬地域文化的鲜明特色。

（四）社会效益与经济效益相结合的原则

追求经济效益是一切经济活动的根本目的和动力所在,进行文化资源开发,其目的也是通过文化资源的物态转换来实现资源的经济价值,使文化资源在经济发展中实现功能和作用的最大化。但是,文化资源是一种特殊的资源,其自身的功能作用不仅是担当区域发展中的经济角色,同时兼具文化传承、民众教化、地方形象塑造等多种社会功能。文化资源经过开发,生产出来的文化产品是一种渗透着社会意识形态、道德素质和价值理念的特殊产品,它不仅具有一般商品所有的使用价值,还具有独特的思想价值、知识价值和审美价值。因此,文化资源开发过程中,必须努力寻找经济效益和社会效益的最佳结合点,实现两者的统一。

如果单纯地追求经济效益,不仅不利于文化资源社会功能的全面发挥,造成对文资源的浪费使用,还容易导致对文化资源开发利用的简单化、片面化和粗放型经营思想及理念的泛滥。因此,在进行文化资源的产品开发过程中,要把社会效益摆在首位,坚持经济效益和社会效益并举的原则。这不仅是文化资源自身价值得以全面体现和功能作用得以全面发挥的要求,更是社会文明进步和科学和谐发展的时代要求。

（五）本土化与开放化相结合的原则

在开发文化资源时,必须树立本土资源、外来资源均可为我所用的意识。本身具有资源的地方可立足于自主开发,缺乏资源的地方要大胆地借鉴和引进。

就地方而言,除了挖掘本地文化资源,也可以吸收利用其他地方的资源。有无文化资源不应构成是否能发展文化产业的条件,只要能吸收魅力文化资源,打造出文化精品,就应该提倡。

就国家而言,除了利用本国文化资源,也可以大胆吸收和引进国外的文化资源为我所用。美国、日本、韩国等文化产业发达国家利用我国的文化资源开发了自己的文化产品,我们也可以尝试借用他们的文化资源开发我们的产品。只要不涉及知识产权的保护问题,就应该大胆地用项目、创意去整合、吸收和使用国内外所有能够为我所用的文化资源。

二、文化资源开发的标准

现在的文化资源开发是在全球经济一体化的大背景下展开的,不仅需要面对古今文化的传承和扬弃,还要面对中外文化的冲撞和融会贯通。文化资源的开发要坚持古今中外的理论视野,既要坚持时代性标准,又要坚持民族性特征,做到立足本国实际,既充分体现时代精神,又密切联系世界,有清晰的思路和开阔的视野。

（一）时代性标准

1. 基本要求

时代性标准的基本要求是开发利用各种文化资源,着眼于解决当代中国及世界现代化实践中不断出现的种种问题。文化资源的开发利用就是要立足于现在,以当前正在进行的实践为根据,面向现代化、面向世界、面向未来,充分体现时代精神。文化资源的时代性,应立足于自身改革开放和现代化建设的实践,密切联系世界文化发展的前沿,在发扬民族文化的优秀传统的同时,积极吸取世界各民族的长处,在内容和形式上积极创新,不断增强文化资源本身的吸引力和感召力。只有通过古今文化交接、中西文化交融,文化资源的开发才会有广阔的前景。

2. 特征

在当下,文化资源开发的时代性特征主要表现为现代化。现代化既是一种具有鲜明时代特征的观念,更是社会实践历史发展的必然趋势。它不是一种纯理性的预设,而是有着对传统变革的深刻的实践根据。它以实践的质变飞跃为标志,伴随着社会的和观念的划时代变革,这是现代化的本质所在。社会现代化的过程,也就是以先进的物质资料生产方式为基础,实现经济社会全面进步、精神文化不断发展、人的素质全面提高的实际进程。

观念现代化首先涉及的是古今关系问题。一方面,现代文化不能离开传统文化而滋生;另一方面,传统文化中蕴藏着有当代意义的文化资源,因而对传统文化资源的开发利用不仅是必要的,而且是可能的。文化前后传承的唯一根据是正在进行着的实践,因此,对传统文化的批判继承和改造利用,是现代化实践的需要。

观念现代化还必然涉及中外或中西关系问题。一方面,民族文化不是一个孤立的、封闭的系统,它不断地由传统向现代进化,因而必须以世界各族文化的横向交流为条件;另一方面,世界各族文化都各有所长,特别是那些进步民族的文化蕴含着更多现代文明的时代精神,因而世界各族文化应互动互补。

在当代中国,观念的现代化,无疑应充分利用世界各族文化的优秀资源,但也应当充分注意西方现代化进程中的历史教训和现实问题,为此,对其既不能一概排斥,也不能全盘吸收。需要吸取西方文明成果,除了现代科学技术和管理经验之外,还包括在西方人文社会科学中所蕴含的符合人类文明进步方向的普遍价值,如理性、科学、民主、法治、人权等,同时还包括一些新的文化观念,如主体性观念、可持续发展观念、知识经济观念、社会均衡观念等。因此,除了要努力追赶西方先进的物质文明外,还必须根据中国的国情,坚持时代性标准,批判地汲取西方思想文化资源。

(二)民族性标准

由于开发文化资源的评价主体和检验文化资源的实践主体都是熔铸着本土文化特质的民族主体,因此,无论改造本土文化还是外来文化,都必然而且必须彰显自己的民族文化基因,这就产生了文化资源开发利用的民族性标准。

1. 基本要求

现阶段,坚持民族性标准,就是要立足于中华民族的复兴,着眼于民族精神的弘扬和培育,发扬民族文化的优秀传统,汲取西方国家现代化历程中的经验教训,开发利用本民族自己的文化优势,推动中国社会主义现代化建设。只有坚持民族性标准,才能保证它具有中国风格、中国特色,才能真正在世界多元民族文化之林中,显示中国社会主义新文化的特征和优势,并占有显要位置。

2. 特征

民族性,是在经济全球化的背景下提出来的。在经济全球化大趋势中能否坚持民族性标准,是很多人困惑和担忧的。其实,全球化无非是现代社会反映世界各国广泛联系与合作的概念,它是基于社会化程度极度提高的现代物质资料生产以及相应的国际市场经济体系日益扩大而逐步凸显出来的。所以,就全球化的客观事实而言,最为显著的也莫过于经济全球化。即使是经济全球化,也仍然有民族经济的空间。而在政治和文化领域,民族性特征则更为明显。

政治、文化有很复杂的人文特征,并不像物质生产、经济运行、科学技术等那样无国界。民族的文化传统是在"民族特殊的历史演化进程中长期积淀而铸就的,包括民习俗、民族心理、民族精神以及政治、道德、艺术、宗教、哲学等等悠久的文化传统"①。它们各有优劣,都有自己长期存在的理由,在本民族政治、文化的现代化进程中,比全球化的趋同一面更有生命力和影响力。因此,多样性的文化就像多样性的基因一样,具有极大的调整、适应和变异的潜力。正如美国人类学家博克所说:"这种多样性的价值不仅在于它们丰富了我们的社会生活,还在于为社会的更新和适应性变化提供了资源。"②民族的多样性不仅丰富了我们的社会生活,还为社会的更新和适应性变化提供了资源。

因此,坚持民族性标准,开发利用本民族文化资源,既是世界文化多元发展的需要,也是中华民族优秀传统文化本身不可忽视的现代价值所在。

第三节　文化资源开发的形式

文化资源为文化产业提供了资源供给和资源保障,但丰富的文化资源并不天然就是文化产品和产业成果,它必须经过产业化开发和市场化运作,才能转化为文化资本和文化产品。同时,文化资源在形成过程、构成要素、区域自然环境和人文环境等方面的不同,决定了不同文化资源呈现出很大差异性。不同区域间的经济发展水平、市场发育程度的差异,又使文化资源实现其产品转化的市场条件和机制呈现出很大的差异。这些客观差异性的存在,就使得我们在进行资源的产品开发过程中,不能采用简单模仿或套用固定统一的开发模式,要根据文化资源的特点和所在区域的经济发展水平,采用多样化的开发形式,寻找最佳的发展途径,发掘文化资源最大的价值。

一、旅游业开发

丰厚的文化资源为旅游业的发展提供了良好的发展基础,如物质实证性文化资源中的文物古迹类文化资源,文字与影像记载性文化资源中的文学艺术类资源,行为传递类文化资源中与社会风情相关的文化资源及宗教类文化资源,都有其适合旅游开发的特点,经过主题提炼和创意策划,可以很好地挖掘资源内涵,进行旅游项目开发。具体开发状况如下:

（一）文物古迹类文化资源的旅游业开发

我国有数千年历史,文化遗存十分丰富,文物古迹类文化资源众多,包括古人活动遗址、古城遗迹、古战场遗址、名人活动遗址和古道遗迹,这些资源遍布全国,价值极高。

据1958年公布的材料,全国文物保护单位多达5 000多处。仅国务院公布的前三批全国重点文物保护单位就有500处,被列为全国历史文化名城的共计三批99座。这

---

① 徐纪律:《论文化资源开发利用的时代性和民族性标准》,《社会科学研究》2004年第3期。
② 钟年:《生物多样性和文化多样性》,《中国教育报》,2001年1月10日。

些文物古迹,不仅见证着历史,也成为今天开发文化资源、发展文化产业的基础。目前,这类资源主要以旅游景观开发为主要发展模式。

1. 文物古迹类文化资源的特点

(1)历史性和时代性。文物古迹类文化资源的最大特点就是它的历史性和时代性。这些文物古迹是人类历史的写照,体现着各个阶段的政治、经济、文化和教育。各种建筑、城池、墓穴、石窟雕刻、遗址、革命纪念地等都深深地打上了历史时代的烙印,反映了当时的科学文化和社会经济水平。历史性和时代性特征决定了对文物古迹资源开发必须尊重历史事实,符合时代背景,力争真实地再现历史。

(2)相对集中。文物古迹相对集中地分布在自然条件较为优越(如中国的黄河流域、印度的印度河流域、埃及的尼罗河流域等)、历史悠久的国家和地区。中国是四大文明古国之一,自商周以来,历朝历代遗留着举世闻名的古城遗址,许多古城遗址成为旅游景点,每年吸引数万游客。这些文物古迹是我国文化资源的优势所在,应该作为开发建设的重要方向。

(3)形式多样,种类繁多。基于这一特点,对此类文化资源的开发需要形式多样,从不同侧面展示其所包含的历史文化价值。

除了以上特点外,文物古迹类文化资源还具有民族性和不可再生性。由于文物古迹类文化资源是在漫长的历史进程中逐渐形成的,有着鲜明的民族特色,一旦破坏,将永远消失。因此,在对此类资源的开发过程中,保护显得尤为重要。

2. 文物古迹类文化资源的旅游功能

文物古迹文化资源具有较高的文化艺术价值,可供游人参观瞻仰。同时,文物古迹类文化资源反映着各个时期的历史状况,是考古研究、历史教育的活教材。例如,万里

图4-1 2010年国庆期间,襄樊古隆中的曾侯乙编钟演奏会吸引众多游客驻足欣赏

图 4-2　癸巳年清明在陕西黄帝陵公祭轩辕黄帝

长城已成为中华民族的象征,每一个国人都会因为我国有如此宏伟的工程而产生豪迈的民族情感。而且,以文物古迹类文化资源为依托,深刻挖掘其历史、科学、文学、艺术和社会学等文化内涵,还可以开展形式多样、参与性强的文化娱乐活动,如让人们亲自动手,按秦代的工艺制作陶俑、书法临摹、编钟演奏(图4-1)等。

3. 文物古迹类文化资源开发主题的策划

基于以上的特点和功能,对文物古迹类文化资源的旅游开发,应从展现资源的历史价值、科学价值、艺术价值和民族文化特征等方面入手,策划能反映资源所代表的特定历史时期的政治、经济、文化艺术水平和历史意义的核心理念,塑造鲜明的历史文化氛围。

如黄帝陵(图4-2)的开发,就应围绕着华夏文化的始祖、中国的根展开,既可以发掘民族历史的纵深感,又可增加民族文化的凝聚力。开发者应善于把握特定历史时期的时代背景,利用特殊的历史事件、历史人物或文物古迹的科学价值和艺术价值,分析研究其文化功能,设计科学合理的开发主题。

4. 文物古迹类文化资源的开发内容

(1) 旅游观光,参观展览。文物古迹类文化资源的艺术观赏、参观瞻仰、考古研究和历史教育等功能价值决定了它可进行观光旅游。我国的文物古迹资源形式多样,内容丰富,宫殿、楼阁、城防工程、古镇古村落、园林以及民居、陵墓、庙坛、亭台等建筑物

图 4-3　河南开封宋都御街

群,都具有很高的艺术欣赏价值。应对这些历史建筑资源,在保护的基础上,合理进行旅游开发,吸引游客。

历史上遗存下来的宫殿,都成了旅游者青睐的游览物。例如,淹埋于黄河水下的河南开封宋朝王宫,经仿真开发形成"开封宋都"(图4-3),吸引了众多游客。历代名人,为人类作出杰出贡献,留下了丰富的作品,因生活年代久远,生活故居和他们所活动的场所无迹可寻。后人为他们修建纪念馆、纪念碑、博物馆等,通过文字、图片、文物等,既可展示其人生经历和丰功伟绩,给人类社会留下精神财富,也可成为历史文化旅游的景点,激发旅游者的兴致。比如,山东曲阜孔府孔庙,举世闻名,现已成为旅游胜地。

(2)开展文化专项活动,设计游客参与项目。文物古迹类文化资源在物质空间和规模上是有限的,且极易被破坏。因此,深层次的开发活动要依据发展的需求变化,深度发掘文物古迹类文化资源的科学价值、历史文化内涵,开展多种较高层次的文化专项活动,如科学研究、历史考古、寻根拜祖等。我国开发比较成功的有三国旅游线路、丝绸之路旅游线路等。

同时,可开发多种单项活动,如作坊文物复制、模拟考古发掘、文物鉴赏、购买古董、学习书法、绘画、雕塑、晨钟暮鼓、乘坐仿铜车马等。此外，还可以利用云梯爬古城墙城堡，观赏学习仿古乐舞（如仿唐歌舞等）、古乐器演奏（如编钟等），参与仿古体育比赛（如踢蹴鞠、打擂台等）乘马车巡游，排演历史轶闻趣事等。设计参与性强的文物旅游活动项目已成为文化资源开发的重点，其研究工作有待进一步加强。

（二）文学艺术类资源的旅游业开发

文学艺术是人类文化的一个重要组成部分，其多样化的形式和精彩的呈现，自古受到人们的喜爱，它在旅游活动中也发挥着独特的功效。文学艺术可提高景物的观赏性，增加人们的兴趣，或者直接就是人们观赏的对象。文学艺术已成为一种重要的旅游资源。

1. 文学艺术类资源的特点

（1）广泛的群众基础和强烈的感染力。文学艺术内容接近生活，能引起人们的共鸣，因而被人们接受并喜爱。同时，文学艺术形式多姿多彩，可满足不同群众的欣赏口味。如各地的地方戏曲，结合了本地特色，具有广泛的群众基础。不同艺术形式之间相互转换，使得文学和艺术更具有长久不衰的艺术感染力。

（2）渗透性。文学艺术作为人类一笔巨大的精神财富，不仅可以独立存在，也可以广泛地渗透到其他旅游资源当中，赋予各类旅游资源更多的人文色彩。这种渗透包括两种特性：一是可视性，即文学艺术内容看得见、摸得着。文学艺术资源以具体直观的形式出现在其他的旅游资源中，如作为古建筑中点睛之笔的楹联、书画、匾额等，它们以其高度精辟的语言，既与独特的自然人文环境相适应，又以高度的概括性，极富艺术欣赏价值。二是可感性，文学艺术以其潜移默化、深入人心的艺术魅力，激发起游人的旅游热情，并在实地游览过程中，自然而然地将实物与作品相对照，通过体会，在比较中达到交融，在交融中获得审美感受的升华，也就是所谓的"文以景生，景以文明"。

（3）灵活性。文学艺术资源不受时空限制，可根据需要随时移动。无论其本身是静态的还是动态的，是电影、电视还是书法、绘画，都可以通过出版发行、巡回演出等形式，为不同地区的游客所共享。因此，文学艺术资源也就有"卧游"之说，即以欣赏文学艺术作品来代替游览。它既无羁旅孤寂之忧，又无旅途劳顿之苦，只需调动平日积累的经验，在阅读、欣赏字画的同时，让思绪飞扬，同样可以获得更有想象力的旅程。

2. 文学艺术类资源的功能

（1）旅游审美。历代文人雅士都有较高的文化素养和审美水平，因此，他们在旅游的过程中，往往伴有强烈的审美渴求，进而通过文化艺术营造浓厚的艺术氛围，创造出或清新淡雅、或雄浑博大、或深邃渺远的审美意境。其特有的审美情趣对后人的旅游观赏活动影响至深，一方面可以启发游人的想象，引发游人的共鸣，增加游兴；另一方面唤起游人的审美习惯，充分体验物我神奇的感受。在这一过程中，实现了文学艺术审美功能向旅游审美功能的完美转换。可以说，旅游的审美功能如果借助文学艺术的审美功能，将会获得极大的提升。

（2）产生旅游资源。文学艺术资源可以促成旅游资源的产生。旅游资源的产生既需要大自然的呈现，也需要文学艺术的浸润。一些普通平凡的景观，因为文学艺术的描述、渲染，同样可以成为名胜古迹。例如，湖南桃园县巧借"桃园"二字，人工建造的桃花源，尽现作品描绘的情景，对《桃花源记》作了完美的诠释，成为一处新的旅游胜地。由文学名著或者艺术形式形成的盛大节日，以及由此带来的文化交流、可观的旅游收入，是文学和旅游的最好印证，如四大电影节、维也纳音乐节、意大利木偶节等。节日期间，游客如潮，城市的知名度迅速扩大。

3. 文学艺术资源的主题策划

由于文学艺术作品中描写的景观是作为一种"虚景"而存在的，所以在策划主题时要注意"虚景"和文学作品中的真实景观或者虚构景观的密切结合。对真实的景观，应重点开发名家名篇所描述的景致。在真实景观基础上根据故事情节虚构，尽可能地再现故事发生地的状貌，开展故事情节游、故事发生地游等。对完全虚构的作品，则努力寻找与故事发生地相类似的地方，进行旅游资源开发，"如《西游记》之于江苏连云港花果山，《射雕英雄传》之于浙江舟山普陀桃花岛等"[①]。同时，对文学艺术资源的开发还可举办形式多样的文学节庆活动、组织文学讲座旅游团、开发文学大家的纪念性建筑等。通过设置丰富多彩的主题，将这类资源进行合理有效的开发。

4. 文学艺术资源的开发内容

做这类开发时，一定要注重创意策划，根据文学艺术资源进行创意，精心策划出高质量、全新的旅游景观。对于文学艺术资源，有的地方利用现代媒介进行开发，因为文学是较为抽象的，"要想使文学旅游资源能最大限度地吸引消费者，必须对其进行包装，依据现代旅游产品的开发规律来开发，使其能够真正符合旅游市场的需求并通过恰当的方式展示出来"[②]。对此类资源的开发，要注重"借助现代的技术和手段对这些资源进行包装和利用，在原作品的基础上进行创新，利用现代的先进技术来包装和宣传，突出文化内涵，坚持高雅和大众化相结合"[③]。具体可以从以下几方面进行开发：

（1）景观建造。景观建造主要指对文学中的景观保护、复原、重建及创建，让人们重见诗词中描绘的景象，从而直观地感知文学的魅力。

20世纪80年代热播的电视剧《红楼梦》和《西游记》，让河北正定的"荣国府"，北京、上海的"大观园"（图4-4）一举成名，同时各地催生很多"西游记宫"。近几年，各地挖掘整合地方文学艺术资源，进行景观建造。成都把杜甫草堂、陆游祠、望江楼等名胜组合成为文学的展示体系，打造浣花溪公园诗歌大道、中国诗歌文化中心等。西安在曲江等区域的公共设施（如路灯灯柱等）上展示唐诗（见本章后所附案例）；依托唐文化打造大唐芙蓉园，以"诗魂"等主题雕塑为载体展现唐代诗歌文化。南京结合诗词歌赋综合开发了四大文化旅游主题景区："青梅竹马"《南都繁会图》"牧童遥指杏花村"《石头记》。四川江油借助李白诗文，打造太白碑林、太白公园、李白纪念馆、唐风一条街等。

（2）主题活动。主题活动主要指开展各种与文人及作品相关的文化活动。例如，

---

① 杨秀玲，王军华：《试论我国文学艺术旅游资源的开发》，《开封大学学报》2005年第6期。
②③ 刘腾：《文学旅游资源的开发策略研究例如》，《芒种》2012年第19期。

图 4-4　北京大观园

山西永济的普救寺曾经是《西厢记》里故事的发生地，开发者抓住这一特点，在景区表演精心排练的戏剧《西厢记》，让游客既能欣赏经典的戏剧，又能身临其境，亲身感受古典艺术的独特魅力。主题活动广泛采取如纪念缅怀、文艺演出、聚会比赛、沙龙宣讲等形式，有的与景区结合（最典型的是由纪念屈原而兴起的江南各地"端午节龙舟赛"，见图4-5，已经成为中华民族共同的文化节日），有的利用了公共空间，有的针对专业群体，有的面向广大群众等，形式多样而各具特色。如四川江油以李白诗歌对生活小区、大型建筑及市内上百条街巷重新命名；承办李白国际文化旅游节，举办世界华文诗词大赛等；同时打造一批以李白诗歌为主题的文艺表演：《酒之魂》《李白邀月》等。南京编演《夜泊秦淮》大型水上实景演出，扬州每年春季举办"烟花三月旅游节"；苏州举办"寒山寺新年听钟"活动；镇江拍摄人文宣传片《诗话镇江》，出版图文集《诗画镇江》；湖北黄冈拍摄大型人文历史纪录片《苏东坡》等。

（3）文创产品。文创产品主要指基于文学艺术资源衍生的文化创意商品。如用诗人李白的文化品牌包装的四川名酒"太白遗风""诗仙阁"；借李白的"诗仙""酒仙"之名，化用其诗句"且就洞庭赊月色，将船买酒白云边"（李白《游洞庭湖五首·其二》）命名的湖北名酒"白云边"。此外，还有部分文学纪念馆出售的相关纪念品等。①

---

① 参见傅才武、申念衢：《诗词文化资源在城市文化建构中的价值开发研究——以打造武汉"诗梦小道"为例》，《山东大学学报（哲学社会科学版）》2018年第3期。

图 4-5 赛龙舟

需要提及的是,采用体验式对文学艺术类资源进行开发时,有两点需要特别注意:一是此类开发方式决定了投资规模的浩大,因此,在开发过程中必须经过充分的论证,作好可行性分析,避免盲目投入和重复建设;二是开发不能牵强附会,不能为了经济效益,扭曲文学作品,开发此类文化资源时,一定要注意社会效益和经济效益的结合。

(三)社会风情类文化资源的旅游业开发

1. 社会风情类文化资源的特点

(1)以人为载体。虽说文化资源都是人类创造的,但不同文化资源承载的载体不尽相同,文物古迹类资源多以物为载体,而社会风情类文化资源则主要是以人为载体,通过人的生产、生活及人际关系等方式表现出来。如果没有当地人的参与,再丰富的社会风情资源也难以展现出来。因此,社会风情类文化资源的开发,必须突出与当地人民的交流,开发者要提供各种机会、途径,与当地人接触。只有深入到当地居民当中去,才可以体验到纯正的民风民情。

(2)表现形式多为动态的活动。由于社会风情类文化资源是以人为载体的,故其表现形式不像文物古迹资源是静态的展示,而多为动态的活动。动态性特征,就要求民俗风情资源的开发必须设计各类演出活动,通过歌舞景观、体育游戏、商贸民俗等方式,集中地展示民俗文化。

(3)民族性和地方性。由于各民族的历史传统和风俗习惯具有特殊性,所以社会风情类文化资源有着鲜明的民族性。同时,各民族所处的地理环境不同,也使得社会风情类文化资源带有浓郁的地方气息。例如,中国的春节,人们通过除夕守岁、贴春联、贴年画、放鞭炮、舞龙狮、赛社火、吃年糕、走亲戚等活动表现出中国人特有的传统风俗文化。而欧美国家的人们,在过圣诞节时,则通过装饰圣诞树、赠送圣诞礼物、举行圣诞晚会、参加圣诞宗教仪式及唱圣诞歌曲等活动来庆祝节日,表现出完全不同的文化气氛。因此,开发民俗风情类文化资源,必须突出其独特的民族性和地方特色。

2. 社会风情类文化资源的功能

能够参与是社会风情类文化资源的第一大功能,同时,开发社会风情类文化资源,可以传播文化,增进民族间、地区间的了解、友谊、交流与合作。在人与人的接触中,不仅可以耳闻目睹其他民族的传统风俗,还可以结交朋友,学习地方语言和文化。

3. 社会风情类文化资源开发主题的策划

对社会风情类文化资源的开发主题,首先应突出不同人群社会的民族性、地域性差异,进而突出不同民族最具代表性的社会性活动,突出社会风情类文化资源的鲜明个性特色。主题的策划不宜固定于社会风情的某些方面,而要从文化综合概念的高度加以概括,所形成的文化形象不仅可以反映地方民族的生产或生活中的单个方面,更应代表整个民族及其文化形象,从吃、住、行、游、购、娱整个文化活动中塑造民族社会风情。

4. 社会风情类文化资源的开发内容

(1)参观游览,社会考察。通过开发社会风情类文化资源,让更多的人可以参观、游览当地的民居、社会历史博物馆、民俗村、民族山寨、街巷胡同,考察社会经济发展水平、生活习惯、自然条件。

(2)设计丰富多样的参与项目,吸引游客体验式旅游。开发这些参与性活动,主要靠发掘当地的历史和社会风俗的民族文化内涵,力求做到真实自然,强化民族和乡土气息,避免矫揉造作和为表演而表演的做法,淡化商业经营的气氛。只有把真实性、艺术性、科学性和参与性相结合,才能真正成为吸引人的活动。参与的活动可以是体验生活的项目,如下榻民居、品尝地方风味佳肴、穿着民族服饰、访问家庭、举行或参加异族风格的婚礼、参加民族传统节庆活动;也可以是学习民间技艺的项目,如学习演奏民族乐器,学跳民族舞,学习地方绘画剪纸艺术,参加民族体育比赛,学习民族工艺、民族书法等。

(四)宗教文化类资源的旅游业开发

宗教是人类的历史文化遗产,宗教文化自然成为文化资源的重要组成部分,主要包括宗教圣地、宗教建筑、宗教艺术和宗教活动等。

1. 宗教文化类资源的特点

(1)深厚的哲学理念。宗教文化类资源的思想性和哲理性,是其区别于其他文化资源的最大特点。正因为如此,这类资源的开发更容易引起参与者的心灵共鸣,赢得他们的支持。同时,宗教文化类资源的文化艺术性极高,可挖掘潜力巨大。

(2)参与性强。宗教节日、宗教仪式和宗教活动的参与性强,易于开展宗教专项文化活动。因为宗教文化类资源有大批的信仰者,这些信仰者往往是宗教文化资源的主要开发者、经营者和宣传者。因此,这些宗教节日、仪式与活动不仅吸引了大批的非信仰者，其对宗教信徒的吸引力尤为突出，宗教信徒会积极支持与参与宗教文化类资源的开发。

2. 宗教文化类资源的功能

宗教文化类资源除了具有高度的美学价值、可供观赏外，还具有考古、文化传播等功能。对于宗教信徒来说，宗教文化类资源还为他们提供了朝圣、敬拜、祈祷、修行等多种功能。在古代，寺庙等还是旅行者的栖身之地，即使在当今，在一些偏远的地区，寺庙仍是过往行人和庙会期间朝拜者的重要栖息之处。

3. 宗教文化类资源的主题策划

宗教文化类资源的开发主题应集中提炼，优选历史沿革、人文风情、宗教信条、地理文脉和社会心理等因素的综合内涵，反映其整体的历史文化积淀，以树立明确的旅游形象，扩大吸引力。

4. 宗教文化类资源的开发内容

（1）游览观赏、学习考察、开展宗教活动。宗教活动以直观、动态的形式展示宗教礼仪习俗，在活动中营造出独特的神秘氛围，这些是旅游者在其他地方所无法感受到的。与此同时，宗教活动往往为游客提供参与的机会，满足游客对宗教的精神需求，这些正是宗教活动吸引人的深层原因。为此，对宗教文化类资源的开发应努力挖掘宗教文化的历史内涵和哲学理念，开展丰富多彩的可参与性强的宗教活动项目，如参观、学习、考古、文化交流、朝圣、祈祷、占卜、修行等。

（2）开发宗教圣地。宗教圣地保存着大量的艺术瑰宝，宗教雕塑艺术、壁画艺术、石窟艺术等，异彩纷呈。因此，对宗教圣地进行开发，必须做好文化资源的保护管理工作，防止宗教文化古迹遭到破坏。应防止片面强调娱乐性、营利性，不顾宗教特点和文化特色，大肆兴建宾馆饭店，破坏宗教圣地的宗教气氛。同时，宗教文化类资源的开发必须在法律允许的范围内进行，禁止封建迷信和邪教活动，尊重信徒的信仰和生活习惯。

二、艺术业开发

中国文化艺术积淀深厚，异彩纷呈，深受世人喜爱。民族风格浓郁，独具地域特色，深受广大观众喜爱。根据创造艺术形象所使用的物质材料的不同，艺术可分为表演艺术、造型艺术、语言艺术和综合艺术四类，其中，表演艺术包括音乐、舞蹈、曲艺、杂技等；造型艺术包含工艺美术；综合艺术包括戏剧、电影、电视剧等。

（一）表演艺术开发

1. 音乐的开发

中国历史积淀了大量的音乐艺术，如何对这些艺术音乐进行再创造是开发的重点所在。如中国最著名的钢琴协奏曲《黄河》、小提琴协奏曲《梁祝》，分别以抗日歌曲《黄河大合唱》、越剧《梁山伯与祝英台》音乐为原始材料，结合西洋经典乐器钢琴、小提琴的演奏技巧和表现手法创作而成。两支曲子感人至深，在舞台上常演不衰。

复原和发掘古代音乐,把它原汁原味地再现给观众。比如,在云南丽江的纳西族民间,流传着被称为"音乐活化石"的源自唐朝的纳西古乐,它的发现震惊了世界音乐界,人们纷纷到丽江进行考察、研究、欣赏。近年,经过有关部门的开发、培植和完善,形成了以"宣科古乐与乐队"为代表的纳西古乐产业。

利用考古发现,复原和发掘历史上的表演艺术。如2004年,在湖北随县出土的全套战国时期的编钟,音色优美,音域宽广,变化音比较完备,有关艺术团体用编钟演奏古今乐曲,深受中外观众的欢迎。

以文化遗址做舞台背景,进行音乐艺术表演。目前,激光、旋转或升降舞台等技术应用于舞台设计,已经没有任何创意。以文化遗址为舞台背景进行音乐艺术表演,也是一种成功创意。例如2001年世界三大男高音帕瓦罗蒂、卡雷拉斯、多明戈等举办的"三高"音乐会在北京紫禁城午门前举行,演出场面气势恢宏,文化底蕴深厚,民族特色浓郁,成功地实现了中西文化的融合。

2. 舞蹈的创新

以某一历史时期的文化为主题,进行艺术表演创作。例如,浙江杭州,原是南宋都城临安,有着深厚迷人的江南文化底蕴。杭州宋城艺术总团下辖宋城民俗团、杭州乐园艺术团、服饰舞蹈团等分团,共有演职人员300名,是国内规模最大的民营专业艺术表演团。该团以杭州历史文化为背景,以宋城集团各大主题公园为依托,创作上演了"宋城千古情""民俗艺术大游行""欢乐颂""美丽天城"等大型歌舞晚会,演出数万场,观众达5 000余万人次,获得良好的经济效益和社会效益。又如,轰动一时的舞蹈《丝路花雨》,以敦煌壁画中盛唐舞蹈、音乐以及丝绸之路作为创作元素,运用现代舞台手段再现历史的辉煌,艺术效果令世人震撼。

中国的民族舞蹈源远流长,支系种类众多,各民族都有独特的舞蹈动作风格,样式极其丰富。比如,民族歌舞《云南映象》主要由农民表演,注重民族歌舞的原生态,以民间资本投放市场,市场化运作,先后在昆明、杭州、上海等地进行多场演出,收入数百万。派格太合环球公司将《云南映象》更名为《寻找香格里拉》,经过再加工、再提炼,提升艺术性、观赏性,在美国等十几个国家举行近百场演出。民族歌舞文化历史资源的自主品牌创意开发,使《云南映象》走出了一条成功的道路。

(二)工艺品开发

中国的艺术品、工艺品形式多样,特色鲜明。在原有工艺技艺基础上加以创造性地开发,也是对文化资源进行很好利用的途径和方式。

陶瓷艺术品是中国传统的工艺品,在历史上一度享有盛名。目前,陶瓷艺术品种类丰富,既有仿古的作品,也有现代意识的创新作品,如唐三彩、北京景泰蓝、景德镇瓷器、德化瓷器以及瓷画等。这些陶瓷艺术品文化气息浓郁,高贵典雅,是当代室内装潢摆设的理想作品。

中国的铸锻工艺源远流长,早在夏商周,人们就开始铸造青铜仪器。到了汉代,青铜器铸锻冲淡了神秘凝重的原始宗教色彩,赋予青铜艺术以崭新的美学品质,其杰出代表是甘肃武威出土的"马踏飞燕"(图4-6)和湖北满城出土的"长信宫灯"(图4-7)。

图4-6 甘肃武威出土的马踏飞燕

图4-7 湖北满城出土的"长信宫灯"

中国历史上的铸锻工艺材料,以铜、锡、金、铁为主,其种类主要为香炉、酒壶、灯台、花瓶等,图案多为神佛、动物等。这类工艺品历史感强,严肃庄重,拥有特定的消费者群体。

中国的雕刻艺术历史悠久,种类繁多。从雕刻的材料来看,主要有石雕、玉雕、木雕;从雕刻的技艺来看,则有圆雕、浮雕、线雕、镂空、影雕、微雕等。雕刻的内容主要有神佛、人物、飞禽走兽、山水、花卉、花纹图案等。雕刻作品艺术性强,可用于建筑物装饰、摆设或掌中赏玩等。雕刻作品因其材料、形状大小和技艺高低等不同,价格差别很大。大型贵重者如著名建筑物门前的巨型石狮、寺庙中的龙柱;小型低廉者如印章、钮头的装饰。同是神佛雕像,木雕与玉雕的价格就有很大差别。

此外,中国以苏绣、湘绣、粤绣、蜀绣闻名的刺绣,以北京雕漆、扬州螺钿、福州脱胎闻名的髹漆,以及笔墨纸砚、文房四宝、剪纸窗花、泥塑玩具等都极富民族特色。对于这些工艺品业,应努力发扬光大,制定优惠政策,鼓励文化企业进行开发,创造更具特色的文化产品。

(三)戏剧业发掘

我国地域辽阔,民族众多,地方戏曲剧种繁多,仅据中国戏曲剧种手册记载,就达275种。其中影响较大的有京剧、越剧、黄梅戏、沪剧、评剧、粤剧、扬剧、吕剧、川剧、豫剧、湖南花鼓戏、梨园戏、闽剧、歌仔戏等。这些戏曲都具有浓郁的地方色彩,同时拥有各自的观众群。

进行戏剧业的开发,能有效地保留剧种,创新剧目。例如,歌剧《刘三姐》,就是以广西壮族的美丽传说和民歌为素材而创作的。《刘三姐》的艺术魅力和崇善除暴的精神感染了几代人,至今仍深深地打动着每个观众的心。又如,白先勇为了传承中国的"口头和非物质世界文化遗产"——昆曲,排演了青春版《牡丹亭》,上承"西厢",下启"红楼",很好地表达了中国优秀传统文化底蕴和昆曲艺术思想。2004年4月后,青春版《牡丹亭》先后在台北、香港、苏州、杭州、上海等地演出,深受年轻人的喜爱。

越剧《红楼梦》也具有极大的号召力和影响力。1999年,上海越剧院在原剧的基础上,创作了被誉为展示了"上海文化风采的标志之作"——新版《红楼梦》,轰动了京、沪等地。这个剧目在上海大剧院共演出了40场,创造了戏曲剧目演出的最高纪录。该剧还在全国19个省、市、自治区巡演,还曾两度赴新加坡、中国香港地区演出,两位主演随上海戏曲代表团赴奥地利,在维也纳金色大厅演唱《红楼梦》片段,赢得了热烈的反响,上海越剧院因该剧票房收入近600万元。

由此可见,地方戏曲异常丰富,绚丽多彩,这是一份取之不尽、用之不竭的艺术宝藏,需要我们很好地保护、利用和发掘。

(四)影视业开发

文化历史资源的影视业开发,不像旅游业那样受时间、空间、交通和经济实力的制约,也不像艺术业那样受舞台等即时性消费的限制,相比较于旅游业和艺术业,它有着更广阔的发展空间。

通过影视开发,可以再现很多的历史故事。20世纪80年代以来,我国不断地投入巨资,陆续将《红楼梦》《三国演义》《水浒传》等古典文学名著拍摄成不同版本的电视连续剧和电影,获得了较大成功,深受观众好评,不少国家向我国购买版权,不仅获得了丰厚的经济效益,而且向全世界介绍宣传了中华民族优秀的传统文化。

近几年,随着IP越来越受到重视,越来越多的制作方开始从文化历史资源中挖掘IP,打造IP。IP即Intellectual Property,指知识产权,是一个指称"心智创造"(creations of the mind)的法律术语,包括音乐、文学和其他艺术作品,发现与发明,以及一切倾注了作者心智的语词、短句、符号和设计等被法律赋予独享权利的"知识财产"[①]。很多传统历史文化资源拥有免费版权,开发不需要购买版权,从某种程度而言节约了成本,且改编时不受原作者制约,具有极大的自主权。同时,IP开发拥有广泛的受众,文化历史资源尤其是文学创作的无形价值之一就是为IP开发储备大量受众,很多的文化资源有天然的亲近性和强大的吸引力,为资源的开发奠定了良好的基础。

以西游记为例,作为一部古典小说,《西游记》虽不能说是中国文学历史上价值最高的作品,但一定是与中国人世俗生活联系最紧密的作品,从小说一诞生,它就被转化为戏剧、戏曲、动画、影视等各种艺术形式。据不完全统计,近百年间,国内由《西游记》改编而成的影视作品多达百部,1986年版电视连续剧《西游记》和周星驰电影《大话西游》等影响广泛。就连美国、日本、韩国与越南也积极"取经",创作具有本土风味的西游故事。"西游记"逐渐成为"超级IP",由此也培养了中国人看西游的观影习惯,所以"西游记"IP开发受众广泛,市场潜力大。从2013年起陆续有《西游·降魔篇》《西游记之大闹天宫》《西游记之大圣归来》《万万没想到·西游篇》以及《西游记之三打白骨精》等上映。2017年中国电影市场的春节档共上映6部作品,其中4部是IP电影,4部IP电影中又有2部与"西游记"相关,分别是《西游·伏妖篇》与《大闹天竺》。暑期档,《悟空传》(图4-8)表现抢眼,最终票房近6.94亿元。2018年大年初一,《西游记之女儿国》

[①] 肖雅:《中国电影"超级IP"产业模式初探——以"西游记"IP电影系列为例》,《传媒》2018年第13期。

图4-8 《悟空传》电影海报

图4-9 《我在故宫修文物》海报

上映,票房7.2亿元。截至2018年春节档,"西游记"IP电影系列总票房超过80亿元。[①]

根据神话传说改编的动漫《白蛇:缘起》与《哪吒》,也有不俗的市场表现。尤其《哪吒》,被称为"国漫之光",在2019年暑期成为现象级的制作,放映日期不断延长,票房也不断攀升,最终票房近50亿。这些都表明传统文化资源是影视创作的不竭资源库。

当然,传统文化资源也面临着过度消耗IP价值的弊端。即便是"超级IP",其开发也并非是无穷无尽的,滥用IP、蹭IP等市场行为会导致IP价值耗尽。还以《西游记》为例,如近些年刘镇伟导演的《情癫大圣》《越光宝盒》与《大话西游3》完全就是滥用西游IP与蹭西游IP热的圈钱之作,用观众的怀旧情绪博取商业利益,严重削减了观众对"西游"IP的信任感和其他导演的创作信心。这也是对历史文化资源进行IP化开发时应注意的问题。

除了影视剧的开发,文化类纪录片也关注文化历史资源,以此为创作题材。在文化自信越来越重要的当下,描绘风土人情、弘扬传统文化的文化类题材纪录片日益增多,出现了一大批聚焦传统文化、书写人文精神的纪录片精品,比如《舌尖上的中国》《指尖上的传承》《我在故宫修文物》《这里是北京》等(图4-9)。在新媒体环境下,这些纪录片通过传统媒体、互联网及移动互联网等渠道进行传播,在社交媒体上引发强烈关注,掀起了前所未有的收视热潮。

(五)文创产品开发

文创产品是指依靠创意人的智慧、技能和天赋,借助于现代科技手段对文化资源、文化用品进行创造与提升,通过知识产权的开发和运用,生产出的高附加值产品。

文化历史资源的文创产品开发主要在博物馆展开,同时地方旅游也在充分挖掘自身文化资源的基础上创作、设计文创产品,以满足游客的购物需求。这其中,博物馆因为保存了大量的文化资料,成为文创产品生产、售卖的集中地。

2016年,国家相关部门出台了《关于推动文化文物单位文化创意产品开发的若干意见》,鼓励博物馆等单位以馆藏文物为资源,开发各类文化创意产品。各大博物馆也充分利用自身藏品所积淀的历史文化底蕴,创造出全新的原创IP,由此扩大自身影响力,同时实现较好的经济效益。

---

① 肖雅:《中国电影"超级IP"产业模式初探——以"西游记"IP电影系列为例》,《传媒》2018年第13期。

故宫淘宝作为中国内地第一家走红的博物馆文创网店，实现了较为可观的经济效益，公开数据显示，截止到2016年底，故宫文创产品已达到9 170种，仅2016年一年就为故宫带来了10亿元左右的收入。

从故宫淘宝的界面（图4-10）和故宫淘宝的官网可以发现其文创产品延伸之广，有文具、彩妆，还有服饰、瓷器等。种类齐全，包装精美，给消费者允分的选择余地，也避免了文创产品曾经面临的"同质化""实用性低""收藏价值不高"等问题，将文创设计融入了生活之中。

图4-10　故宫淘宝网页

从创意整体风格上看，故宫文创继承了故宫的东方典雅之美，包装上运用了清代的纹样，色调偏复古，给人一种沉稳、含蓄的印象。其中"故宫"彩妆（图4-11）大量选用的"故宫色"更是吸引了大众的眼球，让人一眼便能识别出故宫的色彩，十分具有辨识度。故宫文创的产品本身从图案的美感上也让消费者赞不绝口，线条粗细、延伸程度、线条状态等微妙之处都使画面更加鲜活、生动、富有美感，有复杂的建筑物，有风花雪月图，配色围绕古典风格，低饱和的高级灰与较为张扬的"故宫色"碰撞也十分新鲜。

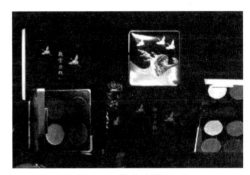

图4-11　故宫彩妆系列

从内容上看，故宫的建筑、文物、历史故事等都成了研发团队取材的宝库。无论是故宫的大门还是房顶的脊兽，无论是皇帝御批抑或是某块牌匾，深度发掘这其中的特色并将其应用于受市场欢迎的载体，是故宫文创成功的关键（图4-12）。

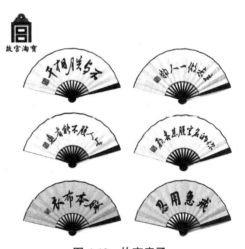

图4-12　故宫扇子

英国作为拥有超多博物馆资源的国家，在文创方面也是走在世界前列的。根据2015年的统计，大英博物馆艺术衍生品营业收入年均高达2亿美元。大英博物馆来自政府的资金支持只占其总收入的30%，而纪念品销售成为主要收入来源之一。

以大英博物馆为例，英国的博物馆非常注重对重点产品的集中性开发。馆内的镇馆之宝之一便是赫赫有名的"罗塞塔石碑"，在大英博物馆的纪念品网站上输入"罗塞塔"这一关键词，能够得到56样有关该文物的相关文创产品，从环保袋到巧克力，几乎

图 4-13　大英博物馆小黄鸭

囊括了所有文创产品最热销的那些类别。

除此以外,英国的博物馆还坚持将本土特色 IP 与博物馆馆藏 IP 相结合,无形中扩大了这类产品的受众群,将高高在上的文物变得更加接地气。

"小黄鸭"在英国是一种流行文化元素,大英博物馆将小黄鸭和莎士比亚、古埃及狮身人面像以及古罗马战士的元素结合(图 4-13),这种既代表英国又极具某一历史特色的文创自然是大受欢迎。

随着世界不同地区对文创产业的研究深入,人们越来越注意到挖掘地方历史文化资源进行文创产品创作对博物馆及地方发展的重要性。以博物馆为例,通过对文创产品的设计研发有利于博物馆的文化传播、艺术创新以及历史文化知识的普及,这是博物馆自身的教育功能以及文化服务功能的有力补充,同时也是传统文化历史资源开发的有效途径。设计新型文创产品和努力发展文创产业既符合当代人们对博物馆的精神文化需求,也有利于改善部分博物馆所面对的资金不足的现状,同时还可以满足博物馆自身的可持续发展要求,这是当今博物馆顺应时代发展的必然趋势。

三、地产业开发

文化资源的地产业开发指以地产作为载体的文化创新,是在一定历史条件下,挖掘地方文化资源,将文化的理念全方位地贯彻到地产开发经营管理的全过程中,以文化资源作为竞争力要素实施的一种差异化和品牌化的开发模式。文化地产也是文化资源寻求地产载体的一种文化创新,以此来满足当代中国人日益提高的旅游及居住生活需求,并推进地方文化更好地发展。文化资源的地产业开发涉及科学、艺术与哲学等多个领域。

(一)影视地产

较早将文化资源与地产开发结合的形式是影视城的建设。最初的影视城就是影视基地,其原型来自电影片场。无论在好莱坞、东京、孟买,还是香港、罗马、莫斯科,大电影公司(或大制片厂)在其黄金年代都曾有过配备全面、有固定内外景场地的大型拍摄场。提供拍摄依然是今日影视基地的基本功能。而上世纪60年代,美国环球影片公司在电影市场萎缩的窘境中想出了组织游客乘坐中巴参观摄影棚并观看模拟拍片的好点子,由此,兼具拍摄和游览双重功能的电影基地诞生,并在日后发展成为著名的电影主题公园。

目前,影视地产的运营模式有三种,分别为主题公园模式、拍摄基地模式、基地+主题公园复合模式。

1. 主题公园模式

此模式是旅游休闲元素的聚集形式,主要以影视创意内容作为核心元素,为大众提

图 4-14 上海迪士尼乐园

供生活娱乐享受。迪士尼乐园是主题公园模式的典型代表(图 4-14)。迪士尼乐园由华特迪士尼公司创立与营运,1955 年开园至今已经在世界各地陆续建成 6 座,上海迪士尼乐园也在 2014 年开放,经济效应显著。

2. 拍摄基地模式

拍摄基地模式,是影视产业元素的聚集形式,主要提供专业影视拍摄场地、设备和服务,并逐渐向影视产业集群方向发展。该模式由创意生产环节支配。成功的典范是由央视 1991 年始建的无锡影视基地确立的。唐城、三国城名利双收的头羊效应激发了 1995 年前后的第一次影视基地投资热潮。镇北堡、浙江横店、怀柔、四川老成都和央视投资的涿州、威海、南海等多个影视基地均是那一时期的建设成果。

不同于众多完全人工搭景的影视基地,张贤亮领导的华夏西部影城因为完整经历了对地区文化资源的发现、塑形、充实、转化升级,成为文化资源开发的典范。

西部影视城(图 4-15)以明清两代的戍边城堡镇北堡的当代遗存为基础,在它被张贤亮发现之前,作为银川城外、贺兰山下的一处历史遗存已经存在了几百年,但其价值并未有人发现。后来,随着小说《绿化树》的描绘,《牧马人》《红高粱》《黄河谣》《双旗镇刀客》《大话西游》等诸多小说和影视剧的传播,这个废弃衰败的、无时不受自然侵蚀的古城堡有了独特的文化气质,即与文明对抗的原始意味,与精致反差的粗犷气质。创作者把对人性张扬的歌咏、对民族历史的缅怀寄托在这片历史景观身上,使荒滩上的古堡成为表征西部、表征北方、表征沧桑、表征古朴的符号。一方面,电影激活了历史遗迹,赋予其符号功能,使它进入文化生产,成为可被反复开掘的文化资源;另一方

图 4-15　镇北堡西部影视城

面,这些古堡之所以能够被赋予上述诸种符号含义,是因为它是地区文化的一部分,是该地区的自然地理风貌、历史环境的产物,即电影的文化寄托落实在一个真实的文化系统中。由此,西部影视城成为影视地产中对文化资源开发利用的典范。

3. 基地+主题公园复合模式

这一模式结合了拍摄基地模式和主题公园复合模式的特点,并对产业元素与旅游元素进行嫁接与融合。横店影视城(图4-16)是基地+主题公园复合模式中的翘楚。影视城位于浙江省东阳市横店境内,现已建成13个影视拍摄基地和2座超大型的现代化摄影棚,被国家旅游局评为5A级旅游区。

基地+主题公园复合模式有别于前两种模式的突出特点,一是产业集聚是核心,同时具备周全的后勤服务基地和完备的影视产业配套;二是多元化盈利模式,结合旅游、会展、培训、交通物流、道具制作与租赁、文化产品工业以及主题公园、服务业等多种盈利模式;三是社会资金参与,复合模式允许民营企业介入,增强市场观念和产业意识,拥有灵活的机制,壮大经济实力;四是运营限制条件多,包括行业先行优势、规模经济以及范围经济,投资巨大但回收期长。[①]

(二)文创造镇(文化造镇)

近年来,新型城镇化建设成为我国新型现代化发展的战略举措,是现代农业、先进工业和高技术服务业协同发展、融合发展和优化发展的必然要求。"文创造镇"是新型

---

① 廖资衡:《影视地产的运营模式及发展战略》,《上海房产》2011年第11期。

图 4-16 横店影视城

城镇化建设的重要模式,是对"望见山水、守住乡愁"的城乡统合发展目标的双重坚持。"文创造镇",相似于20世纪70年代日本的"文化造镇"和1990年代我国台湾的"社区总体营造",就是以地方文化资源为基础,以文化创意和设计服务为手段,以产业融合发展为路径,实现自然生态营建、历史古迹保护、产业协同发展的共生之道。主要有以下模式:

1. 通过建设文化设施,明确小镇定位,进行资源整合与开发

这其中,北京市通州区宋庄镇发展最为典型。早在2004年,宋庄就提出"文化造镇"的发展模式,通过文化设施的建设和艺术环境的营造,成为享誉中外的艺术家群落和艺术产业集聚区,并将宋庄镇打造成与纽约苏荷艺术区相媲美的国际艺术中心。当前,随着宋庄艺术活力的不断注入与创新,宋庄在国际艺术界的名气与日俱增。

2005年,首届宋庄艺术节盛大开幕,到2014年宋庄艺术节开幕之际,已有7个展馆加一条"艺术淘宝街"对外开放,300个艺术家工作室集中开放,创规模之最。截至2016年,宋庄艺术区已聚集了6 000多名艺术家,已发展成中国乃至世界上最大的原创艺术家聚居区。

宋庄深入实施"文化造镇"发展战略,在全镇建设一批重点文化设施,主要包括:以"小堡画家村"为代表的文化艺术聚集区;以"宋庄赏石文化艺术、民间艺术、书画艺术等文化中心区"和"中国宋庄当代艺术空间"为代表的文化旅游、展示、交易基地;建设影视后期制作基地和文化出版发行基地等。通过一系列工程建设和配套项目,将宋庄打造为中国当代艺术中心。

2. 挖掘原有优秀文化资源,进行特色小镇建设

特色小镇是以产业集聚为核心的创新创业平台,对提升我国城镇化质量和促进城市与区域协调发展具有十分重要的战略意义。从城镇化格局看,特色小镇是有效促进大中小城市协调发展的重要抓手,是优化人口流动与分布格局的重要驱动力量。从乡村振兴和城乡融合看,特色小镇具有承担城乡融合发展的天然区位优势,可以有效发挥战略支点作用,带动乡村实现振兴发展。从产业转型升级看,特色小镇可以通过特色资源的集中化开发,形成特色产业集群和创新创业平台,产生经济增长新动能。从文化传

承与创新看,特色小镇是彰显历史文化资源魅力,打造文化旅游体验目的地,促进文化与相关产业融合发展的有机载体。

以湖北省黄冈市为例,为了发展特色文化产业,其先后规划了20个特色文化小镇,比如黄州农民画小镇、黄梅禅宗文化小镇、蕲春中医养生小镇、红安红色旅游小镇、麻城根亲文化小镇、英山汉字艺术小镇等,成为地方经济转型和产业升级的重要引擎。

"文创造镇"的目标是要在城乡统筹发展中营造一个理想的文化社会,其主要特征有:①注重底层创意,重视自下而上的创意驱动;②注重产业协同,包容第一、二、三产业的融合发展;③注重生态建设,注重智慧智能,以人为本;④注重空间营造,把"人、文、地、景、产"等乡镇的多元资源属性统合考虑。"文化造镇"就是要"找到土地草根的力量",找到城镇化发展的文化宝藏,将其转变为城镇化管理和文化建设的核心资源,最终通过"文化故事"塑造城镇的文化品牌。总之,"文化造镇"的发展目标,在根本上就是将中国积累了几千年的粗朴、匠艺、慢活的农耕文明的农村生活方式与现代、时尚、快速的工业文明的城市生活方式的空间融合,重塑一种"精细的拙朴""时尚的慢活""手工的高雅"的新型生活方式。

(三) 文化 Mall

文化 Mall 是文化与 Mall(购物中心)的结合,即将文化产业以 Mall 的方式进行整合,并与购物、休闲、娱乐、饮食等有机结合,是一种新型的以文化产业为主的跨行业商业业态。[①]

文化地产事业开发运行过程中将文化与地产因素进行有机结合,在地产项目开发中具有明显的地域性特点,为此要求充分挖掘与当地地域文化之间的互动关系,能够实现对物质实体的有效创造与运用,传承并创新传统的地域文化特征,在地产项目建设过程中追求建设成为一个区域的地标性建筑,同时,也是文化资源寻求地产载体的尝试。在 Mall 商业形式的建设与运用过程中应当有效结合并运用文化地产的理念,为文化地产行业的发展提供购物、娱乐、休闲以及饮食等多种服务方式,构建以文化产业为主的多种跨行业商业发展业态,实现商业发展与文化业态发展之间的有效融合,运用与当地地产发展相同的文化进行 Mall 发展中的文化定位,充分满足目前人民群众日益增长的文化发展需求,对我国优秀的传统文化进行深入挖掘,以深厚的文化底蕴进行 Mall 的开发与运用。为此在文化 Mall 的建设过程中充分采用文化消费方式,为 Mall 的发展建设书店与影视城,并为其配备茶社、专卖店、超市以及一些相关的配套设施等,提升文化地产发展的软实力。

上海正大广场 Super Brand Mall 是一座著名的文化地产 Mall,在上海地区形成了良好的市场影响力,取得了良好的市场商业价值,产生了巨大的经济效益与文化效益。在设计理念上它充分考虑到了客户生活与娱乐的各项需求,设计出了知名中西餐馆、网吧、多屏幕电影城、零售店铺、莲花超市、大排档以及停车场等多项设施,满足消费者的多项需求。在设计中充分融合进了文化因素,为客户营造出了水世界、冬日夜晚以及四

---

① 叶学平,倪艳:《文化地产的发展及文化 Mall 商业模式探析》,《当代经济》2011年第11期。

季分明的内部景观等多项主题设置,能够带给观众良好的视听体验与感受,增加文化艺术氛围。

文化Mall在建设运营过程中应当有效结合价值链的发展条件,充分把握文化地产发展中的核心关键点,在充分挖掘文化资源的基础上集中精力发展能够带来较大利润的项目。因此文化Mall在建设过程中可以将主要精力放在出版物的销售层面上,基于文化的发展需要积极建设多种书城、影视城、文化商贸城、文化休闲娱乐城、活动城以及文化主题乐园等多种文化休闲场所。为文化的发展建立多种板块的综合服务体系,充分考虑文化Mall发展的多种需要,提升文化Mall产品服务的多元性以及深入性。通过多项专业服务带给消费者全新的生活体验以及精神享受,使得商业的发展能够留住顾客,通过多项服务活动的构建能够实现经济增值,提升文化商业活动的经济利润,并有效降低文化产业的经营成本,通过文化发展构建多种收益方式,使得项目的建设与运营能够获得良好的经济效益。①

四、出版业开发

2017年,中共中央办公厅、国务院办公厅为建设社会主义文化强国,增强国家文化软实力,实现中华民族伟大复兴的中国梦,印发《关于实施中华优秀传统文化传承发展工程的意见》,其中在重点任务表述中,多次谈到出版在传承发展优秀传统文化中的重要性。这也为文化资源的出版业开发提出了新的命题。

(一)纸媒出版

在国家相关政策的指导下,读者掀起了学习传统文化的浪潮。各种传统文化图书逐年增多,品种丰富,形式多样。以知名图书销售平台当当网的图书分类数据为例。当当网的"人文社会科学"中"文化"有传统文化、文化研究、文化产业、民俗文化、文化历史、地域文化、文化理论、民族文化等十几种主题,经搜索查询,2019年8月当当网文化类图书共有105 526件图书商品。其中,在"传统文化"下类目中设有国学启蒙读物、中华传统美德、中医文化、民间工艺、服装文化、古老的仪式和文化、节日文化和仪式、食品和茶文化、对联和版画、生肖文化等与传统文化相关的图书,共有31 634册,占文化类图书比例达30%左右。此外,根据中国版本图书馆相关数据统计,近年来传统出版物数量逐年增加,占当年出版图书总数的6%～9%。这些都表明,中国优秀的传统文化出版物品种齐全,内容丰富,数量劲增,呈现出繁荣的出版景观。②

出版情况具体表现在以下方面:

1. 古籍整理出版规划有序,推出一批代表性成果

世代相传的中华典籍文献是中华优秀传统文化的重要载体。在国家古籍出版整理规划、中华善本再造工程等重大工程的牵引下,一批集当代学者大家智慧的珍本重典相

---

① 杨欢:《文化地产开发和文化Mall商业模式研究》,《科技经济导刊》2019年第22期。
② 蒋成龙:《传统文化图书的出版现状及思考》,《传播力研究》2019年第25期。

继推出,涵括基本古籍文献、出土古籍文献、海外古籍文献、社会档案文献等。

2. **大众普及出版广泛开展,参与主题出版宣传阐释**

2016年,国家新闻出版广电总局首次开展向全国推荐优秀传统文化普及图书活动,对传统文化图书的思想性、科学性与原创性作了要求,并形成推荐体例,促进了传统文化理论阐发与大众普及出版双头并举。从数据来看,众多出版社能针对不同受众群体特征与需求,开发推出针对性强的传统文化通俗读物或普及读本,不仅在内容上涵盖了节日、民俗、古文、诗词、曲赋、小说、音乐、舞蹈、戏剧、文物、建筑等诸多细分领域,而且形式多种多样,方式不拘一格。

3. **融入国民教育全程,国学教育出版体系初步形成**

一是国学教育出版幼童类读物、小学低年级版、小学高年级版、初中版、高中版、大学生读本比比皆是,读者对象细分到位,国学教育出版已经无缝嵌入学前教育、中小学教育和高等教育之中。二是在出版标准化国学教材的同时,注重以地区版教材把握国学的地域文化特征,促进国学标准化与地区版教材同步发展。如中华书局修订出版的"中华文化基础教材",是目前国内第一套课程化、有系统、有实践、跨两岸的国学教材。另如"中华优秀传统文化教育全国中小学实验教材",该套丛书除人教版(标准版)外,目前已出版的十多种地方版本均能结合本地区的传统历史文化特色开展国学通识教育。三是国学教育图书题材涵盖了儒道典籍、古典诗文、书法国画、民俗礼仪、传统工艺、民族器乐、文化遗产等各方面。有的依托国学经典开发德育课程,将德育与国学有机结合,如"中华十德与国学"丛书、"国学经典德育读本"丛书;有的以文化遗产为切入点展现深厚而鲜明的历史传统文化,如"陕西历史文化遗产"丛书;有的侧重汉字书法,如"国学楷书与诵读"丛书。丰富的题材中,又以儒道典籍和古典诗文最为常见,《三字经》《弟子规》《声律启蒙》常被选作幼儿蒙学篇目,《论语》《道德经》《中庸》则较多入选中小学国学通识课本。

4. **大力打造对外出版新局,"一带一路"屡结硕果**

有资料显示,2012年到2017年这五年共有2 000余种各类外文种传统文化图书出版,表明传统文化图书不仅在国内大放异彩,而且积极走出国门、走进各国,成为我国文化软实力建设的亮丽一景。内容方面,《周易》《诗经》《论语》等典籍,《红楼梦》《三国演义》等古典名著,节日民俗、中医保健、服饰文化、武术文化、书法绘画都成为传统文化走出去的主题承载。"走出去"对象方面,除了传统的西方国家之外,伴随"一带一路"倡议的深入实施,越南、泰国等东南亚国家,罗马尼亚、匈牙利等中东欧国家,印度、斯里兰卡等南亚国家,埃及等阿拉伯国家正在成为我国传统文化走出去的新兴之地。

5. **加大民族语言文字出版资源投入,重视少数民族文化保护传承**

2012到2017这五年共使用近30种少数民族语言文字出版2 000余种民族语言文学图书,涉及各民族历史、文化、史诗、古籍、医学等方面,有关民族出版社还针对性地推出了藏、蒙、维吾尔等少数民族的传统文化丛书,如"中国蒙古学文库""西藏文化经典丛书""维吾尔族民俗研究系列"等相关少数民族传统文化的集大成之作。①

（二）数字化出版

除纸质出版，数字化出版对传统文化资源的开发力度越来越大，范围越来越广，比较成熟的数字出版形式是电子出版物、数据库、数字图书馆等。

1. 文献典籍的数字化出版

随着科学技术的发展，传统书籍数字化出版也日益增多。近十年来，古籍数字化仍处在理论与实践的探索阶段，爱如生公司、中华书局以及各公共图书馆、高校图书馆一直致力于古籍数字化的工作，取得了卓越的成绩。

北京爱如生数字化技术研究中心（以下简称"爱如生"）自2003年成立后陆续开发了中国基本古籍库（2005年出版，总计收书10 000种、170 000卷；版本12 500个、20万卷）、中国类书库（2008年出版，收录古今图书集成、永乐大典、明代日用类书等历代类书300部）、中国史学库（2017年出版，收录上起先秦下迄民国的历代史书、诸家史评以及部分史料等，共计2 000种）。

公共图书馆如中国国家图书馆先后开发了中华书籍资源库、中华医药典籍资源库等数据库，浙江图书馆有珍贵古籍数据库，上海图书馆有上图馆藏家谱目录，上图馆藏美国政府研究报告数据库。各大高校图书馆也建立了本馆古籍库全文检索系统。②

古籍数字化有助于提升学术传播的广度，是传承传统文化的重要载体。有助于打破国界，实现知识互通，为中国文化走向世界提供条件，同时，还为开展国际性合作项目提供基础。

2. 经典名著的数字化出版

信息技术不断进步的当下，数字化阅读逐渐成为中国民众重要的阅读方式。为适应数字化浪潮下的阅读新变化，中国传统出版业创新步履不断，利用数字技术将音频、视频、VR体验等融于传统纸质图书。

岳麓书社将广受欢迎的"四大名著"（《红楼梦》《水浒全传》《三国演义》《西游记》）纳入首批数字出版计划。他们邀请声音表演艺术名家录制名著全文演播音频，邀请古典文学研究专家录制讲解视频，并将音频和视频以二维码的形式呈现在书中。"四大名著"（名家演播版）2016年出版后的一年多时间里，销售近30万套。随后，该书社又推出增加VR体验等内容的升级版，再次成为市场爆款。2018年，该书社已出版的十余种数字化图书累计发行超过100万册。

3. 博物馆数字出版

在当前的环境下，博物馆的传播同样不能局限于传统的书籍、杂志等形式，而必须走数字出版的道路，让文物"活"起来。可以说，数字出版为博物馆文物以及文化的传播提供了新的路径，博物馆数字出版的创新，则弥补了博物馆文化传播的不足。这其中，故宫博物院最为典型。

---

① 徐来：《十八大以来传统文化图书出版述评》，《出版参考》2017年第19期。
② 徐诚：《古籍数字化出版的现状及意义》，《青年记者》2018年第8期。

故宫博物院开发了包括互动性图书APP、微信小程序、电子期刊在内的多种形态的数字化产品,每款都有自己独特的内容和定位。电子期刊——《故宫博物院院刊》发布在故宫博物院的官方网站上,以文字为主,同时配以精美的图片,主要有考古学研究、文物研究、明清历史等栏目,注重发掘故宫博物院丰富的学术研究资源。电子期刊面向的主要是专业人士,而APP和小程序的目标群体则是普通大众。同时伴以官方网站、官方微博以及微信公众号等多平台传播,打造出了形态多样的数字化内容。

自2013年来,故宫连续开发了9款APP,如《胤禛美人图》《韩熙载夜宴图》《每日故宫》《故宫展览》等,每一款都主打不同的内容,给了用户极大的选择空间。如《每日故宫》主要为展品介绍,一日一款、一日一推,非常适合现代人碎片化阅读的习惯。同时,《每日故宫》配以日历的形式,用户可以用笔记的形式记录当日的心情、对文物的思考等,生成个性化的日历页,并且可以分享到社交平台。而APP《皇帝的一天》则是一款面向儿童的IPad版的电子书,针对故宫文化和儿童群体的特点,这本电子书设计成了游戏的形式,让孩子可以在游戏的任务中体会到皇帝一天的生活。

数字化出版使博物馆资源得到有效开发,既使文物能便捷地走入大众视野,又为博物馆开创了新的发展道路。[①]

第四节 文化资源开发实践

文化资源的开发只有落到实践的层面上才具有价值和意义。实践的过程需要按一定的程序,有计划、有步骤地展开。但再科学的规划,在实际操作上也会出现各种各样的问题。通过探究实践中存在的问题,发现产生的原因,既为问题寻找对策,又能很好地规避问题的出现。

一、文化资源开发的程序

文化资源的开发离不开科学的规划,掌握文化资源开发的基本程序,对有礼有节、科学合理开发文化资源具有重要意义。文化资源的开发一旦起步,就是一个循环的、逐步提高的系统过程。其开发程序一般包括文化资源的调查与评价、文化资源开发的可行性分析与论证、开发导向模式与定位策略的制定、开发方案的设计、方案的实施、市场反馈及方案的进一步修正等六大步骤。

(一)文化资源的调查与评价

文化资源开发的首要工作是对文化资源进行全面的调查研究和评价。调查的内容主要包括文化资源的类型、数量、分布、特色和个性等。对文化资源进行调查和评价,应

---

① 郭环:《博物馆数字出版策略分析——以故宫博物院为例》,《新闻世界》2019年第6期。

着重查清其历史渊源及文化价值等,然后分析其开发价值、功能、组合特征等内容,最后写出文化资源调查报告及评价总结报告。

(二)确定开发项目

确定开发项目是根据当地文化资源特色、文化市场需求特点和经济发展水平等,选择要开发的文化资源项目,对之后的工作有一个初步的设想。选择要开发的文化资源项目的基本依据:文化市场需求趋势、区域文化资源特色、地方经济发展水平、区域文化产业发展重点等。

(三)可行性论证

文化资源的开发不仅是一项文化活动,更是一项经济技术活动,必须进行可行性论证分析。可行性论证分析包括经济可行性分析、技术可行性分析、开发与保护可行性分析等。通过可行性分析,确定文化资源开发在社会效益上合理,经济效益上合算,产生良好的社会效益和经济收益,在技术上能达到要求的水平,以确保开发工程的顺利进行。

1. 经济可行性分析

经济可行性分析是可行性论证分析的主要内容和关键。它由两部分构成,即市场分析和效益可行性分析。市场分析包括调查文化消费者的相关信息,即文化消费动机、可支配收入以及人口统计学指标特征,如性别、年龄、民族、教育程度、信仰、职业等,还包括研究文化市场制约因素,预测文化市场需求的方向和大小。市场可行性分析通常是整个研究过程中最耗时的,只有通过实地的调查,才能获得所需要的材料。效益可行性分析主要确定的是文化资源的开发项目是否能够产生令投资者满意的经济效益。在这一分析过程中,首先要进行投资条件分析,判断近期、远期内可以获得多大规模的投资;然后进行社会经济基础和开发基础条件分析;最后进行投资效益评估,预测达到潜在市场水平的开发规模、人均可消费水平,从而测算出总收益;再根据预算投资额、资金流动周期,从中核算出收入额、收回投资的期限、投资回收率和赢利水平。通过效益可行性分析论证,应选择那些投资较好的文化资源优先开发。

2. 技术可行性分析

文化资源的开发,在生产、制作、销售、流通、管理等方面,对高科技的依赖越来越强烈。因此,对文化资源的开发,必须进行技术可行性分析,判断开发能否达到技术上的预期目标。在这一分析过程中,首先要分析文化资源开发的技术要求和改进难度,然后对一定时期内条件设备、技术运用和工作量进行评估,继而对这些因素进行充分论证,提出每一项工作的技术指标,做到既技术过关,又节约资本,产生良好的技术效益。

3. 社会环境可行性分析

文化活动的开展,会给当地带来各种社会影响和环境影响,因此,文化资源的开发必须进行社会环境的可行性分析。主要包括当地居民对文化资源开发的观念和态度、当地政府对开发的支持力度、有关法律政策对文化资源开发的规定、开发可能带来的文化冲击和社会影响力、文化资源的脆弱性等因素。

（四）开发导向模式与开发定位

1. 开发导向模式

文化资源的开发导向模式是由文化资源的类型结构和市场需求决定的，解决的核心是资源开发的战略性方向。我国文化资源的开发正在实现由资源导向模式向市场导向模式的转变，在国家积极进行产业结构调整，大力发展文化产业的今天，这种转变是必然的。

所谓资源导向模式，就是文化资源的开发主要依资源而定，有什么资源就开发什么资源，对文化消费市场不予考虑或考虑较少。市场导向模式，就是市场需求什么就开发什么，将文化资源筛选、加工、再创造，导向市场所切实需要的。两种导向都各有利弊，开发实践中应综合考虑。

由资源导向转变为市场导向这一必然趋势的主要促成因素有三：一是投资主体的转变。文化资源开发的主要投资者正在由以往的政府财政投资为主向社会化的引资、集资、贷款和私人投资转变，逐渐形成政府、地方、部门、集体和个人投资的多元化投资模式。无论何种投资，都必须分析研究市场情况，进行可行性论证，然后才决定投资与否。二是市场的变化。由以往的卖方市场转变为买方市场，市场竞争日益激烈。三是经营体制的转变。随着文化体制的改革，文化企业逐年增多，文化企业为了赢得利润，积极开发文化资源。

文化资源开发导向模式是一项战略性的经营策略，主要包括以下体系：

（1）基础形象导向。文化资源在人们心目中的形象主要源于两方面：一是社会自然的长期教育和个人的经历，即原生形象；二是人们在相关机构的广告促销和公关活动的影响下形成的形象，即次生形象。

（2）总体功能导向。即文化资源的总体功能倾向，如文化旅游、民俗体验、文化感知、知识获取等。

（3）市场功能导向。主要指文化资源呈现在消费者市场上的总体形象，根据文化资源在人们心目中的受重视程度，确定一定的市场地位，即在文化资源开发后要形成一定的特色，树立一定的形象，以满足人们的某种需求和偏好。

（4）文化资源开发的主题导向。主要根据地区内各文化资源之间在功能上的分工和协作，制定出各文化资源的主题和相应的控制原则。主要包括四方面的内容：一是文化资源具体的功能开发定位，如观赏功能、体验功能、娱乐功能、标志纪念功能等。二是文化资源开发的风格导向，如民族化导向、个性导向、优势化导向、适用性导向。三是开发模式定位，即一次性全面开发或阶段式分步开发模式。四是文化资源开发的次序定位。一般实施逐级逐层的开发策略，先开发导向型文化资源和项目，然后再开发陪衬型资源和项目。

2. 文化资源的开发定位

定位实际是一种理念的表达，是消费者的理念感知和凝固。从市场营销学的角度讲，文化资源的开发定位是开发者为了适应人们心目中的某一特定地位而设计文化资源的开发方案及营销组合的行为。进行定位的目的是将区域或组织的营销策略与竞争者分开,实质是制定一种更有竞争力的、为目标市场服务的营销策略。

按照营销管理层次,文化资源的开发定位可以分为开发目标定位、功能定位和形象定位三个层次。按照文化资源的组合程度,文化资源的开发定位还可以分为个别定位、资源组合定位和组织定位三个级别。文化资源开发定位的原则是目标定位应当具有号召力,经过努力可能实现;功能定位应当是可信的;形象定位必须是独一无二的。

文化资源的开发定位,一般要经过四个步骤才能完成。首先,根据资源的特色和市场竞争状况,找出一组具有吸引力的市场机会,即该文化资源具有竞争优势的市场领域;其次,对市场机会进行比较分析后,选择出自己的目标市场;再次,应制定出包括资源功能、形象、价格、渠道、促销等内容的文化资源定位策略;最后以恰当的方法通过媒介,把文化资源开发定位观念传递给目标市场。

(五)具体项目设计

确定了文化资源开发的方向和定位策略后,就进入文化资源开发的具体项目设计阶段。与总体规划相比,具体项目设计更复杂、精细,任务也更繁重。

(六)项目实施与监控

进行总体规划和具体项目设计,按照法定程序,得到上级相关部门审批后,文化资源的开发就可以付诸实施。在建设过程中,需要解决的是资金筹措和部门分工的问题。筹措资金的方式多种多样,可以采取政府融资、集体融资、私企融资等方式。为了保证项目的顺利进行,应成立一个专门的组织机构,负责整个项目的领导、指挥、协调和监管,以保证各部门能合理分工,劳动力资源能有效配置。工程实施中,应随时对开发的工程质量、经济支出进行统计监督,将统计结果与预定目标和财政预算进行比较,找出偏差及原因,从而调整实施方案或预期目标。

二、文化资源开发中存在的问题及原因

文化资源的开发利用,历来为世界各国所重视,近年来,在大力发展文化产业政策的指导下,我国各地也开始重视对文化资源的开发。可以说,开发利用文化资源,已经成为各地发展文化产业的主要路径。但是,在表面繁荣的背后,文化资源开发过程中也存在着诸多问题,这些问题极大地影响了文化资源的开发与保护。

(一)文化资源开发中存在的问题

1. 盲目开发

在大力发展文化产业、挖掘文化资源的今天,作为开发主体的各级各部门更需要有理性的思考和正确的判断力,因为并非所有的文化资源都可开发、转化为文化产品或文化服务,也并非所有的开发都能实现预期目的。"一般来说,可度量文化资源更易于进入市场和进行产业开发,而不可度量文化资源则难以转化为具体的包含着经济价值的

文化产品。"① 例如宗教文化，作为不可度量文化资源，其特点在于神圣性和高雅性，其价值在于文化传播和道德教化，这样的文化资源很难在市场逻辑的框架内实现充分转换，应在尊重其宗教特点和文化特色的基础上进行主题策划和内容开发。又如一些概念性的地域文化以及部分历史名人等等，它们所承载的更多是一种形象价值、宣传价值、教化价值，难以转化为具体的包含着经济价值的文化产品。但有的地区出于对文化产业浮泛的理解和过高的期待，无视这些文化资源的特殊性，在文化和产业、社会效益和经济效益不可分割的关系中，只关注后者，其结果只能是俗化和矮化文化产业的境界，在开发过程中不但造成了人力、物力、财力的浪费，而且在很大程度上造成了对文化资源的破坏，并大大挫伤了人们发展文化产业的积极性。其实，即使是不可度量的文化资源，在文化开发方面，空间也是足够大的，关键是内容和形式的选择，例如佛教音乐、佛教经典深度开发的潜力十分强劲，静心定神的佛教音乐《大悲咒》广受欢迎便是一例。

2. 粗放开发

粗放开发，指在缺乏现代化生产技术和手段、创意能力不足的条件下进行文化资源开发，只满足于走资源依赖型的老路，由此而生产出来的文化产品多属附加值较低的初级产品。

在我国一些经济欠发达地区，社会发展水平相对较低，发展现代文化产业的条件和基础尚不够坚实，但在大的形势背景的激励下，一哄而上，仓促上马，实施拼盘式、大杂烩式的低水平开发。这种开发不但浪费、埋没了一些市场潜力较高的文化资源，并且很有可能使一些文化资源失去再度开发的机会。因此，对一些市场价值较高的文化资源，宁可等机会和条件成熟时再加以开发，也绝不能贪图一时的蝇头小利而急于求成，粗放开发。

3. 破坏性开发

在文化资源开发过程中，普遍存在着资源开发的短期行为，从而对文化资源造成不同程度的破坏，如许多古迹、文物被改头换面，重新包装，失去了古迹文物的原貌。在一些地方，一些古迹、文物和建筑在开发名义下遭到严重破坏，有些甚至是毁灭性的破坏。例如，在城市因房地产开发热、广场和新区建设热而兴起的"圈地运动"所造成的历史文化遗存被毁、被破坏的现象屡屡发生；在农村，打着"新农村建设"旗号，一味追求形式而舍弃内涵，致使古村镇历史人文景观的"原生环境"遭到肆意改变，甚至颠覆。这种掠夺式、破坏性开发，无异于竭泽而渔，最终必然会导致资源的枯竭。

4. 过度开发

过度开发，主要表现为一些景区景点超过环境承载量接待游客，过多地建造与环境不相协调的宾馆、饭店、商业网点等接待设施，使旅游景区城镇化、过度商业化，破坏当地经济社会文化环境，甚至危及文化资源本身。

---

① 杜超，王松华：《文化资源转化与文化产业业态创新》，《同济大学学报（社会科学版）》2008年第8期。

5. 庸俗化开发

庸俗化开发，主要表现为在传统的民俗文化资源开发中，为了迎合游客的需要，民间舞蹈、仪式、风俗习惯等不再按照传统的时间、地点和方式举行，而是被庸俗化、简单化地搬上舞台，失去其原有的神韵。这种开发将民俗文化传统从现实生活中剥离开来，篡改其原有的功能与文化内涵，使其舞台化、程式化、空洞化、庸俗化。

（二）文化资源开发过程中存在问题的原因

1. 缺乏详尽开发的规划

很多地方在开发文化资源时，缺乏统一的规划，尤其缺乏全局和长远规划及具体的指导原则。忽视前期调研、论证和方案设计，没有深入研究文化资源的禀赋，对特征把握不够，对资源的开发跟着感觉走、跟着兴趣走、跟着别人走，往往是先开发，后规划，先粗放经营，后整顿治理。因此，资源的整体优势、核心优势得不到很好的发挥和利用，造成文化资源开发中的种种问题。

与此同时，对文化资源尤其是历史文化资源的开发，国家缺乏具体的保护措施和可行的统一规划指导原则，使各地区、各部门的资源开发者随意性增大，造成了文化资源的无序开发与过度开发。事实上，文化资源的开发过程是复杂的，绝不能用简单的经济思维、市场思维生搬硬套，更不能缺乏规划就盲目上马。面对文化资源开发中出现的无序、过度开发、破坏性开发等问题，必须保持清醒的认识。

2. 缺少深度开发的意识

文化资源具有非独占性特点，因此在拥有资源的同时，要用积极有效的方式加以整合和开发。但现在很多地方在进行文化资源开发时，只想短期见效，迅速盈利，因而缺乏整合资源的能力和用高新科技开发资源的意识，形成了资源的粗放开发。殊不知，走依赖资源的老路，反而极容易将资源优势一览无余地呈现在更多人的面前，为别人的异地开发提供更多的机会和可能，从而造成资源的严重流失，最终使优势变成劣势。

资源的开发，绝不能只是拼盘式、大杂烩式的低水平开发，必须利用现代的信息和数字技术平台促成资源的深度开发，进而促成资源的资本化转化。

3. 缺少规范和约束的制度

各类文化资源往往分属不同的部门，由建设、宗教、文化等部门交叉管理。由于部门间、地区间文化资源管理的责、权、利不明确，文化资源管理在名义上有分工，实际上却陷入混乱状态。这是部门间、地区间以及部门与地方间各自为政、相互争利、相互掣肘、相互推诿等现象盛行的主要原因。

同时，地方和部门财政在实行"分灶吃饭"的改革以后，经济利益都相对独立，各级领导干部发展经济、"致富一方"的意识和责任都明显增强。为了增加地方财政收入，有些领导干部很可能对管辖范围内的企业滥用文化资源的行为，持容忍甚至网开一面的态度。这种宏观管理上的缺陷，助长了过度开发文化资源的行为，对文化资源的破坏起了推波助澜的作用。

4. 缺乏保障和监督的法律

尽管我国在文化资源的保护方面出台了各种法律，涵盖了对文物的保护、历史街区的保护,以及各地传统文化和民族民间文化资源的保护,但各个法律之间还缺乏关联性,因而削弱了它的实效性。因为,文化资源是一个有机整体,某一资源受到破坏常常会引起其他资源连锁式的反应。互不联系的单个资源保护法往往难以保障文化资源的系统性、整体性不受破坏,不能从根本上保护文化资源。只有从整个系统出发,规范人类活动,才能提升法律效力。

文化资源的开发必须做到科学合理的开发和利用。在利用文化资源进行新建、扩建时,应根据国家相关规定严格执行,经专家论证和审查,以及相关部门批准后,项目才可以进行。但目前很多文化资源的开发,并没有按相关的规定严格执行,特别是经营开发权交给企业后,企业掌握了资源开发的主动权,很多时候先斩后奏,使主管部门法定的项目审批权似有实无。也正因为法律的约束力和政策的监督力较弱,文化资源开发才会出现破坏性、庸俗化的开发,也才会出现像梁祝故里、孙大圣故里等项目的中途夭折。

三、文化资源开发的对策

文化资源粗放式、低效率的开发和利用,使其既得不到很好的保护,也不能产生应有的社会效益和经济效益。要改变这种局面,必须在保护第一的前提下,加大投入,高效率地进行开发和利用,使其产生最大化的社会效益和经济效益。

(一)科学梳理文化资源

在梳理文化资源时应特别注意两点:首次,在梳理、归类时,要用市场的眼光、经济的眼光来审视文化资源,既不能似是而非,又不能空想臆断。其次,准确把握各类文化资源的特性,这是合理开发文化资源的前提。要认真分析哪些资源具备产业化开发的价值,其可持续发展空间有多大,产品市场半径和容量究竟有多大,由此确定开发投入力度以及发展规模;哪些资源本身并不具备产业化开发的价值,其价值仅在于维系一个地区的文化形象。对于这样的文化资源,更多的是要重视保护,而不是极为勉强地去开发它。如果无视资源特性而盲目开发,最终只能生产出一些没有市场的文化废品,浪费有限的人力、物力和财力。

(二)坚持开发与保护并重

尽管文化资源在很大程度上可循环利用、反复开发,但保护问题不容忽视。首先,要确立科学开发的观念,所谓科学的开发,就是尊重文化发展规律的开发,不破坏文化资源的开发。通过科学的开发,文化资源能够以文化产品的形式获得更大范围内的快速传播,引起更多人的重视,从而为文化资源的保护创造更为良好的社会氛围。

其次,要把握好开发的度,正确处理好保护与开发的关系,做到在保护中开发,在开发中保护,形成保护与开发并举、以保护为重的良好局面。同时,还要在文化资源开发过程中强调"谁开发、谁受益、谁保护"的原则,把部分开发收益应用到资源的保护上。

(三)坚持与时俱进的开发观念

文化资源具有动态性特点,因此在开发过程中,应以发展的、辩证的眼光来看待它,始终要把握住其发展变化的规律,认真分析该变化是否符合社会发展和历史进步的方向,是否符合时代的需要。当变化与社会发展和历史进步的方向一致时,它就是一种文化的进步。在开发利用文化资源时,要有一种开放的目光和创新的意识,不能墨守成规,要善于把文化资源开发与文化资源创新有机地结合起来。

(四)制定和完善相关政策、法规

文化资源的开发,应用法制化手段来约束和规范,这方面国内外都有很多成功的经验可供学习和借鉴。目前,我国已有一些与文化产业密切相关的保护条例和政策,但大都是一出台就保持相当长时期的宏观政策,缺乏可以阶段性地实施的、符合当地实际情况的、可操作性强的具体细则。因此,政策法规的制定要根据文化资源开发行为的发展变化来进行,使文化资源开发逐步走上法制化轨道。同时,在制定政策时,必须考虑到它的包容性和可操作性。

各地在进行文化资源开发时,对经济、社会、文化、生态协调发展认识不充分,特别是一些贫困地区为生计所迫,急功近利,不注意开发行为的规范性,对文化生态造成破坏,导致了不利于可持续发展的结果。对于这些问题,都应该用法制的手段来解决。

在制定政策法规时,还要建立有效的协调机制。开发文化资源、发展文化产业是一种集多种要素于一体的综合行为,必须建立健全有效的协调机制。这种协调机制应至少包括这几个基本方面:政府管理部门与开发者的协调;民族文化的传承和民间技艺的培训与面向民众的宣传教育的协调;保护投入与开发收入的协调;长远目标和短期目标的协调;外来投资收益与当地社区利益的协调;区域之间特别是行政区划间的协调。只有通过诸多方面的协调,才能有效避免文化资源开发的雷同及低层次的同质化竞争。只有不断地完善相关的政策和法律,让参与文化资源开发的人有法可依,才能保证文化资源开发的规范化和合理化。

(五)因地制宜,分类指导

由于地理环境、区位、民族和经济发展状况以及文化传统等诸多方面的差异,不同地区,乃至同一个地区的不同村寨,其文化资源的类型和特点都会有所不同,很难简单模仿和套用固定统一的开发模式。因此,在开发文化资源时,要对文化资源进行分类评估,区别对待,探索不同的开发利用模式。资源的产品化、价值化是一个逐步推进的过程,各地应根据实际情况进行探索,最后寻找到最适合自身资源类型和特点的开发利用途径。

案例：

再造"大唐胜景"[①]

——西安曲江新区开发模式

一、发展的历史背景

西安曲江，被誉为"中国古典园林的先河"，从秦汉到隋唐，不断地进行修葺，在隋唐时达到鼎盛。唐时，此处被辟为皇家园林，建有芙蓉园、杏园、紫云楼、大雁塔等景观。那时的曲江已成为皇帝赐宴百官、文人游宴娱乐、百姓踏青游玩的繁华地带，曲江可谓唐代长安最具魅力和风雅之所在，是建筑、园林、诗歌、绘画、宗教等汇集的"盛唐气象"典型代表。"曲江流饮"被列为"关中八景"之一，是古都西安遗存的文化符号。

之后，随着西安的落后，曲江逐渐没落，众多的景观也因为有"点"没"面"，游客们只能生涩地、孤立地去阅读古迹，而难以真正融入其中。直到20世纪90年代中期，西安市政府提出了曲江发展的新战略，以及再后来曲江新区的成立，极大地推动了曲江文化资源的开发及文化产业的集聚。曲江开发的成功，是对城市文化资源的自觉和自信，曲江新区的建设，也是从文化资源开发来启动的。

曲江新区是一个以陕西文投公司、曲江文化产业投资集团为航母，引领大明宫投资集团、法门寺集团等文化产业巨轮的大型文化产业集团矩阵。建设之初，曲江新区便承载着建设人文之都的责任，同时要将曲江的文化发展与城市价值的兑现联系在一起。因此在发展中曲江新区不断探索，逐渐形成开发文化资源、造就文化成果、拉动西安区域城市发展的曲江模式。曲江文化产业集团也从2012年起连续8年荣膺"全国文化企业30强"之列。

二、曲江模式的形成和内涵

"曲江模式"的内涵就是"文化+旅游+城市"的发展模式，深层次说就是"资源资本化、项目园区化、产业链条化、运营市场化"这一曲江文化产业发展核心价值和发展道路上的主线。通过整合历史文化资源，旅游景区的打造，文化旅游集群的形成，以及其他文化产业门类的带动和发展，实施一批重大文化项目，形成文化产业规模经济与范围经济，最终提升和兑现城市价值。

可以说，西安曲江发展模式是一种文化经济模式，是以文化为推动力，以城市经营为手段，达成文化、商业、旅游的契合。以《曲江文化产业发展纲要》提出的"文化立区、旅游兴区"为指导精神，以"打造具有持久效应的文化主题活动品牌"为发展理念，以"生态示范、功能完善、通达便捷、游居皆宜"为建设思路，致力于"通过打通旅游业核心价值链，优化业务协同，通过旅游衍生业务创新产业盈利模式"，在"打造投融结合、业务组合丰富的西部文

[①] 此案例参考以下文献：a.朱昊楠：《论西安曲江文化产业的历史遗产与旅游资源开发模式》，https://max.book118.com/html/2015/1113/29356992.shtm；b.王云岭：《曲江模式：中国文化产业发展的成功案例》，《中国经贸导刊》2010年第12期；c.肖峰：《以文化产业发展为主导的曲江模式研究》，《时代金融》2019年第18期。

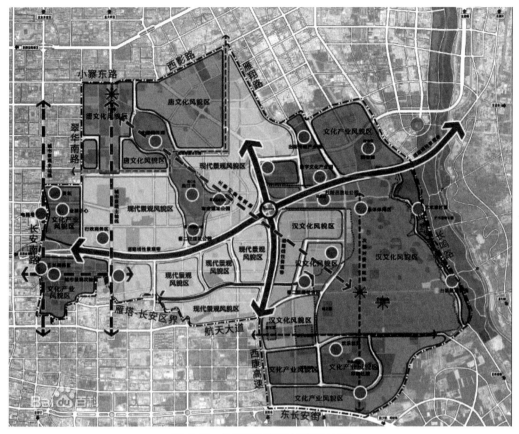

图 4-17　曲江新区整体城市设计图

化旅游航母"的发展思路指导下,从单一的景区运营裂变为集景区开发、运营,集餐饮住宿、地产开发等为一体的强势旅游集群,打造世界级旅游目的地(图4-17)。

三、项目开发

(一)整合文化资源

1. 营造历史概念

在西安曲江的改造过程中,曲江新区的改造者们发现:要想改造西安简单的旅游业模式,必须利用西安丰富的历史文化旅游资源进行文化再生产,将保护与开发合二为一,实现区域经济社会可持续发展和旅游开发的良性循环。建设者们首先整理辖区内的文化遗产。曲江新区利用大雁塔和整修后的曲江池打造历史文化概念,用有形载体营造无形遗产,带来历史文化氛围。对原有旅游资源进行优化、整合、包装、再加工后,以市场营销的模式对相关历史遗产的文化衍生品予以大力宣传,这种宣传让外界了解到曲江丰厚的历史遗产和优越的旅游条件。例如大唐芙蓉园(图4-18)开园时"国人震撼,世界惊奇"的宣传,使西安曲江受到外界的极大关注,取得了巨大的成功。

2. 恢复历史景观

首先,保护历史建筑,如大雁塔、大慈恩寺等,重现历史景观。其次,建设遗址公园,对

图 4-18　大唐芙蓉园

曲江池遗址、唐城墙遗址、唐大慈恩寺遗址等古代遗址实施原址保护，在原址上修建曲江池遗址公园、唐城墙遗址公园、唐大慈恩寺遗址公园、曲江寒窑遗址公园、秦二世陵遗址公园等众多遗址公园。用绿地覆盖原址，使遗址保护区土地得以利用，并为市民提供休闲场所，同时演变为旅游景点。遗址公园达到了对地下文物的保护作用，也是营造历史氛围的一种手段。

3. 打造唐风的整体风貌

曲江新区确立了区域内基础设施和仿古建筑的风格，即"唐风"。"唐风"现已成为曲江文化产业发展中蕴含的文化理念和历史文化概念的外在表现形式，继而提升了曲江文化旅游业和文化演艺业的影响力。

（二）开发文化资源

经过十几年发展，曲江文化产业集群效应凸显，组建成西安曲江文化产业集团，并形成了包括旅游、会展、影视、演艺、出版、传媒等多门类的文化产业集群框架，品牌规模日益凸显（图 4-19）。

1. 文化旅游业。曲江文化产业核心区重点建设有六大遗址公园：唐大慈恩寺遗址公园、大唐芙蓉园遗址公园、唐城墙遗址公园、唐曲江池遗址公园、曲江寒窑遗址公园、秦二世陵遗址公园。同时，以大唐不夜城文化商业、曲江国际会展产业园等文化商业场所为依托，构建有文物博览、文化体验、现代商业、演艺休闲等综合性文化旅游区。曲江文化产业外围辐

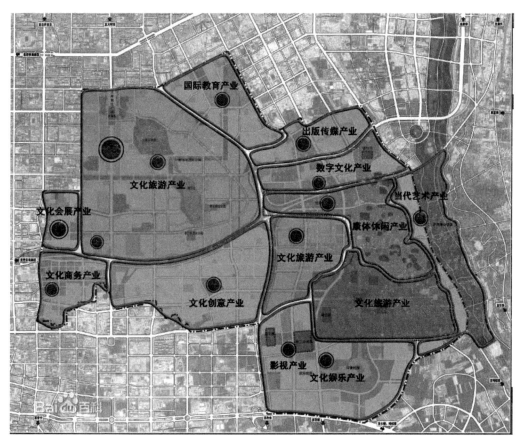

图 4-19 曲江新区产业布局规划图

射区还有三大景区：道教文化与自然山水相融合的楼观台文化景区、佛教文化与生态农业相结合的法门寺文化景区、文物观光与现代休闲相结合的大明宫遗址公园景区。

2. 会展业。曲江会展、创意业的发展以西安曲江国际会展中心为核心，集展览、会议、酒店、商务及各种配套服务于一体的曲江会展产业园，已成为我国中西部规模最大、功能最全、国际文化程度最高的现代化会展产业园。曲江以自办会展为主要发展方向，与政府同步、与国际接轨，努力引进国内外著名会展品牌。以新建成的10万平方米会展新场馆为平台，整合本地资源和市场，出台会展产业扶持优惠政策，与国内外多家会展企业组成产业联盟。

3. 影视演艺业。西安曲江影视以电影、电视剧的投资、制作、发行和电影院线投资经营为主业，兼营影视设备租赁和新媒体业务。西安曲江影视投资集团有限公司，拥有市场化、科学化的运营管理机制，拥有国内知名的影视产业运营团队，拥有丰富的影视行业资源，拥有先进的影视剧制作管理软件。依托西安雄厚的文化资源和曲江优惠的影视产业扶持政策，成功推出了一批优秀剧目，多家影视企业还联合发起成立了曲江影视联盟，成员企业已近百家。

4. 出版传媒业。2007年，西安曲江文化产业投资集团联合著名国学大师文怀沙先生和陕西汉唐研究院及陕西人民出版社正式出版国学巨著《四部文明》，对我国先秦至隋唐两千

图 4-20 《梦回大唐》演出剧照

余年间的历史文化进行了全面的系统总结性研究,是展现中华文明前半期历史文化精髓与核心的集大成之作,堪与清代《四库全书》比肩。西安曲江组建曲江出版传媒集团,打造西部最大图书交易中心和传媒创意中心。

5. 艺术展览和演出业。2009年,"曲江新区·西安美术馆"开馆,成为发展艺术产业的阵地。2018年,西安史上最大当代艺术展"城墙之外"由西安曲江新区管理委员会、西安美术馆主办。曲江新区一方面发展艺术产业,另一方面深挖"大唐盛世"文化演出市场。近年来曲江新区运用大量的高新科技手段、先进的创意理念、新型的运营管理模式,不断进入文化旅游演艺行业,使得曲江旅游演艺业不断创新。尤其是以《再回大雁塔》《再回长安》《梦长安——大唐迎宾盛礼》《梦回大唐》(图4-20)为代表的四大文旅精品演出,受到国内外旅游市场的高度认可。同时,曲江新区出台《曲江新区关于支持音乐产业发展的若干政策》,加速推进曲江音乐产业发展;以大唐不夜城音乐街区为阵地,持续开展街头常态演出,开展主题音乐节庆活动;加强对外合作,持续开展西安国际音乐节等活动,打造全市"音乐之城"示范区。

综上所述,通过对文化资源的开发,曲江形成了包括旅游、会展、影视、演艺、出版、传媒等多门类的文化产业集群框架,品牌规模凸显。

四、存在的质疑

曲江模式的发展在短时期内带给西安的变化有目共睹,但在发展过程中存在很多质疑,主要包括以下两方面:

（一）文化来搭台，地产在唱戏

发展过程中不断有质疑声出现，如"在曲江那里，文物是地产的配角，遗址成地产的道具。"在专家们看来曲江在用文化粉饰地产，并总结其规则："圈地→文化艺术炒作→全球招标搞规划→贷款→基础建设→招商引资→地价成倍甚至数量级翻番→出让土地获得资金→炒文化概念、建主题公园→土地再次升值。"批评者认为曲江的使命不应该是纯粹地追求盈利，曲江的使命应该是怎样去挖掘西安这座城市的文化号召力。

（二）文化产业被"垄断"

还有一些专家学者认为，"文化遗产'被曲江化'可能会伤及历史的根、文化的魂"；"一般文物上会留有历史的信号，而这种信号如果被过度商业化开发，就会逐渐减弱，甚至消失无踪。曲江文化扩张的本质是商业风暴，狂风暴雨过后留下的只会是一堆建筑垃圾，文化的多样性和厚重感就被这堆垃圾所破坏和影响"。部分专家学者、舆论媒体说，法门寺是"舍利提款机"，遭千人联合实名抵制；还有媒体刊发"拆迁逼近玄奘埋骨古刹"的报道，引起各方争议，为了"申遗"而进行的寺庙拆迁，会不会最终破坏遗迹？

质疑的出现既说明问题的存在，也是事情得到更好解决的方向。曲江模式肯定不是绝对完美的，受到各方争议或质疑是正常的。但应看其在特定历史时期所起到的独特作用。曲江模式的成熟标志之一便是将城市的觉醒与文化的传承有机结合。城市的发展并非古旧的消亡、钢筋的崛起、水泥的泛滥，而是对历史文化的尊重、对文化产业的期盼、对人文的敬畏。而曲江新区的发展不但没有忘记城市背后的文化底蕴，恰恰是将城市彰显文化、文化繁荣城市统一起来。

五、曲江模式的成功经验

曲江模式，以历史文化带动经济增长，通过合理开发文化资源，重点发展文化旅游，从而带动多种发展模式的组合，达到了文化产业的良性循环。在此，一套成功的历史遗产与旅游资源开发模式使历史遗产在得到保护的同时实现价值最大化，并进入"曲江模式"的良性循环中。文化产业是顺应时代潮流的新兴产业，在倡导遗产保护和可持续发展的今天，文化资源的开发应该得到重视，而西安曲江的先进经验则是文化资源开发的最佳模本。

本章思考题

1. 文化资源开发的意义是什么？
2. 文化资源开发的原则是什么？
3. 文化资源开发的途径有哪些？
4. 文化资源可以有哪些形式的开发？
5. 文化资源有哪些开发导向模式？
6. 文化资源开发中存在的问题及原因是什么？
7. 文化资源开发的对策是什么？

第五章　文化资源保护

目　的

在本章中你将
- 了解文化资源保护的目的和意义
- 明确文化资源保护的原则
- 知道文化资源保护的依据
- 掌握文化资源保护的模式
- 知道文化资源保护可能存在的问题及应采取的措施

效　果

在实现上述目的之后,你应该能够
- 理解文化资源保护的必要性
- 找到文化资源保护的理论及公约
- 知道文化资源保护的具体模式
- 开展文化资源保护实践
- 知道文化资源保护中各方应尽的责任

讨　论

本章我们将讨论以下问题
- 文化资源保护还有哪些方式?
- 文化资源保护中还可能出现什么问题?怎样合理规避问题?

文化资源和自然资源一样,有其脆弱的一面。许多文化资源,如文物和很多非物质文化遗产,都是不可再生的珍贵资源,必须对它们实施有效的保护。只有优先保护,建立良好的文化生态,才能达到文化资源的可持续发展。可持续发展有其生态保护的意义,在文化资源保护中也有独特的运用。文化资源保护需在一定原则的指导下,在可持续发展理论和相关公约、法律政策的指导下,依据资源特性采取行之有效的保护措施。同时在保护过程中及时发现问题并合理规避。

第一节 文化资源保护概述

可持续发展观将生态环境的保护提上了重要的议程,也为文化资源的保护提出了更高的要求。现阶段,文化资源可持续发展有诸多问题,从问题出发,既能探究文化可持续发展的有效途径,又能更好地探究资源保护中应把握的原则,从而使保护切实有效的进行,更好发挥保护应有的作用。

一、文化资源保护的目的与意义

文化资源保护,就是要保护资源的真实性、完整性、多样性和独特性,有效应对"伪文化"的泛滥,保持良好的文化生态。

(一)有利于保护历史文化的真实性

"伪文化"在当代越来越泛滥成灾,对社会造成很大危害,它不但降低了人们的审美水平,使人们对文化的追求停留在一种廉价的、肤浅的层次上,而且还对真实的文化失去了欣赏能力,这显然不利于文化资源保护。因此,保护文化资源就是要保护文化的历史真实性,引导人们去体验真实的文化,在真实的文化情境中去了解历史。这对于提高人们真正的文化素养无疑具有不可替代的作用。而要做到这一点,首要的任务就是要保护已有文化资源的完整性与真实性,防止其被庸俗化。

(二)有利于保护人类文化

随着现代化的进一步发展,人们对现代生活方式的追求变得越来越强烈,这使得传统文化的生存空间进一步缩小,生存能力也变得更加脆弱。尤其在全球化时代,各种文化之间的差异性越来越小,而趋同性越来越大。一方面人类生活方式越来越趋同,另一方面人们又希望维护文化的多样性,维护人类社会多重价值观念,认为这是维护世界稳定秩序的基础。对文化多样性的维护,不仅是文化传统的需要,也是现实的需要,文化的多样性就如同生态多样性一样。因此,当今世界每个民族都在竭尽全力保护文化的独特性,尤其是对那些珍贵的、快要消亡的文化资源,更是不遗余力地进行修复和保护。

(三)有利于维护文化的生态平衡

在当代社会,文化资源保护犹如自然资源保护一样重要。文化资源也有一个生态平衡问题,不恰当地或是毫无节制地开发文化资源,就会威胁到文化资源的生态平衡,而文化资源一旦失去了生态平衡,就会出现各种文化危机,不仅使人类文化传统的延续受到严重威胁,还会直接影响人类社会的正常发展。

文化资源保护的目的就是维护文化的生态平衡,使文化按照其本身的规律存在和发展,而不是被人为地加以篡改和破坏。在当代社会,文化资源的保护已经到了刻不容缓的地步,引起了国际社会的普遍关注。

二、文化资源保护的原则

基于文化资源可持续发展的要求,保护应特别关注文化资源的真实性、完整性和多样性,有选择地给予不同形式的保护,并在全社会的集体参与和共同努力下,真正达到保护的目的。

(一)整体保护原则

整体保护原则,是指在保护文化资源的过程中,应该对文化资源自身及其生存空间这两个层面实施全方位保护。

1. 文化资源自身的保护

保护文化资源本身,尽量避免在开发过程中遭到有形或无形的破坏,同时要保护文化资源的多种技术与多项技能。"以文化古迹为例,要保护其原有的设计、工艺、材料,还有在材料和结构中显露出的原始建造技术和处理工艺的内容和痕迹等。以年画为例,制作一幅年画,至少需要掌握描图、刻板、印制、上色等多道工艺,如果是彩色套版,还需要多次套色印刷,工艺相当复杂。如果置其他技艺于不顾,只求保护其中的某项技术,即使保护得再好,年画制作技术也不可能圆满地传承下来。从这个角度来说,我们所说的'整体保护',首先应该理解为对该工艺全部程序与技术的全面保护。"[①]

2. 生存空间的整体保护

任何遗产都是特定环境的产物。抛开具体环境,文化资源便会成为无源之水,无根之木。保护丽江古城(图5-1),除了保护古城的本体以外,还要保护古城本体之外的雪山、河流、生活方式等。世界遗产组织在遗产申报条件中,特别指出遗产的完整性、真实性必须包括在申报的提名表中。在龙门石窟申报遗产过程中,其中较大的障碍就是长期以来形成的对石窟环境的破坏,而申报成功与否,关键就在于环境整治问题。可见,文化资源的保护要特别注意整体的保护。

(二)保护文化多样性原则

文化指一个民族在长期的社会发展过程中所形成的特定生活方式与生产方式。由于每个民族历史传统不同、生存空间不同,他们所创造的文化也会有所差异,从而形成了世界文化的多样性。在文化资源保护过程中,"在保护原产地文化的同时,也应注意

---

① 苑丽,顾军:《非物质文化遗产保护的十项基本原则》,《学习与实践》2004年第11期。

图 5-1　丽江古城

到对因流动与变异而衍生出来的各种亚文化类型的保护。"① 这就是保护文化多样性原则。

因此,可以说"文化多样性是人类可持续发展的保证和源泉。如果文化一元化、文化沙漠化,人类就失去了智慧的源泉,人类就无法持续发展。我国五千年文明的延续,是文化多样性和稳定性的有力证明"②。因此,在保护文化资源时,一定要注意文化的多样化的保护。联合国教科文组织大会在第31届全体会议上通过的《世界文化多样性宣言》中谈道:"文化在不同的时空中会有不同的表现形式。这种多样性的表现形式构成了各人类群体所具有的独特性与多样性。文化的多样性是交流、革新和创作的源泉,对人类来说,保护它就像保护生物多样性进而维持生物平衡一样必不可少。从这个意义上讲,文化多样性是人类的共同遗产,应当从当代人和子孙后代的利益考虑,予以承认和肯定。"

(三) 选择控制原则

选择,也就是对文化资源的保护对象和方式要加以选择。在保护的对象上,应该选取优秀的、富有特色的文化资源。文化资源也有良莠之分,故对其保护时,要以历史价值、艺术价值、科学价值和纪念价值等作为标准,进行合理的区分,作出客观、正确的选择,取其精华,弃其糟粕。然后在科学选择的基础上,进行深层次保护开发,推出健康科

---

① 苑丽,顾军:《非物质文化遗产保护的十项基本原则》,《学习与实践》2004年第11期。
② 马建华:《世界文化遗产的保护及其价值意义》,《福建艺术》2007年第4期。

学、具有吸引力的高品位文化资源产品。在保护的开发方式上,要选取对资源破坏较小的方式,并采用各种科学手段,将文化建设对资源和环境的负面影响降到最小。①

对民族文化资源比较理想的保护形式当属民族生态博物馆。生态博物馆概念诞生于20世纪70年代初的法国,90年代借用到我国。生态博物馆是由公共权力机构和当地人民共同设想、共同修建、共同经营管理的一种工具。民族生态博物馆就是对某一民族的自然、社会、文化进行整体保护、传承和研究的生态博物馆。与传统博物馆相比,民族生态博物馆建立在一个文化生态保持较好的地区,对地区的自然遗产和文化资源进行整体保护,地区居民与其所创造的文化和其所改造的自然和谐相处。因为民族生态博物馆具有原生态性、民众性、原地保护、整体保护、动态发展等特点,所以避免了传统民族(俗)博物馆的静态性,消除了异地模拟型民族(俗)村的虚拟性,克服了单一的就地展示型民族村落的孤立性,像一幅宏大、鲜活、立体的画卷展现在游人面前。1995年,中国和挪威联合创建了亚洲第一座民族生态博物馆——贵州梭戛苗族生态博物馆,开创了我国运用生态博物馆形式保护文化资源的先河,这在无意中开辟出保护文化资源的新途径。

控制,也就是把文化资源开发、文化活动强度及参观人数数量,控制在资源、环境和地区居民等各因素能够承载的范围之内。②不论是文物古迹的参观,还是民族生态博物馆的参观,都需要从车流、人流等方面加以合理的控制,使文化资源不会因为旅游的开发而受到破坏。

(四)集体参与原则

文化资源的保护需要政府、学术界、商界、新闻媒体及各级文保组织的积极参与,没有这些组织的积极参与,特别是没有各级政府的积极组织、调动与引导,文化资源保护工作将很难进行。但是,如果社会各界在参与过程中,忘掉了自己的身份,反客为主,势必变参与为"搀乎",使文化资源因热情参与而遭遇保护性破坏。

1. 政府的职能

在文化资源保护工作中,政府要不断建立健全完善的政策体系、法律体系、基金运作体系和组织管理体系,同时,政府一定要尊重文化资源的特性,不能过度干预。国内外文化资源保护实践已经证明,各级政府的过度干预常常会造成大保护大破坏、小保护小破坏、不保护不破坏的尴尬局面。

2. 学界的职能

"学界虽无法直接参与文化资源的传承与保护,但作为保护工作的积极参与者,所起的作用却是任何一方都无法代替的。"③由于社会转型等原因,传承下来的文化资源面临种种危机,而整个社会还无法意识到其无可取代的重要价值时,学术界作为先知先觉者、宣教者和指导者的作用就会凸显出来。学者们通过深入细致的研究,从理论的高度,告诉人们为什么保护文化资源和怎样保护文化资源。

---

①② 陈燕:《论民族文化旅游资源保护性开发的原则与模式》,《云南电大学报》2009年第6期。
③ 苑丽,顾军:《非物质文化遗产保护的十项基本原则》,《学习与实践》2004年第11期。

3. 商界的职能

在文化资源保护过程中商界的贡献有目共睹。许多国家的文化资源保护工作都是从商业运作、旅游开发开始的,在这一点上,商界的介入功不可没。但在充分肯定商业介入的同时,也应该看到商界介入所存在的问题。商业社会的最大特点就是利益的最大化和利益的及时兑现,而文化资源的最大价值并不是它的经济价值,其经济价值很难及时兑现,因此,只按经济规律而不按文化资源保护规律对文化资源所实施的产业化开发,肯定会给文化资源保护工作带来安全隐患。泰山、黄山等自然及文化资源所遭受到的种种破坏有目共睹。很多非物质文化资源艺术化、娱乐化、表演化、现代化,都不同程度地破坏了文化资源的本色。这些状况的出现很多都与过度的商业性开发有关。因此,对文化资源实施产业化开发,法律制度的建设是问题的关键。

4. 新闻媒体的职能

在文化资源保护工作中,新闻媒体既不是工程的组织者,也不是工程的规划者,但它在文化资源保护工作中所起的作用却不容低估。国内外文化资源保护实践的经验显示,没有新闻媒体的介入,政府的意志、学界的想法就不可能深入人心。因此,如何发挥新闻媒体的作用,是各国政府都十分关注的问题。当然,新闻媒体要想发挥政府与学界的喉舌作用,就必须使自己先成为内行,否则,就很容易在纷纭复杂的操作过程中,因概念不清、理念滞后而对文化资源及其保护方法作出价值误判,给文化资源保护工作带来负面影响。

总之,文化资源的保护需要全社会的积极参与,但不论哪一方介入,原则只有一个——利用自己的优势,来帮助、鼓励、推动文化资源的保护与传承,而不是越俎代庖。

三、文化资源保护的依据

文化资源保护是在可持续发展观念指引下,在三大公约即《保护世界文化和自然遗产公约》《保护非物质文化遗产公约》和《保护和促进文化表现形式多样性公约》的指导下开展的。具体表现如下:

(一)可持续发展观念

可持续发展,根本的宗旨是人、社会、自然的可持续发展,它要求按照生态整体利益考察和以可持续发展为标准,进行利益衡量,而不是以人类利益为标准。以此类推,在文化资源的保护中,也应以文化生态整体利益作为衡量的标准,由此才能达到文化资源的可持续发展。

然而,现阶段,有些地方政府把开发利用文化资源作为带动地方经济发展最有效、最直接的途径,在开发利用上常常表现出不同程度的过度行为,不是为保护而开发,而是为利用而开发。伴随着文化资源的过度开发与掠夺性索取,结果总是以遗产地生态境域失衡、历史真实性与风貌完整性消失等为代价,来换取地方经济一时的发展和繁荣,这种做法破坏了文化资源的可持续发展。这种先开发后保护、先破坏再建设的方法显然是本末倒置的。因此,在进行文化资源的保护时,需要首先了解可持续发展在文化资源保护与开发中的运用。

1. 可持续发展理论的历史渊源

中国古代就有了可持续发展的思想观念。古人提出切莫"竭泽而渔,焚林而猎",民间也有"劝君莫打三春鸟,子在巢中盼母归"的说法,可见中国古人十分重视人与自然的关系。"天人合一"更是中国古代哲学中的重要命题,人们意识到对资源的开发不能过度,否则后人难以为继。

世界范围内对经济及其环境影响问题的研究始于20世纪60年代。1962年,美国科学家莱切儿·卡讯(Rachel Carson)发表了《寂静的春天》,这一作品是可持续发展思想的萌芽,标志着人类关心生态环境的开始。十年后,罗马俱乐部发表了《增长的极限》,罗列了经济增长所导致的种种环境危机,同时明确提出了"持续增长"和"合理的持续的均衡发展"的概念。

20世纪80年代,国际社会开始正式探讨可持续发展问题。1987年,世界环境与发展委员会出版了《我们共同的未来》,掀起了可持续发展的浪潮,明确了可持续发展的定义,即"可持续发展是既满足当代人的需要,又不对后代人满足其需要的能力构成危害的发展"。

1992年,联合国环发大会上全球100多个国家首脑共同签署了《21世纪议程》,即著名的《地球宣言》,宣言号召全世界人民遵守可持续发展的原则,并采取一切行动使可持续发展上升为国家间的准则。

1994年,我国通过了《中国21世纪议程——中国21世纪人口、环境与发展白皮书》,这是中国的"可持续发展纲领"。随后,这一纲领性文件在各地得到了推广,表达了中国走可持续发展道路的决心。

2. 可持续发展理论的思想内涵

可持续发展是一种新的人类生存方式,这种生存方式不但要求体现在以资源利用和环境保护为主的环境生活领域,更要求体现到作为发展源头的经济生活和社会生活中去。其内涵包括以下三方面:

(1)强调公平性。可持续发展强调发展应该追求两方面的公平:一是当代人的公平即代内平等。可持续发展要满足全体人民的基本需求和给全体人民机会,以满足他们要求较好生活的愿望。当今世界的现实是一部分人富足,而占世界1/5的人口处于贫困状态;占全球人口26%的发达国家耗用占全球80%的能源、钢铁和纸张等;这种贫富悬殊、两极分化的世界不可能实现可持续发展。因此,应该给世界以公平的分配和公平的发展权,应把消除贫困作为可持续发展进程中特别优先的问题来考虑。二是代际间的公平,即世代平等。要认识到人类赖以生存的自然资源是有限的。当代人不能因为自己的发展与需求而损害人类世世代代满足需求的条件——自然资源与环境,要给世世代代以公平利用自然资源的权利。

(2)强调持续性。持续性原则的核心思想是人类的经济建设和社会发展不能超越自然资源与生态环境的承载能力,这意味着可持续发展不仅要追求人与人之间的公平,还要顾及人与自然之间的公平。

持续性具体包括三个方面的内容：其一，生态的可持续性，即生物的多样性和对生物资源的维护协调一致；其二，社会和文化的可持续性，发展要提高人们对其生活的控制能力，生活水平的提高与人们的文化和价值观相协调；其三，经济的可持续性，即发展能取得经济效益，资源能得到有效管理。换句话说，人类需要根据持续性原则调整自己的生活方式，确定自己的消耗标准，而不是过度生产和过度消费。发展一旦破坏了人类生存的物质基础，发展本身也就衰退了。

（3）强调共同性。鉴于世界各国历史、文化和发展水平的差异，可持续发展的具体目标、政策和实施步骤不可能是唯一的。但是，可持续发展作为全球发展的总目标，所体现的公平性原则和持续性原则，则是应该共同遵从的。要实现可持续发展的目标，就必须采取全球共同的联合行动，认识到我们的家园——地球的整体性和相互依赖性。从根本上说，贯彻可持续发展就是要促进人类之间及人类与自然之间的和谐。如果每个人都能真诚地按"共同性原则"办事，那么人类内部及人与自然之间就能保持互惠共生的关系，从而实现可持续发展。

3. 文化资源可持续发展实现的途径

（1）保护文化资源的多样性是实现文化资源可持续发展的前提

可持续发展是经济、自然资源和生态环境的可持续发展，也是社会文化的可持续发展。要保护好民族文化资源，前提是维护好民族文化资源的多样性。

① 文化多样性是文化持续发展的动力

文化的多样性为文化的可持续发展提供丰富各异并强大的文化资源，确保资源的供给，使文化发展能够始终保持持续的活力和动力。可以说，维护文化的多样性是保护社会文化资源的核心内容，文化的变革与发展有赖于对已有文化元素的重新组合，一个社会已有的文化元素越多，文化资源多样性越丰富，人们的选择就越多，文化创新的可能性就越大，创造、发明、发现就越是丰富多样。维护文化资源的多样性能为文化的可持续发展提供必要的前提条件，它是对文化差异性的充分肯定。文化多样性给我们的文化大融合提供了选择的丰富性，也为文化的可持续发展带来了更大的可能性。这正是文化资源多样性的价值所在。

② 文化多样性是文化资源转化为文化资本和文化产品的重要保障

我国56个民族绚丽多彩的优秀民族文化和广博丰厚的文化资源，为我国成为一个真正意义上的文化强国提供了强大的资源支持和充沛的文化动力，是经济社会发展动力的重要来源，是文化可持续发展的积极因素。目前，各地纷纷依托多样性的文化资源，通过适度技术化、组织化，直至加以知识产权专属化、生产资源资本化，实现资源的有效保护和产业的自主开发。

文化资源转变措施得力，它就是一种资本，在知识经济时代更是一种强力资本。在发展经济的同时，必须保持地方文化、民族文化的多样性，并注重各民族民间文化的资源化开发和资本化运营，培育和发展各民族地区的民间文化产业。

（2）处理好保护和开发的关系是实现文化资源可持续发展的重点

可持续发展观念使文化资源的保护显得尤为迫切，而如何保护使其不至走样、变味为所谓的"保护开发",是保护措施的实践中应该重点考虑的。因此,如何以开发促进保护,以保护保证开发的可持续性,这是文化资源可持续发展必须予以关注的问题。

① 保护是开发的基础,应注重对文化资源的保护

保护好民族文化资源,使其得以永续利用,是可持续发展的目的。首先,必须清醒地了解和把握本地文化资源的家底,进行全面的盘点和梳理,对其特点作准确的分析和把握,采取最恰当的方式进行保护和利用。其次,丰富保护的手段和方式,完善保护规划和措施,采取重点保护、专项工程保护等措施。再次,实行法制化保护,将文化资源的保护纳入法制管理体系。最后,加强制度保障,政府应出台相应政策,建立一套有规范标准和规范约束的完整保护体系。

② 开发是保护的途径,是可持续发展的必然要求

可持续发展战略的实施不是被动地保护文化资源,谨小慎微地留给后人享用,而应当是在现有经济、技术条件下,适度开发这些资源,促进区域社会、经济的发展,促进人类文明的进步。民族文化虽然是神圣不可侵犯的遗产,但还是可以开发的资源。在知识经济时代,它必须有用武之地,必须寻求经济与文化的最佳结合点,产生最大的社会效益与经济效益。注重对传统文化资源的开发,绝不意味着忽视对传统文化资源的保护,相反,正是出于保护的目的,才更要突出开发传统文化资源的重要位置,因为开发是为了保护,是保护的另一种方式,是一种最好的保护方式。

③ 切实处理好保护与开发之间的关系

首先,要将文化资源的保护与开发结合起来,这是一条现实可行的道路。政府可以先投入少量保护与开发资金,待文化产业运转起来并获得效益后,就可以反过来为文化资源的保护和开发提供更多的资金。这样,二者的结合既能保护文化资源,又能推动地方经济发展。

其次,还要将两者区别对待,或保护或开发。对有物质和技术开发条件的项目,可在进行科学论证的基础上先作适度规模的开发,这样既能带来经济效益,也可为后续开发提供经验,打好物质技术基础;而在物质、技术条件还不具备的情况下,应把民族文化资源的保护工作放在首位,等到条件成熟时再进行开发。这样,不仅不会造成资源的浪费,反而是对文化优势资源的储备,这是我们应该提倡的科学态度。

(二)三大公约

1.《保护世界文化和自然遗产公约》

该公约是联合国教科文组织于1972年10月17日至11月21日在巴黎举行的第十七届会议制订的旨在保护文化遗产和自然遗产的公约,公约规定了各缔约国可自行确定本国领土内的文化和自然遗产,并向世界遗产委员会递交其遗产清单,由世界遗产大会审核和批准。凡是被列入世界文化和自然遗产的地点,都由其所在国家依法严格予以保护。公约极大地促进了全世界文化和自然遗产的保护。我国于1985年加入《保护世界文化和自然遗产公约》。

(1)公约产生的背景及意义

第二次世界大战后在一些国家出现了保护遗产的国际运动思潮。首先,埃及修建

阿斯旺大水坝事件引起国际关注，该项目将淹没孕育古埃及文明的阿布·辛拜勒神庙（Abu Simbel Temples）所处的流域。在埃及和苏丹政府强烈呼吁下，1959年联合国教科文组织决定开展国际游说。此次行动促进了对受淹地区的考古研究。阿布·辛拜勒神庙和菲莱神庙被夷平，移到干旱地带并重新修建。

联合国教科文组织开展的此次国际游说耗资8 000万美元，其中一半是由50多个国家捐赠的，显示出多国共同参与对杰出文化遗产保护的重要性。它的成功引发了其他一些保护运动，如意大利的威尼斯、巴基斯坦的莫亨朱达罗（Moenjodaro）和印度尼西亚的婆罗浮屠（Bolobudur）等。①

在国际古迹遗址理事会的帮助下，联合国教科文组织开始拟定相关公约，并于1972年11月16日联合国教科文组织第17届大会通过了《保护世界文化和自然遗产公约》。

一方面，公约作为世界上第一部专门保护自然遗产与文化遗产的综合性条约，对后续的专门性条约起到了示范的作用；另一方面，世界遗产公约的缔约国，必须遵守条约规定的义务，因此条约对缔约国为保护遗产立法也起到了参照的作用。

（2）公约内容

公约规定了文化和自然遗产的定义、文化和自然遗产的国家保护和国际保护、保护世界文化和自然遗产政府间委员会、保护世界文化和自然遗产基金、国际援助的条件和安排及教育计划等内容。

公约规定的文化遗产主要集中于以下三方面：其一为文物，即从历史、艺术和科学角度看具有突出的普遍价值的建筑物、碑雕和碑画，具有考古性质成分或结构、铭文、窟洞以及联合体；其二为建筑群，即从历史、艺术或科学角度看在建筑式样、分布均匀或与环境景色结合方面具有普遍价值的单立或连接的建筑群；其三为遗址，即从历史、审美、人种学或人类学角度看具有突出的普遍价值的人类工程或自然与人联合工程以及考古地址等地方。

（3）机构设置

公约签订后，联合国教科文组织设立了与遗产保护有关的机构：世界遗产委员会、联合国教科文组织、世界遗产中心、国际文化遗产保护和修复研究中心、国际古迹和遗址理事会、国际自然与自然资源保护联盟、国际博物馆协会、世界遗产城市组织，以此来支持各国对人类具有珍贵价值的世界文化和自然遗产的鉴定、保护和保存。

（4）实施

公约规定了财政及技术援助，在国际援助和定期报告方面给出具体措施。

该公约在世界范围内文化遗产及自然遗产的保护方面起到了重要作用，到2019年，录入世界遗产名录的有1 121处。我国自1985年加入《保护世界文化和自然遗产公约》以来，与联合国教科文组织在世界遗产领域有着良好的合作关系，截止2019年，第43届联合国教科文组织世界遗产委员会会议通过，中国世界遗产总数已达55处，与意

---

① 参见《〈保护世界文化和自然遗产公约〉的制定与实施》，《国外城市规划》1997年第3期。

大利并列世界第一。

2.《保护非物质文化遗产公约》

《保护非物质文化遗产公约》于2003年10月在联合国教科文组织第32届大会上通过，旨在保护口头传统和表现形式、表演艺术、社会实践、仪式、节庆活动及传统手工艺等非物质文化遗产。公约于2006年4月生效。中国于2004年8月加入该公约。公约极大地促进了人类非物质文化遗产的保护工作。

（1）公约产生的背景及意义

国际社会一直强调非物质文化遗产的重要性，1948年的《世界人权宣言》、1966年的《经济、社会及文化权利国际公约》《公民权利和政治权利国际公约》，再到1989年的《保护民间创作建议书》、2001年的《世界文化多样性宣言》和2002年第三次文化部长圆桌会议通过的《伊斯坦布尔宣言》都对此进行了强调，但对非物质文化遗产在世界各国的现状进行认真的评估后，人们才惊奇地发现，与物质遗产相比，非物质文化遗产面临更严峻的形势。当人们对物质类世界遗产的保护在有条不紊地进行之时，人类的另外一些伟大创造——非物质类的遗产，却面临着尴尬的境遇。随着全球化趋势的不断增强、超级大国的文化入侵、国际标准化的推广、持续不断的武力冲突、世界旅游业的蓬勃发展以及大规模的工业化开发造成的环境每况愈下，都对传统文化构成了威胁。许多传统和民间文化遭到不同程度的破坏，甚至濒临消亡。

与此同时，现有的关于文化遗产和自然遗产的协定、建议书和决议缺乏对非物质文化遗产保护方面的规定，为了提高人们尤其是年轻一代对非物质文化遗产及其保护的重要意义的认识，为了加强国际社会在非物质文化遗产保护方面的多边合作，联合国教科文组织于2003年10月17日通过《保护非物质文化遗产公约》。

公约的意义表现在以下几方面：首先，保护非物质文化遗产是实现文化多样性的具体而现实的举措。非物质文化遗产是各民族特色文化的体现，内容极其丰富。《保护非物质文化遗产公约》是《世界文化多样性宣言》之后，国际社会在促进文化多样性上的进一步发展。其次，从非物质文化遗产法律保护的角度而言，公约为其提供了国际法上的依据。它标志着在国际法上一个全球统一的人类非物质文化遗产保护观念正式形成，同时也将国际法和各国国内法有机地结合起来，大大地促进了非物质文化遗产的保护进程。第三，从公约文本内容的角度而言，《保护非物质文化遗产公约》为各国的非物质文化遗产保护立法提供了范本。公约提供了重要的保护模式。比如我国新出台的非物质文化遗产法中的核心实施制度与公约的实施制度框架是基本一致的，都从管理机构及其职能、保护措施、资金筹集等方面进行规定。

（2）公约内容

公约对非物质文化遗产的内容给出明确的界定，即口头传统和表现形式，包括作为非物质文化遗产媒介的语言；表演艺术；社会实践、仪式、节庆活动，有关自然界和宇宙的知识和实践；传统手工艺。这里的非物质文化资源主要是行为传递性文化资源。公约同时设立了核心制度，包括各类主体职权制度；确立了保护措施制度；开展国际合作与协助的制度；建立了非物质文化遗产资金制度；明确了公约的操作指南。

（3）机构设置

公约明确在教科文组织内设立政府间保护非物质文化遗产委员会，委员会由参加大会的缔约国选出的18个缔约国代表组成，在公约缔约国的数目达到50个之后，委员会成员国的数目将增至24个。公约对委员会的任期、职能、工作方法作出具体说明。

（4）实施效果

自从公约生效以来，全世界范围内掀起了非物质文化遗产保护的热潮，非物质文化遗产的保护在此公约的指引下取得了巨大成果。在此公约引导下，为了继承和弘扬中华民族优秀传统文化，促进社会主义精神文明建设，加强非物质文化遗产保护、保存工作，我国于2011年2月25日通过《中华人民共和国非物质文化遗产法》，并自2011年6月1日起施行。我国先后于2006年、2008年、2011年和2014年公布了四批国家级项目名录（前三批名录名称为"国家级非物质文化遗产名录"，《中华人民共和国非物质文化遗产法》实施后，第四批名录名称改为"国家级非物质文化遗产代表性项目名录"），共计列入1 372个国家级非物质文化遗产代表性项目。按照申报地区或单位进行逐一统计，共计3 154个子项。

国家级名录将非物质文化遗产分为十大门类，其中五个门类的名称在2008年有所调整，并沿用至今。十大门类分别为：民间文学，传统音乐，传统舞蹈，传统戏剧，曲艺，传统体育、游艺与杂技，传统美术，传统技艺，传统医药，民俗。

3.《保护和促进文化表现形式多样性公约》

《保护和促进文化表现形式多样性公约》于2005年10月20日第33届联合国教科文组织大会通过。

（1）公约背景

20世纪80、90年代，西方文化挟带着经济和军事的强势，席卷第三世界国家，文化歧视和文化压迫开始抬头。文化帝国理论纷纷出笼，如"文化一元论"和"文明冲突论"，认为西方文化高于其他民族国家文化，否认文明的平等、竞争与共存，把西方文明与其他文明对立，企图以西方文明，特别是美国文化强加于第三世界国家和民族，并以其经济、军事的优势迷惑了相当多的人。在许多第三世界国家和地区，出现了只重经济发展，忽视自身文化，崇拜西方文化的倾向。在很短的时间里，鲜活的文化，既有物质的又有非物质的文化正在快速地远离人们，失去生命的活力。而许多西方的生活方式、西方的节日迅速地传播到发展中国家。世界文化是向一元化发展，还是坚持多元化，是世界能否和平发展、可持续发展的前提。正是在这种背景下，2005年联合国教科文组织通过了《保护和促进文化表现形式多样性公约》，宣布"所有文化有同等尊严，应受到尊重原则"；"文化多样性对于地方、国家和国际的和平与安全是不可或缺的"。人类对非物质文化遗产和文化生态的保护，使人们逐渐认识到，这不是简单的对文化保护的认识进步，更是人类对自身及其所创造的文化一种价值认识的进步，是人类认识自身和社会一个巨大的进步。

（2）内容

公约从肯定文化多样性的角度出发，强调其重要性，定义了文化相关概念，包括文化多样性、文化内容、文化表现形式、文化活动、产品与服务、文化产业、文化政策和措施;规定了缔约方的权利和义务,确立公约机构,并就争端的解决给出建议。

（3）机构

设立缔约方大会,设立"保护与促进文化表现形式多样性政府间委员会"（以下简称"政府间委员会"）。政府间委员会由18个本公约缔约国的代表组成,任期4年。

（4）实际效果

该公约不像其他两个公约实现了很多具体项目的保护,但在推动文化多样化的表达、推动文化多样化发展方面起到了积极的作用。

第二节　文化资源保护实践

一、文化资源保护成效

近几十年来,我国非常重视文化资源的保护,积极参与联合国教科文组织在保护文化多样性、推动人类文明交流互鉴方面的工作,先后加入了多个联合国教科文组织的文化类公约,包括1972年《保护世界文化和自然遗产公约》、2003年《保护非物质文化遗产公约》和2005年《保护和促进文化表现形式多样性公约》。在认真履约的同时,我国积极开展文化资源的保护,主要表现为文化遗产保护和非物质文化遗产保护,并将其上升为国家战略,建立了政府主导、社会参与的保护机制,开展了一系列的探索与实践,在保护立法和确立保护方针等方面取得了一系列成效。

（一）加强政策立法

1982年,中国出台了《中华人民共和国文物保护法》;2011年,出台了《中华人民共和国非物质文化遗产法》。这两部法律的出台,为中国依法保护文化遗产奠定了坚实基础。国务院设立了专门的职能机构,由国家文物局和文化部非物质文化遗产司分别负责全国范围内物质文化遗产和非物质文化遗产的保护工作。中国各省（直辖市、自治区）也分别出台了地方性条例,设立了专门的职能机构。截止到2015年,中国文化遗产保护机构约计1.13万个,工作人员16.6万人。

（二）确立了中国文化遗产保护工作的方针

中国政府确立了"保护为主、抢救第一、合理利用、加强管理"的文物保护工作方针和"保护为主、抢救第一、合理利用、传承发展"的非物质文化遗产保护工作方针。"保护为主、抢救第一"是基于文化遗产自身的脆弱性和濒危状态而提出的。"合理利用",强调发挥文化遗产在现当代社会应有的作用。针对文物的"加强管理"和针对非物质文化遗产的"传承发展"是对合理利用的补充,体现了物质文化遗产和非物质文化遗产两者的差异。物质文化遗产强调对遗产本体的保护,非物质文化遗产强调传承和再创造。

(三)开展大规模的调查统计和记录,建立清单制度

1956年至今,中国开展了3次全国性的文物普查,登记不可移动文物点76.7万处,可移动文物4 000万(套)。1979年开始,中国开展了对民族民间文艺现象的调查,到2016年已收集资料约50亿字,出版了《十大民族民间文艺集成志书》318卷,约4.7亿字。这本"志书"收集的民间文艺现象覆盖了中国各民族各地区,被学术界誉为"中国民间文艺的万里长城"。2005年至2009年期间,中国开展了全国性的非物质文化遗产资源普查,普查资源总量近87万项。通过调查,掌握了中国文化遗产资源的种类、数量、分布状况、生存环境和保护现状,建立了中国文化遗产的清单制度。

中国的文化遗产清单制度为四级名录体系,即国家、省、市、县四级。2006年起,中国政府将每年6月的第二个星期六确定为中国的"文化遗产日"。文化遗产日的设立旨在提高全民文化自觉意识。

中国的非物质文化遗产保护工作始终是在联合国教科文组织《保护非物质文化遗产公约》和《中华人民共和国非物质文化遗产法》指导下开展的。为加强履约能力建设,国家对各级非物质文化遗产保护机构开展新一轮《保护非物质文化遗产公约》和《保护非物质文化遗产伦理原则》的培训,帮助非物质文化遗产保护人员加深对"公约"和"伦理原则"的理解与把握,并使之更好地与中国各地的保护实践结合起来。

(四)加强对遗产持有者和相关从业者的培养

对杰出的遗产持有者,认定为代表性传承人,并对其进行多种扶持。到2016年(以下数据都截止到2016年),对571名国家级代表性传承人开展了抢救性记录,全面记录、整理和保存他们掌握的知识和精湛技艺;中央财政补助国家级代表性传承人每人每年2万元人民币传承活动补助经费,出资建设了96个非物质文化遗产保护和利用设施,计划到2020年,再建200个。2015年起,文化部和教育部启动了"中国非物质文化遗产传承人群研修研习培训计划",委托大学对遗产持有者和普通从业者开展培训,提高他们的学习和传承能力。大学参与非遗传承工作,不仅为不同民族、社区非物质文化遗产传承开辟了新路径,也为大学参与社区非物质文化遗产的保护与传承搭建了平台。

(五)推动传统工艺振兴

针对纺染织绣、陶瓷、漆器等传统工艺类非物质文化遗产项目,国家提出"生产性保护"方式,借助生产、流通、销售等手段,在生产实践中激发遗产自身的生机和活力。自2011年以来,建立了100个国家级非物质文化遗产生产性保护示范基地,举办了多次全国性展览展示活动。2015年,启动了"振兴传统工艺"工作,通过建立振兴目录、培训相关从业者、加强理论与技术研究、支持企业和大学与手工艺人合作等多种方式,明显提高传统工艺的传承发展和再创造水平。

(六)对非物质文化遗产进行整体性保护

2007年起,中国先后在历史文化积淀丰厚、存续状态良好、文化遗产价值突出、特色鲜明的区域,设立了18个国家级文化生态保护实验区,支持地方政府把非物质文化遗产项目和其得以孕育、滋养的人文环境一起保护,促进文化遗产与经济社会的可持续发展。这样做的目标是帮助各个生态区形成自己的特色,使各个生态区真正成为遗产

丰富、氛围浓厚、特色鲜明、民众受益的区域。同时,住房与城乡建设部、文化部、国家文物局等多个部门联合开展了传统村落保护。在对传统村落的保护中,要求保留原住民和他们的生活方式,避免传统村落、老街变成只有建筑和商铺、没有原住民的空心遗址,避免非物质文化遗产失去传承基因、环境和土壤。同时,注重旅游业对文化遗产传播的积极作用。①

二、文化资源保护模式

在不断实践过程中,我国在文化资源保护过程中针对不同类型资源,采取了不同的保护模式,使保护形式灵活多样,保护方式有针对性。这里主要探讨物质实证性文化资源中的文物古迹资源和行为传递性文化资源中民族民间文化资源的保护模式。

(一)文物古迹资源保护模式

文物古迹的保护是一个社会性问题,它涉及经济发展、城市建设、人民生活、旅游、教育等方方面面。从经济属性来看,文物古迹保护具有公共服务事业的性质,属于政府经济,因此它具有外在性、共享性和垄断性的特征。从投入效益来看,文物古迹保护的投入是长期效应,难以在短期内得到回报,所以靠利益驱动吸引投资相当困难,只有靠政府的政策导向和强制措施。因此,长期以来我国对文物古迹资源实行政府主导型的保护策略。

按现行的法律、政策,我国的"文物古迹的保护可以分为三个层次,即文物保护单位、历史文化保护区、历史文化名城。它们的内容特点不同,保护的重点和采取的方法也不一样"②。当前,随着城市建设的发展,出现了很多破坏历史文物的问题,这既有对其重要性认识的不足,也有保护的层次不清、方法不当的原因。因此,正确地选择保护方法、正确地认定拟保护对象的类型和保护层次是至关重要的。

1. 各级重点文物保护单位

(1)对文物保护单位的保护方法

《中华人民共和国文物保护法》规定:"对文物保护单位,在维修时应遵循不改变文物原状的原则。"各级重点文物保护单位在保护的过程中强调的是原汁原味,一切按原样保存,保护原物不得改变。这个规定比欧洲的一些国家要严格,因为对文物建筑既保存历史信息又赋予新的用途,做起来很不容易,需有高度的专业技巧。

法国有专门的"国家建筑规划师"制度,他们的资格授予十分严格,要通过国家专试,再经过两年的专门培训,全国人数非常有限,这些人有权审查有关文物建筑的保护、维修、利用的规划设计。有这些高级专业人才的把关,法国对文物建筑的"改动"当然就不至于出纰漏了。

与法国相比较,我国在这方面的建设却显得非常薄弱。我国文物保护法对"文物

---

① 项兆伦:《中国保护文化遗产的实践与经验》,《雕塑》2016年第5期。
② 王景慧:《论历史文化遗产保护的层次》,《规划师》2002年第6期。

保护单位"的保护规定十分严格,做不到这个规定要求的,应考虑改用其他保护方法。现在有的地方就在"文物保护单位"之外,又增加一个"近代优秀建筑"的名目,其保护方法比"文物保护单位"稍加松动。这是因为某些近代代表性建筑,如银行、旅馆、住宅等,一方面确实有文物价值应予以保护,另一方面如果要继续使用,就不得不改造内部,增加现代化设施,如上海、武汉等地均有如此的地方规定。还有一种情况,如大量的古村落、民居群,由于居住在其中的居民不可能全部迁出,所以也无法使这些民居保持原有状貌。这就应该采取另一个层次的方法,设立"历史文化保护区",不将其命名为"文物保护单位",或者只把村内的若干建筑,如祠堂、会馆及特别珍贵的院落定为"文物保护单位",而把整个村落定为"历史文化保护区"。

（2）保护文物古迹的历史环境

我国的文物保护法中规定,要在"文物保护范围"之外再划定一个"建设控制地带",这是保护"历史环境"的需要,它与保护文物自身有同样重要的意义。任何一个文物建筑,历史上都有一个存在的环境,这个环境同样饱含着历史的信息,与文物建筑相辅相成,共同诉说着历史的沧桑。

历史环境的作用可表现为这些方面:体现建筑的地位、功能,提示这里发生的历史事件的细节,体现设计意图,表达设计的艺术效果,提示历史上的位置坐标,推断其他已不存在的建筑的位置关系。

保护历史环境并不是单纯美化环境,有不少地方好心好意地美化了环境却丢掉了历史。长沙清水塘有毛主席和杨开慧的旧居,在长沙郊外,和周围农舍一样朴素宜人,当然也不引人注目。后来此建筑得到很好的维修保护,周围还精心建造了花团锦簇的公园,还有如镜的水面。这里的环境确实改造得很美,但毛主席当年搞秘密革命活动的艰苦危险的气氛消失了,历史环境不存在了。都江堰有纪念李冰父子的二王庙,庙前有条松茂古道,路旁有鳞次栉比的民居店铺,尽管这些建筑不一定很古老,但它们是寺庙历史环境的重要组成部分,体现了寺庙的繁盛,也反映了古道的历史作用。可惜在申报世界遗产时,为了美化环境将这些房屋全部拆光,改建成现代的园林草坪,环境倒是美化了,历史的感觉也全部没有了。

2. 历史文化保护区

1986年,国务院文件规定了要保护成片历史性地区,把代表城市一定历史时期传统风貌和地方民族特色的街区、建筑群、小镇、村落等定为"历史文化保护区"。历史文化保护区的条件:有真实的历史遗存,有完整的历史风貌,有足够的面积,视野所及能造成一个完整的历史氛围。这类地区的现状建筑质量可能较差,有的或许已是危房,对此主要是要看其是否有历史的典型意义,是否代表城市风貌的一段历史,不能因其破旧而轻易放弃。

（1）历史文化保护区与文物保护单位的不同点

历史文化保护区的保护方法和文物保护单位是不一样的,主要体现在以下几个方面:

① 不是一切"维持原状",不是全面要求"原汁原味,整旧如旧",而只是保存外貌,

室内是可以改动的。所谓"整旧如旧"只限于建筑的外表,这比保护文物更容易实现,而且不影响其使用,如果这个区域内有某些具有文物价值的建筑和法定的"文物保护单位",那么对这些特定建筑来说还是按保护"文物保护单位"的方法办。

② 要使居民继续在这里生活,维持这里的功能,促进社区的繁荣。历史文化保护区保护的目标不是只保存一个物质的躯壳,还需要保存它承载的文化,要有人的活动,要有生活的延续性。

③ 要积极改善基础设施,改善居民的生活条件,使继续生活成为可能。在古老的街巷里引入现代化设施的同时又要保存历史风貌,在设计规范和施工操作中,应有巧妙的设计和变通的方法。或者可以说,在这类地区,基础设施的规划设计必须要采取特殊的方法。

(2) 历史文化保护区规划

关于历史文化保护区的规划,现已有了较成熟的做法,其要点是:

① 确定区内建筑物保护、整治的方式。对保护区内的建筑逐一调查,按现状条件确定的保存方式可分成以下几种情况:第一,具有文物价值或已定为文物保护单位的,依《中华人民共和国文物保护法》按"不改变文物原状"的原则进行保护。第二,对较好的保存着传统风貌的历史建筑,保存外貌改造内部,外观可依原貌维修整饰,内部按现代的使用要求增加必要的设施。第三,外观已有较大改动者,如门窗换成了铝合金、小青瓦换成了水泥瓦、墙面贴了瓷砖等,应进行整修使其恢复原来的面貌。第四,对建筑结构已遭较大损坏成为危房的,可更换结构进行维修或改建,但外观还应维持历史面貌。第五,对新建的与传统风格尚可协调的建筑,可以保留。对不协调的建筑则应改造,至于改造的时间可视经济条件而定。有的地方总结归纳为保存、维修、整治、改造几种情况。各地的实际情况千差万别,应根据自身的实际情况,选择最佳的保护方式加以最恰当的保护。

② 地区历史环境的保护和历史整治。文化保护区重点保存的是整体环境风貌,所以规划要分析构成整体风貌的所有要素,并按历史的面貌保存或整治,如路面、院墙、牌坊、路灯、小桥以至古树,应该一一调查,搞清历史状况,提出保护整治的做法。

③ 基础设施的改造和建设。一般要维修道路,增加排水设施,解决居民燃气,还要将电力、电信管线埋入地下,要按保存历史风貌的需要专门解决消防的问题,此外还要考虑增设旅游参观服务的一些设施。

3. 历史文化名城

(1) 历史文化名城保护的内容

历史文化名城的保护原则是既要保存历史文化遗产,又要促进城市经济社会的发展,改善居民生活环境,实现城市现代化。这里有成千上万的人居住,不能把它简单地当成一个博物馆。为此,历史文化名城保护的内容可归纳为三点:第一,保护文物古迹和历史地段;第二,保护和延续古城的格局和风貌特色;第三,继承和发扬优秀历史文化传统。由此可以看出,对历史文化名城要保护,但建设活动又是必不可少的,处理好保护与建设的关系,分清保护与建设的不同要求是重要的一环。

（2）历史文化名城保护的方式

历史文化名城中除了重点保护文物古迹和历史街区外，保护和延续古城的格局和风貌特色也是重点所在。在文化名城里，新的建设是必不可少的，但要遵循一个宗旨：既要保护和延续古城格局，又要保护和延续其风貌特色。格局和风貌尚存的予以保护，格局和风貌不完整的予以延续，这就给城市的发展建设留有很大的余地，也给规划设计的创作发挥留有很大的空间。只要建设者有此观念，其方法可以是多种多样的。

就延续古城特色而言，可有以下几种情况：第一，搞仿古建筑。在精心研究和规划下的仿古建筑，和古城建筑融为一体，可以有效地延续古城的风貌特色，对整体风貌是有益的补充。但需要明确的是，仿古建筑不是历史文化名城保护的方式。保护首先要抢救真正的历史遗存，造假并不具有文物价值。有的地方把真的历史街区拆掉，翻建成一条仿古街，错把仿古当成保护，这是完全错误的。

第二，建设新建筑，但与传统建筑相呼应。认真挖掘分析传统建筑的特点，在建筑的平面布局、形式、色彩、装饰等都与传统建筑保持呼应与联系，而且要满足现代生活的功能需要，创造出既传统又现代的新型建筑，这是延续古城风貌特色的成功做法，如苏州的桐芳巷、北京的菊儿胡同（图5-2）就是成功案例。

第三，将典型的传统要素运用到新的建筑中，使老城的特色得以延续。例如意大利的佛罗伦萨，新城建筑虽然是现代的格调，但用了与老城一样的屋顶形式与墙面色彩，新城、旧城既有差别又有联系，老城的特色得以延续，取得了很好的效果。

而在"延续风貌特色"的要求中，除建筑的形式外，高度的控制是个关键的因素。世界上著名的古城无不对建筑高度实施严格的控制，巴黎历史中心区的限高为25米，20世纪70年代建了唯一的一座高层建筑蒙巴拿大厦，遭到大家的一致责骂，成了反面典型，以后在历史中心区再没有高层建筑出现。日本的京都市大部分地区的控制高度为20米以下，只有6%的地段因是商业繁华区才放宽到45米。

（二）民族民间文化资源保护模式

对于民族民间文化资源的保护，应从人类学的角度去研究，力求保护与开发协调发展。其保护方式主要有博物馆式保护，立法、命名式保护，研究、传习式保护及开发式保护。

1. 博物馆式保护

（1）普通博物馆。指"各省、地（州）、县的综合性博物馆、文物室（或文管所）和高等院校的博物馆。目前，在西南地区以收藏少数民族文物为主的博物馆就有云南民族博物馆、云南民族学院民族博物馆、西南民族大学博物馆、凉山彝族奴隶制博物馆等。此外，四川大学博物馆、四川省博物馆、贵州省博物馆以及西南地区各民族自治州的博物馆等也收藏了大量的少数民族文物"[①]。大多数文物是民族传统工艺品，从材料到工艺技法、色彩、造型、图案等都是传统的，有的甚至是历史上曾经有过、现在已经消失了

---

① 张建世，杨正文：《西南少数民族传统工艺文化资源的保护》，《西南民族大学学报（人文社科版）》2004年第3期。

图 5-2　北京菊儿胡同

的。可以说,博物馆是民族传统工艺品及传统工艺文化的主要保护者。

（2）村寨博物馆。此类博物馆首先在贵州省兴起。20世纪80年代,贵州省先后在侗、布依、仡佬、土家等民族村寨,建立了一批露天民族村寨博物馆。民族村寨博物馆传承、保护了当地民族文化资源,也为旅游资源的开发和旅游经济的发展作出了贡献。

（3）生态博物馆。这种博物馆注重保护原生地文化遗产,以避免文化遗产的完整性遭受损坏。中国生态博物馆的出现,与西南地区民族文化有密切的联系。1998年正式开馆的中国和挪威合作的贵州六枝梭戛生态博物馆,被誉为中国第一座生态博物馆。在梭戛社区居住着"以长角为头饰"的苗族同胞4 000多人,分布在12个村寨,是苗族的一个支系。梭戛社区的苗族同胞过着男耕女织的生活,延续和保留着古朴的民族文化,平等的原始民主,丰富的婚丧嫁娶和祭祀礼仪,别具风格的音乐舞蹈和精美的刺绣、蜡染。

（4）寺庙式保护。它类似博物馆保护并具有中国特色,寺庙虽然是一个宗教场所,但对民族民间文化的保护起到不可忽视的作用,较典型的有藏族、傣族、纳西族等少数民族的寺庙。

2. 立法、命名式保护

（1）立法是民族民间文化资源保护的关键，是国家或地方政府通过立法方式对文化财产和文化资源进行保护的根据。日本非常重视对文化资源的保护，以下三点值得我们学习：首先，确定保护对象。日本专门制定了"重要无形文化财产的指定及其保持者和保持团体的认定标准"，即日本中央政府把最有意义的无形文化财产确定为重要文化财产，对能高度体现这些技艺的个人和团体给予认证，并采取培训措施，以使这些技艺得以流传。其次，资助、支持保护对象。日本中央政府每年向获得认证的个人拨给一定数量的特别津贴（1999年为200万日元），并帮助地方政府和掌握这些技艺的团体支付公演、展览和培训费用。第三，开展记录式保护。对没有认定但有价值的无形文化财产，选出其中的一部分以档案或用其他方式记录存贮，并加以展示，让公众接触。日本中央政府亲自开展这项工作，并负责向地方政府提供记录和展示的补助经费。我国1982年颁布的《中华人民共和国文物保护法》，只注意到物质文化方面，对传统民族民间文化资源予以保护的法律法规尚属空白，应尽快制定相关法律保护的文件。

（2）联合国教科文组织的"世界文化遗产名录"和"口传非物质文化遗产名录"，就是通过命名的方式，以达到推动无形文化遗产保护的目的。民族民间文化资源作为这种无形文化遗产，也应给予相应的保护。在这方面，做得最好的首推日本、韩国。

我国命名式保护最早的要属文化部命名的"民间工艺大师""文化之乡"等。我国的命名方式，在申报、审查、命名、管理、资助、监督等方面，没有形成一个完善的常规制度，命名制度对文化保护未能发挥出应有的效果。例如，一些工艺因"工艺大师"的去世而失传。民族民间文化的保护，当务之急是对艺人的保护，通过命名提高民间艺人的地位，这是一种很好的保护方法。1997年云南省开始了民间艺人命名的调查工作，在调查了近万人的基础上，于1999年命名了166位艺人，分别授予他们云南省民族民间高级美术师、云南省民族民间美术师、云南省民族民间美术艺人等称号。

（3）中国"地名"也列入民族文化遗产保护行列。地名包括人文地理实体地名和自然地理实体地名，中国千年以上的人文地理实体县名有600个、古镇名上千个、古村落近十万个，自然地理实体地名就更多了。

3. 研究、传习式保护

（1）研究既是保护的基础，又是保护的重要方式。研究性保护，既包括对文化资源的普查、工艺流程的整体记录、器物的采集和相关文化背景的研究，也包括对各种民族民间文化资源保护实践的标准认定、规划和参与，即保护措施和技术的研究。只有在科学调查研究成果的基础上，才能找到真正有价值的、值得保护的具体民族民间文化，并找到与之相适合的行之有效的保护方法。同时研究过程本身也是一种记录式保护。贵州省六枝梭戛生态博物馆、云南省民族文化生态村等，都是在有关专家参与调研的基础上创建与运行的。前者有中国和挪威的博物馆专家直接策划和参与，后者是在美国福特基金会和云南省政府的资金支持下，由云南省社科院和各高校的专家牵头，在调查研究的基础上实施的。

（2）个人收藏和传习，也不同程度地对无形文化遗产起到了保护作用。随着人们物质生活水平的提高,个人的工艺品收藏和技艺传习会不断增多,对于这些应该加以重视和支持。丽江人通过成立洞经音乐乐团,创立东巴文化学校,建立纳西文化讲习馆、纳西东巴文化传习院等,传扬纳西族传统文化。如今,琳琅满目的东巴文化产品,如东巴字画、木雕、石刻、服饰、歌舞等,遍布丽江大街小巷,摆脱了东巴文化濒临灭亡的局面。

4. 开发式保护

开发式保护与商业性开发不同,它在开发之初就具有了保护意识和保护措施。如云南省民族文化生态村的建设,就是个新的尝试。1997年云南省政府在《云南民族文化大省建设纲要》中明确提出,要"建设遍布全省的各种民族文化生态村"。民族文化生态村建设的目的是把农村基层文化建设、民族文化资源保护、民间文化产业开发与其环境改善、经济发展协调起来。从1998年开始,在腾冲县和顺乡、景洪市基诺乡巴卡小寨、石林县北大乡月湖村等进行试点。到2001年,又组织专家初选了30个村寨(乡)作为"民族文化生态村示范点"。这些村寨分为"文化旅游村""生态旅游村""历史名村镇""民族工艺村""文化保护村"等。深圳大芬"油画村"经过十余年的发展已成为中外闻名的油画生产基地,其油画产业的进一步发展,可以借鉴"文化生态村"模式开发,也可以实施"原产地"保护制度。

某些濒危的独特传统工艺品,囿于狭小产区,市场需求极其有限。从全国甚至国际的范围看,即使只有很少的、特殊的人群购买,也足以维持少量艺人的生产生活,进而延续这些传统工艺。因此,加大市场营销力度,扩大销售空间,也是保护民族传统工艺的有效方式。为此,需要建立起"名师、原产地"保护制度,即经推荐、调查、审核,对确认属于文化特色显著、艺术风格独特、工艺水准精湛、具有技术独占性的民间工艺师和工艺生产地,授予国家级"著名工艺师",并确立其"原产地",颁发相应的称号及证书,保护其产品的生产和技艺的传承。建立中国民族民间濒危传统工艺展销馆,馆内展销著名工艺师用传统材料、技法制作的"原产地"工艺品。

第三节 文化资源保护中存在的问题及对策

近些年,我国在文化资源的保护方面有了一些卓有成效的举措,但随着文化资源开发利用的经济效益凸显,过度利用甚至滥用文化资源的现象时有发生,文化资源遭到了严重的破坏,流失、消亡现象日益严重。可以说,我国在文化资源的保护中,存在着许多问题。

一、文化资源保护中存在的问题

（一）保护意识淡薄

在大力发展文化产业政策的带动下，各地开发文化资源的热情高涨，许多地方甚至存在人为破坏的现象。有些地方对文化资源的理解较为狭窄、肤浅，认为资源就是资本，不惜以牺牲文化资源来追逐经济效益；有的地方对文化资源不够重视，把心思和资金都放在了短期内能见效的形象工程上；有的地方为利益驱使，对文化资源实行过度开发和掠夺式开发；有的地方则对文化资源进行"保护性破坏"，这主要表现为损毁文化资源的本来状貌，损坏其整体文化生态环境；有的地方由于漠视保护，致使民间文化资源严重流失，未能及时对失散、濒危的民间文化资源进行抢救性挖掘和保护；还有的地方依靠口头和行为传承的传统技艺和独门绝活，因后继无人而濒临灭绝。

（二）保护力度不够

我国虽然制定了文物保护的相关政策，但在保护的力度方面仍非常欠缺。由于保护不够，一些具有地方特色的民居未被保存。还有一些建筑物建在保护范围内，其高度违反了文物保护法的规定，造成视线受阻，也严重影响了背景效果。很多文物古迹周围的历史环境遭到破坏，更有"历史街区"被强行危房改造，最终遭到毁灭性破坏。另有一些建筑物建在绝对保护范围内，不但造成视线受阻，严重影响了效果，还与其所在地特有的文化氛围极不协调。一些遗址在实行禁牧之前，成了放羊的地方，很多遗址原貌被破坏。

我国在文化资源保护中存在这样一种尴尬的局面，一方面，真实的历史遗存得不到有效保护；另一方面，却花费大量财务修建假古董。"一批现行文物的维护与修葺问题突出，一些文物一直都采取只是节庆时对外部进行粉饰和油漆彩绘，未对建筑本身的结构方面做加固工作；一些已开会决定由政府出资进行维修的文物，由于经费问题未落实，没有进行维修；一些国家重点文物保护单位，由于特殊的地理环境，有些已经风化、腐蚀，急需筹措资金并采用先进手段进行保护。地下文物的保护工作存在较大的困难，在城市建设中地下文物被破坏事件屡有发生。"[①]

（三）规划不够科学

文化资源在保护过程中，缺乏合理规划，缺少整体的把握。以城市建设中对旧城的改造规划为例，城市规划当中缺乏对旧城保护工作的考虑，对城市风貌特色理解不深，探索不足，旧城改造急于求成，既未提前进行统一规划，又未严格加以管理，使很多地方的旧城改造缺少特色，造成了城市间形象面貌的同化。

---

① 游娜：《自然历史文化资源保护中存在的问题与对策》，《基建管理优化》2004年第3期。

二、文化资源保护的对策

中国作为一个幅员辽阔和民族众多的国家,各区域和各民族内的政治经济在历史发展过程中产生了众多的文化资源。文化资源保护和利用所涉及的领域众多、内容复杂、覆盖面广、任务艰巨,需要投入巨大的财力、物力和人力,如果想在短期内完成或取得重大的突破都是很难的。因此,文化资源的保护应本着"保护为主,抢救第一,合理利用,加强管理"的基本思想,集合各方力量,有组织、有计划、有步骤地展开,常抓不懈,合理规范。

（一）充分发挥政府的主导作用

政府应充分重视文化资源的保护与利用。具体包括以下几个方面：

1. 知晓文化资源家底。要保护文化资源,政府应组织力量对它们进行种类、数量、质量、分布等方面的普查和评价,建立全国和各地的文化资源信息库。只有这样,才能做到心中有数,有的放矢,并为日后的发展、评估和保护提供依据。文化资源是公共资源,应在资源普查、评价的基础上,划定保护区域,确定保护对象和重点,依法进行严格保护。

2. 理清管理体制。"政府应建立从中央到地方统一的文化资源保护与利用的管理模式,确定从中央到地方关于文化资源保护与利用工作的责任制度,改变我国目前在这一领域工作采取的多头管理体制,避免造成政出多门,管理不善,效率低下,甚至出现见利益都争着上、遇困难就竞相逃的尴尬局面。"[1]在这一过程中既要加强国家对历史文化资源的统一管理,又要发挥省级文物行政部门的行业管理职能,理顺文化资源保护管理体制。

3. 实施多渠道的财政支持。中国遗产地规模庞大,政府投入保护资金有限,今后应在国家的支持下,设立专项基金,并制定重大遗产地的保护规划。除了中央政府直接提供财政拨款外,地方政府应设立支持文化资源保护与传承的财政预算,投入资金建立本民族地区的文化教育体制,加强对本地区文化管理人才的培养,尤其是民族学、文化学、旅游经济及规划设计人才的培养,形成一批既深刻了解本民族文化特色又具备文化资源管理与开发才能的人才,只有本地区的民众文化素养提高了,本地区的文化资源才能得以有效传承和弘扬。同时,应鼓励有志于从事文化资源保护与传承的企业或个人进行投资,通过优惠政策吸纳企业和社会资金,开展文化资源的保护、抢修和新建工作。

4. 建立保障制度。文化资源的保护和传承应该在政府的主导下,除了建立相关法律保障体系外,还应该建立保护与利用的设施、机构、团体、组织等,有利于我国保护与利用的保障制度。实施一些文化保护和开发的奖励倡导政策,引导当地居民进行民族文化的发掘和整理工作,对优秀民族文化进行积极保护和合理的开发。

---

[1] 张世均：《韩国民族文化遗产保护与利用及其对我国的启示》，《西华大学学报（哲学社会科学版）》2011年第4期。

我国现有的许多民族文化深藏或湮没于民族民间,必须对其进行深入的挖掘整理。对民族文化景观、民族文化遗存可造册登记、修缮维护,或者将其列为重点文物保护单位予以保护;对民族艺术文化,可采取文字记录、培养传人及普及的方式进行保护,这些都需要政府的引导和支持。

5. 关照文化资源传承人。在无形文化资源保护中,保护的关键不是有形的"物",而是"人",即无形文化资源持有者所拥有的技艺或技能,只要无形文化遗产传承人能够获得精心的呵护,无形文化遗产就能够得到有效的传承,对无形文化遗产及其传承人应实施"活态保护"。对无形文化遗产传承人应给予崇高的名誉和生活补贴,使其能够安心地传承无形文化遗产的技艺或技能。对于愿意学习无形文化遗产技艺或技能的人,应给予物质与精神的奖励,使无形文化资源能够代代相传。

(二)强化法治手段,保护文化资源

对文化资源的保护与利用,要运用法律手段作为保障,实现对文化资源的有效保护,进而促进文化资源获得有效的传承与发展。

1. 新中国成立以后,特别是改革开放政策实施以来,我国在保护与利用文化资源的法制建设方面做了大量的工作,先后制定了《中华人民共和国文物保护法》《中华人民共和国文物保护法实施细则》《中华人民共和国非物质文化遗产法》等法规,初步形成了具有中国特色的文化资源保护与利用的法律体系。但是,我国文化资源保护与利用的法律体系还显得比较单薄,没有完善起来并形成文化资源保护与利用的法律网络体系。

2. 应加快制定保护文化资源的相关管理条例。目前的文化资源保护主要涉及文物保护和非物质文化遗产保护,面对庞大分支的文化资源,还没有针对细分行业的保护政策,保护措施还很笼统和概括,这就需要制定从中央到地方的针对细分行业的文化资源保护措施,真正形成文化资源保护与利用的法律网络体系。

3. 制定文化资源地保护规划。每一个文化资源拥有地,都应在全面梳理文化资源情况的基础上,针对当地文化特质,制定相应的保护规划,避免文化资源的流失和过度开发。

4. 建立文化资源保护监测巡视制度。2008年,国家曾出台过《中国世界文化遗产监测巡视管理办法》,这是对文化资源保护的极有力措施。国家对世界文化遗产实行国家、省、世界文化遗产地三级监测和国家、省两级巡视制度。监测制度包括遗产地自我监测和国家文物局根据举报情况的反应性监测两种。巡视制度则分为定期例行巡视和不定期巡视两种。抽取样本进行考核,定期组织专家了解遗产地的情况后上报,并向社会公布巡视结果,以加强文化资源的保护和管理。

(三)加强文化资源保护和管理水平

1. 提高文化资源保护的科技含量。提高文化资源保护的科技含量包括加强文化资源保护性旅游发展规划、项目建设设计、保护性工程技术、文物保护技术、非物质文化遗产管理技术、生态环保技术、旅游质量监测与控制技术等一系列技术体系。文化资源的保护和利用涉及众多学科门类,因此,文化资源保护和利用的研究应该让众多学科参与其中。人们可以从历史、地理、民俗、宗教、人文、社会、心理、经济、政治、物理、生物、化学、科技、制造、工艺等许多不同的角度去认识文化资源所蕴藏的深刻意义和价值。从不同的领域、不同的角度对文化资源进行研究,挖掘出其中的历史价值、经济价值、文化价值、科技价值、审美价值、独特性价值、稀缺性价值。

2. 开展对文化资源保护管理人员的培训和资质认证工作。提高文化资源管理人员的基本技能和素质,首先需要对现有人员进行培训,不断了解文化资源保护的最新状况,了解和学习其他国家在文化资源保护方面的先进经验,切实解决管理人员知识水平贫乏、管理意识淡薄的问题;其次需要对新进入的人员开展资质认证工作,就文化资源管理的相关知识和问题进行考查,考试合格者持证上岗。

3. 建立文化资源地特许经营制度。政府特许经营是在文化资源保护尤其是文化遗产保护管理中较好地体现政企、事企分开的模式。许多国家在文化遗产资源保护、管理和经营方面政企、事企分开的成功经验就是采取政府特许经营的方式。当然,推行和实现特许经营的前提是以国家法律的形式明确:文化遗产资源的公共性、公益性和非营利性;这些资源的所有权性质是公用或国有;国家和政府对文化资源负有保护管理职责。

政府特许经营反映在政府规制行为上,是一种以合同方式进行管制的模式。政府特许经营合同比法律法规更严格、更具体。政府特许经营的重要特征之一是单个项目层次的而非整体层次的。正因为如此,特许经营合同的条款才能够约定得比国家法律法规和国家总体规划更具体、更详细。

显然,未经合同约定的经营行为是一律不许可的,其隐含的意义是,特许经营合同是比法律法规和总体规划更为严格的契约。同时,通过特许经营,充分体现资源保护、管理、监督由政府承担,经营(包括向游客提供的食、宿、交通和娱乐服务)由第三方(既不是政府,也不是国家公园管理机构)提供的政企、事企分开的模式。特许经营的目标是让游客获益,因此,特许经营需要通过竞争而不是垄断获得。

4. 建立从事保护工作的高水平队伍,包括检查监督人员、宣传普及人员、维护管理人员、专业研究人员等,以使保护工作得到人力保障。

(四)加强文化资源保护管理的宣传教育

1. 向社会公众普及文化资源保护的理念和知识

通过政府、行业、企业、社会、个人等行为,借助报刊、广播、电视、信息网络等方式,开展群众性宣传活动。向社会宣传保护文化资源的思想,让整个社会都来关心和支持各种文化资源的保护,关注文化可持续发展战略。对一些历史文化资源的旅游地来说,更要普及文化知识教育,提高民众旅游素质,培养旅游地居民文明待客、旅游者文明旅游的观念和行为。借助游览图、游览手册、音像制品、博物馆、景区旅游解译系统等媒介,提醒旅游者文明旅游、尊重文化。只有旅游和文化共生共荣、经济和旅游文化相互关联的意识深入人心,进行民族文化的保护才能成为人们自觉主动的行为。

2. 加强青少年对历史文化资源的关注度

将文化资源的保护教育纳入大、中、小学教育体系之中,编写常识读本。注重各民族文化教育,比如开展小学双语教学、实行双语广播、开展知识竞赛等活动。青少年是未来文化资源的保护者和利用者,加强对他们的宣传,让青少年有更自觉的保护意识,有利于未来对文化资源的开发与保护。

3. 增强文化资源拥有地当地群众的自我保护意识

文化资源最坚实的保护力量来自当地民众。要让他们熟悉该地区的文化特色和该地区民族文化发展的方针政策,并以此作为保护和管理的准则。同时,在一些民族聚居地,提倡节假日和重大活动场合,穿着本民族服饰;鼓励传统民居建筑;倡导开展民族体育和民族乐舞等文体活动;建立民族文化传习馆等;通过广泛的宣传,传播当地文化资源,既扩大其影响力,也增强了民族自信心。

此外,还要通过电视、广播、报纸等媒介,使当地群众意识到自己民族的文化是本民族生存和发展的根基,是维系其民族存在的最重要的纽带,使当地群众从经济收入的提高和生活环境的改善等实惠中,了解到民族文化是自己的衣食父母,从而更加自觉地执行有关的保护法规。旅游业发展起来后,通过游客对当地文化的参观考察,更加增强民族自信心和自豪感,加强对自身文化的传承。当地群众自觉提高保护文化资源的意识,抵制外来的不良影响,是保护文化资源的最有效的途径。

4. 各地做好世界文化遗产申报工作

申请成为国家非物质文化遗产和世界文化遗产,可以起到对文化资源进行宣传推广和保护的作用。申遗,首先能够提高其知名度,使得该资源被人们关注,被人们了解,这就起到了一定的宣传作用。其次,申遗成功后,资源就会更加受到公众社会的重视,政府就会成立一些相关机构,并且下发资金进行保护以及维修,各媒体也会进行报道和监督,从而使得它能够得以长存。

以清福陵、清昭陵为例,这两座陵都已有80年的历史,"申遗"成功后,两陵的保护更加注重公众参与。两陵的管理部门通过举办世界文化遗产知识讲座、科普画廊、组织志愿者保护两陵等系列活动,提高了它们的知名度,更增加了公众的保护意识。中国的苏州园林、秦始皇陵及兵马俑坑、颐和园、长城、天坛以及龙门石窟等文化遗产,无一不是通过申遗而为世界所了解,之前知名度可能仅仅局限于中国。这些建筑,如果没有一个机构来保护,是很难得以保存完善的。尽管大众可能有这种意识,但时间一久这些遗产也多多少少会有所损坏,然而列入保护名录后它们就会得到很好的保护和监督。因此,通过申遗,文化资源既可以在更大范围得到宣传推介,也可以在更高层面上得到保护和监督。实践证明,"申遗"的过程,就是在更大范围内宣传和保护的过程。

案例:

南浔古镇文化资源保护与传承①

作为文化遗产的重要分支,古镇承载着灿烂文明,传承着历史文化,是中华民族的精神标志,是国家的文化名片,更是人类文明的瑰宝。党的十九大报告指出,要加强文物保护利用和文化遗产保护传承。南浔古镇以其资源的独特性和文化的丰厚度被誉为"江南六大古镇之首",是世界文化遗产地和中国历史文化名镇(图5-3)。多年来,南浔区委、区政府高度重视文化遗产的保护、继承和弘扬,并进行了许多富有成效的实践和探索,走出一条遗产整体保护、文化活态传承、产业创新发展的古镇保护发展新路,为我国古镇文化保护发展树立了典范,提供了样本。其具体探索与实践主要体现在以下三个方面:

一、以自然为本,着力古镇遗产整体性保护

1. 全面布局,为古镇撑起"保护伞"

2016年南浔对古镇保护规划进行全面调整,编制《南浔历史文化名镇保护规划》《大运河南浔段遗产保护规划》《南浔古镇部分历史水系修复项目》等规划,从更宽视野、更高标准、更严举措为古镇撑起"保护伞"。从优化空间布局入手,形成多层次保护框架,真正实现古镇整体性保护。从严格功能定位入手,形成重在保护的多元化功能定位,真正实现古镇精准式保护。为缓解古镇保护压力、创设古镇保护条件,正确处理保护与发展关系打造新标准。

2. 有机统筹,还原古镇风貌

2016年南浔启动保护利用三年行动计划,以"保护为主,抢救第一,合理利用,加强管理"作为古建筑修缮的基本原则。在保护和还原文物建筑风格与自然特点上下足功夫,所用维修更换的材料均坚持使用原材料、原尺寸、原工艺。投入3亿元资金对古镇237处传统民居、名人故居、园林古桥等历史建筑进行保护性修缮,注重传统风貌与人居功能的有机统筹,积极完善古镇教育医疗、文化体育服务设施,重建25处、修缮51处古建筑,基本恢复重

图5-3 南浔古镇

---

① 人民论坛专题调研组:《南浔古镇保护发展与文化传承的探索实践》,《人民论坛》2018年第33期。

图 5-4　南浔古镇石桥

图 5-5　南浔古镇民居

图 5-6　南浔古镇张氏旧宅建筑群大宅门内一幢具有欧洲建筑风格的楼房

要区域和历史建筑。

3. 水路并行，重现水乡肌理

南浔致力于水系修复与街巷修复，以清末古镇风貌图为蓝本，在保持自然岸线、自然河床、自然走向基础上，采取水岸同治、标本兼治等方式对古镇13公里现存及历史市河进行疏浚和修复。对古镇34条主要历史街巷根据历史意义、完整程度等分类实施保持、整理、修补、重构保护，并严格控制商业化区域，全面整治临街临河建筑特色，完整保存了运河城镇"井字骨架、水路并行"的历史格局和传统街巷，重现古镇内运河与市河"十字相交、外环内通"的历史水系风貌，还原了古镇水城相依、街巷曲折的江南水乡风貌特色，延续了古镇千年风韵（图5-4）。游客与居民和谐共处，人文与旅游宛如天成，南浔古镇以淳朴的原真性和自然的生活气息，赢得了各方的广泛赞誉。

二、以特色为根，展南浔"气韵"

1. 古镇传统生活场景活态传承

与其他江南古镇相比，在南浔古镇里居住的基本上都是原住民，他们世代生活在这里，生活状态始终未改，河中的浣洗、闲适的早茶，都是现代文明中的一股清泉。据介绍，古镇最高能承载1万名原住民人口。近年来，南浔通过采取违建清零、疏解人口、功能置换等方式，对保护区内5 000人进行疏解，约1.5万平方米违法建筑全面清零，切实改善古镇生态环境质量，拓展保护利用空间。注重传统风貌与人居功能的有机统筹，积极完善古镇教育医疗、文化体育服务设施，加强周边城市功能区配套，以提升公共服务水平，维持原生态水乡传统居住功能，保证古镇传统生活场景的活态传承（图5-5）。

2. 中西方文化交汇融合

近代以来，南浔在传承传统文化的同时，也在不断接纳着西方文化。古镇上的商人们中学为体、西学为用，眼界开阔，不只依靠丝绸从世界各地带回了财富，还将西方文化元素带回了宁静小镇。早年西风浸润的南浔，中西合璧，独具魅力（图5-6）。古镇建筑以"海纳百川，博采众长"的理念，既融汇西方文化，又保持本土特色，使得南浔在江南古镇中独树一帜。西式洋楼深藏于中式园林,基督教堂、天主教堂与寺庙道观并存,江南丝竹与交谊舞共趣,中国最早的私家网球场独具特色。百年前的南浔小镇,便见证真正中西合璧的建筑,感受多样文化的碰撞交融,体会和而不同、平等包容的价值追求,这种情景在所有的江南古镇中只有南浔能够做到。这也正是南浔的特色所在、魅力所在。

3. 建设大运河南浔段特色文化带

中国大运河源远流长,运河文化博大精深。南浔是全国首个伴随大运河整体列入《世界文化遗产名录》的古镇。大运河与南浔古镇关系自古以来就十分密切,南浔古镇是因大运河而起源、发展、兴旺的,大运河及周边地区发达的蚕桑与农耕经济,依托大运河的水利和运输功能,支撑了南浔由一个小渔村发展成为一个历史上的经济重镇。

南浔作为大运河独立的遗产区,将运河保护利用纳入社会发展总体规划统筹实施。借势大运河文化保护工程完善定位,借助大运河符号不断提升南浔古镇的品牌知名度。依托常设管理机构和地方特色制度体系,对大运河2.18平方公里内頔塘故道和历史街区两大遗产要素予以整体保护,防止建设性、开发性破坏,落实运河文化传承和功能延续、生态环境保护和经济社会发展责任;完成总投资90万元、占地面积380平方米、集中展示古镇历史文化和运河文化的南浔文化展示中心场馆建设。设立专项工作组,研究运河人文价值和科学价值,为可持续利用提供理论支撑;实施运河文化"三进"工程,以主题活动、主题摄影、主题展览动员全社会参与,传播大运河"智柔兼容、自强不息"的文化内涵,激发人们的运河认同感和乡土自豪感。建设大运河南浔段特色文化带,即通过更好地挖掘、保护、传承大运河文化,创造优秀新运河文化,通过南浔古镇旅游产业和大运河文化产业的共同发展,使中国大运河成为展示和传播中华优秀文化的大长廊。

三、以文化为魂,助推古镇可持续发展

1. 成立专门机构,打造传承古镇文化系统工程

2003年,浙江省委提出"八八战略",要求进一步发挥浙江的人文优势,积极推进科教兴省、人才强省,加强建设文化大省。南浔作为一线践行者,积极做活"人文复兴"文章,以地域文化延续古镇活力。着力挖掘古镇在历史、建筑、民俗、宗教、艺术等方面的文化精髓,彰显历史记忆,传承文化脉络。近年来,通过著书编册,成立专业化、系统化联合会、研究会等方式,把传承与弘扬古镇文化作为一项长期的系统工程。如成立南浔历史文化研究课题组、"四象八牛"后裔联络会和"南浔学研究会",集30余位院校专家的学术优势和地方学者的资源优势,出版《南浔丛书》七套27本,各类单本书籍如《南浔镇志》《南浔近代园林》《南浔名人》《南浔文物集萃》《南浔非遗大观》《湖笔制作技艺》等60余本(册)。2016年,南浔成为"徐迟报告文学奖"永久固定颁奖地,次年被授予"中国报告文学之乡"称号。

2. 保护与展示相结合,让非遗薪火相传

南浔区"非遗"资源丰富。自2008年启动非物质文化遗产普查以来,目前(2018年)已

图 5-7 南浔实验小学的孩子们在南浔嘉业藏书楼学习雕版印刷技艺

发现"非遗项目"1 800多个。新增国家级传承人1名,市级传承人8名,新增南浔镇为省级非遗主题小镇。全区已有3项国家级非遗项目,11项省级非遗项目和34项市级非遗项目。近年来,南浔区以省"非遗"保护示范区建设为契机,立足保护与展示相结合,利用与传承为抓手,谱写非物质文化遗产传承保护的新篇章(图5-7)。高标准规划建设"南浔非遗馆",高度重视以湖笔、辑里湖丝、绫绢为代表的非物质文化的传承和发展,通过支持传承场所建设,拓展遗产阵地,实施"本土人才"工程,拓宽传承人培养路径,支持创新创业,引导活化利用等措施,使159项非物质文化遗产成为"最南浔"的独特标识和文化基因。

本章思考题

1. 为什么要对文化资源进行保护?
2. 文化资源可持续发展中存在的问题是什么?如何实现文化资源的可持续发展?
3. 文化资源保护的原则是什么?
4. 文化资源保护的依据有哪些?
5. 文物古迹类资源应分几个层次从哪几个方面加以保护?
6. 民族民间文化资源的保护方式有哪些?
7. 文化资源保护中应如何发挥政府的主导作用?
8. 文化资源保护中应如何加强保护的管理水平?

第六章　文化资源配的市场机制

目 的

在本章中你将
- 知道由市场配置文化资源的重要特点
- 懂得市场机制的实质及其特征
- 了解文化资源配置的作用
- 理解市场机制下文化资源优化配置的基本原则
- 理解市场机制在文化资源配置中的弱点和缺陷

效 果

在实现上述目的之后，你应该能够
- 定义文化资源配置
- 解释文化资源配置的必要性
- 解释文化资源配置的方式
- 解释市场机制在文化资源配置中的优势
- 举出一个文化资源有效配置的例子

讨 论

本章我们将讨论以下问题
- 文化资源优化配置与文化产品和服务有效供给之间的关系是什么？
- 文化产业如何有效实现社会效益和经济效益的有机统一？

文化产业的发展过程就是不断地将文化资源转化为与社会消费需求相适应的文化产品的创新过程。文化资源是文化产业发展的基础,文化资源供给和资源保障是文化产业发展的前提,离开文化资源就谈不上文化产业的发展。但是,文化资源并不天然就是文化产品和产业成果,从市场经济的角度来看,它必须经过产业化开发和市场化运作才能转化为文化资本和文化产品。正因为如此,产业化和市场化对文化资源的属性和功能的实现具有关键性作用。

要推进文化资源的产业化以及提高市场化水平,就要把握好文化资源供给与文化产业发展、资源条件与市场需要、资源转化与产品效益等方面的关系,这就要求以一定的方式将文化资源配置到所需的领域和环节中。我们以广西桂林的大型实景表演《印象·刘三姐》、云南的大型表演艺术《云南映象》为例,不难发现其共性就在于它们都把握住了本民族原生态的文化元素,激活了那些沉淀在民间生活中的文化符号。而文化企业正是按照市场经济的特点和规律开发了这些文化资源,使其实现了产业化开发和市场化运作。市场机制对文化资源的配置特别是对可度量的文化资源的配置有着不可替代的优势,但同时市场机制对文化资源配置的非万能性及其所表现出来的弱点和缺陷也是不能忽视的。

第一节　文化资源配置的市场机制概述

随着经济体制改革的深化和市场经济的全面推进,我国逐步形成了现代化市场体制。现代化市场体制的目标是公平与效率并行,基本特征是资源主要由市场配置,政府主要通过宏观调控和微观规制来纠正"市场失灵"的情况。党的十八届三中全会开创性地提出:"发挥市场在资源配置中的决定性作用。"

由市场配置文化资源的一个重要特点就是在价格、供求、竞争机制的作用下市场自发地引导和调节社会文化资源在社会各文化生产部门之间进行分配,并使其向优秀的文化生产部门流动,进行最佳的机制转换和资源整合。

一、市场机制的基本原理

政府与市场关系这个命题,早在资本主义生产关系开始萌芽时出现的"重商主义"经济学说中就已经提出来了,但最早对市场、市场机制、市场系统以及市场与政府的关系作出系统分析的则是古典学派或新古典学派。政治经济学的基本课题之一就是确定政府同市场的合理界限。我国从2003年开始文化体制改革的试点工作,文化资源配置的市场机制和政府规制问题就成为亟待解决的问题。

（一）市场机制的实质及其特征

1. 市场机制的实质

（1）市场机制的含义及其实现形式

"机制"一词，最早来源于希腊文，是人们为了达到某种目的而制造的工具和采取的手段的总称。而"市场机制"，是指通过市场竞争配置资源的方式。它是通过动力机制、信息机制、决策机制等主要形式实现的。

资源配置是通过一定的经济机制来实现的，其目标是实现最佳效益，这是资源配置的动力机制。为了选择合理的资源配置方案，需要及时全面地获取相关信息作为依据，而信息的收集、传递、分析和利用是通过一定的渠道和机制来实现的，这就是资源配置的信息机制。资源配置的决策权可以是集中的，也可以是分散的，集中的权力体系和分散的权力体系有着不同的权力制约关系，因而形成了不同的资源配置的决策机制。文化资源与其他资源一样，也是要通过资源配置的动力机制、信息机制、决策机制等形式来实现其优化配置的。

（2）市场机制的实质

通过对市场机制的含义及其实现形式的分析，我们可以得出以下结论：市场机制实质上是资源在市场上通过自由竞争与自由交换来实现其配置的机制。在这一机制作用之下，通过价格、技术、竞争实现以相对稀缺的资源去追求产出利益最大化的目的，这也是价值规律的实现形式。

在市场机制的作用之下，文化资源在市场竞争中总是流向有创新、有文化含量、有核心竞争力的区域以及文化产业和文化企业，而文化资源的流向又体现了资源配置所追求的经济效益最大化的目标。

2. 市场机制的特征

通过市场竞争来实现资源配置的实质，就决定了市场机制的如下主要特征：

（1）由私人企业和个人决定生产和消费；

（2）价格、市场、盈亏、刺激与奖励的一整套系统解决了生产什么、如何生产和为谁生产的问题；

（3）企业采用成本最低的生产技术生产那些利润最高的商品；

（4）消费则取决于个人如何决策去花费他们的收入。

市场机制的上述特征的存在，决定了文化资源配置也会存在资源浪费或效益低下等风险。

（二）市场机制的构成及其优势

1. 市场机制的构成

市场机制是通过价格的波动与市场供求关系的变化，通过市场主体的公平竞争，引导资源的合理配置。可见，市场机制是一个有机整体，它的主要构成要素有价格机制、供求机制、竞争机制与风险机制。

（1）价格机制，是指在市场竞争过程中，市场上某种商品市场价格变动与市场上该商品供求关系变动之间的有机联系和运动。它通过市场价格信息来反映供求关系，并通过这种市场价格信息来调节生产和流通并进而引导资源的流向。

（2）供求机制，是指通过商品、劳务和各种社会资源的供给和需求的矛盾来影响各种生产要素组合的一种机制。

（3）竞争机制，竞争是商品经济的产物，只要有商品经济存在，就必然存在着竞争。商品的价值决定、价值规律的实现都离不开竞争。竞争机制是商品经济最重要的经济机制，是商品经济活动中优胜劣汰的手段和方法。它反映竞争与供求关系、价格变动、资金、劳动力流动等市场活动之间的有机联系。竞争机制充分发挥作用和展开的标志是优胜劣汰。

（4）风险机制，是市场机制的基础机制，意指风险与竞争及供求共同作用的原理。在利益的驱动下，风险作为一种外在压力同时作用于市场主体，与竞争机制同时调节市场的供求。风险机制是市场运行的约束机制，它以竞争可能带来的亏损乃至破产的巨大压力鞭策市场主体努力改善经营管理，增强市场竞争实力，提高自身对经营风险的调节能力和适应能力。

2. 市场机制的优势

（1）市场能够通过价格涨落比较及时、准确、灵活地反映供求关系的变化，传递供求信息，实现资源的合理配置，即价格机制和供求机制共同作用的结果。

（2）面对市场竞争，商品生产者、经营者在利益杠杆的作用下，积极调整生产经营活动，从而推动科学技术和经营管理的进步，促进劳动生产率的提高和资源的有效利用，即竞争机制作用的结果。

（3）在竞争中促使资源流向效益好的部门和环节，正是价格机制、供求机制、竞争机制、风险机制共同作用的结果。

例如，浙江传媒集团股份有限公司于2011年9月上市。上市之后，公司的品牌价值和综合影响力都大大提升，其资产也实现了快速增值，同时快速实现了三个转变：一是，由单一的新闻出版商向综合文化服务商的转变；二是，从单一的发展模式向多元化发展方式的转变；三是，从传统的增长方式向资本运作的发展方向转变。与此同时，它还把增发募集的25亿元全部用于收购边锋和浩方，组建三个媒体平台：新闻传播平台、互动娱乐平台和影视平台。浙江传媒集团股份有限公司这一案例进一步说明，文化市场总是驱使创造最好效益的部门得到较多的资源。

二、文化资源配置的一般性分析

（一）文化资源配置的含义和必要性

1. 文化资源配置的含义

对于什么是文化资源，业界一直以来都有不同的见解，范建华在其《文化资源的内涵特征》一文中指出："在业界，何谓文化资源并没有定论，从文化人类学的角度来看，文化资源特指人类的生产和生活活动及其所产生的一切成果。"[①]陈少峰在其《文化产业商业模式》一书中则认为:"文化产业与高科技领域的许多产业形态一样,需要某种或者某些资源基础才能实现相应的经济效益和社会效益。从总体上说,文化产业的发展需要一定的文化资源和创新,或转换某些文化资源。我们所谓的文化资源,不是传统意义的历史文化资源,而是为发展文化产业所具有的文化创意能力、经济条件、文化事业资源、人力资源、文化元素、技术表现等方面的内容,也包括创新能力方面的要素。"[②]不论从哪个角度界定文化资源,整体来看,文化资源都具有稀缺性,这是文化资源需要配置的根源所在。所以从资源配置的角度来看,文化资源配置从本质上讲是指对相对稀缺的文化资源在各种不同用途上加以比较所作出的选择。值得一提的是,关于文化资源以及文化资源的稀缺性问题,有很多不同的理解,我们在学习的过程中可以根据文化资源的类型对这一问题展开讨论并形成自己的见解。此处所述的文化资源的稀缺是相对稀缺,因为与文化资源使用者和所有者对文化资源开发的需求和欲望相比,目前可供我们开发和利用的文化资源是稀缺的。

对相对稀缺的文化资源进行合理的配置,以便用最有效的资源消耗,生产出适合个体文化需要和传输优秀文化价值观的文化商品和服务,获取最佳的社会效益和经济效益,最大限度地满足人们的文化需求。

2. 文化资源合理配置的必要性

人的需求是多种多样、永无止境的。在一定时期和范围内,由于受生产力发展水平的制约,社会能够加以利用的资源总是有限的,资源总是表现出相对的稀缺性。文化资源作为文化产业发展的核心资源,无论是物质文化资源还是非物质文化资源,一方面都具有资源稀缺性的共同表现,另一方面由于我国现阶段文化资源向文化商品和服务的转化率低,文化资源的供需矛盾、结构性矛盾都比较突出,所以,发展文化产业就必须对文化资源进行合理有效的配置。

(1)文化资源稀缺性的必然要求

从一定意义上说,文化产业的发展过程,就是运用文化资源、实现文化资源配置的过程。人们对文化资源的认知不足、对文化资源的过度利用甚至严重滥用、对文化资源的严重破坏,以及文化资源的流失和消亡等都加剧了文化资源的稀缺性。

文化资源的稀缺性不仅表现在物质方面,也表现在精神方面和人力资源等方面。人们由于受诸如文化生产所能达到的深度和广度、认识水平的限制等主客观因素的影响,对文化资源的开发和利用总是有限的,所以,人们在文化活动过程中就面临着如何让稀缺的资源得到充分、有效和合理利用的问题,即如何把稀缺的文化资源合理地分配到不同的文化生产中去,使各种文化消费需求得到最大限度的满足。

(2)提升文化资源开发利用效率的必要条件

由于历史和现实的原因,我国尚未形成统一、开放、竞争、有序的现代文化市场体

---

① 范建华:《文化资源的内涵特征》,《文化产业导刊》2013年第3期。
② 陈少峰,张立波:《文化产业商业模式》,北京大学出版社,2011年,第14页。

系,这就使得各类文化资源出现区域分割、地方保护的特点,最终导致文化资源开发利用效率低下、市场转化率低等后果。倘若要改变这一状况,就需要在一定的机制之下对文化资源作出科学合理的配置。

（二）文化资源合理配置的作用

1. 调整文化资源的供需结构和矛盾

文化需求和文化供给就是要解决生产什么、生产多少、为谁生产、如何生产的问题。

文化资源的合理配置,是以经济和文化的全面、协调、可持续发展为前提的。文化资源的稀缺性,使得投入到某种产品生产的文化资源的增加必然会导致投入到其他产品生产的这种资源的减少,从而形成文化资源供需的结构性矛盾。因此,优化文化资源结构,使其得到合理的配置,则可以达到文化资源利用的最高效率和社会、企业、消费者三者利益的最大满足。

2. 满足人们日益增长的文化需求

在不同的社会历史发展时期,人们的物质生活需求和文化生活需求之间有着不同的比例结构,随着人们物质生活水平的提高,文化生活需求在整个生活中所占的比重也会逐渐提高,因而,这就要求对文化资源的开发利用要与文化需求的变化相适应。

党的十八大提出,到2020年实现全面建成小康社会的宏伟目标,届时我国的文化软实力显著增强,文化产品更加丰富,公共文化服务体系基本建成,文化产业成为国民经济支柱性产业,中华文化向走出去迈出更大的步伐,社会主义文化强国建设基础更加坚实,人们对文化生活的需求将迅速增加并成为整个生活需求的主要部分。

3. 促进文化资源配置的合理化和高效率

我国2003年以前的文化体制具有典型的计划经济特征,文化资源是按行政方式配置的,经过十年的文化体制改革,文化资源的市场运行机制已初步形成。文化资源的市场化配置方式是文化资源整合规划战略的具体要求,文化资源的整合,需要建立以功能为核心的资源整合机制,促进文化资源的优化整合。文化资源优化整合的关键在于,以积极推进市场化资源配置方式为基础,使价格机制、供求机制和竞争机制在文化资源配置中发挥作用,建立统一、开放、竞争、有序的现代文化市场体系。市场化的资源配置方式可以有效促进文化资源配置的合理化和高效率,加快文化资源增量的实现和文化资源共享的达成,继而最大限度地实现文化供求的均衡,促进文化产业的发展。

4. 促进文化市场主体的培育

培育合格的市场主体,是文化体制改革的中心环节。文化市场的主体是指在文化市场上从事生产和交换活动的组织和个人,包括自然人和法人。在社会主义市场经济条件下,文化企业是进行文化资源开发、发展文化产业的当然主体,是构建文化产业有机体的基础细胞。我国从承认文化具有意识形态和商品的双重属性,到推动国有文化单位分类改革,一方面国有经营性文化单位转制为国有文化企业成为市场主体的一部分,另一方面放宽市场准入,鼓励和引导非公有资本投资文化产业,形成了培育市场主体的另一条途径。着力培育文化市场主体,提高国有文化企业竞争力,形成以公有制为主体、多种所有制经济共同发展的文化产业格局,是推动我国文化资源产业化发展的重要手段。

文化企业的活力往往来自企业自身享有的足够的自主权,这使其成为独立核算、自负盈亏、自我发展、自我约束的市场竞争主体和法人实体。积极培育文化市场主体,就要鼓励依托有实力的文化企业,以市场为导向,以资本和业务为纽带,运用联合、重组、兼并、上市等方式,整合优势文化资源,实现文化资源的合理配置,并在此基础上重点培育一批拥有自主知识产权和文化创新能力、主业突出、核心竞争力强的大型文化产业集团,用强大的企业群体来支撑文化产业的发展,并努力打破所有制界限,大力扶持民营文化企业的发展,努力探索国有资产的多种实现形式。

（三）文化资源配置的方式

在社会化大生产条件下,文化资源的配置方式与其他资源配置的方式有着共同的内容,即单一计划调节、单一市场调节、市场调节和计划调节相结合三种方式。

1. 单一计划调节

所谓"单一计划调节",是指计划部门根据社会需要和可能,以计划配额、行政命令来统管文化资源和分配文化资源。我国在很长一个历史时期,对文化资源的配置采用的是单一的计划调节方式。在一定条件下,这种方式在从整体利益上协调经济发展、集中力量完成重点工程项目方面发挥着强大的作用,但在其他方面却往往无法充分、及时、准确地掌握市场对文化资源的需求情况及其变化,以及文化资源和文化产品的供给状况,难以实现对文化资源进行合理配置,造成计划与实际、生产与销售、供给与需求失衡。在这种单一机制之下文化资源的配额排斥选择,文化资源的统管取代竞争,文化市场处于消极被动的地位,因而出现文化资源难以有效利用的状况。服从计划并依赖计划的结果是文化市场缺乏竞争,也不利于充分调动生产者、经营者的积极性,使文化产品的生产结构与流通结构僵化。

2. 单一市场调节

所谓"单一市场调节",是指以完全竞争为条件的一种文化资源配置方式,文化资源的流向和配置完全由市场来支配。这种方式可以使文化企业与文化市场发生直接关联,文化企业根据文化市场供求关系的状况,根据文化产品和文化服务的价格信息,在市场竞争中实现文化资源的合理配置。在这种情况下,人们的文化需求、文化市场上的有效供求状况以及由此形成的价格信号,是调节文化资源流向的唯一因素。为了追求利益的最大化,文化资源势必流向最有利可图的地方。但是,文化产品有其自身的特点,文化产品的生产和文化服务的提供不只是追求经济效益,它还会产生明显的社会效益。

通过市场竞争保持文化生产与文化需求之间的均衡,有可能会导致经济效益与社会效益的不平衡。与此同时,在价值规律自发作用下,文化商品和服务的提供者为了追求各自利润的最大化,会导致文化资源的浪费和损失,影响文化生产力的发展。

3. 市场调节与计划调节相结合

所谓"市场调节与计划调节相结合",是指根据各种文化产品在发展社会主义文化中的不同地位和作用,分别采取不同的调节方式,发挥市场调节和计划调节各自的优势,实现文化资源的有效配置。社会主义市场经济体制下的文化资源配置,就是要使市场在国家调控下对文化资源配置起决定性作用：对于公共文化产品建设，实行较强的计划调节方式，由政府主导公共文化服务体系建设；对于大众性、娱乐性的文化产品，实行较强的市场调节方式，更好地满足各种形式的文化需求。文化资源的产业化开发，要求发挥市场调节和计划调节的功能和优势，实现文化资源合理有效的配置。

通过以上的分析，我们可以得出这样的结论：单一计划调节和单一市场调节各有优势和劣势，特别是文化资源的特殊性要求我们不能够采用单一的调节和配置方式。根据文化资源状况、产权性质和目的，发挥两者的优势，实现文化资源的合理有效配置，是我们的正确选择。对涉及政府规制的相关内容将在下一章讲述。

三、发挥市场机制在文化资源配置中的决定性引导作用

从2003年开始文化体制改革试点工作以来，我国文化建设整体上呈现了大繁荣、大发展的态势，但文化资源配置仍有明显的条块分割的计划经济的痕迹，统一的全国大市场仍有待建立。例如，我国图书出版业的行政区域色彩仍很强烈，该行业上市公司基本上按省级行政区分布，基本上是在股市上复制了计划经济的出版业格局。在图书发行渠道方面也基本上是区域壁垒高筑，图书发行企业很难跨地域发展。这些都在客观上造成文化资源的极大浪费，不利于文化企业做大做强。因而，发展文化产业应发挥好市场机制的作用。

（一）市场机制下文化资源配置的本质及关键作用

市场化运作是文化产业发展的基本规律，文化资源到文化产业的发展离不开市场，市场机制是一切经济活动最突出的要素，文化资源的配置依赖市场机制。

1. 市场机制下文化资源配置的本质

发挥市场在文化资源配置中的决定性作用，就必须切实有效地采取各种措施保护市场竞争机制，竞争是市场的灵魂，市场能够有效配置资源的根本原因在于通过竞争形成的价格能够反映供求状况。从这一角度来看，市场机制下文化资源配置就是指通过市场竞争配置文化资源，即文化资源在市场上通过自由竞争与自由交换来实现配置，其实质是根据市场供求规律支配文化资源的流向、流量及消费强度。而对这一本质的理解需要建立在供求定理和均衡理论的基础之上，弄清楚供求、价格机制是如何引导文化资源配置的。

（1）供求定理及均衡的基本内容[①]

一种物品的需求量是买者愿意并且能够购买该物品的数量。任何一种物品的需求量都是由很多因素决定的。但当分析市场如何运行时，有一种因素起着中心作用，即物品的价格。在其他条件相同的前提下，倘若一种物品的价格上升，人们对该物品的需求量就减少；倘若一种物品的价格下降，人们对该物品的需求量就增加。

---

① ［美］哈尔·R.范里安：《微观经济学：现代观点》，费方域等译，上海人民出版社，2009年，第3—6页。

一种物品或劳务的供给量是卖者愿意并能够出售的该物品的数量。决定供给量的因素有很多,价格起着一种特殊的作用。其他条件相同时,一种物品的价格上升,该物品的供给量增加;一种物品的价格下降,该物品的供给量减少。

任何一种物品价格的调整都会使该物品供求平衡的观点即为供求定理,文化产品和服务的供给与需求同样遵循供求定理。供给与需求达到了平衡的状态即为均衡;供给和需求曲线相交于一点,这一点被称为市场的均衡点;这两条曲线相交时的价格被称为均衡价格;当价格调整到使供给与需求平衡时供给量和需求量被称为均衡数量。

(2)供求、价格机制引导文化资源的配置

在任何一种经济体制中,都不得不在各种竞争性的用途之间分配稀缺的资源,市场机制就是利用供给与需求的力量来实现这个目标的。在市场经济条件下,文化产品与服务的供给与需求共同决定了文化产业发展过程中许多不同文化产品与文化服务的价格,而价格又是引导文化资源配置的信号。文化产品和服务的需求与其他产品和服务需求具有相同的一般性,即需求受到消费者收入水平、产品价格及该产品相关的替代品或互补品种类和价格等因素的影响。同时,文化产品和服务与其他产品和服务相比,在需求方面又具有自己的独特性。文化产品和服务需求的特殊性表明,消费者对于文化产品和服务的需求偏好具有内生性,这种内生性暗示了政府行为与经济活动会对人们的文化需求偏好产生影响,而且文化产品和服务的需求偏好反过来也会对政府行为与经济活动产生影响。需求偏好与产品供给相互影响,在市场机制的作用下,如果政府与市场的边界变动愈来愈趋于合理,那么,文化产品和服务的政府与市场供给可能会形成科学的供给范围、供给结构和供给规模,提高文化产品和服务的供给效率,降低文化产品和服务的生产成本,降低文化产品和服务的价格,从而引导文化资源的流向、流量和消费强度。

2. 市场机制促进文化资源向文化资本的转化

文化资源转化为文化资本,继而创造价值、产生效益,是文化资源产业化发展的基本逻辑。文化资源是文化产业发展的基础,但并不是所有的文化资源都可以转化为文化资本并进行产业化经营。只有其中经过社会交易、流通、服务等领域,以转化的形式即文化产品和服务来满足和引导人们的需求,从而产生价值增量效应的那部分文化资源,才可以成为文化资本,而这一转化是通过市场机制的作用实现的。

要把文化资源转化为文化资本,并引导其进入经济活动,使文化资源成为产品和服务从而产生直接的经济效益,必须满足三个条件:一是,不管有形的文化资源还是无形的文化资源、传统文化资源还是现代文化资源、活态文化资源还是相对稳定的文化资源、经济类文化资源还是文化类文化资源等,都必须或有可能转化为消费者可视、可听、可感、可体验的物质形式;二是,文化资源本身要具有某种消费者可以接受的价值,或更明确地说是市场价值;三是,这种物质形式有明确的归属权,即产权。而这三个条件的建构离不开市场机制的作用。

文化资源只有在市场机制中才可能转化为文化资本,因为市场机制是文化市场发展的重要条件,而资源配置、资源整合是文化市场发展的基础。通过要素市场的培育,促使文化市场的全面发展,通过文化资源的重组和优化配置,使其成为文化市场的源泉,也是文化资源向文化资本转化的关键所在。

例如:2011年9月16日,万达旗下万达演艺公司在海南大亚湾海棠剧院推出大型制作音乐秀《海棠·秀》。《海棠·秀》是基于一个流传于三亚海棠湾的古老爱情传说而制作出来的,剧目当中穿插和汇集了当地黎、苗、汉三个民族的民族文化,如黎族歌曲和织锦技艺等。《海棠·秀》利用当地的文化资源推动海岛旅游业的发展,并使万达公司从中获利,实现了在市场机制作用下文化资源向文化资本的转化。

(二)由市场机制实现文化产品和服务的有效供给,由此引导资源的有效配置

1. 文化产品和服务的有效供给

掌握文化产品和服务的有效供给,对发挥市场在文化资源配置中的决定性引导作用、实现资源的优化配置有着重要的意义。

(1)文化产品和服务有效供给的概念界定

国内外学者在对"有效供给"的定义界定上有不同的观点,部分学者从文化产业视角对"文化产品供给"进行了界定。这些对"有效供给"的种种定义,为我们从本质上把握和界定"文化产业有效供给"的内涵提供了可资借鉴之处。但这些定义大都从诸如生产者、消费者、内部结构、宏观等视角,对"有效供给"这一概念进行阐释,没能反映出资源配置的效率。也就是说,依据已有的关于"有效供给"与"有效需求"的定义,并不能保证资源的有效配置或实现资源配置的效率;未考虑到供给的可持续性;未考虑到供给还受政府的政策和法规的制约,从而未能严格区分市场经济条件下有效供给、无效供给与非法供给之间的区别。在借鉴国内外理论界对"有效供给"的已有研究成果的基础上,从文化产业视角出发,可以将"文化产品和服务的有效供给"理解为:消费者的需求能够得到恰当的满足,政府的政策法规得到很好的贯彻,文化生产部门愿意并能够向社会提供一定量的文化产品和服务,实现有效率的可持续性供给。

(2)文化产品和服务有效供给的形成必须符合的条件

第一,文化产品和服务的供给必须考虑消费需求。

文化产品和服务的供给方应真正牢固树立面向消费者、面向市场的供给理念。文化产品和服务供给的品种、质量与类别结构必须与现实的需求相适应,供给的数量、价格能够满足消费者的要求,从而保证供给为当时的市场全部容纳,即供给是考虑了需求并让需求可以接受的供给,它是有效供给生成的前提。

第二,文化产品和服务的供给还应得到要素供给的保证,即生产条件的有效性。

要素供给主要包括人力资源投入、资本投入、技术水平、生产组织的管理水平等等,文化产品和服务的供给必须有要素供给作保证。

第三,文化产品和服务供给效率的保证。

文化产品和服务有效供给不仅包括产品或服务的有效性,而且包括供给效率的有效性,即供给的高效率。为此,不仅要重视提高要素供给的质量,优化要素供给组合,还要重视经济效益与社会效益的统一,更要重视政府政策法规、体制及制度因素对有效供给的影响,走可持续型供给之路。

第四,文化产品和服务的供给还需主动,即供给还需不断创新。

它包括已有文化产品和服务的更新,更主要的是不断开发从无到有的新产品,这也是文化资源向文化产品和服务转化的独特性的体现,从而使文化产品和服务的供给不仅能够适应需求,而且还能够创造需求和拉动需求。

2. 文化产品和服务的无效供给与非法供给

所谓"文化产品和服务的无效供给",是指抑制需求并与之相悖的效用很低或无效用的供给。无效供给分为两类:一类是超过有效需求的过剩供给;一类是供给自身原因不符合有效需求的不良供给。

"文化产品和服务的非法供给",则是指违背政府政策法规的供给,主要是假冒伪劣和侵犯知识产权的产品供给。

文化产品的无效供给和非法供给必然导致文化资源开发和利用的低效率和文化资源浪费。

3. 由市场机制来提供文化产品和服务更具效率

由转型期文化产品和服务的供给特征和文化体制改革的演变轨迹可以清晰地看出,由政府统包统管的文化产品和服务的供给模式发生了变化,政府的供给偏好发生了转变。总体来说,政府的行为边界相对趋于缩小。这种格局演变背后的动力不仅有来自国内整个经济体制和居民消费需求的转变,也有来自困扰政府的财政压力和全球化文化产业竞争的压力。在这些压力下,政府进一步拓宽文化投融资渠道,降低投资准入门槛,鼓励各类社会资本对文化领域进行投资,政府相应地逐步退出某些文化领域。从政府职能转换角度看,政府肩挑的文化部门的重量减轻了许多,政府对于文化产品和服务的供给责任和区间逐渐落到了更具社会效益和公益性属性的领域,而市场机制型的供给区间逐步扩展到同时具有经济效益和社会效益并具有市场竞争性的文化产品和文化服务领域。

政府部门总是倾向于以政治程序进行文化产品供给决策,市场部门则倾向于以市场规律为决策依据,所以将二者进行比较,前者适用于公共文化产品和服务的供给,但如果从经济效率的角度看,由市场机制来提供则更具经济效率。目前,我国还处于经济和文化体制的转轨期,政府与市场的相对地位处于不断变动之中。一方面,政府部门逐渐从适合于市场机制供给的文化产品和服务领域退出,市场文化部门的跟进提高了文化产品和服务供给效率,带来了更大的社会福利。另一方面,政府文化部门相对规模缩小则减缓了由于机构臃肿、比较劣势所产生的边际收益递减趋势,缓解财政压力,使其利用比较优势更多地作用于自发市场所不及之处。由此可见,由市场机制来提供文化产品和服务更具效率,由此文化资源的配置更具合理性。

(三)市场机制下文化资源优化配置的原则

1. 与文化消费需求的内容和目的相一致的资源效能原则

实现文化资源的优化配置,提高文化资源的效能,合理地利用和开发文化资源,首先就要弄清楚文化消费需求的内容和目的,并使文化资源配置与之相一致。

(1)文化消费需求的内容

第一,对文化商品使用价值的需求。

在这里,"文化商品的使用价值"是指文化商品的物质属性,也是消费需求的基本内容。人的消费不是抽象的,而是有具体的物质内容,无论这种消费是侧重于满足人的物质需要还是心理需要,都离不开特定的物质载体,且这种载体必须具有一定的使用价值。

第二,对文化商品审美的需求。

对美好事物的向往和追求是人类的天性,它体现在人类生活的各个方面。在消费需求中,人们对消费对象审美的需求是一种持久性的广泛存在的心理需求。对于消费者来说,所购买的商品既要有实用价值,同时也应有审美价值。从一定意义上讲,消费者决定购买一件商品,也是对其审美价值的肯定。在消费需求中,人们对消费对象审美的需求主要表现在商品的工艺设计、造型、式样、色彩、装潢、风格等方面。人们在对商品质量重视的同时,总是希望该商品还具有漂亮的外观、和谐的色彩等一系列符合审美情趣的特点。

第三,对文化商品时代性的需求。

任何一个社会的消费,总是带有时代的印记,人们的消费需求自觉或不自觉地反映着时代的特征。人们追求消费的时代性就是不断感觉到社会环境的变化,从而调整其消费观念和行为,以适应时代变化的过程。这一要求在消费活动中主要表现为趋时、富于变化、新颖、奇特等能反映时代最新思想的特点。总之,要求商品要富有时代气息,从一定意义上说,商品的时代性意味着商品的生命。

第四,对文化商品社会象征性的需求。

所谓"商品的社会象征性",是人们赋予商品一定的社会意义,使得购买、拥有某种商品的消费者得到某种心理上的满足。

第五,对优良服务的需求。

随着商品市场的发展和人们消费水平的提高,优良的服务已经成为消费者对商品需求的一个重要组成部分。

(2)文化消费需求的目的

第一,修养身心、调节精神的生存需求;

第二,审美愉悦、丰富生活的享乐需求;

第三,认识人生、扩大经验的发展需求。

(3)与文化消费需求的内容和目的相一致的资源效能原则

从效能的角度讲,文化资源的优化配置就是要使文化资源配置与文化消费需求的内容和目的相一致。文化市场根据需求变化调节着文化资源在行业间的配置,从而使文化资源的配置在总体上与文化需求相适应、相一致。因此,就要遵循人们的文化消费需求,合理地开发和利用文化资源,实现资源配置的效能原则。

例如:《张家界·魅力湘西》利用大湘西地区土家族、苗族、侗族以及其他原住民族歌舞音乐、文学传说、宗教祭祀等文化遗存,将艺术品质和唯美的表现手法相结合,在世人面前呈现了一个浪漫、快乐、神秘、激情的湘西。21世纪初,湘西地区旅游演艺市场开始起步,节目内容低劣庸俗,经过十多年的发展,在市场机制的作用下,经过优胜劣汰,当初以低俗内容标新立异的演艺节目早已销声匿迹了。张家界旅游演艺业尊重民族文化本真,将现代舞台科技与传统文化底蕴进行有机结合,将演艺业发展与当地少数民族经济紧密结合,将《张家界·魅力湘西》打造成一个把丰富民族文化资源通过市场化手段开发转化而成的符合大众审美需求的演艺产品。

2. 与文化生产目的相一致的机会成本原则

所谓"机会成本",曼昆给出了一个最简单直接的解释:"得到某种东西所放弃的东西。"[①]那么从这一角度来看,文化资源的权衡取舍就应该遵循与文化生产目的相一致的机会成本原则,其主要体现在以下两个方面:

(1)文化资源配置必须与文化生产的目的相一致

文化需求是通过一定的途径来满足的,文化生产则是满足文化需求的最主要途径。作为一种经济活动,文化生产的资源配置必须保证用有限的文化资源生产某种满足消费者文化需求的文化产品,并在各种配置方案中选择最优的一种,进而实现资源利用率和经济效益的最大化。

(2)文化资源配置必须与文化生产结构相协调

文化生产的结构是指文化产业系统各个组成部分之间的比例关系及构成方式,这种比例关系最初是由文化消费结构决定的。文化消费对文化生产具有导向作用,人们对文化产品的需求是多样的,而且是多层次的,所形成的文化消费结构也必然要求文化生产结构与之相协调,而文化生产的各个组成部分相互联系、相互依存,物质文化生产和精神文化生产、文化生产能力与文化设施等,都应有合理的比例关系,进而保证文化产品的有效供给。文化、资本、技术、人才等要素就要按一定的比例和方式有效结合、合理配置,比例不协调就会导致文化资源的浪费。

第二节 市场机制在文化资源配置中的优势

市场配置资源的一个重要特点就是市场自发地调节社会文化资源在社会各文化生产部门之间进行分配,并使其向优秀的文化生产部门流动,进行最佳的机制转换和资源整合。

市场机制所具有的特点既形成了它在文化资源配置中的优势,也形成了其固有的弱点和缺陷。从分析市场机制的特点入手,是我们正确理解其在资源配置中的优势和不足的理论基础。

---

① [美]曼昆:《经济学原理》,北京大学出版社,2009年,第5页。

一、市场机制的特点

（一）市场机制是市场三大基本要素互相结合、互相制约的一个循环运动过程

马克思曾深刻地论述过构成市场的物质内容是供求，即商品供应与商品需求。商品供求是互相对立统一和运动着的，市场机制作为市场特有的调节方式、调节功能和特殊的运动过程，首先离不开供求这个基本的要素。但供求不可能孤立地存在，其运动态势和双方的变化直接受市场价格及市场竞争状况的制约。因此，构成市场机制运动的三大基本要素是价格、供求、竞争，不论市场性质、规模、范围如何，这三大直接要素将不会改变。

而这三大要素的组合及交互运动正是商品经济的基本规律即价值规律、供求规律、竞争规律、平均利润率规律、货币流通规律等共同作用于市场的结果。市场价格作为商品价值的转化形态和实现形式，处于一种运动状态，它与价值不是机械的等量，相反在供求、竞争等直接要素的制约下，其总是围绕价值上下波动，并在时间、程度、方向上与价值有一定背离。价格直接影响生产者、经营者、消费者的利益。

市场价格总是首先摆在市场活动参与者面前。微观单位的市场经济行为一般先要考虑价格，价格牵动着市场活动参与者的行为。但由于供求的变化，价格或一时高于价值或一时低于价值，这种现象，正是市场机制要素交互运动的奥妙所在。由于价格受供求的变动，市场活动参与者不断调整自己的市场行为。买者与卖者之间、买者之间、卖者之间又根据市场价格状况的变化，为了自身的经济利益展开多种形式的竞争，竞争又会引起供求的变化，这样，就形成了"价格—竞争—供求—价格"三个要素互相结合、互相制约、互为条件的一种循环过程，即价值规律通过市场竞争强行得到贯彻，并继而调节供求关系，供求关系的变动又反过来引起市场价格的变动，这就是一般意义上的市场机制的运动过程。

价格是这种循环的标志，价格的变化既是上一次市场机制要素循环运转的结束标志，又是下一次新的循环运转的开始，如此周期循环，实现着市场运动的自我调节。这种市场机制要素自发、自动的循环，也可以视为市场的自然机制，在完全的自由市场上，它表现得尤为明显。

（二）市场机制运转循环的原动力是市场活动参与者的经济利益

市场是商品交换关系的总和，商品供求关系的背后是经济关系。微观主体的市场行为在价格、供求、竞争的制约下而变化，根源来自这种机制组合的原动力——市场经济人的利益。市场机制从根本上是由社会关系决定的，参与市场经济活动的生产者、经营者、消费者正是在商品经济的一系列客观规律作用所体现的原则或功能的制约和牵动下，通过供求、价格、竞争的变化，在经济利益的诱导下，自动采取不同的市场经济行为，或者进行自我扩张，增大生产或经营规模，或者进行自我收缩，即减少生产或经营规模，有的还会自行中断其市场经济行为。

以我国网络视频产业为例：我国网络视频产业自2006年步入发展元年，在短暂的几年中,取得了长足进步,产业红利为视频网站提供了更广泛的发展空间,根据 EnfoDesk(易观智库)数据显示,2012年中国网络视频市场广告收入为88.3亿元,较2011年增长82.7%,预计到2015年,中国网络视频产业市场广告收入规模将达到308.8亿元,用户规模将达到5.8亿。庞大的用户基数和稳步增长的产业利润使其具备了较高的产业吸引力,引发众多竞争主体的市场参与,成为国内外各种资本的热土。目前我国视频产业厂家多,规模小而分散,没有形成规模效应。市场集中度过低就会造成资源的分散和浪费,并购和整合是实现其规模化发展的有效途径。可见,在经济利益推动和诱导下,市场机制强制性制约着市场活动的参与者及时地调整自己的经济行为,自动实现微观活动的自我平衡。这种一般意义上的市场机制的原动力,并不因为市场规模、性质的变更而改变。当然在不同性质的市场上,或者在不同的宏观控制机制的作用下,经济利益的性质及作用是不同的。

(三)市场机制是一种开放型的受多种因素影响和制约的社会经济机制

市场机制绝不是一个纯自然的封闭机制,而是一种开放的社会经济机制,因为市场的本质就是开放的,它作为社会分工发展和商品生产及商品交换扩大的必然产物,集中反映了社会经济活动中各种复杂的经济关系。市场作为商品流通的渠道,反映了商品流通的横向性、伸缩性、变动性、复杂性的特点。市场价格、供求、竞争这三大要素的组合及其运动变化,都会受到各种直接因素和间接因素以及社会因素和自然因素的制约和影响,外在的某些因素的变化也会引起市场机制要素的变化。因此,不能孤立地看待市场机制的运动。

二、市场机制在文化资源配置中的优势

(一)促使文化资源向文化资本的转化

从文化产业学的角度来看,文化资本是指对文化资源的优化配置所形成的文化生产、文化服务,它是以物质财富和精神财富的形式具体表现出来的文化价值的积累。这种积累还会引起产品和服务的不断流动,带来增值效应,文化资本通过市场生成经济价值。

资源不是资本,资源只是表明某一事物具有某种价值。而资本则是在市场经济的条件下,能够进入经济活动的过程中,在其中发挥作用、产生效益,从而得到回报的东西。同样,文化资源也不等于文化资本,文化资源只有进入现实文化生活和现实文化生产之中,才具有转化为文化资本的可能性、现实性,也才可能使文化资源经过生产转化过程、管理经营过程而具有持续开发价值和产生巨大的经济价值。在市场经济条件下,资源只有通过市场的作用,才能实现资本的物态转换,才能实现其作用的拓展,才能从一定意义上实现其价值的升值。因此,文化资源也只有在市场机制中才可能转化为文化资本。

(二)促使文化资源从低效率领域向高效率领域转移

市场能够通过价格涨落比较及时、准确、灵活地反映供求关系的变化,传递供求信

息,促使文化资源从低效率领域向高效率领域转移,实现资源优化配置。

例如:视频行业曾一度出现过40多家视频网站同台搏杀的状况,在经过融资竞争、上市风潮、版权大战等几轮角逐之后,除了拥有雄厚资本背景的门户视频,独立网站中,仅有优酷、土豆等少数幸存者,激动网、爆米花、天线视频等老牌视频网站纷纷陨落,淡出用户视野。淘汰赛过后,网络视频行业进入整合阶段,出现逐渐集中的状态,又一轮洗牌开始。在这一过程中,相关文化资源的流向也在不断地发生着变化,但总的趋向是不断流入高效率的领域。

(三)推动文化企业的科学技术和经营管理的进步,促使劳动效率的提高,促进文化创新

面对市场竞争,商品生产者、经营者在利益杠杆的作用下,积极调整生产经营活动,从而推动科学技术和经营管理的进步,促进劳动生产率的提高和资源的有效利用。在市场经济条件下,企业自主经营,自负盈亏,哪个企业的生产条件好,技术先进,管理科学,劳动生产率高,生产成本低,哪个企业就获利较多。

因此,通过市场竞争的优胜劣汰,资金、技术、劳动力必然向经营好、经济效益高的企业集中,从而达到资源配置的优化。这样,商品生产者、经营者从自身利益出发,便会自动地采用先进科学技术,改进经营管理,以提高劳动生产率。同样地,文化企业之间的竞争也会遵循这一经济运行的规律。在市场机制的作用下,文化企业之间的竞争必然促使各文化企业不断提升自身的综合实力,形成竞争优势,引导文化资源与高新技术结合。

例如:随着数字化媒体技术的不断发展,媒介形态以及受众使用媒体的习惯都发生了深刻变化,具有完全不同的口味、需求和消费方式的新一代媒体消费群体正在形成,并且开始成为媒体市场的主体。而随着移动互联网的发展,智能终端、云计算、大数据及O2O等新技术新概念也随之应用普及。如何利用这些新传媒技术和新传播方式去打造自身的信息服务平台,突破自身发展瓶颈,满足更多用户的需求,是传统平面媒体需要考虑的问题。

(四)引导文化企业按照市场需要优化生产要素组合,实现产需衔接

在市场经济中,生产什么、如何生产和为谁生产,主要是通过价格的涨落以及供求行情的变化来引导、安排和调整,即主要通过价格机制和供求机制来实现资源的配置,供求状况的变化情况通过价格信号的变化反映出来。在市场经济条件下,生产经营者以追求自己利润最大化为目的。推动文化资源向文化资本的转化,其首要目的在于通过文化资源的物态转换实现资源本身的升值,使文化资源在经济发展过程中实现功能与作用的最大化。而这一目的实现的基本条件就是按照市场需要优化生产要素组合,实现产需衔接。

例如:相比于互联网,电视本身优势已经不明显,伴随着互联网成长起来的新一代受众本身对电视的依赖已经很小。手机电视业务在移动互联网和智能手机的推动下发展较快,但在产品更新换代快速发展的今天,手机电视业务的进一步拓展就必须注重用户体验,充分利用手机自身的优势,进行不断调整和创新,实现产需衔接。

（五）促进文化资源配置的国际化

文化资源配置的国际化，是以文化生产的大规模分工协作和全球化文化市场的开拓为基础的。随着经济全球化的进程，更多的文化产品进入了全球化市场，原有的分工体系被打破，文化资源配置必然走向国际化。而只有发挥市场机制在文化资源配置中的决定性作用，才能够实现文化资源全球化配置。

"随着全球化时代的到来与全球信息社会的形成，非物质经济与文化产业的文化资本与意识形态的双向非领土扩张已在多元互动的文化交融、渗透中形成，引起世界财富中心转移的商业领土扩张与安全领土的多边延伸。"[①] "文化已成为国家创新之核的核心生产力体系，从科技生产力的大工业体系转向了文化生产力的大文化产业体系，渗透到创意产业链、创意城市链、创意经济链及知识服务业、版权知识体系的各方面，使知识产权、国家主权、国际法权的联系越来越密切。"[②] 从文化搭台、经济唱戏走到了文化领航全球博弈的时代。

（六）通过均衡文化产品供求，引导文化资源的合理流向

影响文化产品供求的因素一方面相互作用，另一方面又不断变化，其结果是所形成的市场均衡不断被打破，取而代之的是新的均衡，在市场机制作用之下，不断引导文化资源的流向以适应新的均衡的需要。

1. 影响文化产品供给和需求的因素

（1）文化产品价格的高低；

（2）消费者需求的差异；

（3）消费者收入的差异；

（4）消费者文化程度和年龄的差异；

（5）文化产品的成本；

（6）文化产业结构和规模；

（7）文化基础设施建设状况；

（8）创造需求的能力等。

2. 市场机制引导文化资源的合理流向

文化市场形成和发展的前提是文化生产和文化消费同时存在、相互依存、相互制约、相互作用，文化市场连接着从文化生产到文化消费的全过程，市场运动集中表现为文化商品和服务的供给与需求的矛盾运动。在文化市场，价格机制、供求机制、竞争机制、风险机制的协同作用，促使文化资源的流向不断作出调整。因而，文化市场中供需矛盾的自发作用最终引导文化资源的流向。

据国家统计局测算，截至2003年，我国文化及相关产业实现总产值3 577亿元人民币，占国民生产总值的3.1%。据《2013年中国文化产业年度发展报告》显示，2012年中国文化产业总产值突破4万亿元，占国内生产总值的7.7%，对社会经济发展的拉动作用

---

① 皇甫晓涛：《文化资本论》，人民日报出版社，2009年，第319页。

② 皇甫晓涛：《文化资本论》，人民日报出版社，2009年，第325页。

逐渐增强。从以上数据可以看出,自文化体制改革以来,市场机制作用的优势日益凸显出来。

第三节　市场机制在文化资源配置中的弱点和缺陷

市场机制在文化资源配置中,能有效地发挥作用,但它不是万能的,其弱点和不足表现为"市场失灵"。市场失灵,又称市场失效,是指市场机制低效率或无效率地配置资源。

一、导致违反道德和法规的逐利行为

文化资源一方面担当着经济的角色,另一方面又具有文化传承、民众教化、形象塑造等社会功能。文化资源经过产业化开发所生产出来的文化产品是一种渗透着社会意识形态、道德素质和价值理念的特殊产品,它不仅具有一般商品所具有的使用价值,更具有独特的思想价值、知识价值、审美价值,肩负着传输社会正能量的职责。这就决定了在对文化资源进行开发、利用过程中,要凸显其社会效益。但在价值规律自发作用的调节下,市场主体自发地追逐利益,为了自己的利益而不顾他人和社会长远发展的利益,这可能会导致不正当竞争行为与违德违法的逐利行为的发生,致使文化资源流入与文化发展繁荣的要求背道而驰的领域。

二、对垄断性调节的乏力性

从进入壁垒看,曼昆根据进入壁垒的三个来源(关键资源由一家企业拥有;政府给予一个企业排他性的生产某种产品的权利;生产成本使一个生产者比大量生产者更有效率),把垄断分为三大类型,即市场垄断、行政垄断和自然垄断。在计划经济条件下,政府对整个文化领域实行全面垄断,无论是从市场准入还是到文化产品供给以及文化产品价格的制定,都是由政府直接规定。

我国文化部门垄断的形成,不是由于竞争出现生产集中而形成的垄断,而是由国家所有制、政府某一部门单独经营而形成的。我国的文化发展所形成的垄断与政府部门结合得非常紧密,它不是靠经营形成垄断,而是由政府的一个部门转化而来。垄断行业高度集中和垄断,已形成集团利益。行政性垄断制造进入壁垒,导致特许经营不规范,市场准入存在歧视,这正是我国文化部门垄断形成的特殊性导致市场机制对垄断调节的乏力性体现。

三、对公共文化产品和服务调节的乏力性

（一）公共文化产品和服务的特征

1. 不止一人可以同时消费同一个产品；
2. 向另一个消费者提供产品的额外成本为零；
3. 排除其他市场主体消费该产品的排他性成本很高。

（二）市场机制无法实现对公共文化产品和服务的调节

要理解这个问题，必须首先弄清楚两个概念，即沉没成本和边际成本。按照经济学的一般解释，沉没成本是指已经发生而且无法收回的成本；边际成本是额外一单位产量所引起的总成本的增加。我们从公共文化产品和服务所具有的三个特征来看，对于公共文化产品和服务，提供它们所付出的成本是无法收回的，属于沉没成本，同时其边际成本为零。作为竞争性市场，定价依据的是边际成本，而不是沉没成本。就此而论，若由私人生产公共文化产品和服务，其成本得不到补偿，因而由私人提供公共文化产品和服务的激励较小。所以，市场机制就无法实现对公共文化产品和服务的调节。

四、造成外部不经济

（一）文化产品外部性内涵的界定

1. 外部性内涵的界定

为了理解"文化产品外部性"的问题，我们首先从经济学的角度对"外部性"进行分析。最早提出外部效应问题的是英国经济学家马歇尔，他在1890年发表的《经济学原理》中提出了"外部经济"概念。庇古在马歇尔的基础上进行了充实和完善，他首次运用现代经济学方法从福利经济学的角度系统地研究了外部性问题，提出了系统的生产外部性理论。庇古认为：生产厂商的边际私人净产值和边际社会净产值不一致的现象就是生产的外部性；如果边际私人净产值大于边际社会净产值，则出现边际社会成本，称为"外部不经济"；如果边际社会净产值大于边际私人净产值，则出现边际社会收益，称为"外部经济"。庇古不但发现了生产活动有外部性，而且发现消费活动也有外部性。这之后，不同的学者从不同的角度对"外部性"进行了界定。萨缪尔森和诺德豪斯认为，"外部性"指的是企业或个人向市场之外的其他人所强加的成本或效益。兰德尔认为，"外部性"是用来表示当一个行动的某些效益或成本不在决策者的考虑范围内的时候所产生的一些低效率现象，也就是某些效益被给予，或者某些成本被强加给没有参加这一决策的人。

2. 文化产品外部性内涵的界定

文化产品外部性的特征既有文化产品生产的外部性特征，也有文化产品消费的外部性特征。文化产品的外部性是指某一市场主体在对文化产品进行生产或消费的过程中对另一市场主体的福利所产生的影响，并且这种影响使得对其他市场主体造成的损

失或收益均不能通过市场交易的价格机制反映出来。

(二) 文化产品外部性特征的表现形式

1. 人们在消费文化产品时既能产生正的外部性,也能产生负的外部性

当某一市场主体从事一种影响旁观者福利,而对这种影响既不付报酬又得不到报酬的活动时,就产生了外部性。文化产业是一个具有很强外部性的产业,对这一问题将在下一章第二节讲述。根据对旁观者福利影响的性质不同,外部性可以分为正外部性和负外部性。对旁观者的影响是不利的,就称为负外部性;如果这种影响是有利的,就称为正外部性。文化有先进与落后之分,文化产品的生产和消费过程中既能产生正的外部性,就也能产生负的外部性。

2. 具有时空性,既有代内外部性特征,也有代际外部性特征

优秀的文化产品是同时代优秀文化思想的表现形式。公众在消费文化产品、满足自身精神文化需求的同时,也陶冶了情操、提高了文化修养,进而构成一个良好的社会氛围,这不仅有助于公众自身创造性和工作积极性的激发,也有助于道德修养的提高,进而有助于社会稳定。同时,文化产业是通过创造供给来培养和创造文化消费需求的,文化产品的吸引力和生命力在于其独特性和差异性,创造供给就需要不断进行文化产品的创新,这本身就是文化可持续发展的过程,文化产品的消费就是文化传承中的重要一环。以上两个方面就是我们所讲的代内外部性特征和代际外部性特征。

(三) 市场机制在文化资源配置中导致的外部不经济

文化产业是特殊的产业,文化产品是特殊的产品。文化产品的生产和消费具有很强的外部性,同时文化产品中有众多的属于具有公共物品性质的文化产品。譬如,对于文化产品的外部性来说,有效市场的一个假设是使用者所有的边际收益都反映在对一种文化产品的需求曲线上,所有的边际成本都反映在供给曲线上。如果这些假设得不到满足,就出现了外部性,这是某些社会收益和社会成本不能由市场价格反映的情况。买者可能得到某些收益,卖者可能承担了某些成本,但其他没有参与市场交易的主体也得到收益或承担了成本。也就是说,价格机制无法反映这种成本或收益的"外溢",从而也就不可能用市场交易来获取对交易主体行为的正确评价或纠偏。文化资源市场化配置的动力是经济利益杠杆,对实现文化的社会效益目标有一定的局限性,因而,市场机制在文化资源配置中往往导致边际私人净产值大于边际社会净产值,出现边际社会成本,即外部不经济。

总之,文化资源总是要通过一定的机制配置到文化产业的各个环节,在市场经济条件下,市场机制有其显著的优势,但同时市场机制又有其固有的弱点和缺陷,认清这一点,对于我们更好地发挥市场机制在文化资源配置中的决定性作用、提供满足消费者需求的文化产品、提高文化资源的有效利用率等方面有着重要的意义。

案例：

横店影视城[①]
——"中国好莱坞"的成功之路

一、研究背景

横店影视城所属浙江横店影视娱乐有限公司，是我国著名民营企业横店集团的全资子公司。这座亚洲规模第一的影视拍摄基地十年前还是一个不被世人知晓的小镇，今天它已成为集复制的宫殿庙宇以及历史街道和旅游设施于一体的影视城，被美国《好莱坞》杂志称为"中国好莱坞"。

近年来，随着横店影视城知名度的不断提高，来横店拍片、采访的国内外影视制作机构、新闻媒体越来越多。我国许多著名的电影、电视剧都是在横店影视城拍摄的。美国、德国、加拿大、印度、芬兰、韩国、日本等十多个国家的影视制作机构先后来横店拍摄了20多部影视剧。《日本产经新闻》、美国国家公共电视台、韩国KBS电视台、英国天空新闻频道、瑞典WESTLUND制作公司等国外一系列知名媒体也相继来访，对其进行了报道，使横店影视城这一目前中国拍摄场景最多、配套设施最全、历史跨度最大的影视拍摄基地声名远扬。

横店影视城的运作成功是我国文化体制改革背景下的一个典型案例，它创新的体制、全新的经营模式推动了影视产业化的进程，为企业带来了丰厚的利润；它集不同历史时期宏伟建筑于一身的建筑风格，通过影视城这样一种特殊的模式架起了一座沟通中国与世界的桥梁，展现了中国文化的美和中国人民的智慧。在全国众多影视城经营不景气的情况下，横店影视城的发展却日益繁荣，这一案例很好地诠释了在国家文化体制改革背景下，如何将影视文化产业按市场经济规律运作起来，在给企业带来巨大利润的同时，也给人们带来丰富的视觉享受，并满足人们对文化需求增长的趋势。这是我们研究这一案例的意义所在。

二、发展历程

横店集团与影视结缘始于1996年与谢晋导演拍摄的《鸦片战争》的合作。借助影视文化发展旅游业是集团的探索之路，横店集团以影视为龙头，带动旅游、宾馆、餐饮等第三产业的全面发展。

《鸦片战争》的拍摄揭开了横店影视城的面纱。横店集团徐永安总裁在接受记者采访时说："横店集团是在1996年开始关注影视文化产业的。那个时候，文化产业还不开放，我们觉得有很大的空间可以发展，而且做文化还可以扩大社会影响力，于是就决定进行投资。我们考虑找一个切入点，当时正好谢晋导演在拍《鸦片战争》，于是就想到了合作。"横店集团投资4 000多万元，耗时4个多月，一座再现19世纪南粤广州城市风情的"广州街"竣工，这是完全为《鸦片战争》量身定做的：3万平方米水面的"珠江"、1840年的广州城市街景、珠

[①] 宋培文：《文化产业经营管理成功案例解读》，中国广播电视出版社，2008年。

图 6-1　广州街

江畔十三洋行及天字码头。《鸦片战争》成功了,横店"广州街"也一炮打响(图6-1)。

　　1998年,横店集团为了拍摄陈凯歌导演的《荆轲刺秦王》,用8个月的时间建造了气势宏伟的"秦王宫"。"秦王宫"占地800余亩,总建筑面积约11万平方米,由前后广场、中宫门、主宫、燕国华阳台等27处大型建筑集合而成。随着电影《荆轲刺秦王》在52届戛纳国际电影节上获奖,横店影视城也逐步被人知晓。此后,影视城一发不可收拾:清明上河图(图6-2)、江南水乡、香港街、明清宫苑等拍摄基地逐渐成形。如今的横店影视城拥有13个门类不同的拍摄基地,总面积已达5 000亩,是全国乃至亚洲规模最大的影视拍摄基地。远至秦、汉、唐、宋,近到明清、民国,中国两千多年的历史都能在这里找到合适的背景。宫廷、市井、言情、武侠、枪战都可以在这里一并拍摄。为了吸引更多的影视导演来横店拍摄,横店影视城开始考虑全方位发展,提供吃、住、行、道具、演员等一条龙服务。

图 6-2　清明上河图

图6-3 明清宫苑

2004年4月2日,中国首个国家级影视产业实验区——浙江横店影视产业实验区正式挂牌成立,使横店从"拍摄基地"到"产业基地",集策划、拍摄、营销等多个环节于一体。实验区的成立标志着横店影视产业已形成了一系列完善的产业链。据统计,从1996年到2007年底,横店影视城累计接待国内外500多个剧组,共拍摄了2万多部(集)影视剧,有时一天就有18个摄制组同时在此拍摄,国内三分之一以上的古装剧是在横店拍摄的。

三、经营业绩

横店影视产业实验区定位于打造一个面向国际的集影视创作、拍摄、制作、发行、交易于一体的现代化影视产业交流平台,建设一条拥有专业的影视产业设施、完善的影视行业服务以及完整的和可具拓展性的相关影视产业链。经过十多年的经营,横店影视城以其厚重的文化底蕴和独特的历史场景被评为首批国家AAAA级旅游区。横店集团将其横店影视城与文化旅游巧妙地融为一体,在创造可观的经济效益的同时,为人们展现了美不胜收的视觉享受。横店影视城已成为目前国内拍摄场景最多、配套设施最全、历史跨度最大的影视拍摄基地。在影视、旅游界颇具影响,并荣获多项"全国之最":最大规模影视城、最大的殿堂佛像、拍摄影视剧最多的影视城、群众演员最多的影视城、最大规模的室内摄影棚、景区数量最多的影视城。

景区以逼真的建筑手法和几乎是1:1的比例修建,使得中外影视人和游客为之震撼。横店影视城给游客以漫步在仙境一般的感觉,如同在时光隧道里穿梭。在这里,游客可以前脚出秦王宫,后脚就进入了清明上河图、明清宫苑(图6-3),一进一出就是上千年。

在横店影视城体验不同时期的历史文化特色与建筑风格,令游客倍感神奇。

2004年,投资8亿人民币,由美国ITEC公司设计的国内首座影视主题公园"电影梦幻世界"在横店动工兴建,游客在此可以体验影视带给人们的神奇感觉和乐趣。在横店,街市繁华,书店、网吧、酒吧、茶馆比比皆是,小吃、饭馆南北风味俱全,夜生活五光十色。横店影视城已成为一处独具魅力的中国超大型影视旅游休闲胜地。

宏大的影视基地规模、丰富的拍摄场景吸引了海内外影视导演们纷纷率剧组前来横店取景拍戏。谢晋、陈凯歌、张艺谋、王家卫、徐克、唐季礼等著名导演都先后来横店影视城拍片。

威尼斯电影节主席马可·穆勒,阿根廷国家电影音像艺术局代表团,越南国家电影局、文化体育旅游部代表团,斯里兰卡电影代表团,美国电视台历史频道等,纷纷来到横店考察或洽谈合作事宜。包括韩国电影《飞天舞》在内的国外20多部影视剧都是在横店拍摄的。美国环球电影公司的导演、制片人及美工师等人来到横店为《木乃伊3》选择场景,他们被横店规模巨大的各式场景所震撼,剧组很快就进驻横店。意大利导演阿米里奥在执导《马可波罗》时说:"让人惊奇的是,在横店,我可以找到剧组想要的所有东西。"

为了吸引更多的剧组来横店影视城拍片,为影视拍摄提供各类配套服务的行业也应运而生,从场景搭建、道具制作、餐饮、住宿到演员中介等一系列配套服务应有尽有。

影视产业的崛起,推动了横店休闲旅游业的发展。方圆10平方千米的横店,拥有十余家星级宾馆8 000余个床位,无论是高档酒店,还是基地宾馆,游乐园、夜总会、桑拿中心、演艺中心、健身中心、保龄球馆等设施配套齐全。

经过十多年的建设和经营,横店旅游进入了成熟期,获得了社会效益、经济效益双丰收。横店已成为中国旅游发展最快的旅游目的地和"浙江省最值得去的50个景区之一"。

近年来,横店也越来越受到国际媒体的关注,不断有美国、法国、日本、韩国等国家的媒体到横店采访报道。

横店借助影视文化发展旅游,已初步形成文化产业的框架,并逐步走上了经济发展与文化发展相协调、社会效益与经济效益相统一的可持续发展道路。

从社会效益看,横店的文化产业具有教育公民、陶冶情操、强化精神文明的积极作用,如广州街影视基地已先后被列为浙江省爱国主义教育基地、国防教育基地和禁毒教育基地,其他一些基地也先后被评为东阳市和金华市的各类教育基地。

从经济效益看,横店文化产业的"龙头效应"带动了第三产业的全面发展,创造出了大量的就业机会。横店影视城的直接旅游收入在保持20%以上递增速度的基础上不断攀升,由旅游带动的餐饮住宿消费也迅速增加,横店正在迅速成为浙江省的一个新兴旅游大景区。旅游业的兴盛又带动了商贸业的发展,横店集团已建起了规模巨大的国际贸易城,成功地举办了国际食品与食品加工设备博览会等4个大型会展以及多个商品展销会。

以2007年为例,横店影视产业实验区紧紧围绕"打造中国好莱坞"这一目标,在基地建设、招商引资、优化服务、培育品牌、影视旅游等方面都取得了新的进展,影视产业集聚效应日益显现,国内外影响进一步扩大,在首届"中国文化创意园区新锐榜"评选中,荣获"最佳投资环境园区"称号。入区影视企业已有218家,注册资金总额达7.5亿元,实现营业收入12亿元,比上年增长50%,税收收入6 600万元。实验区全年接待游客500多万人次,旅游收入近6亿元。

四、经营策略

经过十多年的经营,横店影视城已经进入了稳定运营、再创辉煌的黄金时期,其成功的策略是打破单一依靠场租维持影视城经营的模式,将整个城市建成一个庞大而完备的影视产业配套和后勤服务的基地,全面整合影视、旅游和服务资源,使其满足影视拍摄所需的基本要素,从而吸引大批剧组来横店拍片。另外,横店集团注重影视和旅游各自产业链的延伸发展及影视与旅游的交融互动,以品牌文化建设为基础,以影视优势资源与现代科技相结合的旅游产品为特色,以创新的营销体制为保障,推动横店影视城的全面发展。其经营策略体现在以下几个方面:

1. 品牌文化建设是影视城发展的基础

品牌文化是品牌的"魂",加强品牌文化建设,是企业塑造知名品牌的关键,是提高品牌竞争力的核心,是企业发展的基础。品牌文化建设要通过倡导与目标消费群体相一致的消费文化、加强企业文化建设、注重品牌形象宣传、准确定位品牌经营策略、充分体现品牌个性特征等主要措施来实现。

横店影视城起步于1996年谢晋导演拍摄的《鸦片战争》,开始只是为了影视拍摄,其旅游发展是随着影视拍摄自然形成的。当时无论是影视拍摄基地还是旅游的起步在国内都是比较晚的,所以横店影视城要想迅速崛起,脱颖而出,后来者居上,必须从品牌文化建设着手,树立良好的品牌形象。

横店影视城有限公司于2002年组建成立,公司将几块影视拍摄基地和集团所属的主要宾馆饭店整合,将所有业务统一管理,这为横店影视旅游发展奠定了基础。

准确定位、全面经营是横店影视城品牌打造的成功秘诀。

在比较分析了世界各地影视城和主题公园后,横店影视城确定了其品牌文化建设的理念,明确了品牌使命及品牌的个性特征。

品牌的理念:集中国影视旅游文化之精义,打造国际化的观光与休闲的梦幻之城、快乐之都。

品牌的使命:对游客承诺以高品质的产品满足游客体验梦幻和快乐的需求;对员工承诺:让员工在公司这座大学校里不断取得进步,同时获得合理的收入;对合作伙伴承诺:相融相容,互补互利;对投资者承诺:以合理的成本,创造最佳的效益;对社会承诺:营造一方健康有益、传承中国文化的乐土。

在企业经营中,横店影视城策划的所有活动和项目都围绕打造"集中国影视旅游文化之精义,打造国际化的观光与休闲的梦幻之城、快乐之都"的品牌理念展开,充分体现品牌个性。

例如,大型影视特技、全真体验性项目"暴雨山洪"和大型海战表演项目"怒海争风"等,这些项目集影视元素和高科技,及充满激情的专业化表演,给游客以梦幻般的享受。此外,还有原创性、充满激情与互动的节目,如"明星见面会""与你同录""宋提刑审案"等让游客倍感轻松愉快。"民间绝技绝艺""杨门女将"等活动集影视和充满魅力的中国传统文化为一体,将文化以轻松愉快的品牌方式传递给游客。

横店影视城始终把市场作为检验企业品牌文化建设成果的试金石,在保持主要客源市场对横店影视城品牌的美誉度和忠诚度的基础上,不断推广和输出横店影视城的品牌,以提高新兴市场对影视城品牌的认知度,最终达到成为强势品牌的目标。

2. 影视优势资源与现代科技相结合的旅游产品是特色

在品牌建设的基础上,横店影视城不断丰富景区内涵,提高景区品质,打造国际化的观光与休闲的梦幻之城、快乐之都。

从品牌建设需要出发,横店影视城充分利用影视优势资源,如影视大片的经典场景、精彩片段、影视特技和影视明星等,结合现代高科技,大力开发旅游产品,策划景区演艺节目,丰富景区内涵,提高产品质量,让游客在横店影视城"梦想成真",为此,公司组建了"产品开发部""上海影视高科技研发中心""制景公司"和"演出部"等部门,专门开发景区产品,策划演艺节目,使每一个景区都能够根据自身的特色开发典型项目。

例如:秦王宫,有"秦王迎宾"节目;有利用张艺谋电影《英雄》而再现的"英雄比剑"节目;根据《无极》《汉武大帝》等影视大片,成功推出"无极""梦回秦汉""地下皇城"等项目。体现"俗气"的清明上河图,商贾云集的街市,散布在街头巷尾的贩夫走卒、杂耍艺人、茶楼酒肆等营造出了一幅繁华的大宋市井图。还开发了"聊斋惊魂""宋提刑审案"以及室内影视特技体验的"与你同录"等项目。广州街、香港街有"珠江口"粤港风情表演、"黄飞鸿"以及禁烟项目。还有体现美国式诙谐幽默的影视特技海战大型项目"怒海争风"等。

横店影视城紧扣影视元素进行项目开发和节目编排,能够直接将热播的影视大片在景区的具体产品中加以表现,使得景区游客的参与程度和互动程度大大提高,使节目十分自然地完成了与影视大片的嫁接,收到了非常好的效果。

这些利用景区现有资源突出景区鲜明个性特征的互动项目极大地满足了游客的需求,使游客在横店影视城一次性体验旅游、看大片拍摄、与明星亲密接触,这种以影视优势资源与现代科技相结合的旅游产品极大地增强了横店影视城的吸引力和市场竞争力。

3. 创新的营销体制是影视城发展的保障

营销体制和模式的创新是影视城生存和发展的保障。横店影视娱乐有限公司在研究中国旅游景区和工业企业营销模式的基础上,组建了全国第一家专业的旅游营销公司,营销公司按"统分结合,以统为主"的原则逐步完善内部营销机制,在以苏、浙、沪为中心的华东地区,建立有效的营销网络,确立和提高横店影视城品牌在该区域的认知度。

根据公司多个目标市场对横店影视城品牌认知度和产品需求状况的调研,从品牌传播的角度,将目标市场划分为培育期市场、成长期市场、成熟期市场三类,对不同的市场实施不同的品牌传播策略和手段,进行不同市场不同时期的有效传播。

为了适应不断变化的市场,公司还制定了"一城一策"的营销策略,灵活开拓市场,实行市场细化。在区域上,不仅深入挖掘本省旅游客源,还继续加大如上海、杭州、江苏等地市场的精细化营销,并逐步向海外市场拓展。在客源群体上,细分客源目标群体,组织包装符合市场需求的多元产品,如推出老年群体的保健游、学生团队的亲子游、白领阶层的影视DV游等等,均取得了较好的市场效果。

作为民营企业,横店集团的经营管理经受住了市场的考验,其成功经验为民营企业发展文化产业提供了可以借鉴的案例。目前,横店影视城正朝着覆盖影视制作、文化旅游、流通服务和产品研发为一体的影视产业群的方向发展。

本章思考题

1. 论述市场机制的含义、实质与构成。
2. 论述文化资源配置的方式和必要性。
3. 论述文化资源配置的作用。

4. 论述市场机制在文化资源配置中的优势。

5. 论述市场机制下文化资源配置的原则。

6. 什么是市场失灵？论述市场机制在文化资源配置中的弱点和缺陷表现在哪些方面。

7. 试述文化产品和服务的有效供给与文化资源的优化配置的关系。

8. 公共文化产品和服务由谁提供将会促进文化资源的优化配置？

9. 横店集团是如何实现资源的有效整合的？怎样理解"从资源到产业是一个资源整合和优化配置的过程"？在这个案例中市场机制是如何发挥对资源配置的引导作用的？

10. "横店影视城始终把市场作为检验企业品牌文化建设成果的试金石"表现在哪些方面？

11. 列举一个影视城经营失败的案例，通过与横店影视城的经营比较来分析二者在发挥市场机制的作用上有何不同。

12. 皇甫晓涛在其《文化资本论》一书中指出：我国实现从文化资源大国到文化资本大国的跨越，相对应的是欧洲莱茵后资本主义创意经济博弈、美日韩太平洋新资本主义版权经济文化帝国主义的博弈。经济学的核心体系从市场经济的供求关系、价值规律、生产方式、商品交易、资本积累等基本范畴转向了物质与非物质、均衡与非均衡、稀缺与非稀缺、物化与异化、增长与代价、常规创新与发展优势、博弈与规则、资源与资本、产业与产权、内容与生产、信息与对称、符号与制度、传播与扩张、媒介与创意、国家与竞争、服务与市场、文化与经济、国家主权与国际法权、自由与价值规律、国家与竞争底线、垄断与优势集聚等文化创新与文化产业的后经济核心问题及基本范畴，成为经济学、文化学、政治学与人文社会科学重构的基本问题与基本范畴，这一变化使产权成为经济学的核心问题。

你对这一结论如何评价？传统的资源配置理论面临哪些新的挑战？

第七章 文化资源配的政府规制行为和规制均衡

目 的

在本章中你将

- 知道文化资源配置政府规制的必然性
- 懂得政府规制是"看得见的手"的重要组成部分
- 了解经济规制、社会规制和行政规制的不同
- 理解文化资源配置政府规制的目标
- 理解文化资源配置政府规制的方法及作用

效 果

在实现上述目的之后,你应该能够

- 定义政府规制
- 解释文化资源配置政府规制的外部性
- 解释我国文化体制改革对我国文化资源配置的作用
- 解释文化资源配置政府规制均衡重构的必要性
- 举出一个文化资源配置政府规制的例子

讨 论

本章我们将讨论以下问题

- 政府行为外部性对文化资源规制失衡的影响是什么?
- 公共文化产品和服务如何促进文化资源优化配置?

如果市场能够有效运作，我们当然可以让其自由发展，政府没有必要去干涉资源的配置。但实际情况是有市场和市场交易行为的存在，就会存在市场机制的作用，也就存在"市场失灵"，这就必定需要政府对市场和市场交易进行管理，提高资源配置的效率。正如亚当·斯密所发现的：在完全竞争和不存在市场不灵的情况下，市场会用其资源尽可能多地生产出有用的物品与劳务。但在存在着垄断、污染或类似的市场不灵的情况下，看不见的手的效率特征就可能遭到破坏。以我国重点景区在旅游旺季一再出现游客滞留和拥堵现象为例，从2012年的"华山事件"到2013年的"九寨沟拥堵事件"，旅游资源供需矛盾始终得不到缓解。从供需的角度来看，这是市场机制下由私人企业和个人决定生产和消费的必然结果，也是市场失灵的一个表现。因而，要解决这一问题，就必须进行政府规制，比如可以通过进一步完善我国的休假制度等规制措施来解决这一问题。此外，市场机制也无法解决公共文化产品的供给和公共文化资源配置的问题，这也需要政府规制。

第一节　政府规制概述

纠正市场失灵，一个是通过政府的宏观调控，另一个是通过政府的微观规制，范建华在《文化资源如何转化为文化产业资源》一文中指出："在进行文化资源的管理过程中，我们必须坚持行政、法律和市场手段的结合。"[①] 萨缪尔森和诺德豪斯所著的《经济学》一书中关于市场不灵的问题有这样一段描述："市场不灵（Market Failures，也曾译为'市场失灵''市场失败'或'市场缺陷'——译者注）——不完全竞争、外部性和不完全信息等——经常破坏我们在讨论效率市场时所假想的那种抒情诗般的境况。"[②] 那么，从政府微观规制的角度该如何分析文化资源的有效配置呢？为了弄清楚这一问题，我们需要结合政府规制的相关理论，具体分析政府的经济规制、社会规制以及对规制者的规制即行政规制，以此作为理解文化资源配置的政府规制行为和规制均衡的理论基础。

一、政府规制的一般性分析

（一）政府规制的定义和特点

1. 政府规制的定义

政府规制是政府为了维护公众利益、纠正市场失灵，依据法律和法规，以行政、法律和经济等手段限制和规范市场中特定市场主体活动的行为，确立市场竞争秩序，促进市

[①] 范建华：《文化资源如何转化为文化产业资源》，《文化产业导刊》2013年第11期。
[②] ［美］保罗·萨缪尔森，威廉·诺德豪斯：《经济学》，华夏出版社，1999年，第223页。

场经济稳健发展。

政府规制政策,是对特定的市场主体的行为进行规范和限制的政策。政府是规制政策的主体,制定规制政策的有立法机关、行政机关和司法机关。政府规制的对象是个人、企业、中介机构等特定的市场主体及行业。

2. 政府规制的特点

(1)政府规制具有普遍适用性

政府规制是政府对所有市场主体进行监督、管理和规范,不具有排他性,而是普遍地作用于所有的被规制对象。

(2)政府规制政策具有相对稳定性

在市场经济条件下,对微观经济主体进行调节和监管时,直接强制性的政府规制需要规则性,政府规制政策具有稳定性。政府规制政策的相对稳定性是政策透明度的前提,有利于市场主体对政策有明确的预期,能够规范市场主体行为,减少市场主体的投机行为以及与政府规制政策的博弈行为。

(二)政府规制的分类

1. 按照政府规制政策目标和手段的不同,政府规制可以分为两类:间接规制与直接规制。

直接规制也称为狭义的政府规制,直接规制和间接规制的总和称为广义的政府规制。

间接规制以有效地发挥市场机制职能而建立完善的制度为目的,不直接介入经济主体的决策而仅制约那些阻碍市场机制发挥职能的行为的政策。间接规制由司法部门通过司法程序来实施,其法律基础通常包括反垄断法、商法和民法等。

直接规则以防止发生与自然垄断、信息不对称、外部不经济与非价值品有关的、在社会经济中不期望出现的市场结果为目的,依据政府认可和许可的法律手段直接干预市场主体活动,它由政府行政部门实施。

2. 依据政府对微观经济干预政策的性质不同,政府规制可分为三类:经济规制、社会规制与行政规制。

(三)政府规制是"看得见的手"的重要组成部分

政府规制是"看得见的手"中的两个重要组成部分之一,政府规制政策是市场经济国家政府须臾不可或缺的政策。在市场经济国家,人们常常将市场机制比作"看不见的手",而将政府干预经济或管理经济的活动称为"看得见的手"。在开放经济条件下,国内市场机制和国际市场机制在配置社会资源时,会产生市场失灵,政府分别从宏观和微观的视角管理经济,以互补的"两手"纠正市场失灵:一是宏观调控,又称宏观经济调节和控制,政府以宏观经济政策调节或调控宏观经济,对宏观经济进行管理;二是政府规制,又称政府微观规制,政府以微观规制政策规范市场微观经济行为,对微观经济进行管理。

宏观调控和政府微观规制相辅相成地纠正市场失灵,宏观调控从宏观经济和国际经济视角纠正市场宏观失灵和国际市场失灵对经济产生的影响,政府规制从微观视角纠正市场微观失灵。

1. 政府规制与宏观调控的区别

（1）两者调节经济社会的目标不同。宏观调控的目标是经济持续稳定增长、物价稳定、充分就业、国际收支平衡；政府规制的目标是反垄断、反不正当竞争、促使市场价格合理化、促使个人收入分配公平化、治理污染、保护环境等。

（2）两者调节的对象和视角不同。宏观调控的对象是经济总量，它从总量角度调节市场经济运行，着重解决市场机制引起的宏观失灵和社会资源未充分利用问题；而微观规制的对象是经济个量，它从个量或行业的角度管理市场经济运营，着重解决市场机制引起的微观失灵和资源尚未最优利用问题。

（3）两者调节经济社会的手段不同。宏观调控以经济手段和法律手段为主，行政手段为辅，运用规划、财政和金融手段，从宏观的角度调节总供给和总需求以及国民经济结构、物价总水平、社会总就业量等经济总量，引导企业投资和个人消费，促进国民经济持续稳定发展；微观规制以行政手段为主，辅之以经济手段和法律手段，运用价格、数量管制和质量控制等手段，管理市场主体、市场客体和市场载体，抑制垄断和不正当竞争，维护市场竞争效率，建立公平竞争的市场秩序，为国民经济健康发展奠定良好的微观基础，促进资源在微观经济领域的合理配置。

（4）两者调节经济社会的特征不同。宏观调控有易变性、相机抉择性和间接引导性；而政府规制具有相对稳定性、规则性和直接强制性。

2. 政府规制与宏观调控的联系

（1）政府规制和宏观调控在纠正市场失灵方面相辅相成，两者从宏观和微观互补地纠正市场失灵。

（2）微观规制为宏观调控奠定微观基础，宏观调控为微观规制创造良好的环境。政府规制从微观上纠正市场失灵，提高市场效率，建立公平竞争的市场秩序，规范市场主体的运营，激励市场主体健康发展，增进社会福利，为宏观调控建立起良好的微观基础。有效的宏观调控使得闲置的社会资源得到较为充分的利用，为政府规制的实施提供了健康的宏观经济环境。

（3）微观规制和宏观调控政策的互补性，使两者从不同的侧面弥补了单一政策的不足和缺陷。

二、经济规制的一般性分析

（一）经济规制的含义与目标

1. 经济规制的含义

关于经济规制的定义，缤纷繁复，综合经济规制运行的经济体制、经济规制的主体、经济规制的客体、经济规制的原因、经济规制的手段、经济规制的目的和作用、经济规制的领域七个方面，可以将经济规制定义为：政府依据法律法规，对市场主体的市场准入、市场运营、市场退出、既定数量产品（包括商品和服务）的价格、质量、交易方式和条件等经济活动进行监督、管理和规范,以限制不公平竞争,纠正市场失灵,维护市场经济竞争秩序,提高市场效率,增进社会福利。

经济规制的主体是政府,政府制定和执行经济规制政策。经济规制的对象是市场主体,市场主体是通过参与市场经济活动实现经济利益的组织和个人。

政府采取进入规制、价格规制、质量规制、数量规制等规制手段对被规制的市场主体进行经济规制,规制企业的准入、运营和退出,实现资源的最优化配置和利用。

2. 多元化的经济规制目标

经济规制的目标与经济规制的含义紧密相关,从上述经济规制含义的角度进行分析,可以将经济规制的目标归纳为以下六个方面:

(1) 控制市场垄断,提高市场效率;
(2) 提高企业等市场主体的信息透明度,纠正信息不对称;
(3) 保护消费者利益,增进社会福利;
(4) 确保企业等市场主体内部的效率和财务稳定化;
(5) 规范市场秩序,建立公平、公正、有序竞争的市场;
(6) 保护民族经济利益,促进国内产业发展。

因此,经济规制,一是对自然垄断性行业实行纵向的经济规制,对公共事业、交通运输业、邮政、电信、广播电视业等行业加强经济规制;二是对竞争行业或结构性竞争行业进行普适性的、横向的经济规制,以建立市场经济秩序,保护消费者利益。

(二) 经济规制理论的演变与发展

经济规制的理论随着市场经济的演进而发展,大体经历了三个阶段:一是规范分析阶段,政府加强经济规制;二是实证分析阶段,政府放松经济规制;三是规范与实证相结合阶段,政府审慎地放松规制和再加强规制并存。

1. 规范分析阶段,政府加强经济规制

规制规范分析学派产生于19世纪,主要代表人物有查德威克、马歇尔、庇古、德姆塞茨、威廉姆森等。其主要观点:由于市场机制不完善以及存在市场失灵,如自然垄断、外部性等,所以应对企业活动进行规制,规制的目的是在确保资源配置效率的情况下,保证公共利益不受侵害。

2. 实证分析阶段,政府放松经济规制

规制实证分析学派萌芽于19世纪法国经济学家迪普特的研究,在20世纪60年代发展壮大,主要代表人物有斯蒂格勒、卡恩、帕尔茨曼、贝克尔等。其主要观点:政府规制的目的并非保护公共利益,而是为了维护个别集团的利益。20世纪70~80年代经济规制理论形成了独立的、系统的体系,经济规制理论和政策从加强规制转向放松规制,简化规制的理论在学术界和政府部门都居于主导地位,政府开始大规模地放松规制。

3. 规范与实证相结合阶段,政府审慎地放松规制和再加强规制并存

自20世纪80年代中后期到现在,随着放松规制浪潮在全球兴起,经济学家们发现,完全放弃对微观经济的规制,或者公用事业部门实行私有化,并非万全之策,因此,将规

范与实证研究相结合,研究激励性规制、政府放松规制与再加强规制,成为经济规制理论研究的新趋势。

(三)经济规制政策对资源配置的影响

经济规制政策,是政府依据法律法规,对市场经济主体的市场准入、市场运营、市场退出、既定数量产品(包括商品和服务)的价格、质量、交易方式和条件等经济活动进行监督、管理和规范的政策。

政府经济规制的方法主要有进入规制、价格规制、质量规制、数量规制、投资规制、激励性规制等,相应地,经济规制政策有进入规制政策、价格规制政策、质量规制政策、数量规制政策、投资规制政策和激励性规制政策等。

1. 进入和退出规制政策

进入规制,是指政府根据产业的市场结构特点,对准备进入该行业的潜在的竞争者进行限制。退出规制,是指政府根据产业结构特点和企业运营状况,限制在位企业退出或强令在位企业退出市场。

政府通过进入和退出规制政策限制新企业的进入,保证在位企业实现规模经济,避免恶性竞争而形成的资源浪费,保证企业合理的利润水平和保障消费者的利益,提高生产和消费的组织效率和市场效率。

2. 价格规制政策

价格规制政策是政府规制部门限定被规制企业产品和服务的价格的政策。价格规制政策包括价格水平规制政策和价格结构规制政策。价格水平规制是对被规制企业产品价格水平进行规制的政策。价格结构规制是政府对影响企业价格结构的多重因素进行考察,对那些严重影响社会福利的定价行为加以限制。

政府实行价格规制政策,可以使价格水平和价格结构有利于实现资源的充分利用。

3. 质量规制政策和数量规制政策

质量规制政策是规制部门要求企业在既定的价格下保证产品质量的政策。质量规制政策通常与价格规制政策共同使用。

数量规制政策是在价格水平和质量标准确定的前提下,政府要求企业必须提供最低数量产品的政策。

数量规制政策通常与质量规制政策和价格规制政策相互关联,如果规制机构仅进行价格规制,被规制企业就会产生减少数量和降低质量的刺激,因此,规制者要求在既定的价格水平下,必须保证产品的质量和数量。政府对企业所提供的产品进行数量规制、质量规制和价格规制,大都是通过合同条款体现出来,通过合同明确交易各方的权利和义务,保护交易各方的利益,并确保资源的最优化利用。

4. 投资规制政策和激励性规制政策

投资规制政策是政府规制部门对企业投资过程中的资金筹集、投资行为和信息披露等进行规范和管理的政策。投资规制有广义和狭义之分,广义的投资规制,是指政府规制部门为了规范、保护和促进投资市场发展,对社会投资过程中的资金筹集、证券发行和交易、投资行为、信息披露等进行干预,包括对实业投资和金融投资的规制。狭义的投资规制,是指对实业投资的规制,特别是对垄断行业投资的规制,包括对被规制企业投资项目的立项决策、项目能力、项目收益的审核和批准。政府投资规制政策既要鼓励社会投资,以满足不断增长的产品需求,又要防止重复投资和过度竞争,还要对投资品组合进行规制,实现投资品最优组合,以保证投资收益,防止资源的低效率利益。

政府激励性规制方法主要有特许投标竞争法、区域间竞争法、成本调整契约法、直接竞争法。相应地激励性规制政策有特许投标竞争政策、区域间竞争政策、成本调整契约政策、直接竞争政策。政府激励性规制方法可以激励企业提高效率、降低成本、维护消费者利益,实现资源的优化配置。

三、社会规制的一般性分析

(一)社会规制的含义和目标

1. 社会规制的含义

社会规制是在美国形成和发展起来的。马丁·费尔德斯坦主编的《20世纪80年代美国经济政策》一书中指出:社会规制是政府控制生产过程产生的污染,规定生产和工作场所的健康和安全标准,限制销售者通过广告或者其他传媒给消费者提供产品信息的范围,建立保护购买者的法律法规以保护消费者免受销售者的欺诈、歧视或不合格行为的伤害。

(1)社会规制的实质是规制者对被规制者特定行为的禁止或限制;

(2)社会规制在本质上是以增进社会福利为目的的;

(3)社会规制的实施总要基于一定的标准;

(4)社会规制者是政府,政府制定和执行社会规制政策,社会规制的对象是市场主体和市场客体。

2. 社会规制的目标

(1)培养和发展竞争性市场,规范市场秩序

政府规制中的反不正当竞争法等法律法规,可以抑制垄断,减少不正当竞争,实现公平竞争,规范市场运行,确立市场经济秩序,给市场经济主体创造一个公平竞争的市场环境,提高市场竞争性效率。

(2)缓解信息不对称,保护消费者利益

政府明确消费品技术标准和质量标准,规定企业有提供真实信息的义务,产品广告必须诚实可靠,不合格产品必须退赔等。

(3)协调社会成员的利益

(4)保护生态环境

政府制定环境保护标准,实行环境保护的政策,以排污收费和污染权交易等政策治理污染,维持生态平衡,促进长期可持续发展。

(5)提供公共产品,增进正外部效应

政府提供公共产品,举办科技、教育、文化、卫生等社会事业,都具有正的外部性,有

利于降低市场经济中生产者的社会成本,提高居民的生活质量,增进社会福利,促进社会进步。

(二)社会规制基本理论

1. 公共产品理论

公共产品是社会公众所需要、市场不能生产或生产不能满足需求的社会产品。公共产品的生产和提供导致市场失灵,市场机制难以产生资源进入的激励,政府规制,尤其是社会规制可以纠正公共产品供给引起的市场失灵。

2. 外部性理论

外部性扭曲了市场价格机制,市场价格体系不能传达正确的市场信息,资源无法实现最优配置,经济达不到帕累托最优状态。在有外部效应的情况下,即使是完全竞争的市场,市场机制也不能有效地配置资源。外部性导致市场失灵,政府进行社会规制,纠正外部性引起的市场失灵,市场价格恢复其正确传导市场信息的作用,市场机制才能有效地调节资源配置,提高市场效率,改善社会福利。

3. 科斯定理和产权理论

产权理论是循着科斯定理的思路发展起来的,科斯定理借助产权和交易成本说明:当交易成本为零时,只要产权明晰,市场机制可以解决外部性问题。换言之,只要交易成本为零以及产权明晰,市场机制能够自动纠正由外部性引起的市场失灵,政府社会规制的重点是,在法律上明晰产权,通过市场交易就能消除外部性。

4. 信息不对称理论

社会规制可以纠正信息不对称导致的市场失灵,提高市场效率,增加社会福利。由于信息不对称的存在,使负有责任的经济行为主体不能承担全部损失(或利益),因而他们不承担他们行动的全部后果,这就引起市场交易各方面的效用冲突,导致市场的低效率,并给信息劣势方带来危害。在交易者之间加强信息沟通,采取信息发送、信息甄别、激励合同等方式,可以缓解信息不对称。但是,由于信息的显示有可能不真实与信息不足,制定合同的意外成本非常高、合同执行的法律成本很高以及在合同执行过程中委托人也存在道德风险问题等诸多因素的存在,在利用市场机制缓解信息不对称的过程中,不免会出现市场失灵。这就需要政府对信息不对称问题实行社会规制,通过法律法规以及其他的规制手段,最大限度地规避由于信息不对称问题所带来的社会性危害及资源利用的低效率。

5. 非价值物品理论

政府的社会规制禁止非价值物品的生产、销售和消费,倡导价值物品的生产和消费。

价值物品,又称优效品、功德品,是指政府强制人们消费的、能增进社会和私人利益的物品。这些优效品可能严重限制了个人的偏好,然而,却是社会广泛需要和支持的。与价值物品相对应的是非价值物品,是指从社会伦理规范的角度否定物品功能的市场价值,在竞争市场可以形成自由配置,但因社会伦理道德禁止或限制其生产的物品。

非价值物品也可以形成自由的市场,在竞争性市场机制下也可以实现资源配置的效率,但是,这会危害社会,并非是社会所希望和倡导的。因此,政府要对此类物品进行社会规制,即在一定程度上或者全面限制和禁止非价值物品的生产和销售。比如,对一些低俗的文化产品的生产和销售进行社会规制,避免文化资源遭到破坏和浪费。

(三) 社会规制政策对资源配置的影响

社会规制政策,是政府对涉及生产、消费和交易过程中的安全、健康、卫生、环保、提供信息、社会保障等社会行为进行规范和管理的政策。

1. 标准政策

标准的制定是在生产经营活动之中进行社会规制的政策工具。为了规制信息优势方的行为,保护信息劣势方的健康和安全,政府在生产、服务、劳动场所的安全和健康等有可能产生社会性危害的方面制定了一系列标准,强制要求经济主体遵守。

2. 许可证政策

许可证是规制机构颁发的一种许可状、证书、批准令、登记、特许状、会员资格、法律豁免书或其他形式的许可证明。社会规制机构通过对经济主体颁发许可证,可以对由于信息不对称问题可能带来社会性伤害的经济主体的市场准入进行控制,没有得到许可证的经济主体不能进入市场进行生产经营活动。这样就把很多可能由于信息不对称引起的社会性伤害的问题控制在经济主体的生产经营活动之前,限制了那些没有得到生产经营许可证的经济主体在该领域的经济活动,实现了信息优势方的信息传递,也降低了信息劣势方的搜索和甄别成本,引导社会资源流向有利于社会发展的领域。

3. 信息披露政策

由于信息不对称的存在,信息优势方在经济活动中就有可能使信息劣势方处于不安全、不健康的状态下,对此,社会规制机构要制定相应的政策措施,在既定的道德水平下约束信息优势方的经济人行为,以实现市场上交易双方良好的信息传递,降低信息劣势方的信息获取的成本。为了缓解信息不对称问题,尊重消费者的知情权和消费选择权,政府可以采用行政法规手段,强制生产经营者向市场提供真实、全面的信息。另外,政府还要求有关市场信息的管理机构建立定期的信息发布制度,建立和扩大公共信息资源库,并积极管理市场信息资源。除了通过强制力量披露市场信息以外,政府还扶持和鼓励民间力量进行信息披露以保护信息劣势方的权益。

4. 税费与补贴政策

政府运用经济方法进行社会规制的主要政策工具是税费和补贴。

5. 市场化政策

市场化政策是基于市场机制的政策,通过市场信号引导市场主体作出决策,规范市场主体的行为。很好地设计和实施市场化政策,促进企业或个人在追求自身利益的同时,在客观上实现社会规制的目标。

四、行政规制的一般性分析

（一）行政规制的含义及目标

1. 行政规制的含义

行政规制是对经济规制和社会规制的规制政策制定者和执行者的规制，即对规制者的规制。它是为了经济规制和社会规制机构有效地进行规制活动以及规制机构的规制者行为公正、公平、有效、透明，由行政、立法、司法机构、公众、受规制的客体、与规制政策相关的社会团体，根据法律法规对规制政策的制定者和执行者所进行的监督和管理。

2. 行政规制的主体与客体

（1）主体

第一，政府行政机关。

行政机关是通过强制和非强制手段对国家事务和社会公共事务进行有效组织和管理的机关。在行政规制领域，行政机关作为行政规制主体的角色，主要体现在行政机关对规制机构成员的行政监督和对规制政策的审核方面。

第二，立法机关。

立法机关是现代社会中负责制定法律、审批行政机关的预算要求、监督政府运作的机关。在行政规制领域，立法机关作为行政规制主体的角色，主要体现在制定规制相关法律、审批规制机构的预算要求、监督规制机构的运作等方面。

第三，司法机关。

司法机关，是指依照法定的职权与程序适用法律处理诉讼案件的专门机关。在行政规制领域，司法机关作为行政规制主体的角色，主要体现在当规制机构采取不当的规制措施和政策而引起经济主体的法律诉讼时，采取公正的法律裁定措施，以此监督规制机构的行为并保护经济主体合法的利益。

第四，公众。

公众作为行政规制主体的角色，主要体现在通过新闻舆论平台和各种参与机制监督规制机构政策制定的过程和政策执行的结果。

第五，与规制政策相关的市场主体。

与规制政策相关的市场主体，包括受到经济规制和社会规制政策直接和间接影响的企业、中介组织、社会团体、法人和自然人，他们通过新闻媒体、听证会等多种渠道评价、监督和影响经济规制和社会规制机构的决策和规制者的行为。

（2）客体

行政规制的客体，是拥有经济规制和社会规制决策权和执行权的规制机构及其规制者。

第一，独立规制机构模式。

多数发达市场经济国家采取独立规制机构模式，由专业化的规制机构独立负责制定和执行经济规制和社会规制政策。所谓"独立",是指经济规制和社会规制机构既独立于被规制企业、消费者等利益相关者,又独立于政府行政部门。

第二,直属行政部门的模式。

我国采用直属行政部门的模式,专业的规制机构直接隶属于政府有关部门,在部门的领导下制定和执行经济规制和社会规制政策。这些规制机构的规制者由政府任命且不实行固定任期,机构的运行经费源于政府预算拨款。

3. 行政规制的目标

(1)纠正政府规制失灵,提高政府规制效率

第一,规制机构目标笼统、抽象,难以度量,需要设置具体化的中间目标或操作性目标,操作目标只是正式目标的近似替代,实现操作目标往往是次优而不是最优,规制常常是低效率的。

第二,规制目标冲突,在规制机构追求多重目标中,往往存在冲突与交替,规制者在如何实现目标上感到无所适从,从而产生规制者之间协调困难,引起政府规制低效率。

第三,预算最大化导致政府规制失灵,经济规制和社会规制机构的规制者是公共利益的代表,他们在对经济社会进行规制的过程中,为了实现政绩和公共声誉,往往追求预算最大化和扩大机构,导致政府规制效率低下。

第四,利益集团对规制者施加影响,使得规制机构制定有利于该利益集团的政策,其规制政策损害社会公共利益,减少社会福利,降低政府规制效率。

由于以上四个原因的存在,政府规制也会出现失灵,导致低效率。而行政规制的目标之一就是针对低效率的状况而进行的。

(2)增加政府制定和执行规制政策的透明度和公开性

第一,政府制定政策、调整政策或依法行政所依据的法律法规公开透明;

第二,政府依法制定或调整政策或依法行政的程序公开透明;

第三,政府规制机构制定的政策、执行政策的结果公开透明。

(3)规范规制者行为,减少或消除寻租行为,提高社会资源配置效率

第一,相对于规制对象而言,政府经济规制机构和社会规制机构处于优势和垄断地位,这些规制机构是产生规制者权力寻租的温床。如果寻租的资源不能转化为政府规制机构官员的收入,资源被浪费掉,社会损失最大。

第二,行政规制改变了经济和社会规制机构不受监督的、绝对的"规制"地位,监督和规范规制者行为,抑制和消除规制寻租行为,减少社会资源浪费,提高社会福利。

(4)确立规制政策的秩序

第一,敦促政府规制机构按照法律规定的程序、根据法律赋予的权力制定规制政策,协调规制机构之间相关政策的制定,提高规制者制定政策的效率。

第二,行政规制的有关的法律法规和相应的程序能够约束和处罚政府官员的以权谋私、营私舞弊行为,限制政府官员的寻租行为。

第三,行政规制促进经济规制和社会规制政策公正和高效,这些规制政策能够有效地保护奉公守法者,使守法人办合法的事处处方便;这些规制政策能够有力地制裁违

法乱纪者,使违法人办违法的事处处受阻。

(二)行政规制政策对资源配置的影响

行政规制方法与政策主要包括规制机构的进入规制及政策、程序规制、制度规制及政策、法律规制等,从而提高经济规制和社会规制的效率,保障资源实现优化配置。

1. 进入规制及政策

进入规制是行政规制机构根据经济规制和社会规制的特点,对经济和社会规制机构的设立、准备进入这些规制机构的竞争者进行的限制。

进入规制政策体现为系统化的对经济和社会规制机构和规制者资格审查制度。

2. 程序规制

程序规制是行政规制机构对经济规制和社会规制机构的制定政策的程序进行规范。经济和社会规制机构的主要任务在于监督各竞争主体的市场行为并纠正市场失灵,以维护市场竞争环境,促使市场机制充分发挥其效率优势。规制机构完成这一任务的主要途径是制定和执行规制政策。因此,规制政策的内容是否真实地反映行业发展情况,是否有利于解决市场失灵问题,这直接关系到规制机构规制管理的质量和水平,同时又关系到政府维护市场竞争秩序的能力。

3. 制度规制及政策

制度规制,是指通过一定的制度或机制安排,规范规制机构的运作和规制者的行为。规制制度可以促使经济和社会规制机构制定科学的规制政策,以及规制者公正、公平、公开地执行规制政策。从制度层面规范经济和社会规制机构制定和实施规制政策,规范规制者的行为,可以提高经济和社会规制的效率。

4. 法律规制

法律规制是为了保证行政规制机构和规制者合法行使规制权力、保护规制客体权益而设置的一套法律体系。法律规制是实现行政规制目标、确保行政规制法律权威的重要手段。

在行政规制中,法律规制和制度规制起着相辅相成的作用。法律规制和制度规制可以有效地抑制经济和社会规制机构的机会主义行为,减少这些规制机构的规制者的寻租行为,维护经济和社会规制政策的秩序。

我们以韩国文化产业的发展为例,1998年以后的韩国文化产业实现了跨越式的迅速发展,从一定层面可以说是得益于政府规制。1998年金大中就任总统后,从宏观层面提出了把文化产业作为"21世纪展望计划",确立了"文化立国"的国家发展战略,加大政府对文化产业的扶持力度,先后制定了《文化产业振兴五年计划》《文化韩国21世纪设想》等计划;从微观层面,政府先后出台了《文化产业振兴法》《设立文化地区特别法》等法律法规,近年又陆续对《影像振兴基本法》《著作权法》《电影振兴法》《演出法》《广播法》《唱片录像带暨游戏制品法》等作了修改。

第二节　文化资源配置的政府规制

市场失灵需要非市场的力量来纠正,政府作为社会最大多数成员利益的代表,被视为公平、公正的非市场主体,承担着修正市场失灵的任务。政府通过制定适当的宏观调控政策和政府规制政策纠正市场失灵,修复市场机制。宏观调控政策纠正宏观市场失灵和防止国际市场对国内经济社会的消极影响,而政府规制政策主要是纠正微观市场失灵。

一、文化资源配置政府规制的必然性及目标

(一)文化资源配置政府规制的必然性

市场机制不是万能的,有其弱点和缺陷,规制理论产生的直接基础是市场失灵。市场经济一般会在自然垄断、人为垄断、外部性、信息不对称等领域出现失灵,政府规制便有潜在的合理性和必然性。文化资源的特殊性,决定了其在开发上如果单纯依靠市场机制会导致市场失灵,这必然要求对文化资源的配置进行政府规制。

在自然垄断的情况下,进入规制只允许一个厂商进行生产,这符合生产效率的要求,而价格规制能约束厂商制定出社会最优价格,这符合资源配置效率。因此,对自然垄断的价格和进入进行规制有可能获得资源配置和生产双重效率。在外部性存在的情况下,对负外部性实行征税,对正的外部性实行补贴,这都可能导致倾向社会偏好的资源配置状态。总之,当市场失灵出现时,从理论上讲,规制可以提高社会福利。如果自由市场在有效配置资源和满足消费者需求方面不能产生良好绩效,则政府将规制市场以纠正这种情形。

1. **外部性问题**

文化产业所具有的外部性问题是对文化产业资源配置进行必要的政府规制的依据之一。文化产业是一个具有很强外部性的产业,不仅部分文化产品生产具有外部性,而且绝大多数文化产品具有消费的外部性。文化产品消费外部性的影响,一方面表现在文化产品在提供教育、娱乐等功能的同时,还常常传递着特定的思想文化主张、价值观和民族观,增强人们对国家、民族的认同感和归属感;另一方面,文化产品消费的外部性具有时空性,即这种外部性不仅影响当前对文化产品的消费和文化创新,还影响未来的文化消费尤其是文化的传承问题。但在市场机制下,文化产品的生产者和供给者有权决定生产什么,生产多少及如何生产,并遵循利润最大化的原则,从而会降低社会整体福利水平。因而,如果文化产品产生正的外部性,政府潜在地应增加文化产品的供给,从而允许社会及其成员获得正外部性收益,这就需要相应的政府规制来实现。

2. 公共物品问题

文化产品所具有的公共物品属性是对文化产业资源配置进行必要的政府规制的依据之二。沿着公共物品所具有的"非排他性"和"非竞争性"分析,大多数的文化产品和服务都具有不同程度的公共物品属性,市场经济的趋利性导致私人市场本身对这类物品不能生产有效率的数量,民众对这类物品的需求的满足就需要通过政府规制来实现。

3. 共有资源问题

文化资源所具有的共有资源属性是对文化资源配置进行必要的政府规制的依据之三。共有资源也和公共物品一样没有排他性,想使用共有资源的任何一个人都可以免费使用,但是,共有资源有竞争性,一个人使用了共有资源相应就减少了其他人对它的享用,所以,共有资源的使用应基于合意的水平。大多文化资源属于共有资源,因而,开发、使用和保护好文化资源,政府规制尤为重要。

4. 信息不对称问题

文化产业的信息不对称是对文化产业资源配置进行必要的政府规制的依据之四。所谓"信息不对称",就是指有关交易信息在交易者之间是不对称的。这种信息不对称问题在文化市场领域普遍存在。例如,在报纸行业内,就存在着信息不对称的问题。报纸和广播电视一样,面对着两个市场,一个是读者、听众或观众,一个是广告商。在市场经济条件下,报纸的广告版面成为一种商品,发行量成为这一商品的重要质量标准,报纸发行量大意味着影响力、公信力强。一般情况下,若其他条件相同,读者总是倾向于购买发行量大的报纸,而广告客户购买的就是报纸发行量所体现的读者注意力,所以,报纸发行量是报纸生产者制定广告版面价格和广告客户作出购买决策的决定性因素之一。我国目前没有真实披露报纸发行量的机制,因此,关于报纸发行量是一个信息不对称市场,也就是说,卖方(报社)充分了解报纸发行量,而买方(广告商)却没有关于报纸发行量的真实信息。这种信息不对称很容易出现逆向选择和道德风险问题,从而降低市场效率。因此,在文化领域推进市场化改革的条件下,基于文化市场中信息不对称问题,应该对文化产业资源配置进行必要的政府规制。

5. 优效品及非价值物品问题

文化产业优效品及非价值物品的供给问题是对文化产业资源配置进行必要的政府规制的依据之五。有些文化产品是具有很大价值的产品,即优效品;而相应的,有些文化产品又属于非价值物品。在市场机制作用之下,引导资源配置的是利润,这就会导致优效品供给不足,而非价值物品却过度生产的状况。

6. 社会公平、公正问题

文化产业发展中产生的社会公平、社会公正问题是对文化产业资源配置进行必要的政府规制的依据之六。如果一些文化产品由私人供给,有可能社会的一些成员无法接触到,要考虑社会公平问题。"经济人"的本性促使市场供给主体只愿意为那些付费的消费者提供相应的公共性文化产品,而忽视那些较低收入者对公共性文化产品的需求,特别是当市场提供有效性文化产品时,这种不公平现象就显得更为突出。为了防止市场供给主体在实现自己利润目标的过程中对于社会公正、公平的偏离,政府在允许私人进入公共性文化产品对其进行市场供给的同时也对其进行相应的政府规制。

7. 特殊文化产业的扶持问题

一些特殊文化产业的扶持问题是对文化产业资源配置进行必要的政府规制的依据之七。一些文化产品的产业被看做是幼小产业，政府应在其发展的初期给予支持。

以上几种情况的存在表明，如果单纯发挥市场机制对此类物品实现资源配置，则会导致公共文化产品和服务的缺失，或给社会发展带来危害，产生文化垃圾充斥市场的状况，因而进行政府规制是有必要的。

（二）文化资源配置政府规制的目标

在市场经济的国家，政府都对市场主体及其行为进行规制，以纠正市场失灵。

在市场经济中，由于市场机制内在的缺陷，因而市场可能以低效率、无效率的方式配置文化资源。市场低效率或无效率地配置资源，被称为市场失灵。市场自发机制能够调节经济和社会资源的配置。然而，市场机制不能自动地纠正市场失灵，也不能自发地修正市场失灵的消极后果。

1. 纠正市场失灵

政府规制可以纠正市场失灵，消除负外部效应，优化文化资源配置，提高文化资源的市场效率，改善社会福利。

市场机制会对文化资源配置发挥重要作用，促进文化市场多体制、多渠道、多层次、多形式地向前发展；但市场机制不能调节诸如人民群众需要的图书馆、博物馆、文化馆、艺术馆等公益性设施的建设，因其具有非排他性而导致市场失灵。

2. 培养和发展文化竞争性市场

政府规制中的反垄断法和规范市场运行的政策，可以抑制垄断，减少不正当竞争，实现公平竞争，维护市场竞争性效率。

以自然文化遗产为例：

首先，自然文化遗产具有自然垄断特征。由于不同自然文化遗产位置的独特性，或者不同自然文化遗产资源特点的唯一性，人们观赏这些景观所得到的感受是不同的，因而这些自然文化遗产之间几乎不可替代，相互之间很难形成竞争；同时，由于资产的不可分割性，或者自然文化遗产的经营具有强烈的规模经济和范围经济，自然文化遗产很容易产生垄断经营。

自然垄断特征意味着必须对自然文化遗产经营者的收费实施经济规制，否则他们就会滥用其垄断地位，为了得到垄断利润而确定较高的价格，从而损害消费者的利益。加强对自然文化遗产的政府规制并不是对自然文化遗产的所有收费都进行规制，原则上，经济规制的主要对象是接入费或门票，而对其他服务如旅馆或食品等价格则不需要（事前）规制，其原因在于只有接入服务，即经营者为观览者提供的便利服务，包括提供的通路等，才具有强烈的垄断特征，而其他服务则存在很大程度的替代竞争，甚至形成直接的竞争。

其次，自然文化遗产资源具有公共物品特征。确切地讲，自然文化遗产资源或者景观是一种俱乐部物品，也就是说，消费者必须购买接入服务。但是得到接入权以后，消费就变得具有非排他性：某个人观赏风景并不影响其他人的欣赏。

自然文化遗产的公共物品特征决定了旅游消费中将会产生消费者对于观光服务的搭便车问题，自然文化遗产经营者不可能根据成本对观光服务和接入服务各自单独收费，而必须将这些收费捆绑在一起。换句话说，自然文化遗产风景区的收费必然存在交叉补贴。具体讲，就是接入服务的收费或门票需要补贴提供其他服务的成本，如风景资源的自然折旧以及自然文化遗产资源的维护和保护的费用等。

因此，在接入服务的价格构成中，除了需要回收用于支付自然文化遗产的维护和保护的成本以外，还包括一部分自然折旧或者对自然文化遗产资源的占用费。但根据我国的法律，自然文化遗产资源为全体公民所有，所以，从公平的角度讲，这部分收费实际上属于一种资源税，原则上应该全部直接上缴中央财政，而不应该留给地方，更不应该由自然文化遗产经营者截留。

再次，自然文化遗产资源具有外部性。它的外部性主要表现在两个方面：一是拥挤产生的外部性，它与自然文化遗产的公共物品特征密切相关。在作出观光决策时，消费者往往不会考虑自己的决策对他人产生的影响，因此出现某些景观或某些时候的拥挤情形。二是自然文化遗产经营者对资源的开发活动造成景观破坏产生的外部性。经营者为了经济利益，可能过度开发自然文化遗产资源，而没有充分考虑到对景观产生的不可恢复的影响。

自然文化遗产的外部特征意味着，为了对自然文化遗产资源进行适当的保护，避免过度开发产生的外部性，需要对自然文化遗产开发实施严格的政府规制，包括通过严格的政府审批避免过度开发，或者通过对开发活动征收庇古税，即政府通过征税或补贴纠正负外部性，减少开发者过度开发的冲动；同时，利用经济规制手段制定有效的收费政策，解决公共物品特征带来的拥挤外部性，实现合理的资源配置。具体地讲，就是收费应该基于完全成本，不仅要考虑到自然文化遗产维护等成本，还要考虑到拥挤成本以及其他社会成本。

3. 保护消费者文化消费的权益

文化产品是为了满足人民大众对文化的需求而产生的，其不仅满足了个体对文化的追求，更重要的是满足了整个社会的追求。政府规制传达着社会主流文化价值体系的认同和标准，代表着整个社会文明的发展方向，通过规制手段和政策支持面向人民大众的、反映人民大众利益和呼声的、为人民大众喜闻乐见的社会主义文化的发展，实现文化消费的公平与公正，保护消费者文化消费的权益。

4. 提供公共文化产品

萨缪尔森通过对公共物品的分析指出，由于公共物品具有消费的非排他性和非竞争性，这些物品一旦生产出来，每个消费者都能从中获益，使得个人具有虚报需求以逃避分担相应成本的动机。正是个人的自我利益使其给出虚假的信号，表面制造从某种集体消费活动中获得比实际更小的利益，使得私人供给必定存在效率损失或福利损失，因此，政府对文化产品和文化资源供给进行强制干预是必然的。

5. 规范文化市场秩序

微观经济规制政策从微观的角度规制微观经济行为,规范文化市场主体活动,管理文化市场客体和市场载体,确立文化市场经济秩序,培养公开、公平、公正的文化竞争市场,营造良好的社会文化氛围,净化文化市场环境,规范文化市场秩序。

6. 保护文化生态环境和民族文化资源

生态环境包括自然生态环境和文化生态环境。政府通过制定生态保护标准,实行生态保护政策,建立健全文化资源管理结构,将文化生态环境和民族文化资源通过立法等规制手段加以保护,避免民族文化资源遭到过度利用、滥用、破坏、流失、消亡。

二、文化资源配置政府规制的方法和作用

政府规制政策范围涵盖市场主体、市场客体和市场载体。在实际市场经济的运行中,市场主体的活动离不开市场客体和市场载体。因此,既有规范市场主体的微观经济规制政策(如规范商品经营者生产和交易行为的市场管理政策),也有规范市场客体的微观经济规制政策(如管理价格、广告和商标的政策、产品的质量标准和安全标准等技术标准政策),还有规范市场载体的微观经济规制政策(如审批交易场所设立、管理交易场所的政策)。政府规制的制度和方法主要有禁止特定行为和对营业活动进行限制的资格认定制度、检查鉴定制度、信息公开制度、收费补偿制度、基准认证制度等。

(一)文化资源配置政府规制的方法

1. 价格规制。政府对关系国计民生的产品或服务确定最高价格,对过度竞争产品或服务规定最低保护价。

2. 规定经济主体准入或退出市场的条件。

3. 监督市场经济主体的经营和运营。

4. 数量管制,在政府确定的价格水平上,政府规定企业等市场主体应该提供产品和服务的数量。

5. 政府对市场客体进行规制,政府规定确定产品或服务的质量标准,以保证产品的质量和消费者的安全。

6. 反垄断规制,限制垄断企业的规模和利润率、分离规模过大的垄断企业等。

7. 政府规定环境保护标准和环保政策,以消除负外部性,减少污染,促进经济长期可持续发展。

8. 依据WTO反倾销、反补贴、保障措施、技术性贸易壁垒等措施保护国内产业,防止国际市场竞争对国内产业的损害。

9. 其他规制手段,如投资项目审批等。

(二)文化资源配置政府规制的作用

在前面的内容中,已分别从政府规制的经济规制、社会规制和行政规制这三个方面阐述了文化资源配置政府规制的作用,在这里就不再赘述了。

总之,文化资源配置政府规制的作用集中表现为修复市场机制,消除负外部性,增

强正外部性,优化文化资源配置,提高市场经济效率,改善社会福利。政府在进行经济规制和社会规制时,也会产生政府失灵,降低政府规制效率,因而需要行政规制,对执行经济规制和社会规制的规制者进行规制,以修正政府失灵,提高政府规制效率。

第三节 文化资源配置政府规制均衡重构

一、文化资源配置政府规制行为的外部性

政府行为外部性分析源于庇古在其《福利经济学》中对外部性的分析,他认为应该引入国家干预来解决因外部性引起的资源配置的非帕累托最优问题。文化资源配置政府规制本身是在市场经济条件下,政府以矫正和改善文化资源配置中所出现的市场失灵问题而对文化经济主体的活动所实施的法规条例约束行为。因此,文化资源配置中的政府行为外部性是政府发挥其职能、制定规制政策,以弥补市场失灵问题所呈现的一种状态或一种副产品。

由此可见,文化资源配置中的政府行为外部性,首先与政府纠正文化资源配置中固有的市场失灵相联系。文化资源配置中所产生的负外部性、文化产品的公共物品属性及文化市场中存在的信息不对称问题,必然导致市场自身难以克服的内在缺陷,要求政府进行必要的规制。政府通过规制政策的颁布与实施来达到既有的规制目的。在这一过程中,政府规制的外部性就产生了。这种外部性一般不直接作用于规制对象的成本或收益,而是通过政策或法律法规的实施,间接改变所规制对象的成本或收益。

其次,文化资源配置中的政府规制行为外部性还与政治主体的特殊性相联系。这一方面表现各行为主体(包括选择主体和实施主体)出于各种目的而从事活动,各利益集团包括政府官员采用各种方式彼此博弈,意图最后通过的政策能满足自身利益。但是,正如曼昆所提出的那样,政府有时可以改变市场结果,并不意味着它总能这样。公共政策并不是天使制定的,而是由极不完善的政治程序制定的,有时所设计的政策只是为了政治上有权势的人,有时政策由动机良好但信息不充分的领导人制定。另一方面则在于缺少一种非市场机制,它能使决策者把私人的或组织的成本与效益同整个社会的成本与效益进行调节和计算,这就使得政府在对文化资源规制过程中由于缺少准确的衡量标准而易于产生负外部性。

最后,文化资源规制中的政府行为外部性也与"政治过程固有的近视"(菲尔斯顿语)相联系。在政治过程中,官员受任期制约,而政府行为所产生的效应却是长时期才能表现出来,其结果是在政治角色的短期行为和长远利益之间产生明显脱节,未来的成本和未来的效益会被大打折扣或被忽视,而短期的或当前的成本与效益却被夸大了。

二、政府行为外部性对文化资源规制失衡的影响

政府行为外部性是政府发挥其职能制定规制政策和规制制度以弥补市场失灵问题时产生的。它不仅产生于政府制定规制政策和规制制度的过程中,也产生于规制政策和规制制度实施的过程中。

由于政府行为存在这种外部性,对文化资源的政府规制均衡产生影响,文化资源的政府规制均衡实际上是规制政策和规制制度的均衡,是人们对现有文化资源规制政策和规制制度的一种满意状态,因而无意改变现行制度。从供求关系看,它是指在影响文化资源配置的政策与制度的需求和政策与制度的供给的因素一定时,政策和制度的供给适应对其需求,可以理解为供求均衡。制度均衡并不意味着在现有制度下各方都满意,但在这种制度均衡的条件下,没有人能够从改变现有制度中获得好处。从这一点出发,制度均衡也可以理解为利益均衡。相应地,规制政策和规制制度的非均衡则是人们对现存规制政策和规制制度的一种不满意状态。从供求关系看,它是政策和制度的供给与需求出现了不一致。它可能是某些方面规制政策或规制制度供给不足或供给过度,即缺位或越位。

总之,规制政策和规制制度的均衡过程是一个错综复杂的博弈过程,政府对文化资源的规制均衡随着政府对文化产业不断放松严厉规制,同时又不断架构新的规制政策和制度的双重过程中所产生的外部性,将对文化资源规制均衡现象产生很大的影响。

(一)文化产业中的政企关系与文化资源规制失衡

目前,在文化领域,相当部分的文化部门还没有真正进入市场,市场在文化资源配置中还不能起基础性作用。一方面,许多文化部门由于种种原因而未能进入市场,按照市场经济要求进行生产经营;另一方面,实行经济核算、创造经济效益的文化生产经营单位,大多采用事业单位企业管理的模式,即在保持国家事业单位性质的基础上用经济手段来进行经营管理。在这种模式中,文化生产经营单位不是作为市场主体存在的国有企业或国家控股企业,而是政府序列中的特殊部门。

按照政府规制中的公共利益理论和部门利益理论,政府规制可能是以公共利益为目标,也可能是以集体利益为目标。而无论是从理论上还是从政府对文化资源规制的初始愿望和规制法的立法意图上来看,我国转型期文化资源配置中的政府规制应以公共利益为目标,即以抑制被规制领域中的资源利用的非效率行为,进而维护社会公众利益,促进社会净福利增加,为政府规制目标。

而按照西方的规制实践,为实现这一目标,至少应有三个相互独立的主体,即立法性机构、执行机构以及被规制对象。这三者尽管相互之间有着千丝万缕的联系,但在法律概念上来讲,是完全相互独立的三个主体,每个独立的主体完成其独立的使命,在规制目标的实现中扮演着不同的角色。

这种由于政企不分对文化资源规制失衡的影响,一方面表现在目前文化财政拨款非常有限的情况下,使得政府不能集中财力提供更充分、更满意的公共性文化产品;另

一方面导致严重的委托。由于文化生产部门委托人委托代理层次太多,因而初始委托人的意愿将不可能在多重代理中无偏差地执行,从而最终环节的经营者的机会主义倾向将会出现,其经营管理目标往往不是初始委托人的目标。而且,在这么复杂的委托代理链条中,必然出现信息失真现象,而信息是决策者的决策依据,决策失误于是成为文化生产部门资源利用率低的另一来源。再加上各级代理人自身的利益与文化生产经营优劣往往并不直接挂钩,这就更可能出现委托人设租而文化生产部门寻租的情况。另外还会导致规制主体多重性。

目前,文化产业的政府规制主体主要包括中宣部、文化部、广播电影电视局和新闻出版总署。由于长期以来文化部门都是政府机构的附属物,所以,有一级政府,就有一级文化机构及独立的一套文化系统,而在每一级文化系统中,各个文化类别构成自成一体的封闭体系,形成了"块",在"条块"内部,文化单位实行机关化、行政化的管理模式,各自拥有自己的"权力资源",并各自依靠自己的行政力量垄断文化资源和市场,导致市场经济条件下的资源规制失衡。

(二)文化产业规制中的价格规制与文化资源规制失衡

价格规制是文化产业政府规制的重要内容之一,它主要存在于具有公共性的文化产业中。通过上述对于文化产业中政企关系与文化资源配置失衡的分析,我们知道,文化产业内特别是公共性文化产业存在着严重的委托代理问题。而委托代理关系对价格规制效率的最大影响,就是存在严重的信息不对称问题。在现实实践中,公共性文化生产企业的价格规制都是在信息严重不对称的情况下进行的。文化生产企业对于生产成本有信息优势,而政府和公共性文化产品的消费者则相对处于不利地位,进而造成对公平和资源效率的损失。比如,在存在多重委托—代理关系时,关于市场化定价、零售价格、边际成本定价和平均成本定价都会遇到相应的难题。信息不对称使得政府规制部门不可能拥有充分的信息,从而制定不出较优越的规制价格。与此同时,官僚理论认为,政府部门并不追求社会效益的最大化,而是追求自己部门的利益最大化。如果把这些因素考虑在内,那么,实践中的规制价格将偏离最优规制价格的轨迹,从而造成文化产业及文化资源规制失衡。

(三)文化产业规制性法律法规与文化资源配置规制失衡

文化产业政府规制制度,主要包括文化产业领域的法律法规、经济性规制制度和社会规制制度,而经济性规制制度和社会性规制制度往往也是通过法律法规或规章、规定、条例、办法等表现的。因此,造成文化产业规制失衡的规制制度缺陷主要是法律法规的不健全、不完善。文化产业政府规制的法律法规供给滞后于对法律法规的需求。

在旧的体制下,文化由政府包办,政府主要通过行政手段和政策进行指令管理,文化法制建设的需求不强烈。在市场经济条件下,随着文化体制改革和文化领域的市场化推进,文化法制需求急剧扩大,政府作为文化产业法制产品的唯一提供者,迫切需要扩大文化领域内的法律供给。

目前,我国文化产业规制的法律法规呈现不完善、不配套的特点。这一方面表现在文化产业领域的法规权威性不够。随着文化领域的改革,国务院及有关文化产业的政府规制部门(中宣部、文化部、广播电影电视部、新闻出版总署等)出台了有关娱乐场所、营业性演出、电影摄制合法性、图书音像制品制作和出版等方面的一系列行政法规、地方法规和规章。这些法律和规章,虽然为文化产业发展提供了一些法规依据,但严格地说,还不是着眼于建立和发展文化产业的,即还不是严格意义上的产业法规,许多仍停留在政策性法规层面,缺少高效能的法律法规。

另一方面则表现在目前文化产业领域的法规,规章数量虽多,但是原则性强,可操作性差,权责利不明确,规范界定不清,而且政出多门,不同规制部门、不同时期制定的各种法律法规常常不统一,相互矛盾又得不到及时修正或清理,所以,会产生对文化资源配置规制的失衡。

(四)文化产业其他相关规制制度与文化资源配置规制失衡

政府对文化产业的经济规制,除价格规制外,还包括准入规制。准入规制的形式主要有国家垄断、许可、申报、审批、营业执照等。尤其许可的种类更多,有许可、准许、特许、核准、备案、检定等。部分具有文化产品生产资格的单位,必须经过严格的审批,才能获得许可等一些准入条件。相关准入规制制度导致了部分文化产业具有极高的进入壁垒,遏制了产业内部的有效竞争,造成产业内资源配置的低效率。

文化产业还是一个需要社会规制的领域,它与经济规制一样,同样以增进社会福利为根本目标。目前,对文化产业进行社会性规制的方式主要是对文化产品的质量和内容等进行检查监测。但是,随着人们对文化产品需求的增加,一些一味地迎合低级趣味的文化产品充斥市场,给整个社会风气带来了不利影响,文化产业的社会性规制缺位就会表现出来。

政府一项好的文化产业规制制度的选择与实施,会给文化产业的发展带来很大的益处,这个益处在很多时候要远远大于政府为这项制度的制定和实施所花费的成本。在这种情况下,政府行为产生了巨大的正外部性,正外部性正是政府对文化产业进行规制的目的所在。同样,政府对文化产业规制制度的不当选择和实施也会给文化产业发展带来损失,而这种损失在短期内是无法弥补的。

三、文化资源配置政府规制均衡重构与规制目标

转型时期,文化产业中的政府规制改革应该走松紧结合的道路,建立松紧相宜的规制制度,既要放松规制,也要强化规制,而且是在总体放松规制的前提下,局部强化规制。一方面要逐步放松原体制下遗留下来的高度的行政规制,另一方面则要逐步建立起适应社会主义市场经济体制的文化产业规制政策与制度,并对现行规制中不完善的地方予以充实,逐步解决文化产业政府规制中的越位和缺位问题,重构文化产业和文化资源配置的规制均衡。

(一)传统规制方法的局限与规制方法创新

1. 传统规制方法的局限

(1)信息不对称和委托代理问题

规制机构的一个主要活动是收集信息,只有充分掌握规制客体及客体所在系统的充分信息时,规制效率才高。然而,在现实中,由于传统的规制方式及规制理论中,并未充分考虑信息不对称的存在及其作用,这极大地影响了规制效率。

洛伯和马盖特在对规制分析中,阐述了委托代理关系对规制的影响。他们认为,在委托代理关系中,被规制者(代理方)处于信息优势,而规制主体政府(委托人)却处于信息劣势,委托人看不到代理人做出了何种程度的努力(代理人隐藏信息);同时,委托人不能了解代理人在决策时所利用的到底是什么样的信息。因此,这种信息不对称就造成政府规制的不到位。规制越位和规制缺位同时存在,使得规制效率低下。

(2)规制制度成本问题

传统的规制理论没有过多地考虑规制制度的成本问题。政府规制制度无论是制度结构还是在它的运行过程中都会产生大量的成本,并且,这种成本会随着规制领域不断扩大而不断增加。规制成本不仅包括了规制者实施规制的成本,还包括了被规制者的成本。被规制者的成本中包括了寻租成本、因规制而受到的损失以及规制滞后带来的损失。

(3)规制目标的偏离问题

传统的政府规制公共利益理论假定政府规制的目标是通过提高资源分配效率来增进社会经济福利,其出发点是政府应该做什么的规范研究。然而以斯蒂格勒、佩尔兹曼为代表的政府规制俘虏理论对这个传统提出了挑战,他们认为政府应该做的和实际所做的是不一致的,规制者会追求自己的利益。斯蒂格勒指出,与政府决策结果有利害关系的各种集团,可能通过疏通、提供数据、雇佣专家证人和进行宣传等多种手段来影响规制者,使其制定出对自己有利的规制措施,这就使政府规制成为这些被规制者追求垄断利润的一种手段。

2. 规制方法创新

面对传统政府规制过程中出现的问题,出现了两种解决思路:一种是放松规制,基本主张是纠正规制过于干预市场主体行为的偏差,而应该放松规制由市场自动调节主体的行为;一种是进行规制创新,探索符合我国实际的规制模式。在政府规制低效与市场失灵同时存在的情况下,完全放弃规制或实行私有化也并非是解决问题的万全之策。因此,实行规制创新与部分放松规制相结合成为政府规制的发展方向。当前,对于规制创新的探索主要是在规制问题中考虑了信息约束、引入相应的激励、协商机制来设计规制措施,提高规制效率,目前主要有激励性规制和协商性规制。

(1)激励性规制

激励性规制的基本内涵是:第一,在保持原来规制结构的条件下,即特许经营、合同、政府监督都不变,同时要给予受规制企业以竞争压力和提高生产力与经营效率的正面诱因;第二,扩大企业的自主权,利用其信息优势和利润最大化的动机,促使它们提高内部效率,降低成本,改善技术,扩大服务品种;第三,只需要关注企业的产出效率和外部效应,而减少控制企业的具体经营行为;第四,在设计合同时,提高激励强度。企业提高效率、降低成本的收益全部或大部分归企业,少部分转移给消费者或政府,或其规制由企业自行制定。总之,设计新的规制方法的目的是使市场规制者所要求的信息最小化,并增强对市场上消费者需求的反应能力。

（2）协商性规制

虽然激励性规制相对于传统规制方式有着非常明显的效果,但是仍然有一个关键问题没有解决,即相对于规制者,被规制者仍然处于被动从属的地位。如果能将被规制者从被动的角色转化为主动的角色,就更能提高规制的效率,协商性规制恰好实现了这一点。

协商性规制,是指规制者与被规制者就如何规制进行充分的、正面的协商,共同制定规制政策的一种互动性规制形式,它在激励被规制者不断提高效率的同时,实现了政府的规制目标。

与激励性规制相比,协商性规制有如下特点：第一,协商性规制是政府协调模式与市场协调模式的组合,是基于协商的一种规制。通过规制者与被规制者协商,制定规制政策。第二,协商性规制明确赋予被规制者参与、制定规制政策的权利,改变了被规制者被动接受规制的局面。由于被规制者成为制定规制政策的一方,它有充分的动力来表现自己的私人信息,所以这种方式较好地解决了信息不对称的问题。同时这种方法大大降低了交易成本,提高了规制效率。

在传统的规制规则制定过程中,相关的利益集团也会通过各种方法影响到决策的制定,从某种意义上来讲,可以看成是被规制者参与了决策的制定。但是此种参与方法与协商性规制中的参与方法有着本质的不同。在协商性规制中,由于明确将被规制者引入规制的决策过程中,被规制者可以通过正常的渠道将自己的意愿表达出来,不需要通过各种各样的寻租活动,大大降低了交易的成本,提高了规制效率。同时,协商性规制为优化规制措施提供了一个很好的平台,各种意见、方法会在这样一个场所里相互交融,厂商的参与方式由"暗处"走向"明处",这也正是协商性规制的政策意义。

协商性规制各种潜在的好处,必须依赖于以下前提条件：①被规制者可以与政府就规制内容进行协商,这需要相应的政府决策机制的改革;②对于协商的结果,双方必须无条件执行,协商结果一般会写成法律文件,共同约束委托人和代理人;③协商的结果是一种双赢或多赢的格局;④保持政府的独立性、公正性,防止被利益集团所左右。这里需要强调的是,政府作为一个合同方,应言而有信,不应以自己的权威单方面地改变合同。

（二）文化产业和文化资源配置规制均衡重构

1. 不同规制模式及其组合

（1）市场协调模式

在市场协调模式下,各经济主体按其效用、利润最大化原则进行各种活动。每一经济主体独立地作出自己的决定,生产者按照他自己对于消费者偏好的判断以及自己的最优成本来进行生产,消费者则在收入和偏好的约束下进行货币投票。也就是说,价格机制是唯一的协调机制,供需双方两方面力量在"看不见的手"的引导下,从冲突走向均衡,每一经济主体都受制于这个机制。

（2）组织协调模式

组织协调模式又称俱乐部协调模式。这个经济组织类似于一个有相同偏好和目的的社会成员自愿形成的俱乐部。由于成员都是自愿加入的,并且有相同目的和偏好,所以每个人的私人信息都是这个组织内部的共同知识。在该模式中,每一个主体是充分自由的,每一个交易问题的解决都是在所有个体一致同意的基础上作出的。当决议一旦形成,每个主体都必须完全服从。这个组织中存在着一种监督机制使得决议执行。

（3）政府协调模式

政府协调模式,即在政治体制中通过集体选择来解决社会经济关系。政府协调模式可以看作是政府对经济活动的不同程度的干预,在该模式中,政府权威强加于每一个经济主体的身上。

（4）规制模式组合

在实践中,单一模式并不多见,更多的是主导协调模式和其他辅助协调模式的组合。针对文化产业和文化资源状况及不同的发展领域,政府规制目标的实现和模式选择有三类:一类是在部分文化产业发展中,基于市场机制的作用,政府主要通过激励手段来实现规制的激励性规制方法;一类是政府与部分文化产业生产经营组织(例如非营利性文化生产经营组织)通过协商来实现有效规制的协商性规制方法;一类是在部分文化产业发展中,政府发挥主导作用,通过强制性指令来实现规制的政府强制性指令规制方法。

第一,市场的竞争性与政府的必要规制相结合的模式。

对于这一类文化产业政府规制模式来说,它是将市场的竞争性与政府的必要规制结合起来。在其中,由于政府的规制程度不同,又可分为以政府规制为主导和以市场机制为主导两类。

在以市场机制为主导的模式中,文化产品生产经营的主体是独立的市场主体,它们按照市场机制原则从事文化产品的供给活动。其中主要是私人性文化产品的供给领域和部分以市场供给模式供给公共性文化产品的领域。政府在此领域的规制行为主要是进行一些必要的社会性规制,例如通过颁布文化产品生产经营的标准对文化产品的质量和内容作必要的管理和监督,更多地体现政府的服务功能。

而以政府规制为主导、市场机制为辅助的模式,主要出现在公共性文化产品的供给领域,是以政府间接供给文化产品的模式。这种供给模式极易出现委托代理问题,因此,政府在此领域的规制主要采用激励的方法,引导规制客体在追求经济目标的同时,更要兼顾社会目标,从而实现规制目的。这种规制模式可以称为政府主导的市场激励模式。

第二,协商性规制模式。

对于此类文化产业规制模式来说,它是将政府必要规制与组织的协商性特征结合在一起进行的。第二类规制模式的使用范围较广,它不仅适用于部分市场供给和政府间接供给文化产品的模式中,而且更加适用于自愿供给文化产品的模式中,尤其是非营利组织对文化产品的供给。在市场组织或非营利组织发育初期,应以政府主导的协商性规制为主。如果市场组织或非营利组织发育相对较成熟,应以市场组织和非营利组织为主导的协商性规制。

第三,政府强制性指令规制。

政府强制性指令规制模式,主要出现在政府直接供给文化产品的领域。因为这些产品具有很强的外部性和公共性,并且大多对社会发展及稳定产生较大影响,只能通过政府强制性指令来实现规制的目标。

2. 规制均衡重构

基于上述文化产业发展中政府不同规制模式的组合,重构规制均衡主要是对政府规制结构的重构。

(1) 文化产业政府规制对象的重构

在计划经济时期,所有的文化部门及其资源都是政府规制的对象,都属国有产权。随着进一步的放松规制,政府在竞争性的文化产业领域内,最大限度地引入和鼓励竞争,形成不受政府行政规制的竞争性的文化生产经营企业;在必要的文化产业发展领域内,最小限度地维持政府垄断竞争的发展格局。相应地,在文化产业竞争性发展领域,政府应该放弃对文化生产经营企业的产权控制。而在政府垄断或垄断竞争的格局下,政府或者可以采取减少国有控股的方式,建立私法控制的现代文化生产经营企业治理结构,或者采用专门公法,建立公法控制的主要以财政拨款来维持的公共文化生产部门。

(2) 文化产业政府规制主体的重构

目前,我国文化产业的政府规制主体多重、政出多门的现象突出。随着文化体制改革的深入,应通过专门立法和文化行政机构改革的有机结合,缔造一个相对独立、权威、公正、可信、高效且职能分工合理、明确的文化产业规制主体结构。这就要求必须政企、政资分开,把对文化产业的宏观发展调控与微观规制职能分开。规制职能尽量综合或集中,设置灵活的、具备充足的可支配行政资源的、知识结构完善的以及与自律性行业组织有机合作的规制组织,它们的规章制度、行政执法和司法性裁决要尽可能地排除其他行政部门或相关利益集团的干扰。

(3) 文化产业政府规制者的规制结构重构

文化产业规制者在依法规制的过程中,其规制行为必须受到有效的监督和制约,其目的是为了保证规制者依法执行和履行其规制权利和义务,避免其行政违法行为侵害行政相对人的合法权益,损害公共利益。因此,要进一步完善以听证和信息披露为核心的行政程序法和强化司法审查的行政诉讼法,同时通过建立人大制度性的立法控制机制,调整目前政府规制机构权力过大的问题,只有这样,才能进一步理顺政府规制的多层委托代理关系,依法行政和依法规制才能落到实处。

(三) 文化产业和文化资源配置规制制度与政策设计

1. 文化产业和文化资源配置政府规制的法制性

按照传统理论,政府规制的目的在于弥补市场失灵。目前,我国文化产业是在市场经济逐渐完善的大背景下发展起来的。市场经济是法制经济,法制是市场经济正常运行和健康发展的基本条件。因而,作为文化产业政府规制依据的法律体系的健全和法规内容的完善,使得政府对文化产业的规制有法可依,应该是文化产业和文化资源配置政府规制目标的首要内容,这就要求一方面确立文化产业发展中政府规制存在的经济或非经济的正当性;另一方面建立健全完善的文化产业政府规制法体系。

2. 文化产业和文化资源配置政府规制的适度性

市场本身固有的失灵和由于市场不健全引发的失灵,虽然成为政府规制的依据,但是政府在规制过程中也存在政府失灵问题,最为明显的表现形式就是规制过度和规制不足。政府规制过度行为使得本应当选择市场配置文化资源的方式时,却选择了政府配置文化资源,使政府的作用过度;或者本应该是由政府来配置文化资源,政府却不作为,使政府的作用不到位。这两种表现都会带来规制效率的低下和社会福利的损失。文化产业政府规制的适度性就要求政府在放松规制的同时,又要强化规制。

3. 文化产业和文化资源配置政府规制的成本约束性

政府对于文化产业和文化资源配置的规制必须要考虑到规制制度和规制政策设计的成本约束。成本约束要求规制设计必须使规制制度和规制政策的制定和实施的成本最小化。把政府规制看做是一种契约安排,我们可以理解为规制主体政府和规制客体之间的一种交易契约或规制合同。它规定了双方的权利、责任和义务。规制制度的交易费用就包括了两个方面:一是事先的交易费用,即为签订契约、规定交易双方的权利、责任等所花费的费用;二是订立契约后,为解决契约本身所存在的问题,从改变条款到退出契约所花费的费用。在规制合同中,政府需要考虑不同激励强度的成本补偿机制,以激励规制客体显示和提供真实的信息,尽量使政府规制的成本最小化。

4. 文化产业和文化资源配置政府规制的动态性

政府对文化产业和文化资源配置的规制不是一成不变的,必须注意到政府对文化产业的规制制度和规制政策的动态性。因为从动态的角度看,文化产业政府规制均衡具有相对性;从实践角度看,文化产业领域的政府规制改革表明规制制度和规制政策总是动态演进的。这是由相关的理论、经济技术条件、政治等多种因素的变化所促成的。

加快建设全国统一市场,是2003年召开的十六届三中全会《中共中央关于完善社会主义市场经济体制若干问题的决定》根据党的"十六大"提出的改革要求确定的一项重要改革任务。建立全国统一的文化市场体系是其中的一个分支。2009年1月,李长春指出,要打破按部门、按行政区划和行政级次分配文化资源和产品的传统体制,打破条块分割、地区封锁、城乡分离的市场格局,加快建立健全统一开放、竞争有序的现代文化市场体系;要加快建立党委领导、政府管理、行业自律、企事业单位依法运营的文化管理体制和富有活力的文化产品生产经营机制,增强宏观调控能力;要加快政府职能转变,推动文化行政管理部门逐步实现由办文化为主向管文化为主、由管微观向管宏观转变,由主要面向直属单位转为面向全社会。我国文化资源没有得到充分有效的利用,投资主体单一,行业限制过多,市场对人才、资金、技术、信息、项目等文化资源配置没有起到决定性作用,造成文化资源大量闲置和浪费。针对此类问题,2012年9月,李长春表示,应当在总量控制的前提下,允许刊号资源在一定范围内的合理流动,包括在合格主体范围内的有偿转让。

总之,市场机制要实现资源的合理配置必须具备一定的前提条件,其基础条件就是具备公平、公正的市场秩序,而公平、公正的市场秩序的建构就离不开政府规制。

附：

国务院办公厅关于印发文化体制改革中经营性文化事业单位转制为企业和进一步支持文化企业发展两个规定的通知

国办发〔2018〕124号

各省、自治区、直辖市人民政府,国务院各部委、各直属机构:

中央宣传部会同中央网信办、发展改革委、科技部、财政部、人力资源社会保障部、自然资源部、商务部、文化和旅游部、人民银行、税务总局、市场监管总局、广电总局等有关部门和单位拟定的《文化体制改革中经营性文化事业单位转制为企业的规定》和《进一步支持文化企业发展的规定》已经国务院同意,现印发给你们,请认真贯彻执行。

国务院办公厅

2018年12月18日

(此件公开发布)

文化体制改革中经营性文化事业单位转制为企业的规定

为进一步深化文化体制改革,继续推进国有经营性文化事业单位转企改制,特制定以下规定:

一、关于公司制股份制改革

(一)经营性文化事业单位转制为企业,要依法登记为有限责任公司或股份有限公司,加快构建有文化特色的现代企业制度,坚持正确导向和经营方向,坚持国有资本主导地位,积极稳妥推进混合所有制改革,形成有效制衡的公司法人治理结构和灵活高效的市场化经营机制,推动企业做强做优做大。

(二)完善法人治理结构。公司党委(党组)领导班子成员依法定程序,以双向进入、交叉任职的方式进入董事会、经理层、内设监事会,党委(党组)书记同时任董事长(执行董事)、为公司法定代表人,党员总经理一般担任党委(党组)副书记,专职副书记一般进入董事会。党委(党组)发挥领导作用,把方向、管大局、保落实,依照规定研究讨论涉及内容导向管理的重大事项及公司运营与发展的重大决策、重要人事任免、重大项目安排、大额度资金使用等事项,并作为董事会、经理层决策的前置程序。建立健全决策合法性审查机制,充分发挥法律顾问、公司律师的作用,促进依法经营、依法管理。

(三)从事内容创作生产传播的公司,设立总编辑或艺术总监等专门岗位,设董事会的,须设立编辑委员会或艺术委员会等专门委员会，为董事会有关内容导向管理的重大事项提供决策咨询。

（四）推进国有文化企业内部资源整合，进一步聚焦主业，压缩企业管理层级，将投资决策权向三级以上企业集中，减少法人户数。

二、关于国有文化资产管理

（五）建立健全党委和政府监管国有文化资产的管理机构，完善党委和政府监管有机结合、宣传部门有效主导的管理模式，实现管人管事管资产管导向相统一，推动党政部门与其所属的文化企业进一步理顺关系，推动主管主办制度与出资人制度相衔接。

（六）经营性文化事业单位转制为企业，要认真做好资产清查、资产评估、产权登记等基础工作，依法落实原有债权债务。国有文化企业公司章程制定和修改、注册资本增减、重组整合、破产解散、改制上市、国有产权转让、无偿划拨、组建集团、发行债券、法定代表人变更等重大变动事项，报同级国有文化资产管理机构审批，并按有关程序和规定办理。

（七）国有文化企业依照相关规定定期报告财务状况、生产经营状况、国有资产保值增值状况和社会效益情况。加强国有文化企业社会效益和经济效益综合考核，探索建立国有资产保值增值考核与社会效益考核相结合的综合评价体系。

（八）建立健全文化企业国有资本经营预算制度，通过国有资本金注入，优化国有资本配置，发挥国有资本引导作用，推进国有文化企业兼并重组、转型升级，促进文化产业布局优化。

（九）推进国有文化资本授权经营，形成国有文化资本流动重组、布局调整的有效平台，优化资源配置，推动国有文化企业增强实力、活力、抗风险能力，更好地发挥控制力、影响力。

三、关于资产和土地处置

（十）经营性文化事业单位在转制过程中，对于清查出的资产损失按规定报经批准后进行核销；切实维护银行合法债权安全，严肃处理各类借转制之名逃废银行债务行为，维护金融安全稳定。转制后财务制度应执行《企业财务通则》，会计制度应执行《企业会计准则》或《小企业会计准则》。

（十一）经营性文化事业单位转制涉及的原划拨土地，转制后符合《划拨用地目录》的，可继续以划拨方式使用；不符合《划拨用地目录》的，应当依法实行有偿使用。经省级以上人民政府批准，经营性文化事业单位转制为国有独资或国有控股企业的，原生产经营性划拨用地，经批准可采用作价出资（入股）方式配置；经营性文化事业单位转制为国有参股企业或非国有企业的，原生产经营性划拨用地可采用协议出让或租赁方式进行土地资产处置。

四、关于收入分配

（十二）转制后执行企业收入分配制度。按照国家有关规定实行工资总额预算管理，由国有文化企业自主编制，按规定履行内部决策程序后，报有关部门核准或备案后执行。完善工资与效益联动机制，工资效益联动指标应同时选取反映社会效益和经济效益、国有资本保值增值的指标。建立健全以岗位工资为主的基本工资制度，以岗位价值为依据，以业绩为导向，参照劳动力市场工资价位并结合企业社会效益和经济效益，合理确定不同岗位的工资水平，使职工工资收入与其工作业绩和实际贡献紧密挂钩，合理拉开工资分配差距。人力资源社会保障部门、国有文化资产管理机构和企业主管主办部门要加强对国有文化企业工资收入分配的指导和监督，规范国有文化企业收入分配秩序。

（十三）完善国有文化企业负责人薪酬管理机制，国有独资及国有控股公司的负责人收入分配应与社会效益和经济效益综合评价考核结果挂钩。

五、关于社会保障

（十四）转制后自企业登记注册的次月起按企业办法参加社会保险。转制时在职人员按国家规定计算的连续工龄,视同缴费年限,不再补缴基本养老保险费。

（十五）离休人员的医疗保障继续执行现行办法,也可按照所在统筹地区相关规定纳入离休人员医药费单独统筹,所需资金按原渠道解决;转制前已退休人员中,原享受公费医疗的,在享受基本医疗保险待遇的基础上,可以参照国家公务员医疗补助办法,实行医疗补助。

（十六）中央各部门各单位设在地方的出版单位、中央各部门各单位出版单位在地方的派出（分支）机构的人员,转制后按规定纳入当地社会保障体系。

六、关于人员安置

（十七）对转制时距国家法定退休年龄五年以内的原事业编制内人员,本人申请并经转制单位批准,可以提前离岗,离岗期间的工资福利等基本待遇不变,单位和个人继续按规定缴纳各项社会保险费,达到国家法定退休年龄时,按照国家规定办理退休手续。

（十八）转制时,要按照国家相关法律规定,自企业登记注册之日起与在职职工全部签订劳动合同。职工在事业单位的工作年限合并计算为转制后企业的工作年限。转制后根据经营方向确需分流人员的,应按照规定处理劳动关系,对符合支付经济补偿条件的,应依法支付经济补偿。

（十九）转制企业应当切实保障职工的合法权益。转制时,对提前离岗人员所需的基本待遇及各项社会保险费、分流人员所需的经济补偿金,可从评估后的净资产中预留或从国有产权转让收入中优先支付。净资产不足的,财政部门也可给予一次性补助。

七、关于财政税收

（二十）财税部门应认真落实适用于转制企业的现行财税优惠政策。

（二十一）原事业编制内职工的住房公积金、住房补贴中由财政负担部分,转制后继续由财政部门在预算中拨付;转制前人员经费由财政负担的离退休人员的住房补贴尚未解决的,转制时由财政部门一次性拨付解决;转制前人员经费自理的离退休人员以及转制后离退休人员和在职职工住房补贴资金,由转制单位按照所在地市、县级人民政府有关企业住房分配货币化改革政策以及企业财务会计制度的规定,从本单位相应资金渠道列支。转制后原有的正常事业费继续拨付。

（二十二）为确保转制工作顺利进行,同级财政可一次性拨付一定数额的资金,主要用于资产评估、审计、政策法律咨询等。

（二十三）经营性文化事业单位转制为企业后,五年内免征企业所得税。2018年12月31日之前已完成转制的企业,自2019年1月1日起可继续免征五年企业所得税。

（二十四）由财政部门拨付事业经费的经营性文化事业单位转制为企业,对其自用房产五年内免征房产税。2018年12月31日之前已完成转制的企业,自2019年1月1日起对其自用房产可继续免征五年房产税。

（二十五）对经营性文化事业单位转制中资产评估增值、资产转让或划转涉及的企业所得税、增值税、城市维护建设税、契税等,符合现行规定的享受相应税收优惠政策。

（二十六）党报、党刊将其发行、印刷业务及相应的经营性资产剥离组建的文化企业,所取得的党报、党刊发行收入和印刷收入免征增值税。

（二十七）经省级人民政府批准,2020年年底前省属重点文化企业可免缴国有资本收益。

八、关于法人登记

（二十八）转制后的企业名称,应当符合企业名称登记管理的规定。原单位名称中冠以"中国"、"中华"、"全国"、"国家"、"国际"等字样的,按有关规定经批准可继续注册使用。

（二十九）转制后须核销事业编制,注销事业单位法人,并依法办理企业登记注册。

九、关于党的建设

（三十）经营性文化事业单位在转制过程中，要按照党章和有关党内法规，做好党组织设置工作，理顺党组织隶属关系，坚持党的建设同步谋划、党的组织及工作机构同步设置、党组织负责人及党务工作人员同步配备、党的工作同步开展，实现体制对接、机制对接、制度对接和工作对接，充分发挥企业党委（党组）领导作用。把党建工作要求写入企业章程，明确党组织的地位作用、职责权限、设置形式、经费保障等内容和要求，确保企业党的组织和党的工作全覆盖。企业党组织的领导关系要按照有利于加强党的领导和开展党的工作，有利于促进企业改革和发展的原则确定。党委宣传部门、组织部门要加强对国有文化企业党建工作的指导。

（三十一）转制企业要认真学习贯彻习近平新时代中国特色社会主义思想，坚持正确政治方向，站稳政治立场。根据实际需要设立党建工作机构、配备党务工作人员，大型文化企业（集团）应设置专门的党建工作机构和专职抓党建工作的副书记。积极吸收各方面人才特别是优秀青年入党，着力扩大在采编、创作等岗位的党员比例。建立企业党建工作责任制和意识形态工作责任制落实情况报告制度，开展党委（党组）书记抓基层党建述职评议考核工作。加强党员教育管理，推进"两学一做"学习教育常态化制度化，加强党支部标准化、规范化建设，创新党组织活动方式，充分发挥基层党组织战斗堡垒作用和党员先锋模范作用。

中央所属转制文化企业的认定，由中央宣传部会同财政部、税务总局确定并发布名单；地方所属转制文化企业的认定，按照登记管理权限，由地方各级宣传部门会同同级财政、税务部门确定和发布名单，并按程序抄送中央宣传部、财政部和税务总局。除第二十三条、第二十四条所列政策外，上述政策凡未注明具体期限的，执行期限为2019年1月1日至2023年12月31日。

进一步支持文化企业发展的规定

为进一步深化文化体制改革，促进文化企业发展，特制定以下规定：

一、关于财政税收

（一）中央财政和地方财政应通过文化产业发展专项资金等现有资金渠道，创新资金投入方式，完善政策扶持体系，支持文化企业发展。

（二）对电影制片企业销售电影拷贝（含数字拷贝）、转让版权取得的收入，电影发行企业取得的电影发行收入，电影放映企业在农村的电影放映收入免征增值税。一般纳税人提供的城市电影放映服务，可以按现行政策规定，选择按照简易计税办法计算缴纳增值税。

（三）对广播电视运营服务企业收取的有线数字电视基本收视维护费和农村有线电视基本收视费，免征增值税。

（四）落实和完善有利于文化内容创意生产、非物质文化遗产项目经营的税收优惠政策。

（五）加大对国家文化出口重点企业和项目扶持力度，加强国家文化出口基地建设。

（六）加大财政对文化科技创新的支持，将文化科技纳入国家相关科技发展规划和计划，加强国家文化和科技融合示范基地建设，积极鼓励文化与科技深度融合，促进文化企业、文化产业转型升级，发展新型文化业态。

（七）通过政府购买、消费补贴等途径，引导和支持文化企业提供更多文化产品和服务，鼓励出版适应群众购买能力的图书报刊,鼓励在商业演出和电影放映中安排低价场次或门票,鼓励网络文化运营商开发更多低收费业务。加大对文化消费基础设施建设、改造投资力度,完善政府投入方式,建立健全社会力量、社会资本参与机制,促进多层次多业态文化消费设施发展。

(八)认真落实支持现代服务业、中小企业特别是小微企业等发展的有关优惠政策,促进中小文化企业发展。

二、关于投资和融资

(九)对投资兴办文化企业的,有关行政主管部门应当提高行政审批效率,并不得收取国家规定之外的任何附加费用。

(十)在国家许可范围内,鼓励和引导社会资本以多种形式投资文化产业,参与国有经营性文化事业单位转企改制,允许以控股形式参与国有影视制作机构、文艺院团改制经营,在投资核准、银行贷款、土地使用、税收优惠、上市融资、发行债券、对外贸易等方面给予支持。

(十一)鼓励国有文化产业投资基金作为文化产业的战略投资者,对重点领域的文化企业进行股权投资。创新基金投资模式,更好地发挥各类文化产业投资基金的引导和杠杆作用,推动文化企业跨地区、跨行业、跨所有制兼并重组,切实维护国家文化安全。

(十二)创新文化产业投融资体制,推动文化资源与金融资本有效对接,鼓励有条件的文化企业利用资本市场发展壮大,推动资产证券化,鼓励文化企业充分利用金融资源,投资开发战略性、先导性文化项目。

(十三)通过公司制改建实现投资主体多元化的文化企业,符合条件的可申请上市。鼓励符合条件的已上市文化企业通过公开增发、定向增发等再融资方式进行并购和重组。鼓励符合条件的文化企业进入中小企业板、创业板、新三板、科创板等融资。鼓励符合条件的文化企业通过发行企业债券、公司债券、非金融企业债务融资工具等方式扩大融资,鼓励以商标权、专利权等无形资产和项目未来收益权提供质押担保以及第三方公司提供增信措施等形式,提高文化企业的融资能力,实现融资渠道多元化。

(十四)针对文化企业的特点,研究制定知识产权、文化品牌等无形资产的评估、质押、登记、托管、投资、流转和变现等办法,完善无形资产和收益抵(质)押权登记公示制度,鼓励金融机构积极开展金融产品和服务方式创新。在风险可控、商业可持续原则下,进一步推广知识产权质押融资、供应链融资、并购融资、订单融资等贷款业务,加大对文化企业的有效信贷投入。鼓励开发文化消费信贷产品。

(十五)探索建立符合文化企业特点的公共信用综合评价制度。加强对文化企业的分类监管,鼓励各类担保机构对文化企业提供融资担保,通过再担保、联合担保以及担保与保险相结合等方式分散风险。

三、关于资产和土地处置

(十六)发生分立、合并、重组、改制、撤销等经济行为涉及国有资产或产权结构重大变动的文化企业,应当按照国家有关规定进行清产核资,清产核资工作中发现的资产损失经确认后应当依次冲减未分配利润、盈余公积、资本公积、实收资本。

(十七)文化企业改制涉及的原划拨土地,改制后符合《划拨用地目录》的,可继续以划拨方式使用;不符合《划拨用地目录》的,应当依法实行有偿使用。经省级以上人民政府批准,国有文化企业改制为授权经营或国有控股企业的,原生产经营性划拨用地,经批准可采用作价出资(入股)方式配置。文化企业改制为一般竞争性企业的,原生产经营性划拨用地可采用协议出让或租赁方式进行土地资产处置。

（十八）利用划拨方式取得的存量房产、土地兴办文化产业的，符合《划拨用地目录》的，可按划拨方式办理用地手续；不符合《划拨用地目录》的，在符合国家有关规定的前提下可采取协议出让方式办理。

（十九）将文化类建设用地纳入城乡规划、土地利用总体规划，有效保障文化产业设施、项目用地需求。鼓励利用闲置设施、盘活存量建设用地发展文化产业。鼓励将城市转型中退出的工业用地根据相关规划优先用于发展文化产业。企业利用历史建筑、旧厂房、仓库等存量房产、土地，或生产装备、设施发展文化产业，可实行继续按原用途和土地权利类型使用土地的过渡期政策。

四、关于工商管理

（二十）允许投资人以知识产权等无形资产评估作价出资组建文化企业，具体按国家法律规定执行。

上述政策适用于所有文化企业，执行期限为2019年1月1日至2023年12月31日。

案例：

上海市历史风貌区和优秀历史建筑保护[①]

2002年7月25日上海市第十一届人民代表大会常务委员会第四十一次会议通过《上海市历史风貌区和优秀历史建筑保护条例》，根据2010年9月17日上海市第十三届人民代表大会常务委员会第二十一次会议《关于修改本市部分地方性法规的决定》作第一次修正，根据2011年12月22日上海市第十三届人民代表大会常务委员会第三十一次会议《关于修改本市部分地方性法规的决定》作第二次修正，根据2019年9月26日上海市第十五届人民代表大会常务委员会第十四次会议《关于修改〈上海市历史文化风貌区和优秀历史建筑保护条例〉的决定》作第三次修正。

在城市更新过程中，如何做好建筑文化遗产的相关保护和利用工作，始终是摆在城市管理者面前的重要课题。

事实证明，由文物管理、规划管理和房屋修缮管理等政府部门与科研、教学和设计单位的全面配合与协作机制行之有效。

一方面需要总结历史教训，努力保护尚存的建筑文化遗产；另一方面也要探索保护的模式、机制，研究保护技术及工艺。坚持使用与保护相结合，在使用中保护。

上海的历史建筑具有十分独特的一面，特殊的政治、经济条件使建筑融汇成一种包罗万象、海纳百川的文化，不仅有传统的中国古典建筑，又受西方建筑的影响，尤以近代建筑为代表。中外建筑师在19世纪下半叶和20世纪初建造了一大批富有艺术性和技术性的建筑，成为上海最有特点的历史文化遗产，愈是在寸土寸金的市中心，历史建筑愈是密集。在城市更新过程中，如何做好相关保护和利用工作，一直是摆在城市管理者面前的重要课题。经历了20世纪80年代和90年代城市大规模的快速发展阶段之后，上海开始理性地思考建筑文化遗产的保护。自1986年上海被命名为国家历史文化名城以来，上海的建筑文化遗产保护经历了起始阶段、实验性保护阶段以及当前的深化保护三个阶段，初步探索出适合上海历史建筑特点和现实的建筑文化遗产的保护机制和方法。

多方配合协作，让建筑文化遗产保护事半功倍

如今走在上海街头，随处可见优秀历史建筑名单的标识，上海市政府分5批正式公布的1058处建筑遗产，正享受着堪称最严格的保护。

1989年，上海提出优秀近代建筑保护的概念；1991年，上海市政府颁发《上海市优秀近代建筑保护管理办法》，对上海历史建筑的保护起到重要的规范与指导作用。将优秀近代建筑按照其历史、艺术和科学的价值划分为3个保护级别：全国重点文物保护单位、上海市文物保护单位和上海市建筑保护单位。2002年7月，上海市政府颁布《上海市历史文化风貌区和优秀历史建筑保护条例》，保护立法的范围由单个建筑及建筑群扩展至历史文化风

[①] 人民日报，2018年9月19日。

貌区，保护建筑的范围由近代建筑扩大为建成30年以上的历史建筑，保护工作的法律依据由政府规章上升为地方法规。2003年11月，上海原中心城11片历史文化风貌区和234个保护街坊进行整合、认定和补充，确定了中心城总用地为26.96平方公里的12片历史文化风貌区。

2004年9月，《上海市人民政府关于进一步加强本市历史文化风貌区和优秀历史建筑保护的通知》，指出要按照"全面规划、整体保护、积极利用、依法严管"的原则，实行最严格、最科学的保护制度。

2006年编制完成的《上海市中心城历史文化风貌区风貌保护道路规划》，划定了历史文化风貌区内144条风貌保护道路，对其中64条道路进行整体规划保护，道路红线永不拓宽，街道两侧的建筑风格、尺度均保持历史原貌，行道树等道路空间的重要组成部分也受到保护。

保护并未止步。2015年，开始聚焦风貌区外具备较高保护价值、但未纳入法定风貌保护对象、亟须抢救性保护的历史街坊，划定了119个风貌保护街坊。2017年，又对全市50年以上的建筑进行统计和甄别。

目前上海已有文物保护点3435处，各级文物保护单位及登记不可移动文物1404处，其中全国重点文物保护单位29处。市级文物保护单位238处，区级文物保护单位402处，优秀历史建筑1058处（约3075栋）。此外，有列为各级文物保护单位的工业遗产22处。在郊区有新场镇等10个中国历史文化名镇，以及上海历史文化名镇松江城厢镇等10个风貌特色镇。

为建立最严格的保护制度，上海市政府专门成立了上海市历史文化风貌区和优秀历史建筑保护委员会，由市发改委、市财政、市建委等十几个政府相关部门组成，为保护工作在管理、资金、政策等方面统筹协调、共同保障。同时也在2004年成立了由规划、建筑、文物、历史、文化、社会和经济等领域共20位专家组成的专家委员会，负责历史文化风貌区和优秀历史建筑的认定、调整和撤销等有关事项，为政府部门的决策提供咨询意见。事实证明，由文物管理、规划管理和房屋修缮管理等政府部门与科研、教学和设计单位的全面配合与协作机制是有效的，而政府管理部门、学术界、设计和开发建设单位、施工单位相协调的保护修缮模式可以事半功倍。

根据建筑的类型和质量，坚持使用与保护相结合，在使用中保护

20世纪80年代至90年代中期，"变"与"新"成为城市发展的代名词，简单地以"新"以"变"为目标，大量拆除成片的历史建筑被认为是现代化建设的标志。我们今天能够保护的只是剩下的那1/3的历史建筑，即使用最严格的保护制度，也依然无法再回到过去。

经过多年探索，社会各界对如何保护建筑遗产已形成一些共识，那就是承认历史的变迁，根据建筑的类型和质量，坚持使用与保护相结合，在使用中保护。

上海的步行街是最好的风景。雁荡路步行街、吴江路步行街和南京东路步行街是国内最早的步行街案例，带动了许多城市的步行街建设。有一百多年历史的南京东路在1997年实行周末步行街的基础上，于1998—1999年将长为1052米的南京东路商业街建设为步行街，修缮保护了沿街历史建筑。外滩原英国领事馆及圆明园路地区（俗称"外滩源"）从

2003年至2013年进行了整体改造保护,恢复有100多年历史的建筑原貌,同时严格控制新建建筑。建于20世纪初的一幢住宅(现名"荣氏老宅")由租用该建筑的意大利企业基金会用了6年时间按照原样和原有材料进行修复。建于1913—1916年的原上海总商会大楼,曾经作为工厂使用,加层时将原有屋顶也拆除,用了4年时间复原。原华俄道胜银行(1900—1902)在1993年改作上海外汇交易中心时经过修缮,2015—2016再度修缮,恢复原始面貌。

此外,上海对城市的历史风貌道路和风貌保护街巷也进行了保护和更新,划定了156条风貌保护道路,另外有241条风貌保护街巷。自2007年起对全长1170米的武康路进行了保护整治规划,于2008年编制了《武康路风貌保护道路保护规划》,并在2009年实施完成,2011年武康路被文化部和国家文物局授予"国家历史文化名街"称号。在此基础上,徐汇区在2011—2012年对全区总长39.3公里的42条风貌道路制定规划控制原则,覆盖了77个街坊,涉及4051栋建筑,其中保护建筑332栋,保留历史建筑1790栋。目前有若干条道路和街区正在进行保护更新的城市设计和建造。

由于文化传统、管理机制、建筑法规、建筑技术和建筑材料等因素的差异,以及历史形成的现状,上海的建筑遗产保护有着特殊的体制和技术问题。一方面需要总结历史教训,努力保护尚存的建筑文化遗产,另一方面也要探索保护的模式、机制,研究保护技术及工艺。由于特殊历史时期的原因,历史建筑受到各种因素造成的破坏,许多建筑的功能转变后也带来一些破坏,诸如原有的洋行和办公建筑一旦变成住宅,极其拥挤。而且任意的加建和改造,破坏了原有建筑的造型,以拙劣的设计取代历史形式的现象也常常出现。

在建筑文化遗产保护中,对于住宅建筑的保护是迫切需要解决的重要问题之一。那些独立式的宅邸,由于原有的建筑质量相对较好,目前已经有比较完备的保护修缮和管理模式,比较好处理。而一些里弄住宅建筑质量差、生活设施缺失以及高密度的居住状态,它们的保护就需要更深入的探索。上海的里弄住宅恰恰在历史建筑中占有相当大的比例,而且基本上是成片的建筑群,以往是旧区改造的拆除对象。目前,上海石库门里弄保护对象已扩大至约260处保护街坊,350个保护地块。里弄住宅的保护模式大致可以归纳为:拆除重建保留或复建立面,转换为商业功能,可以举出的成功案例有2001年建成的新天地模式;2013年按照原貌重建基本保留居住功能的建业里模式,保留原有建筑并改善居住功能的静安别墅模式等。新天地模式对于历史街区的保护、探索新的开发利用模式起了一个示范作用,然而也引起了关于历史建筑,尤其是里弄建筑的保护利用模式的广泛关注。

历史上的上海一直处于快速的变化和更新之中,英国人盖姆韦尔1916年在《中国门户:上海景象》一书中就曾经这样描述上海:"整个城市一直处于持续的变化中,日复一日,老的建筑正在消失,取而代之的是更现代的建筑,人们不由担心,许多古老的地标将很快消失。"这个描述几乎适用于近100年来上海的状况。现在,上海依然处于不断的变化与更新中,只不过,同过去不同,这些变化与更新正在通过保护、活化、利用过去的建筑遗产来实现。

本章思考题

1. 从我国文化体制改革的整体战略部署看政府规制对我国文化资源配置的作用。
2. 基于全球化视野的中国政府规制理论与政策的进一步发展趋向。

3. 国务院办公厅《关于印发文化体制改革中经营性文化事业单位转制为企业和进一步支持文化企业发展两个规定的通知》对文化资源配置带来的影响有哪些?

4. 上海市历史风貌区和优秀历史建筑保护案例给我们的启示是什么

5. 以你所在的城市为例,谈谈政府规制在街区保护方面的作用。

6. 什么是政府规制?为什么需要政府规制?

7. 如何理解"政府规制是'看得见的手'的重要组成部分"?

8. 论述经济规制、社会规制、行政规制的不同。

9. 论述文化资源配置政府规制的必然性。

10. 论述实现文化资源配置政府规制目标的条件。

11. 论述文化资源配置政府规制均衡重构的必要性。

12. 我国网络视频产业已经进入快速发展时期,并且初具规模,但同时网络视频企业为争取用户、市场份额等,存在大量违规甚至违法现象。你认为该如何解决文化产业发展过程中的此类问题?

13. 阅读《国有影视企业社会效益评价考核试行办法》,分析它的实施对我国影视产业的发展会产生哪些影响?

14. 请列举十八大以来对文化产业的相关规制,并运用政府规制的相关理论分析其对文化产业发展的意义。

15. 如何在操作层面处理好政府与市场的关系以实现文化资源的最优化配置?

参考文献

[1] 张忠利,宗文举.中西文化概论.天津:天津大学出版社,2003.

[2] 《辞海》编辑委员会.辞海.上海:上海辞书出版社,1979.

[3] 伍蠡甫.西方文论名著选编:下卷.北京:北京大学出版社,1987.

[4] 乌丙安.中国民俗学.沈阳:辽宁大学出版社,1985.

[5] 费孝通.乡土中国.北京:北京出版社,2011.

[6] 许慎.说文解字.北京:中华书局,1963.

[7] 徐惠萍.一批被收缴的青花火葬罐.收藏,2010(5):29-31.

[8] 梅影.戏剧的由来.戏剧与电影,1983(10).

[9] 房天下.中国最美的十大民居建筑 山西王乔家大院榜上有名.(2011-08-30). http://news.taiyuan.soufun.com/2011-08-30/5767681_all.html.

[10] 王乐羊.北京协和医院建筑发展史.(2008-10-16). http://health.sohu.com/20081016/n260067889.shtml.

[11] 百度百科.良渚玉琮.http://baike.baidu.com/view/1032713.htm.

[12] 百度百科.十字军东征.http://baike.baidu.com/subview/25402/6174929.htm?fromId=25402&from=rdtself.

[13] 吴国清.旅游资源开发与管理.上海:上海人民出版社,2010.

[14] 周骏一,李益彬.旅游资源与开发.成都:西南财经大学出版社,2009.

[15] 申维辰.评价文化:文化资源评估与文化产业评价研究.太原:山西教育出版社,2005.

[16] 甘枝茂,马耀峰.旅游资源与开发.天津:南开大学出版社,2003.

[17] 何频.现代区域中的文化生产力.成都:西南财经大学出版社,2008.

[18] 闫西安.布迪厄文化资本理论及其实践价值研究.长春:东北师范大学出版社,2006.

[19] 吕庆华.文化资源的产业开发.北京:经济日报出版社,2006.

[20] 方宝璋.我国文化产业对文化历史资源的开发和利用.山西财经大学学报,2004(6):48-53.

[21] 方克立.经济全球化与中华文化走向.光明日报,2000-11-14.

[22] 田喜洲,蒲勇健.我国旅游资源过度开发的原因分析.生态经济,2006(6):103-105.

[23] 丹增.发展文化产业与开发文化资源.求是,2006(1):44-46.

[24] 樊泳湄.以可持续发展观保护和开发文化资源.中共云南省委党校学报,2004(6):106-108.
[25] 王景慧.论历史文化遗产保护的层次.规划师,2002(6):9-13.
[26] 张建世,杨正文.西南少数民族传统工艺文化资源的保护.西南民族大学学报(人文社科版),2004(3):20-28.
[27] 尹发秀.试论民族文化的保护与开发.东南大学学报(哲学社会科学版),2008(S1):166-169.
[28] 张晓.政府特许经营与商业特许经营含义辨析.中国科技术语,2008(3):42-43.
[29] 博宝艺术网.周庄十二坊:让民间老手艺焕发青春.(2009-11-12).http://www.wenbao.net/wbw_admin/news_view.asp?newsid=1665.
[30] 保罗·萨缪尔森,威廉·诺德豪斯.经济学.北京:华夏出版社,1999.
[31] 曼昆.经济学原理.北京:北京大学出版社,2009.
[32] 王健.中国政府规制理论与政策.北京:经济科学出版社,2008.
[33] 牛淑萍.文化资源学.福州:福建人民出版社,2012.
[34] 左惠.文化产品供给论.北京:经济科学出版社,2009.
[35] 姚伟钧.从文化资源到文化产业.上海:华中师范大学出版社,2012.
[36] 胡惠林.文化经济学.太原:山西人民出版社,2006.
[37] 植草益.微观规制经济学.北京:中国发展出版社,1992.
[38] 宋培文.文化产业经营管理成功案例解读.北京:中国广播电视出版社,2008.
[39] 皇甫晓涛.文化资本论.北京:人民日报出版社,2009.
[40] 王维利.韩国文化产业政策分析及当前主要问题.中国商界,2008(11):129.
[41] 中国政法大学媒体融合课题组.文改十年:文化体制改革十年大事记.文化产业导刊,2013(11):4-13.

后 记

"文化资源学"作为教材,是应目前我国高校"文化产业管理""文化艺术管理"等专业的教学之需完成的。

本书共七章,主要解决"文化资源是什么""文化资源有什么用""怎样对待文化资源"三个大问题。我们的分工是,刘燕编写绪论,李树榕编写第一、二章和第三章"文化资源精神价值"部分;刘燕编写第三章其他部分和四、五章;王敬超编写第六、七章。经过多次讨论、多次修改,我们合作非常愉快。

《文化资源学》作为专业基础理论课用书,首先要引导学生认识"什么是文化资源""文化资源有哪些种类"以及怎样获取文化资源等问题。同时还要强调学习文化资源基础知识的重要性,这些不仅是文化产业管理专业学生应具备的关键知识,也是此类专业学生从事文化产业实践的行为指导,同时为推动文化产业发展做学理探究。所以,第二章"文化资源的类别"讲解较为详尽。

文化资源的调查与评价是文化资源保护和开发的基础。由于文化资源调查和评价没有统一的标准,所以在实践操作过程中呈现出形态各异的局面,因而对文化资源的保护和开发没有起到很好的指导和带动作用。因此,第三章通过对文化资源调查相关内容的强调,希望能让文化资源调查的重要性更突出,内容更明确,方式更有效。而在学界争论较为激烈的文化资源评价中,本章吸收了指标较为全面、分析较为客观的《山西省文化资源评估指标体系及评估方法研究》课题组的研究成果,同时在精神价值评价中提出了自己的观点。建立在调查与评价基础上的文化资源保护和开发,既有各自的理论基础,又有在实践中各种方式的尝试。第四章和第五章在梳理目前开发与保护方式的基础上,希望找到规律性的东西,进一步指导实践的进行。同时,就当下和今后文化资源开发和保护中已有的和可能出现的问题进行了分析,并试图找到规避问题发生的有效途径。

文化资源总是要通过一定的方式进入文化产业并转换为文化产品和服务的。不同的体制下,其配置的方式是不同的,我国在很长一个时期,文化资源都是由政府配置的。2003年我国文化体制改革开始,市场和政府在文化资源配置中的地位和作用就成为我们要面对的问题。本书第六章、第七两章从市场机制和政府规制及规制均衡两个方面对文化资源配置作了陈述,体现了"无形手"和"有形手"对文化资源配置的作用。因为对于什么是文化资源学界并没有形成共识,因而在文化资源配置的机制问题的认知上也存在一定的分歧,本书这两章主要运用了经济学的基本理论对文化资源的配置问题进行了分析。另外这两章只是从传统资源配置理论的角度编写了相关内容，而对于产权角度、全球化角度的文化资源配置问题认识上还比较肤浅，在两章的"探讨"内容中作为问题提了出来。

我们的工作将持续进行，研究中难免存在许多不足，希望各位同仁不吝赐教，以求不断更新完善。

刘　燕　李树榕　王敬超